दक्षिण एशियाई देशों की राजनीति

डॉ. नलिनसिंह पंवार

प्रशांत पब्लिशिंग हाउस
दिल्ली–110094

दक्षिण एशियाई देशों की राजनीति

प्रकाशन–2019
ISBN- 978-93-80565-52-1

प्रशांत पब्लिशिंग हाउस
सी–34, 28 फुटा रोड़, गली न. 3
वेस्ट करावल नगर दिल्ली–110094
मो : 9810396373, 8826258746
email : prashantpublishinghouse@gmail.com
www.pphbooks.co.in

PRINTED IN INDIA
Published by Mr. R. K. Jha M/s Prashant Publishing House and Published at H.S. Offset P
Prees, Delhi.

स्व. प्रो. चैनसिंह पंवार

समर्पणम्

जिन्होंने ऐहिक-आयुष्मिक फल के लिए
मुझे राजनीति शास्त्रविद् बनाया उन
श्री हरिवदाराध्य पूज्य पिताजी के
श्रीचरणों में सादर सविनय

प्रस्तावना

दक्षिण एशियाई देशों से हमारा तात्पर्य है, दक्षिण एशिया के अंतर्गत आने वाले प्रमुख सात देश जैसे—भारत, श्रीलंका, पाकिस्तान, नेपाल भूटान तथा मालदीव उत्तर की विशाल हिमालय पर्वत-शृंखला, दक्षिण का हिंद महासागर, पश्चिम का अरब सागर और पूरब में मौजूद बंगाल की खाड़ी से यह इलाका एक विशिष्ट प्राकृतिक क्षेत्र के रूप में नजर आता है। यह भौगोलिक विशिष्टता ही इस उप-महाद्वीप क्षेत्र के भाषाई, सामाजिक तथा सांस्कृतिक अनुठेपन के लिए जिम्मेवार है। दक्षिण एशिया हर अर्थ में विविधताओं से भरा-पूरा इलाका है फिर भी भू-राजनीतिक धरातल पर यह एक क्षेत्र है।

प्रस्तुत पुस्तक दक्षिण एशियाई देशों की राजनीति जो मध्यप्रदेश के समस्त विश्वविद्यालयों में स्नातक तथा स्नातकोत्तर पाठ्यक्रम के अंतर्गत लागू किया गया है, में उपर्युक्त वर्णित सभी सातों दक्षिण एशिया के देशों के ऐतिहासिक, आर्थिक भौगोलिक तथा समस्त राजनीतिक बिंदुओं पर प्रकाश डालने की भरपूर कोशिश की गई है लेखक द्वारा अत्यन्त सरल तथा सुगम तरीके से सभी अध्यायों को वर्णित करने की कोशिश की गई है ताकि विद्यार्थी इसे आसानी से समझ सकें। आपके सुझाव आमंत्रित हैं।

आभार

मैं उन विद्वानों का आभार एवं कृतज्ञता व्यक्ति करना चाहता हूं जिनकी सतत् प्रेरणा एवं उत्साह की उर्जा की फलश्रुति के रूप में प्रस्तुत ग्रन्थ आप पाठकों के सम्मुख प्रस्तुत है। हमारे पूज्य पितृचरण गुरुपाद स्व. प्रो. चैनसिंह पंवार तथा वात्सल्यमूर्ति माता श्रीमति बसन्त पंवार का अनन्त उपकार मानता हूं, जिनकी कृपा प्रसाद से मैं प्रस्तुत ग्रंथ को पूर्ण कर सकता हूं। एतदर्थ उनके चरणों में मेरा कोटिशः प्रणाम है।

उक्त क्रम में पूर्व कुलपति विक्रम विश्वविद्यालय, उज्जैन प्रो. राम राजेश मिश्र जी के प्रति कृतज्ञता व्यक्त करता हूं जिनके अजस्र पाण्डित्य एवं स्नेहिल आशीर्वाद ने मुझे बौद्धिक रूप से सक्षम बनाया।

मेरे गुरुवर डॉ. महेश माहेश्वरी जी का मैं हृदय से आभार मानते हुए प्रणाम करता हूं जिन्होंने समय-समय पर ग्रन्थोपयोगी सूचनाएं देकर ग्रन्थ को सर्वांगपूर्ण बनाने में महती भूमिका का निर्वहन किया।

मैं विभागाध्यक्ष डॉ. गोपाल कृष्ण शर्मा का हार्दिक आभार मानता हूं जिन्होंने मुझे सतत् अनुसंधान पूवृत्ति की ओर उन्मुख होने की प्रेरणा दी।

अन्ततः उन मित्रों एवं बन्धु-बान्धवों का स्मरण करना आवश्यक कर्तव्य हो जाता है जिनका मुझे जीवन के महत्वपूर्ण क्षणों में सहयोग प्राप्त होता रहता है। अतः उनका आभार मानते हुए अनेक धन्यवाद देता हूं और ईश्वर से उनकी आयु आयोग्य-ऐश्वर्य की कामना करता हूं।

–डॉ. नलिन सिंह पंवार

राजनीति विज्ञान विभाग

विक्रम विश्वविद्यालय, उज्जैन

अनुक्रम

दक्षिण एशिया : एक परिचय

दक्षिण एशिया वास्तव में बांग्लादेश, भूटान, भारत, मालदीव, नेपाल, पाकिस्तान और श्रीलंका को दर्शाने के लिए 'दक्षिण' एशिया' पद का व्यवहार किया जाता है। उत्तर की विशाल हिमालय पर्वत-श्रृंखला, दक्षिण का हिंद महासागर, पश्चिम का अरब सागर और पूरब में मौजूद बंगाल की खाड़ी से यह इलाका एक विशिष्ट प्राकृतिक क्षेत्र के रूप में नजर आता है। यह भौगोलिक विशिष्टता ही इस उप-महाद्वीप क्षेत्र के भाषाई, सामाजिक तथा सांस्कृतिक अनुठेपन के लिए जिम्मेवार है। इस क्षेत्र की चर्चा में कभी-कभी अफगानिस्तान और म्यांमार को भी शामिल किया जाता है। चीन इस क्षेत्र का एक प्रमुख देश है लेकिन चीन को दक्षिण एशिया का अंग नहीं माना जाता है। दक्षिण एशिया हर अर्थ में विविधताओं से भरा-पूरा इलाका है फिर भी भू-राजनीतिक धरातल पर यह एक क्षेत्र है।

दक्षिण एशिया के विभिन्न देशों में एक-सी राजनीतिक प्रणाली नहीं है। अनेक समस्याओं और सीमाओं के बावजूद भारत और श्रीलंका में ब्रिटेन से आजाद होने के बाद लोकतांत्रिक व्यवस्था सफलतापूर्वक कायम है। भारत के लोकतंत्र की बहुत सारी सीमाओं की तरह इंगित किया जा सकता है। लेकिन हमें याद रखना चाहिए कि एक राष्ट्र के रूप में भारत हमेशा लोकतांत्रिक रहा है। यही बात श्रीलंका पर लागू होती है।

पाकिस्तान और बांग्लादेश में लोकतांत्रिक और सैनिक दोनों तरह के नेताओं का शासन रहा है। शीत युद्ध के बाद के सालों में बांग्लादेश में

लोकतंत्र कायम रहा। पाकिस्तान में शीतयुद्ध के बात दो लोकतांत्रिक सरकारें बनी। पहली सरकार बेनजीर भुट्टो और दूसरी नवाज शरीफ के नेतृत्व में कायम हुई। लेकिन इसके बाद 1999 में पाकिस्तान में सैनिक तख्तापलट हुआ तब से काफी दिनों तक सैनिक शासन रहा। अभी वर्तमान में पुनः नवाज शरीफ की सरकार है।

2006 तक नेपाल में संवैधानिक राजतंत्र था और इस बात का खतरा बराबर बना हुआ था कि राजा अपने हाथ में कार्यपालिका की सारी शक्तियाँ ले लेगा। लेकिन 2006 में एक सफल जन-विद्रोह हुआ और यहां लोकतंत्र की बहाली हुई। राजा की हैसियत न के बराबर रह गई। बांग्लादेश तथा नेपाल के अनुभवों के आधार पर हम कह सकते हैं कि पूरे दक्षिण एशिया में लोकतंत्र एक स्वीकृत मूल्य बन जाता है।

दक्षिण एशिया के दो सबसे छोटे देशों में भी ऐसे ही बदलाव की बहार बह रहा है। भूटान में अब भी राजतंत्र है लेकिन यहां के राजा ने भूटान में बहुदलीय लोकतंत्र स्थापित करने की योजना प्रारंभ कर दी थी तथा वहां लोकतांत्रिक पद्धति से चुनाव हुए। 2008 में आम चुनाव हुए तथा इसी के साथ यहां भी लोकतंत्र की नीवं पड़ी। यहां सौ साल की पूर्ण राजशाही बिना किसी अंदरूनी या बाहरी मांग के ही लोकतंत्र में बदल गया। मालदीव 1968 तक सल्तनत हुआ करता था। 1968 में यह एक गणतंत्र बना और यहां शासन की अध्याक्षात्मक प्रणाली अपनाई गई। 2005 के जून में मालदीव की संसद ने बहुदलीय प्रणाली को अपनाने के पक्ष में एकमत से मतदान किया। 2005 के चुनावों के बाद मालदीव में लोकतंत्र मजबूत हुआ है क्योंकि इस चुनाव में विपक्षी दलों को कानूनी मान्यता प्रदान की गई।

दक्षिण एशिया में लोकतंत्र का रिकार्ड मिला जुला रहा है। इसके बावजूद दक्षिण एशियाई देशों की जनता लोकतंत्र की आकांक्षाओं में सहभागी है। इस क्षेत्र के पांच बड़े देशों में हाल ही में एक सर्वेक्षण किया गया था जिसमें यह बात सामने आई थी कि इन पांचों देशों में लोकतंत्र को व्यापक जनसमर्थन हासिल है। इन देशों में हर वर्ग और धर्म के आम नागरिक लोकतंत्र को सही मानते हैं तथा प्रतिनिधिमूलक लोकतंत्र की संस्थाओं का समर्थन करते हैं। इन देशों के लोग शासन की किसी भी प्रणाली की अपेक्षा लोकतंत्र को प्राथमिकता देते हैं।

दक्षिण एशिया की सामाजिक विशेषताएं

जहां तक दक्षिण एशिया की सामाजिक विशेषताओं की बात है तो यह कहा जा सकता है कि इन क्षेत्रों में काफी कुछ समानताएं हैं तो कुछ असमानताएं भी हैं। इन सभी क्षेत्रों में जातिवाद, धर्मवाद, लिंग भेद, (Gender Discrimination) सामाजिक तथा आर्थिक भेद, छुआछूत, अंधविश्वास, भाषा भेद आदि सामान्य रूप से देखने को मिलते हैं। इन क्षेत्रों में हजारों जातियां पाई जाती हैं। सामाजिक संरचना जाति पर आधारित है। शहरों में भी तथा विशेषकर गांवों में पुरुष तथा महिलाओं के बीच काफी भेदभाव किए जाते हैं। भारत में पूरे देश में धार्मिक भिन्नताएं स्पष्ट रूप से परिलक्षित होती हैं, विशेषकर मुस्लिम बाहुल्य तथा हिंदु बाहुल्य के बीच। अन्य धार्मिक समूह जैसे बौद्ध, ईसाई, जैन, पारसी, सिख तथा आदिवासी धर्म को मानने वालों के मध्य भी भारी धार्मिक भेद हैं। कुछ लोग काफी अमीर हैं तो कुछ अत्यंत गरीब। शादियां अधिकतर अपनी जाति तथा धर्म के लोगों के भीतर ही की जाने की परंपरा है। वैसे अब शहरों में इस प्रकार के बंधन कुछ हद तक टूटते नजर आ रहे हैं।

भारत में अलग-अलग प्रकार की संस्कृति पाई जाती है। हमारे यहां विविध रीति-रिवाज तथा परंपराएं हैं जो अलग-अलग क्षेत्रों में पृथक-पृथक हैं। फिर भी कुछ हद तक इनमें समानताएं भी देखने को मिलती हैं। हमारी सामाजिक संरचनाओं (Social Structure) में भी समानताएं देखने को मिलती हैं।

उत्तर भारत तथा दक्षिण भारत की सामाजिक संरचना में विशेषकर दक्षिण भारत में प्रचलित रक्तवंश (Kinship) के संदर्भ में हमें अंतर देखने को मिलता है।

भारत में समाज जाति पर आधारित समाज है। यहां पर चार प्रमुख जातियां हैं—ब्राह्मण क्षत्रिय, वैश्य, शूद्र। ब्राह्मण जाति पदसोपान में सबसे ऊपर है, फिर क्षत्रिय आता है जो योद्धा वर्ग माना जाता है फिर वैश्य आता है जो व्यापार कार्य करता है तथा शूद्र सबसे बाद में आता है। भारत में विभिन्न क्षेत्रीय, सामाजिक तथा आर्थिक समूह के लोगों के अपने-अपने पृथक सांस्कृतिक परंपराएं होती हैं। मुस्लिम के अपने पर्व-त्योहार होते हैं तो हिंदू, सिख, जैन, बौद्ध, ईसाई के अपने अलग पर्व-त्योहार होते हैं। उनके अपने त्योहार मनाने के अलग-अलग निश्चित समय तथा तरीके होते हैं, तथा पृथक-पृथक पहनावे एवं खान-पान होते हैं।

अन्य दक्षिण एशिया के देश श्रीलंका में जाति प्रथा अत्यंत जटिल है, जिसके कारण यहां जाति भेदभाव की जड़ें काफी गहरी हैं। जबकि यहां का संविधान इन सभी चीजों की बिल्कुल इजाजत नहीं देता है। यहां महिला तथा पुरुष के बीच काफी भेदभाव किया जाता है। जबकि संविधान ऐसा करने की मनाही करता है।

श्रीलंका में सबसे ज्यादा संख्या सिंहली तथा तमिल लोगों की है। इनकी दोनों की अपनी-अपनी विशेष जाति-प्रथा है।

दक्षिण एशिया के अन्य देशों के विपरीत, बंगलादेश में जो हिंदू जाति पर आधारित सामाजिक व्यवस्था है जिसका बंगलादेश की मुस्लिम जाति पर आधारित सामाजिक संरचना पर न के बराबर प्रभाव पड़ता है। बंगलादेश के निम्न जाति जोलहा (बुनकर) की भी आर्थिक स्थिति काफी अच्छी हो गई है। बंगलादेश में हिंदू जातियों के लोगों की स्थिति अच्छी नहीं है। यहां पर हिंदू समाज विभिन्न जाति में बंटा हआ है। बंगलादेश के हिंदू समुदाय में जाति को स्पष्टतः नहीं दर्शाया गया है।

दक्षिण एशिया की सांस्कृतिक तथा भौगोलिक विशेषताएं

हमारी विश्व की संस्कृति अत्यंत मनमोहक है, विशेष रूप से जहां तक दो अलग-अलग पूरब तथा पश्चिम देशों की संस्कृति की बात है। दोनों दुनिया की संस्कृति की अपनी-अपनी विशेषताएँ है।

दक्षिण एशिया विभिन्न प्रकार के समाज, जातीय परंपरा, सांस्कृतिक विरासतों, राष्ट्रीयता आदि का सम्मिश्रण है। इसमें पश्चिमी-मध्य देशों की भी झलक पायी जाती है जो सामान्य रूप से प्राकृतिक भूगोल तथा सांस्कृतिक क्षेत्रों में विभाजित हैं। एक रोचक तथ्य, जो एक पहेली जैसी लगेगी इस क्षेत्र का यह है कि एशिया भौगोलिक रूप से एक ही महाद्वीप है, अलग नहीं। यह बगैर किसी संदेह के कहा जा सकता है कि यह समस्त संस्कृति का केन्द्र है तथा जहां तक प्राकृतिक संरचना की बात है तो इसके भीतर बहुत कम या नहीं के बराबर एकता है।

दक्षिण एशिया के देशों की संस्कृति में कला, संगीत, भोजन, साहित्य, दर्शन, धर्म के साथ-साथ सामान्य पारंपरिक संस्कृतियों के बीच जटिल संबंध आदि को शामिल किया जाता है। यह बौद्ध, ताओ, हिन्दू, इस्लाम, कन्फ्यूसियन

तथा ईसाई धर्म का गृह-स्थल (केन्द्र) रहा है। दक्षिण एशिया की संस्कृति काफी विकसित तथा विविध विशेषताओं की है। पारंपरिक इस एशिया महाद्वीप में आने वाले सभी देशों की नृजातीय (ethnic) पृष्ठभूमि करीब-करीब एक ही जैसी रही है और जो क्षेत्रीय विभाजन है न कि प्रारंभ से ही ये विभाजित थे। समस्त संस्कृति का केन्द्र होने तथा एक ही प्रकार की संस्कृति होने के बावजूद आज हम जो पृथक्कता देखते हैं वो सिर्फ आज के पृथक-पृथक धार्मिक रचनाओं की वजह से है। संस्कृति की शुरूआत हमारी विकसित सिंधु घाटी की सभ्यता से हुई जिसने आर्य तथा द्रविड़ जाति के लोगों को मिश्रण तथा उनके आगमन को देखा। दक्षिण एशिया के जनसाधारण घटकों के अंततः आपस में मिश्रित हो जाने के कारण एक नई संस्कृति का जन्म हुआ।

उत्तर-पश्चिम में अफगानिस्तान की सीमा के पास से लोगों के भारी संख्या में प्रस्थान करने के कारण महाद्वीप के धर्मों पर इस्लाम के आने के कारण बहुत ज्यादा प्रभाव पड़ा। हमारी परंपरागत संस्कृति में ज्यादातर अंतर धर्म के क्षेत्र में ही थे जबकि खेल, इतिहास, भौगोलिक स्थिति, रोजगार-धंधे, जीवनशैली, भोजन तथा पहनावे आदि में दक्षिण एशिया के लोगों की काफी समानता है। मंदिर तथा मस्जिद या अन्य धर्म स्थानों की बनावटों में भी भारी समानताएं हमें देखने को मिलती हैं। घर-मकानों के निर्माण में भी सामान्य प्रकार की लकड़ियां, पत्थर आदि प्रयोग में लाए जाते हैं।

यहां के उत्सवों तथा पर्व-त्योहारों में भी भारी समानता स्पष्ट दिखाई देती है। फसलों की कटाई हो या जाड़े की शुरूआत का समय हो या वसंत ऋतु का आगमन होने वाला हो, ऐसे मौके पर जो नृत्य किए जाते हैं उनमें काफी समानता परिलक्षित होती है। लोग ढोल-नगाड़े की ताल पर गाने के साथ नृत्य करते हैं। इन नृत्यों के करने के तरीकों में थोड़े अंतर देखने को मिलते हैं। कुछ दरबारी नृत्य होते हैं तो कुछ उत्सव के समय किए जाने वाले नृत्य होते हैं तथा कुछ नृत्य नाटक होते हैं। परंतु इन नृत्यों के अंदाज एवं तरीके अलग-अलग होते हैं। उत्सव के समय किए जाने वाले नृत्य के अंदाज अलग होते हैं तो दरबारी नृत्य के अलग पुरानी कहावतों में भी काफी समानताएं देखने को मिलती है। वहीं भयंकर बाढ़, जल-प्रलय तथा इस जल-प्रलय से उबरने में लगे वर्षों का समय तथा ईश्वर द्वारा प्रदान की गई मदद आदि-आदि जैसी बहुत सारी कथाएं समस्त एशिया महाद्वीप में सुनाई जाती हैं।

यह प्रदेश विभिन्न प्रकार के जादुई जानवर तथा पौधों के लिए भी प्रसिद्ध रहा है। भूत-पिशाच आदि के अस्तित्व एवं उनके द्वारा किए जाने वाले विभिन्न प्रकार की गतिविधियाँ लोगों का उनमें विश्वास जैसी विभिन्न अवधारणाओं में विश्वास करने वाला भी यह महाद्वीप है। लोक साहित्य, पौराणिक कहानियां यहां की संस्कृति के प्रमुख भाग हैं तथा दक्षिण एशिया के देशों द्वारा दुनिया के लोगों का विभिन्न प्रकार की अपनी पौराणिक कथाओं एवं किस्से कहानियों से ध्यान अपनी ओर आकर्षित किया है। दक्षिण एशिया में भाषा-विविधता की बहुतायत है। लोगों द्वारा भिन्न-भिन्न प्रकार की अपनी क्षेत्रीय भाषाएं बोली जाती हैं। दक्षिण एशिया के ज्यादातर देशों में एक से ज्यादा स्थानीय बोली जाने वाली भाषाएं हैं।

जहाँ तक इस क्षेत्र के दर्शन (Philosophy) का प्रश्न है तो यहाँ पर गांधी जी के सत्य एवं अहिंसा तथा शांतिपूर्ण विरोध के विचारों को लोगों ने खूब गले लगाया है। गांधी जी के इन विचारों पर लोगों को पूरा विश्वास है तथा लोग इस विचारधारा को अपने जीवन में आत्मसात करने तथा उस पर चलने की भरपूर कोशिश करते हैं। गांधी जी के ये सिद्धांत पूरे विश्व में प्रचलित हैं। एक सबसे रोचक तथ्य यह है कि विश्व के कई देशों या यों कहें कि पूरे विश्व में दक्षिण एशिया के धर्म से ही लाखों-करोड़ों लोग प्रभावित होकर यहां के धर्म को अपनाया है। इन क्षेत्रों में विभिन्न प्रकार के तीज-त्योहार मनाए जाते हैं तथा इन दिनों सरकारी छुट्टियां भी घोषित रहती हैं।

दक्षिण एशिया में चावल को सबसे प्रमुख रूप से भोजन के रूप में प्रयोग किया जाता है। इन क्षेत्रों में चावल कि न बड़े सिर्फ ज्यादा खपत है अपितु विश्व में इसी के सबसे बड़े भंडार हैं। विभिन्न प्रकार के मिर्च-मसालों का भी इस महाद्वीप के विभिन्न भागों में प्रचुर मात्रा में उत्पादन किया जाता है तथा इनका सामान्य रूप से प्रयोग में लाया जाता है। तटवर्ती क्षेत्रों में रहने वाले लोगों की मच्छली सबसे पहली पसंद है तथा इस क्षेत्र की करीब-करीब समस्त जनसंख्या सामान्य रूप से मच्छली को चावल के साथ भोजन के रूप में पंसद करती है। वर्षों तक उपनिवेश के रूप में रहने तथा दूसरे देशों तथा उनकी सभ्यता संस्कृति से प्रभावित होने के कारण हमारी रसोई भी उनसे प्रभावित हुई है। हमारे भोजन के स्वाद में लैटिन तथा अमेरिकन छाप स्पष्ट रूप से प्रतीत होता है जो स्थानीय व्यंजनों के साथ मिश्रित हो गए हैं।

दक्षिण एशिया जिसे दक्षिणी एशिया भी कहा जाता है वह एशिया महादेश के दक्षिणी क्षेत्र में स्थित है। जिसके अंतर्गत उप-हिमालय के देश आते हैं तथा कुछ भूगोलवेताओं के अनुसार तो पश्चिम तथा पूरब के आस-पास के देश भी इसके अंतर्गत आते हैं। यह क्षेत्र भारतीय प्लेटों (Indian Plates) से मुख्य रूप से निर्मित है जो कि समुद्र की सतह से ऊपर उठे हैं। दक्षिण एशिया, दक्षिण तरफ से भारतीय महासागर तथा जमीन पर (दक्षिणावर्त, पश्चिम से) पश्चिमी एशिया, मध्य एशिया, पूर्वी एशिया तथा दक्षिण पूर्व एशिया से घिरा हुआ है। वर्तमान बंगलादेश, भारत, श्रीलंका तथा पाकिस्तान ही मुख्य रूप से दक्षिण एशिया के अंतर्गत आते हैं। परंतु नेपाल, भूटान, अफगानिस्तान तथा मालदीव को भी दक्षिण एशिया के अंतर्गत ही माना जाता है। अलग-अलग कारणों तथा विद्वानों द्वारा दिए गए परिभाषाओं के अनुसार यह भी माना गया है कि ब्रिटिश भारत महासागरीय क्षेत्र, मालदीव, ईरान तथा तिब्बत के स्वायत प्रदेश भी दक्षिण एशिया के अंतर्गत ही हैं। दक्षिण एशिया में (इन सात प्रमुख देशों के साथ) विश्व की समस्त जनसंख्या का पांचवाँ भाग अकेले निवास करती है जिसके कारण यह विश्व की सबसे बड़ी जनसंख्या वाला महादेश तथा सबसे घनी आबादी वाला भौगोलिक क्षेत्र है। सार्क (South Asian Assouation for Regional Cooperation) जिसकी स्थापना 1985 में की गई थी जो कि दक्षिण एशिया के देशों को आर्थिक सहयोग प्रदान करने वाला एक संगठन है।

भूगोल : दक्षिण एशिया वैसे तो कभी भी (Coherent) भू-राजनीतिक क्षेत्र नहीं रहा है फिर भी इसकी एक स्पष्ट भौगोलिक पहचान है। यह प्रदेश विभिन्न प्रकार की भौगोलिक विशेषताओं जैसे ग्लेशियर, घाटियां, रेगिस्तान तथा घास के बड़े-बड़े मैदान आदि से भरा पड़ा है। यह तीन ओर से अरब सागर से घिरा हुआ है तथा यहाँ विभिन्न जलवायु क्षेत्र हैं। भारतीय (Peninsula) में सबसे उत्तम किस्म के मोती पाए जाते हैं।

भारतीय प्लेट : दक्षिण एशिया के ज्यादातर प्रदेश उपमहाद्वीप हैं जो भारतीय प्लेट (भारतीय आस्ट्रेलिया प्लेट के उतरी भाग) पर आधारित हैं, जो कि शेष यूरेशियन प्लेट से पृथक है। भारतीय प्लेट में दक्षिण एशिया के अधिकतर भाग ही आते हैं जो बड़े-बड़े भू-भाग हैं तथा हिमालय से लेकर हिंद महासागर के भीतर के बेसिन (Basin) (जिसमें दक्षिण चीन का भाग, पूर्वी इंडोनेशिया तथा कुनलुन एवं काराकोरम की पर्वत श्रेणियां भी शामिल हैं) तक

विस्तृत हैं परंतु इनमें लद्दाख, कोहितान तथा हिंदुकुश की पर्वत श्रेणियां तथा बलुचिस्तान शामिल नहीं हैं। यहां कहना यह महत्वपूर्ण होगा कि भू-शारीरिक (Geophysically) रूप से यारलंग शांगपो नदी जो कि तिब्बत में है वह उपमहाद्वीपीय सीमा क्षेत्र के बाहरी भाग में बहती है, जबकि तजिकिस्तान के पामीर पर्वत सीमा के भीतर ही आता है।

जहां तक दक्षिण एशिया क्षेत्रों की जलवायु की बात है तो इस क्षेत्र की जलवायु सभी जगह एक समान नहीं है। जैसा कि दक्षिण में (torpical) है तो उतर में (temperate) जलवायु है। अलग-अलग क्षेत्रों में भिन्न-भिन्न प्रकार की जलवायु पायी जाती है। इसकी वजह सिर्फ ऊंचाई (Attitude) ही नहीं है बल्कि समुद्र तट से इसकी नजदीकी तथा मानसून के ऋतुगत (seasonal) प्रभाव जैसे अन्य कारक भी इसकी भिन्नता के लिए जिम्मेवार हैं। गर्मी के दिनों में दक्षिणी भाग अधिकतर गर्म रहता है–यहां मानसून में ही वर्षा होती है। गंगा का मैदान का उतरी क्षेत्र भी गर्मी के दिनों में गर्म रहता है परंतु जाड़े के मौसम यह क्षेत्र ठंडा रहता है। उतर पर्वतीय क्षेत्र ठंडा क्षेत्र है तथा यहां पर हिमालय की ऊंची चोटियों पर बर्फबारी भी होती है।

हिमालय पर्वत उतरी एशिया से आने वाली बर्फीली हवाओं को रोक लेता है जिसके कारण मैदानी भागों में ठंड कम हो जाती है तथा तापमान सामान्य बना रहता है। इस क्षेत्र के ज्यादातर हिस्सों में मानसुनी जलवायु पायी जाती है जिसके कारण गर्मी के दिनों में इन क्षेत्रों में आर्द्रता (humidity) बनी रहती है जबकि जाड़े के दिनों में शुष्कता (dryness) बनी रहती है जो जूट, चाय, चावल तथा विभिन्न प्रकार की की सब्जियां उगाने के लिए फायदेमंद होती है।

दक्षिण एशिया की आर्थिक विशेषताएं

दक्षिण एशिया उप-सहारा अफ्रीका के बाद विश्व का सबसे गरीब महादेश है। संयुक्त राष्ट्र संघ के बहुआयामी गरीबी सूचकांक (Multidimensional Porverty Index MPI) के अनुसार विश्व की (MPI) में गरीबी रेखा के नीचे रहने वाले लोगों की जो संख्या दी गई है उसमें से एक-चौथाई से भी ज्यादा गरीब अकेले अफ्रीका में रहते हैं। जबकि इसके आधे दक्षिण एशिया में रहते हैं। एक अध्ययन में यह पाया गया है कि 26 सबसे गरीब अफ्रीकी देशों की तुलना में भारत के आठ राज्यों में सबसे ज्यादा ग़रीबी है। सूचकांक के अनुसार दक्षिण

एशिया में (MPI) के गरीबों (MPI Poor) की संख्या 55 प्रतिशत है जबकि ठीक यही (MPI) के गरीबों की संख्या उप-सहारा अफ्रीका में 64.5 प्रतिशत है। विश्व बैंक के गरीबी के आंकड़ों के अनुसार (2005) दक्षिण एशिया के देशों के करीब 40 प्रतिशत से ज्यादा जनसंख्या अंतर्राष्ट्रीय गरीबी रेखा (प्रतिदिन 1.25 डालर) के नीचे अपना जीवन गुजर-बसर कर रही है। जबकि उप-सहारा अफ्रीका में यह जनसंख्या करीब 50 प्रतिशत है।

परंतु 2014 में विश्व बैंक के ICP 2011 के रिपोर्ट के अनुसार 2005 में दक्षिण एशिया में पूरे विश्व की गरीबी रेखा के नीचे रहने वाले व्यक्तियों की जनसंख्या का 49 प्रतिशत था जबकि 2011 में भारत की गरीबी में भारी गिरावट आने के कारण यह प्रतिशत घटकर 29 प्रतिशत हो गयी थी। सन् 2014 में वाशिंगटन में स्थित सेंटर फार डेवेलपमेंट (Centre for Development) के अर्थशास्त्री तथा ब्रुकिंग संस्था के अर्थशास्त्रियों ने अपनी रिपोर्ट में बताया कि भारत में उन गरीब लोगों की संख्या में गिरावट आई है जो अंतर्राष्ट्रीय गरीबी रेखा 1.25 डालर प्रतिदिन के नीचे जिंदगी गुजार रहे हैं।

दक्षिण एशिया के देशों में श्रीलंका का प्रति व्यक्ति सकल घरेलू उत्पाद सबसे ज्यादा है, जबकि अफगानिस्तान में यह सबसे कम है। भारत दक्षिण एशिया में सबसे बड़ी अर्थव्यवस्था वाला देश है जो पूरे दक्षिण एशिया का अकेले 82 प्रतिशत है। यह विश्व का सामान्य अर्थ में सबसे बड़ी दसवां अर्थव्यवस्था तथा तीसरा सबसे बड़ा क्रय शक्ति (Purchasing Power) वाला देश है यदि विनिमय दर को समायोजित किया जाता है। भारत के बाद दक्षिण एशिया में पाकिस्तान दूसरा सबसे बड़ी अर्थव्यवस्था वाला देश है जिसका पांचवां सबसे बड़ी प्रति व्यक्ति सकल घरेलू उत्पाद है। इसके बाद बंगलादेश का स्थान है एवं फिर श्रीलंका का जो दूसरी सबसे बड़ी प्रति व्यक्ति सकल घरेलू उत्पाद वाला देश है तथा इस महाद्वीप का चौथा सबसे बड़ी अर्थव्यवस्था वाला देश है। सन् 2007 के विश्व बैंक के रिपोर्ट के अनुसार दक्षिण एशिया विश्व का सबसे कम एकीकृत क्षेत्र है; दक्षिण एशिया के देशों के मध्य महाद्वीप के समस्त सकल घरेलू उत्पाद का सिर्फ दो प्रतिशत व्यापार होता है, जबकि पूर्वी एशिया में यह व्यापार बीस प्रतिशत है। अर्थशास्त्रियों ने इसके लिए भारत को जिम्मेवार ठहराया है कारण कि भारत अपने पड़ोसी देशों को इस मामले में नजरअंदाज करता है।

भारत

1. भारत : औपनिवेशिक संदर्भ

प्राचीन काल से भारत और पश्चिमी देशों का सम्बन्ध (Relation Between India and Western Countries in Ancient Days)—पश्चिमी देशों से भारत का सम्बन्ध बहुत पुराना है। प्राचीन काल में भारत का पश्चिमी देशों से व्यापारिक एवं सांस्कृतिक सम्बन्ध काफी उन्नत था। अफगानिस्तान, ईरान, सीरिया, ईराक, अरब, मित्र और रोम से भारत का व्यापार चलता था। सातवीं शताब्दी से पन्द्रहवीं शताब्दी तक अरबों के माध्यम से पश्चिमी देशों से व्यापार चलता रहा। व्यापार थल मार्ग और समुद्री मार्ग दोनों से होता था। मध्यकाल में वेनिस और जेनेवा की समृध्दि का कारण भारत से उनका व्यापारिक सम्बन्ध ही था। इन्हीं नगरों से भारत का सारा माल यूरोप की सारी मण्डियों में जाता था।

मध्ययुग का समृद्ध भारत (Prosperous India of Middle Ages)—मुगलकाल में भारत एक समृद्धशाली देश था। खासकर सोलहवीं-सत्रहवीं शताब्दी में यह वैभव के चरम शिखर पर था। यह एक स्वतंत्र राष्ट्र था। काल-कौशल, सभ्यता-संस्कृति आदि क्षेत्रों में यह काफी उन्नत था। धन-धान्य से यह पूर्ण था। सभ्यता, धन एवं वैभव के क्षेत्र में पश्चिमी देशों से यह बहुत आगे था। सारी दुनिया के बाजारों में भारत के बने हुए बारीक एवं अद्भुत पदार्थ दिखाई पड़ते थे। संसार भर के व्यापारियों का भारत आकर्षण का केन्द्र बना हुआ था। इसे पश्चिमी देशों में **'सोने की चिड़िया'** कहा जाता था।

यूरोप के व्यापारियों का भारत में आगमन (Coming of the European

Traders to India)—भारत की समृद्धि की कहानी सुनकर यूरोप में पुर्तगालियों ने सबसे पहले भारत से व्यापार-सम्बन्ध बढ़ाना शुरू किया। भारत से व्यापार के सभी मार्गों पर तुर्कों का आधिपत्य था। इसलिए पुर्तगालियों को नया समुद्री मार्ग खोजना पड़ा। वास्को-डि-गामा आशा अन्तरीप (अफ्रीका) का चक्कर लगाता हुआ 20 मई, 1498 को कालीकट पहुँचा और उसने कालीकट के राजा से एक संधि की। सोलहवीं शताब्दी के प्रारम्भ में पुर्तगालियों ने भारत से जोर-शोर से व्यापार करना शुरू कर दिया। पुर्तगालियों की देखादेखी हालैण्ड, इंग्लैंड और फ्रांस के व्यापारियों ने भारत से व्यापार करने का निश्चय किया। 1591 में रेल्फफिंच ने भारत और बर्मा की यात्रा के बाद इंग्लैंड में व्यापारियों को भारत से व्यापार करने के लिए काफी उत्साहित किया। लार्ड मेयर की अध्यक्षता में 22 दिसम्बर, 1599 को अंग्रेज व्यापारियों ने इस उद्देश्य से एक संस्था की स्थापना करने का निर्णय किया। 31 दिसम्बर, 1600 ई. को ब्रिटिश साम्राज्ञी ने भारत से व्यापार करने के लिए अंग्रेज व्यापारियों को अधिकार-पत्र (Charter) दिया जिसके द्वारा ब्रिटिश ईस्ट इण्डिया कम्पनी की स्थापना हुई। अंग्रेज व्यापारियों की देखादेखी यूरोप के अन्य देशों के व्यापारियों का ध्यान इस ओर आकृष्ट हुआ। उन्होंने भी अलग-अलग कम्पनियों की स्थापना शुरू कर दी। 1602 ई. में डच ईस्ट इण्डिया कम्पनी का निर्माण किया गया। 1664 ई. में लुई चौदहवें ने भारत से व्यापार करने के लिए फ्रेंच ईस्ट इण्डिया कम्पनी की स्थापना की। फ्रांसीसियों ने 1667 ई. में सूरत में और 1669 ई. में मछलीपट्टम में फैक्टरियां खोलीं। पांडिचेरी में भी उन्होंने अपना प्रभाव जमाया।

यूरोपियन व्यापारियों का आपस में संघर्ष और अंग्रेजों के एकाधिकार की स्थापना (Struggle among European Traders and Establishment of the Monopoly of the Britishers)—सत्रहवीं शताब्दी तक भारत से कोई यूरोपीय देशों ने अपना व्यापार सम्बन्ध बढ़ा लिया। फलतः आपस में उनमें प्रतिद्वन्द्विता और प्रतिस्पर्द्धा पैदा होने लगी। वे एक-दूसरे को समाप्त कर भारत से व्यापारिक सम्बन्ध पर एकाधिकार जमाने की चेष्टा करने लगे। 1580 ई. में पुर्तगाल पर स्पेन का अधिकार हो गया था जिसके कारण भारत में पुर्तगालियों की शक्ति बहुत क्षीण हो गई। इसके अतिरिक्त सम्राट् शाहजहाँने मुसलमानों से उनकी शत्रुता के कारण बड़ी सख्ती से इन्हें दबाया। पुर्तगालियों को इन शक्तियों के अतिरिक्त अंग्रेजों से भी मुठभेड़ लेनी पड़ी जिस कारण

उनकी रही-सही शक्ति भी जाती रही।

दूसरी मुठभेड़ हालैंड और इंग्लैंड के व्यापारियों के बीच हुई। पुर्तगालियों की शक्ति नष्ट कर अंग्रेज हालैंड के व्यापारियों को नष्ट करने पर भिड़ गये। यद्यपि 1623 ई. में अम्बोयना के युद्ध में अंग्रेजों को भारी नुकसान उठाना पड़ा, लेकिन इसका बदला क्रामवेल ने हालैंड से 1654 ई. में ले लिया। इस युद्ध के बाद भारत में हालैंड की शक्ति एकदम क्षीण हो गई।

अभी तक विभिन्न यूरोपीय देशों के बीच संघर्ष का उद्देश्य व्यापारिक प्रभुत्व की प्राप्ति था। लेकिन फ्रांसीसियों और अंग्रेजों के बीच संघर्ष का उद्देश्य मुख्यतः भारत में राजनीतिक प्रभुत्व की स्थापना था। मुगल साम्राज्य अपनी अन्तिम साँस ले रहा था। केन्द्रीय सरकार शक्तिहीन हो चुकी थी और सूबेदार अपने को स्वतंत्र घोषित कर चुके थे। अंग्रेजों और फ्रांसीसियों ने इस स्थिति से लाभ उठाना चाहा और बिखरते हुए मुगल साम्राज्य की बेदी पर वे राजनीतिक प्रभुत्व जमाने की बात सोचने लगे। 1742 ई. में डुप्ले पांडिचेरी का गवर्नर बना। उसने देशी राजाओं की कमजोरी और अपनी फूट का लाभ उठाना चाहा। भारत पर प्रभुता स्थापित करने के लिए दक्षिण भारत में कर्नाटक से संघर्ष शुरू हुआ। अंग्रेजों और फ्रांसीसियों के बीच कर्नाटक में तीन युद्ध हुए। फ्रांसीसियों की हार हुई और अंग्रेजों की जीत। इस युद्ध ने भारत में अंग्रेजी राज के प्रसार का रास्ता साफ कर दिया।

ब्रिटिश ईस्ट इण्डिया कम्पनी के राजनीति प्रभुत्व की स्थापना (Establishment of Political Domination of the Biritsh East India Company)–अन्य विदेशी शक्तियों का मर्दन करने के बाद भारत में ईस्ट इण्डिया कम्पनी ने अपना राजनीतिक प्रभुत्व बढ़ाना शुरू कर दिया। उसकी राजनीतिक सत्ता का इतिहास 1757 की पलासी के युद्ध से शुरू होता है। यह युद्ध ईस्ट इण्डिया कम्पनी और बंगाल के नवाब सिराजुद्धौला के बीच हुआ था। बंगाल पर अधिकार जमाने के लिए लार्ड क्लाइव ने धोखा, विश्वासघात और कुचक्र का रास्ता अपनाया और सिराजुद्दौला को युद्ध में परास्त किया।

युद्ध के बाद अंग्रेजों ने मीरजाफर को बंगाल का नवाब बनाया। वह उनके हाथ की कठपुतली था। अंग्रेजों ने मीरजाफर से अनेकानेक विशेषाधिकार तथा अपार धन प्राप्त किया। लेकिन अंग्रेजों और मीरजाफर के बीच अधिक दिनों तक नहीं निभ सका और उसे गद्दी छोड़नी पड़ी और मीरकासिम नवाब

हुआ। उसने भी अंग्रेजों की न पटी। 1764 ई. में अंग्रेजों और मीरकासिम के बीच बक्सर का युद्ध हुआ। अंग्रेज विजयी रहे। 1765 ई. में दिल्ली के शासक शाहआलम से संधि कर उन्होंने बंगाल, बिहार और उड़ीसा के दीवानी अधिकार प्राप्त किये जिसके बदले में बादशाह को पेंशन देने लगे। इस प्रकार अंग्रेजों का बंगाल, बिहार और उड़ीसा के शासन पर अधिकार हो गया, वहाँ के नवाब उनके हाथ के कठपुतली बन गये और दिल्ली का बादशाह उनका पेंशनर हो गया।

ईस्ट इण्डिया कम्पनी का शासन-प्रबन्ध (Administration of the East Indian Company)

कम्पनी का उद्भव एवं विकास (Origin and Growth of the East India Company)—अंग्रेज भारत में व्यापारी के रूप में आये। उन्होंने भारत तथा पूर्वी एशिया के देशों से व्यापार करने के लिए 1600 ई. ईस्ट इण्डिया कम्पनी की स्थापना की। महारानी एलिजाबेथ के शाही अधिकार-पत्र (The Royal Charter) द्वारा उन्हें इन देशों के साथ व्यापार करने का अनन्य अधिकार मिला। कम्पनी ने अधिकारों को 1609, 1659, 1661, 1679, 1683 और 1686 ई. के शाही अधिकार-पत्रों द्वारा संशोधित और नियमित किया। कम्पनी एक अर्द्ध-संप्रभु (semi-sovereign) निकाय बन गई। इसे भारत में अपने कर्मचारियों के सम्बन्ध में दीवानी, फौजदारी और सैनिक कानून बनाने का अधिकार मिला। यहाँ तक कि युद्ध एवं शांति के सम्बन्ध में भी इसे अधिकार दिया गया। इन वर्षों में कम्पनी के कर्मचारियों ने भारी सम्पत्ति अर्जित की। जब वे इंग्लैंड लौटकर गये तो उनकी अपार धनराशि देखकर उन्हें 'नवाब' (Nobobs) कहा जाने लगा। इसने दूसरे ब्रिटिश व्यापारियों में ईर्ष्या पैदा की और वे कम्पनी के एकाधिकार की समाप्ति की मांग करने लगे। 1698 में दूसरे व्यापारियों ने पूर्वी एशिया के देशों में व्यापार करने के लिए एक नयी कम्पनी की स्थापना की। अन्त में दोनों कम्पनियों की प्रतिद्वन्द्विता को दूर करने के लिये उन्हें मिलाकर एक कम्पनी रहने दिया गया। 18वीं शताब्दी में कम्पनी की शक्तियों को नियमित और विस्तृत करने के लिए कई अधिकार-पत्र निर्मित किये गये। धीरे-धीरे ईस्ट इण्डिया कम्पनी एक व्यापारिक संस्था ही नहीं रह गयी। उसने बम्बई, कलकत्ता और मद्रास में व्यापारिक केन्द्रों (trading

Centres) की स्थापना की। ये केन्द्र छोटे 'कोलोनी' के रूप में थे। जहाँ कम्पनी के दफ्तर थे और जिनकी सुरक्षा के लिए अलग सेना रहती थी। प्रत्येक कोलोनी का नियन्त्रण एक अध्यक्ष (President) अथवा सपरिषद् गवर्नर के अधीन रहता था। गवर्नर परिषद के सदस्यों की सहायता से शासन करता था। 17वीं शताब्दी के अन्त तक ईस्ट इण्डिया कम्पनी ने समुद्री तट के प्रमुख बन्दरगाहों को प्राप्त कर लिया। आरम्भ में इसे पुर्त्तगाली, डच तथा फ्रांसीसी कम्पनियों से व्यापारिक सुविधाओं के लिए मुठभेड़ करनी पड़ी। अन्त में, इसने अपने प्रतिद्वन्द्वियों को हराकर व्यापारिक एकाधिकार प्राप्त कर लिया। आरम्भ में ईस्ट इण्डिया कम्पनी एक नियमित कम्पनी (Regulated Company) थी। 1657 ई. में यह एक संयुक्त साझेदारी निगम (Joint Stock Corporation) बन गई। यह एक स्वतन्त्र संस्था थी जिसकी स्थापना और अधिकारों को शाही अधिकार-पत्रों द्वारा नियमित किया गया था। इसके कार्यों के संचालन के लिये इंग्लैंड में दो समितियां थीं–स्वामी-मंडल (Court of Proprietors) एवं संचालक-मंडल (Court of Directors)।

2. भारत में राष्ट्रीय आंदोलन

राष्ट्रीय आन्दोलन का अर्थ

भारतीय राष्ट्रीय आन्दोलन की कहानी भारतीयों द्वारा स्वतन्त्रता-प्राप्ति के लिए संग्राम का इतिहास है। हय ब्रिटिश सत्ता की गुलामी से मुक्ति पाने के लिए भारतीयों द्वारा स्वतन्त्रता-प्राप्ति के लिए संग्राम का इतिहास है। यह ब्रिटिश सत्ता की गुलामी से मुक्ति पाने के लिए भारतीयों द्वारा संचालित एवं संगठित आन्दोलन है। यह राष्ट्रीय एकता तथा स्वतन्त्रता के महत्त्व का बोध कराता है। यह उन्हें राष्ट्र के लिए त्याग की शिक्षा देता है। यह उनमें देश-भक्ति तथा देश-प्रेम की भावना भरता है; एवं पूर्वजों की वीर-गाथा से उनकी रगों में आजादी की भावना का संचार करता है।

ऐतिहासिक पृष्ठभूमि

भारतीय राष्ट्रीय आन्दोलन की शुरूआत वस्तुतः 1885 ई. में कांग्रेस की स्थापना के साथ हुई। लेकिन उसके कई वर्षों पूर्व से ही भारत में अंग्रेजी राज्य की स्थापना हो चुकी थी। भारत में ब्रिटिश शासन की शुरूआत ईस्ट इंडिया कम्पनी की स्थापना के साथ हुई।

16वीं शताब्दी में भारत अपने गौरव के शिखर पर पहुँच चुका था। उसके अतुल धन की चर्चा दूर-दूर के देशों में होने लगी थी। अतः यूरोपवासियों ने उससे व्यापारिक-सम्बन्ध बढ़ाना शुरू दिया। शुरू में थल-मार्ग और बाद में

जल-मार्ग से व्यापार होना शुरू हो गया। ब्रिटिश व्यापारी भी अन्य यूरोपीय देशों के व्यापारियों की भांति भारत से व्यापार करने लग गये। कई साहसी ब्रिटिश व्यापरियों ने भारत तथा पूर्वी देशों के साथ व्यापार करने के लिए 1599 ई. में ईस्ट इण्डिया कम्पनी की स्थापना की। 1600 ई. में महारानी एलिजाबेथ से इस कम्पनी ने भारत से व्यापार करने का आज्ञा-पत्र तथा सशस्त्र नाविक सेना संगठित करने का अधिकार प्राप्त किया। कम्पनी के साथ शासन-व्यवस्था के लिए एक प्रबन्ध-समीति की भी स्थापना हुई। बाद में कम्पनी एक संयुक्त साझेदारी का निगम बन गई और उसके प्रबन्ध के लिए स्वामियों की समिति (Court of Proprietors) और संचालकों की समिति (Court of Directors) संगठित की गई।

शुरू में ईस्ट इण्डिया कम्पनी का उद्देश्य शान्तिपूर्ण तरीके से व्यापार करना था। उसने लगभग एक शताब्दी तक शान्तिपूर्ण व्यापार के तरीके को अपनाये रखा। उसने भारत से व्यापार करने के लिए समुद्री-तट के विभिन्न स्थानों पर कई व्यापार-केन्द्रों की स्थापना की। कम्पनी ने 1615 ई. में जहाँगीर के दरबार में सर टॉमस रो को राजदूत के रूप में भेजा और व्यापारिक केन्द्रों, जिन्हें फैक्ट्री कहते थे कि स्थापना की अनुमति ली। सूरत, मछलीपट्टम, मद्रास, बम्बई तथा कलकत्ता में फैक्ट्ररियों की स्थापना हुई। ये व्यापारिक केन्द्र बाद में बड़े-बड़े बन्दरगाह तथा राजनीतिक केन्द्र के रूप में विकसित हुए।

कम्पनी बहुत दिनों तक शान्तिपूर्ण व्यापार की नीति का अनुसरण न कर सकी। उसने राजनीतिक झगड़ों में भाग लेना शुरू किया तथा वह एक व्यापारिक संस्था न रहकर राजनीतिक संस्था बन गई। कम्पनी द्वारा नीति-परिवर्तन के दो मुख्य कारण थे। **पहला कारण** था तत्कालीन भारत की अव्यवस्थित एवं अराजकतापूर्ण स्थिति। 1707 ई. में मुगल सम्राट् औरंगजेब की मृत्यु के बाद उसके उत्तराधिकारी साम्राज्य को नियन्त्रित तथा एकबन्ध न रख सके। आन्तरिक प्रशासन छिन्न पड़ गया; देश के विभिन्न भागों में फैले शासक, नवाब, सामन्त तथा राजा अपनी-अपनी पृथक् सत्ता, स्थापित करने लगे; देश टुकड़े-टुकड़े में बँट गया। **कुपलैंड** के शब्दों में, "हर जगह स्थानीय शक्तिशाली व्यक्ति जाति तथा वंश के सरदार, महत्वाकांक्षी व्यक्ति और भाग्यशाली सिपाही भूमि तथा शक्ति के लिए आपस में लड़ने लगे। कानूनी अनुशक्ति का नामोनिशान न रहा। हर जगह जिसकी लाठी उसकी भैंस की स्थिति कायम हो

गई।" परिणामतः कम्पनी के लिए सुरक्षा के हेतु मुगल सम्राट् पर निर्भर करना असंभव हो गया। उसे अपनी ताकत पर भरोसा करना पड़ा। अतः उसने अपनी सैनिक शक्ति को बढ़ाना शुरू किया तथा वह आवश्यकतावश राजनीतिक विवादों में भाग लेने लगी। कम्पनी द्वारा राजनीतिक क्षेत्र में प्रवेश करने का **दूसरा कारण** यह था कि उसे कुछ अन्य ब्रिटिश कम्पनियों की पारस्परिक स्पर्धा को दूर करने के लिए उन्हें 1708 ई. में मिलाकर एक संयुक्त कम्पनी की स्थापना की गई। ईस्ट इण्डिया कम्पनी को मुख्यतः फ्रांस, डच तथा पुर्तगाल की कम्पनियों से राजनीतिक सत्ता को अपनाने के लिए संघर्ष करना पड़ा। डच तथा पुर्तगालियों से ईस्ट इण्डिया कम्पनी को किसी प्रकार की बाधा न पहुंचा क्योंकि फ्रांसीसी कम्पनी के विरोध के कारण उसका पहले ही पतन हो चुका था। प्रभुत्व जमाने के लिए वास्तविक संघर्ष फ्रांसीसी तथा ब्रिटिश कम्पनियों के बीच हुआ। लेकिन क्लाइव की सैनिक सूझ-बूझ के कारण फ्रांसीसी कम्पनियों को मुँह की खानी पड़ी। 1760 ई. में वाण्डिवास की लड़ाई में फ्रांसीसियों को पराजित होना पड़ा। अन्त में पेरिस की सन्धि के अनुसार फ्रांस को पांडीचेरी तथा कुछ अन्य बस्तियों से संतोष करना पड़ा और वे सदैव के लिए भारतीय राजनीतिक क्षेत्र से हट गये।

1757 का पलासी का युद्ध ईस्ट इण्डिया कम्पनी के इतिहास में सर्वाधिक महत्वपूर्ण घटना घटी। इस युद्ध में बंगाल के नवाब सिराजुद्दौला को पराजित कर कम्पनी ने राजनीतिक प्रभुत्व स्थापित किया। 1764 ई. में कम्पनी ने बक्सर की लड़ाई में मुगल सम्राट शाह आलम को पराजित किया जिसके परिणामस्वरूप कम्पनी को बंगाल, बिहार और उड़ीसा पर दीवानी के अधिकार मिले। कम्पनी को सभी प्रकार के करों की वसूली और नागरिक प्रशासन के अधिकार भी प्राप्त हुए। इस प्रकार भारत में ब्रिटिश शासन की नींव पड़ीं।

1765 ई. से कम्पनी के माध्यम से भारत में ब्रिटिश शासन की शुरुआत हुई। कम्पनी का शासन एक संचालक-बोर्ड की देख-रेख में होता था तथा ब्रिटिश सरकार किसी भी प्रकार का हस्तक्षेप नहीं करती थी। फलतः कम्पनी के कर्मचारियों ने बिना किसी रुकावट के राजनीतिक सत्ता का दुरुपयोग करना शुरू किया। शासन में अन्धेर गर्दी, लुटेरापन, अत्याचार और बेईमानी की धूम मच गई। कम्पनी के कर्मचारी छटकर बेईमानी, लूट, रिश्वतखोरी, दमन और शोषण में लग गए। कम्पनी के शासन की बिगड़ती दशा से इंग्लैंड में भारी

क्षोभ हुआ। भारतीय उपनिवेश का शासन एक निजी कम्पनी के हाथ में छोड़ा जाना अनुचित समझा जाने लगा। इस स्थिति को दूर करने के लिए ब्रिटिश सरकार को हस्तक्षेप करना पड़ा जिसके परिणामस्वरूप 1773 ई. में रेगुलेटिंग ऐक्ट (Regulating Act) पास किया गया।

1773 ई. के रेगुलेटिंग ऐक्ट द्वारा ब्रिटिश सरकार ने कम्पनी के शासन-कार्य को नियन्त्रित करना शुरू किया। शासन की जिम्मेदारी बंगाल के गवर्नर जनरल और उसकी कार्यकारिणी परिषद् को सौंप दिया गया। न्यायिक मामलों के लिए एक सर्वोच्च न्यायालय की भी स्थापना की गई। नयी व्यवस्था के अनुसार कम्पनी का शासन ब्रिटिश मन्त्रिमण्डल की देख-रेख में होने लगा। यह अधिनियम कम्पनी का शासन को नियमित और नियन्त्रित करने की दिशा में पहला महत्त्वपूर्ण कदम था। ब्रिटिश सरकार ने इस दिशा में धीरे-धीरे कई बार कदम उठाया। 1781 ई. में संशोधन अधिनियम द्वारा रेगुलेटिंग ऐक्ट के दोषों को दूर करने का प्रयत्न किया गया। 1784 ई. में पिट का भारतीय अधिनियम (Pitt's India Act, 1784) पास हुआ जिसके द्वारा महत्त्वपूर्ण सुधार लाया गया। एक नियन्त्रण-मण्डल (Board of Control) की स्थापना की गई जिसे अधीक्षण, निर्देशन और नियन्त्रण के व्यापार अधिकार दिये गये। इसके पश्चात् 1793, 1813, 1833 और 1853 में चार्टर अधिनियम (Charter Act) पारित किये गये और कम्पनी के अधिकार तथा शासन-पद्धति के महत्वपूर्ण सुधार लाये गये। इनके द्वारा कम्पनी को अधिक नियन्त्रित किया गया तथा भारतीय शासन में ब्रिटिश सरकार के हस्तक्षेप को काफी बढ़ा दिया गया। इस प्रकार संवैधानिक दृष्टिकोण से कम्पनी के शासन में काफी परिवर्तन लाया गया।

दूसरी ओर राजनीतिक दृष्टिकोण से भी कम्पनी के अधिकार क्षेत्र में काफी विस्तार हुआ। 1773 से 1856 ई. तक की अवधि में कम्पनी ने देशी रियासतों से कई छोटी-बड़ी लड़ाइयाँ लड़ीं और उन्हें परास्त कर विस्तृत भू-भाग को अपने अधिकार में कर लिया। 18वीं सदी के मध्य तक कम्पनी के हाथ में भारत का बड़ा भू-भाग आ चुका था तथा अधिकांश देशी राजे सन्धियों द्वारा उसके चंगुल में फँस गये थे।

इतने बड़े भू-भाग का शासन कम्पनी के हाथ में छोड़ देना उचित नहीं था। यद्यपि ब्रिटिश सरकार ने कम्पनी की आड़ में शासन करना शुरू कर दिया था लेकिन वह मौके की ताक में था कि अनुकूल अवसर मिलते ही वह शासन

को अपने हाथ में ले ले। सन् 1857 ई. की सशस्त्र क्रांति ने उसे ऐसा अवसर दिया। 1 नवम्बर 1858 को महारानी विक्टोरिया की घोषणा-पत्र द्वारा कम्पनी के शासन का अन्त कर उसके स्थान पर ब्रिटिश साम्राज्ञी का प्रत्यक्ष आधिपत्य स्थापित किया गया। ब्रिटिश संसद द्वारा निर्मित कानूनों के अन्तर्गत भारतीय शासन-व्यवस्था का संचालन होने लगा। समय-समय पर संसद ने इस हेतु अनेक अधिनियम पास किये। अन्त में 15 अगस्त, 1947 ई. को भारत को स्वतन्त्रता प्राप्ति हुई तथा उन्हें ब्रिटिश सत्ता की गुलामी की जंजीरों से मुक्ति मिली। आजादी को प्राप्त करने के लिए भारतीयों को लगभग एक शताब्दी तक भीषण संघर्ष करना पड़ा। इस संघर्ष की कहानी भारतीय राष्ट्रीय आन्दोलन का इतिहास है।

राष्ट्रीय आंदोलन (National Movement)

उन्नीसवीं शताब्दी के उत्तरार्द्ध का काल भारत में राष्ट्रीयता के जन्म का काल कहा जाता है। वस्तुतः अठारहवीं और उन्नीसवीं सदी के समाज सुधारक भारतीय राष्ट्रीय आंदोलन के प्रवर्तक थे। उन्होंने शिक्षित नागरिक वर्ग में जागृति फैलाई जिसने राजनीतिक चेतना को जन्म दिया और स्वाधीनता आंदोलन का संगठन हुआ। इस काल में अनेक राष्ट्रीय संगठनों का निर्माण हुआ जिनमें इंडियन एसोसिएशन (1876) ईस्ट इंडिया एसोसिएशन (1869), बॉबे ऐसोसिएशन (1852) प्रमुख हैं। इन संगठनों ने देश के विभिन्न भागों में राजनीतिक चेतना जगाने का बहुमूल्य काम किया। सन् 1858 के स्वतंत्रता संग्राम की असफलता का मुख्य कारण यही था। कि 'यह स्वाधीनता प्राप्ति का सामूहिक प्रयत्न नहीं था।' किंतु इसमें भारतीय असंतोष की व्यापक अभिव्यक्ति हुई थी। सन् 1861 से 1885 तक एक नूतन चेतना का अभ्युदय हुआ जिसकी अभिव्यक्ति 'इंडियन नेशनल कांग्रेस' के रूप में हुई। इस समय देश में जिस राष्ट्रीयता का अभ्युदय हुआ, उसका प्रमुख लक्ष्य विदेशी शासन से मुक्ति पाना बन गया।

राष्ट्रीय आंदोलन के कारण

भारत में राष्ट्रीय चेतना की जागृति के प्रमुख कारण निम्न हैंः

1. राजनीतिक एकता की स्थापना–अंग्रेजों ने पहली बार सारे देश में

एक टिकाऊ केंद्रीय शासन स्थापित कियाा, जिसके अंतर्गत बाहरी आक्रमण और आंतरिक अशांति से मुक्ति मिली। अंग्रेजों से पूर्व भारत अनेक छोटे-छोटे खंडों एवं राज्यों में विभाजित था। उनके शासन में पहली बार एक ही कानून तथा न्याय-व्यवस्था की स्थापना हुई। इसी राजनीतिक एकता की बुनियाद पर भारत की राष्ट्रीय एकता निर्मित हुई। जवाहर लाल नेहरू के अनुसार, "ब्रिटिश शासन द्वारा स्थापित भारत की राजनीतिक एकता सामान्य अधीनता की एकता थी, लेकिन उसने सामान्य राष्ट्रीयता की एकता को जन्म दिया।"

2. धार्मिक आंदोलन—धार्मिक पुनरूत्थान और भारत के प्राचीन वैभव के प्रति श्रद्धाभाव के कारण भी राष्ट्रीयता को प्रेरणा मिली। राजा राममोहन राय के नेतृत्व में ब्रह्म समाज ने सामाजिक, धार्मिक, राजनीतिक तथा शिक्षा संबंधी सुधारों का श्रीगणेश करके राष्ट्रीय चेतना को जाग्रत किया। 'सत्यार्थ प्रकाश' में स्वामी दयानंद ने स्पष्ट लिखा कि "स्वदेशी राज्य चाहे वह कितनी ही त्रुटियों से पूर्ण हों, अच्छे-से-अच्छे विदेशी राज्य से कहीं अधिक अच्छा है।" रामकृष्ण परमहंस का स्पष्ट मत था कि भारत की समस्याओं का निवारण भारतीय धर्म और संस्कृति द्वारा ही हो सकता है। थियोसोफिकल सोसायटी ने अनेक सामााजिक और धार्मिक गतिविधियों द्वारा भारतीयों में राष्ट्रवाद की ज्योति जाग्रत की और भारतीय जनता में आत्मविश्वास पैदा किया।

3. पाश्चात्य शिक्षा का योगदान—भारतीय राष्ट्रवाद की प्रेरणा शक्ति पाश्चात्य शिक्षा और साहित्य भी रहा है। अंग्रेजी साहित्य ने भारतीयों में स्वाधीनता की भावना जाग्रत की। बायरन, वर्ड्सवर्थ तथा मिल्टन की रचनाओं ने भारतीयों को स्वतंत्रता व मानवीय महत्ता का एक नया संदेश दिया। अंग्रेजी साहित्य के जरिए भारतीय पश्चिमी विचारधारा, जिसका आधार स्वतंत्रता और समानता की अवधारणा है, के संपर्क में आए। मेकडॉनल्ड के अनुसार, "स्पेंसर का व्यक्तिवाद तथा मॉर्ले का उदारवाद वह शस्त्र है जिन्हें भारत ने हमसे छीनकर हमारे ही विरूद्ध प्रयुक्त करना शुरू कर दिया।" अंग्रेजी भाषा से भारतवासी एक-दूसरे के निकट आए और एक-दूसरे के विचारों को भली-भांति समझने लगे।

4. अंग्रेजों की शासकीय नीति—अंग्रेजों की भारतीयों के प्रति अलगाव और दुर्भावनापूर्ण नीति के परिणामस्वरूप भी राष्ट्रीयता की ज्योति प्रज्वलित हुई। अंग्रेजों ने जातीय भेदभाव की नीति अपनाई। वे भारतीयों को ऐसा जंतु

समझते थे। जो आधा वनमानुष और आधा नीग्रो था। लॉर्ड लिटन ने अनेक मूर्खतापूर्ण कार्य किए। जिससे भारतीय उत्तेजित हुए। भारतीय नागरिक सेवा की आयु 21 वर्ष से घटाकर 19 वर्ष कर दी गई जिससे 'इंडियन एसोसिएशन' को आंदोलन का अवसर मिला। सन् 1877 में, जबकि भारत में अकाल था, उसने विशाल दरबार आयोजित कर विक्टोरिया को भारत की महारानी घोषित किया। सन् 1878 में वर्नाक्युलर प्रेस एक्ट पारित कर समाचार पत्रों पर आघात किया। 'इल्बर्ट बिल' विवाद ने भारतीयों को यह पाठ पढ़ाया कि संगठन ही शक्ति है।

5. आर्थिक असंतोष–19 वीं सदी के उत्तरार्द्ध और 20 वीं सदी के पूर्वाद्ध में भारत की जनसंख्या तेजी से बढ़ी; मगर खेती की पैदावार उतनी नहीं बढ़ सकी। प्रति व्यक्ति वास्तविक आय भी नहीं बढ़ी, बल्कि आय का प्रतिशत कम ही हुआ। पुराने घरेलू उद्योग-धंधे, नई मिलों और कारखानों के कारण बर्बाद हो रहे थे। इन सबसे देश में अभाव और कष्ट बढ़ा।

6. समाचार पत्र–अंग्रेजी और भारतीय भाषाओं के समाचारपत्रों ने राष्ट्रीय जागृति को उत्पन्न किया और उसका पोषण किया। भारतीय पत्रों ने सरकारी नीति की आलोचना की और राष्ट्रवाद का प्रतिपादन किया। समाचार पत्रों ने शिक्षित वर्ग को जगाया और उनमें स्वदेश-भक्ति की भावना और राष्ट्रीय चेतना के बीज बोए।

कांग्रेस की स्थापना (The Indian National Congress)

सन् 1885 में 'इंडियन नेशनल कांग्रेस' की स्थापना भारत की आधुनिक राजनीति की ऐतिहासिक घटना थी। इसकी स्थापना प्रायः आकस्मिक ही हो गई और शुरू में इसे अंग्रेजों का सहयोग और अधिकारियों की सद्भावना मिली। इसके एक विराट् संगठन का रूप धारण किया और राष्ट्रीय आंदोलन को संगठित नेतृत्व प्रदान किया। कांग्रेस की स्थापना के समय भारत में अनुकूल परिस्थितियाँ उत्पन्न हो चुकी थीं, उदाहरणार्थ, प्रथम, इस समय भारत में अनेक राष्ट्रीय संगठनों का निर्माण हुआ। इनमें बॉम्बे एसोसिएशन, इंडियन एसोसिएशन ईस्ट इंडिया एसोसिएशन, ईस्ट-इंडिया एसोसिएशन प्रमुख हैं। कांग्रेस की स्थापना हेतु पथ प्रशस्त करने में इन संगठनों का बहुमूल्य हाथ रहा। द्वितीय, बंबई के प्रसिद्ध पारसी नेता दादाभाई नौराजी, जो ब्रिटिश संसद

के पहले भारतीय सदस्य हुए, अंग्रेजी राज्य के प्रबल आलोचक थे। उनका कहना था कि अंग्रेजी राज्य भारत का शोषण कर रहा है। वे राजनीतिक कार्य के समर्थक थे। तृतीय, इल्बर्ट बिल विवाद ने भारतीय प्रबुद्ध वर्ग को समझाया कि 'संगठन में ही शक्ति है' और 1883 में एक 'नेशनल कॉफ्रेंस बुलाई गई। वस्तुतः इस कॉफ्रेंस में ही कांग्रेस की नींव रखी गई। चतुर्थ, कांग्रेस के जन्मदाता ए. ओ. ह्यूम माने जाते हैं। ह्यूम ने 1 मार्च 1883 को कलकत्ता विश्वविद्यालय के स्नातकों के नाम एक खुला पत्र संबोधित किया और उनसे राष्ट्रीय सेवा के लिए आत्मसमर्पण करने की अपील की। उन्होंने वायसराय डफरिन के सुझाव पर उक्त संस्था को राजनीतिक रूप दिया एवं स्वयं इंग्लैंड जाकर उसके लिए अनुकूल वातावरण बनाया। 18 दिसंबर, 1885 को राष्ट्रीय महत्व के राजनीतिक विषयों पर विचार करने के लिए कांग्रेस का प्रथम सम्मेलन बंबई में हुआ।

भारतीय राष्ट्रीय कांग्रेस की स्थापना के कई कारण थे। प्रथम, भारत की राष्ट्रीय चेतना–19 वीं शताब्दी के अंतिम चौथाई का काल भारत में राष्ट्रीयता के जन्म का काल कहा जा सकता है। पाश्चात्य शिक्षा और साहित्य के संपर्क में आने से भारतीयों में स्वतंत्रता एवं लोकतंत्र की आकांक्षा बलवती हुई। द्वितीय, तात्कालिक परिस्थितियां–इस समय देश अभाव, अकाल, निर्धनता तथा कष्टों के दौर से गुजर रहा था। देश में व्यापक असंतोष, बेकारी और भूखमरी का साम्राज्य था। दूसरी तरफ अंग्रेजी राज अकर्मण्य बना रहा। ह्यूम के अनुसार, "भारत में राजनीतिक अशांति अंदर-ही-अंदर बढ़ रही थी।" ऐसी भयंकर परिस्थिति में राजनीतिक संगठन का निर्माण ही स्वाभाविक ही था। डॉ. पट्टाभि रीतारमैगा के अनुसार, "भारतीय राष्ट्रीय कांग्रेस की स्थापना आर्थिक एवं राजनीतिक कारणों के संयोग तथा राजनीतिक दासता की अनुभूति का परिणाम थी।" तृतीय, ब्रिटिश साम्राज्य की सुरक्षा की भावना–ऐसा कहा जाता है कि कांग्रेस की स्थापना का प्रमुख कारा ब्रिटिश साम्राज्य के निहित स्वार्थों को पूरा करना था। रजनी पामदत्त के अनुसार, "ब्रिटिश सरकार द्वारा प्रत्यक्ष रूप से निर्धारित नीति के अंतर्गत तथा उसकी पहल पर, वायसराय के साथ गुप्त रूप से पूर्वनिर्धारित एक योजना केअनुसार राष्ट्रीय कांग्रेस का निर्माण वास्तव में इस उद्देश्य से हुआ था कि वह भारत में अंग्रेजी शासन का संरक्षण जनता के बढ़ते हुए असंतोष तथा अंग्रेज विरोधी भावना से कर सके।" लाला

लाजपतराय का भी कहना था, "कांग्रेस की स्थापना का मुख्य उद्देश्य अंग्रेजी साम्राज्य को खतरे से बचाना था, भारत की राजनीतिक स्वतंत्रता के लिए प्रयत्न करना नहीं।" ह्यूम ने अपने मित्र आकलैंड कालबिन ने कहा बताया जाता है कि ब्रिटिश साम्राज्य के भविष्य को अक्षुण्ण बनाए रखने के लिए तथा ब्रिटिश साम्राज्य-विरोधी बढ़ती हुई शक्तियों को निकाल देने के लिए सुरक्षा नली का काम करने वाली एक राष्ट्रव्यापी संस्था की इस समय बड़ी आवश्यकता है। इस प्रकार उत्पत्ति में कांग्रेस सरकार द्वारा प्रतिपादित संस्था थी जो भारत में उत्पन्न हुई तथा एक प्रबल और बढ़ते हुए असंतोष से निष्कासन के लिए एक सुरक्षा नली के उद्देश्य से निर्मित की गई थी। चतुर्थ, ह्यूम की मानवीय दुर्बलता—ह्यूम एक रिटायर्ड अंग्रेज अधिकारी थे, जिनके हृदय में भारतीयों के प्रति सहानुभूति और अंग्रेजी शासन के प्रति घृणा के भाव विद्यमान थे। उन्होंने कलकत्ता विश्वविद्यालय के स्नातकों को लिखे अपने पत्र में लिखा था—"प्रत्येक राष्ट्र ठीक वैसी ही सरकार प्राप्त कर लेता है जिसके लिए वह योग्य होता है। यदि आप लोग जो देश की आशाओं के केंद्र हैं तथा उच्च शिक्षा प्राप्त किए हुए है, अपने सुख-चैन तथा स्वार्थ को त्यागकर स्वाधीनता प्राप्त करने के काम में नहीं लग सकते.....तब कहना होगा कि उन्नति की सब आशाएं व्यर्थ हो गई हैं।" ह्यूम के ऐसे ओजस्वी विचारों के प्रभावस्वरूप भारतीयों के संगठन-निर्माण की भावना बलवती हुई और कांग्रेस का जन्म हुआ। पंचम, सहकारी सहयोग—कांग्रेस की स्थापना में ब्रिटिश सरकार तथा तात्कालिक वायसराय डफरिन की उदार नीतियों भी जिम्मेदार रही हैं। डफरिन चाहते थे कि भारतीयों की एक ऐसी संस्था अवश्य होनी चाहिए जिसके अधिवेशन प्रतिवर्ष हों और जिसके द्वारा शासक और शासित में संपर्क स्थापित हों। इससे सरकार को अपनी त्रुटियां भी मालूम होती रहेंगी।

कांग्रेस का प्रथम अधिवेशन दिसंबर 1885 में बंबई में हुआ। इनमें 73 प्रतिनिधियों ने भाग लिया। अधिकांश लोग अंग्रेजी पढ़े-लिखे थे। कतिपय व्यापारी, जमींदार तथा वकील भी इसमें सम्मिलित हुए। व्योमेशचंद्र बनर्जी कांग्रेस के प्रथम सभापति तथा मि. ह्यूम प्रथम सचिव थे। कांग्रेस ने प्रारंभ से ही निम्नलिखित मांगे प्रस्तुत कीं :

1. विधान परिषदों का विस्तार किया जाए,
2. परिषदों में निर्वाचित सदस्यों की संख्या में वृद्धि की जाएं,

3. बजट पर वाद-विवाद करने का अधिकार दिया जाए,

4. उच्च सरकारी नौकरियों में भारतीयों को पूरा अवसर दिया जाए,

5. सैनिक व्यय में कमी की जाए, और

6. एक रॉयल कमीशन भारतीय प्रशासन की जांच करें।

कांग्रेस के निम्नलिखित ध्येय बताए गएः

1. विभिन्न भागों और क्षेत्रों में कार्य करने वालों में घनिष्ठता और प्रेम बढ़ाना,

2. संकुचित मनोवृत्तियों को भुलाकर भारतीयों में मैत्री-भाव उत्पन्न करना,

3. सामाजिक प्रश्नों पर योग्य व शिक्षित व्यक्तियों के निर्णयों, का संग्रह करना, तथा

4. उन उपायों को खोजना जिनसे भारत का कल्याण किया जा सके।

कांग्रेस का द्वितीय अधिवेशन दिसंबर 1886 में कलकत्ता में हुआ। इस अधिवेशन की अध्यक्षता दादाभाई नौराजी ने की। इस अधिवेशन में 406 प्रतिनिधि सम्मिलित हुए। वायसराय ने प्रतिनिधियों को एक भोज दिया। दादाभाई नौराजी ने अपने भाषण में घोषणा की कि 'हमारा रोम-रोम राजभक्त है।' कांग्रेस ने प्रस्ताव पारित करके मांग की कि जूरी-प्रथा को अधिक-से-अधिक मान्यता दी जाए, निर्वाचन की मांग की गई तथा अनुरोध किया गया कि भारतीयों की सेना में भर्ती का अवसर दिया जाए। कांग्रेस का तीसरा अधिवेशन मद्रास में हुआ। मद्रास के गवर्नर ने कांग्रेस के प्रतिनिधियों को राजभवन मे निमंत्रित किया। अधिवेशन में मांग की गई कि भारत में सैनिक विद्यालय की स्थापना की जाए, तथा शस्त्र कानूनों के नियमों में परिवर्तन किया जाए। 1888 में कांग्रेस का चतुर्थ अधिवेशन इलाहाबाद में हुआ। अब सरकार का कांग्रेस के प्रति कठोर रूख हो गया, तथा सरकारी अधिकारियों को यह आदेश दिया गया कि वे कांग्रेस के अधिवेशन में सम्मिलित न हों। पिछले प्रस्तावों को दोहराते हुए कांग्रेस ने यह मांग की कि सरकार भारत की औद्योगिक उन्नति व शिक्षा की उन्नति हेतु ठोस कदम उठाए। 1889 के पंचम अधिवेशन में कांग्रेस ने भूमि कर संबंधी नीति में सुधार करने के लिए एक प्रस्ताव स्वीकृत किया। 1892 के आठवें अधिवेशन में सरकार की मुद्रा नीति में सुधार करने के संबंध में एक नूतन प्रस्ताव स्वीकृत किया गया। 1893 के

नवम् अधिवेशन में कांग्रेस ने बेगार समाप्ति हेतु एवं मेडिकल सिविल सर्विस के गठन हेतु प्रस्ताव पारित किया। कांग्रेस का दसवां अधिवेशन (1894) मद्रास में हुआ तथा सरकार की वस्त्र उद्योग पर उत्पादन कर नीति का विरोध किया गया। सन् 1900 ई. में कांग्रेस का लाहौर अधिवेशन हुआ तथा दक्षिणी अफ्रीका में भारतीयों के साथ बरती जाने वाली भेदपूर्ण नीति का विरोध किया गया। 1903 में लाल मोहन घोष की अध्यक्षता में अधिवेशन हुआ तथा दक्षिणी अफ्रीका में भारतीय सेना के प्रयोग पर आपत्ति की गई। 1904 में हेनरी काटन की अध्यक्षता में कांग्रेस का अधिवेशन हुआ तथा लॉर्ड कर्जन की प्रतिगामी नीतियों की आलोचना की गई। 1905 में गोखले के सभापतित्व में कांग्रेस का अधिवेशन हुआ तथा बंग-भंग का विरोध किया गया व भारतीयों की स्थिति सुधारने हेतु प्रार्थना की गई।

कतिपय विचारको का यह मत है कि कांग्रेस ब्रिटिश शासन की संतान थी। उनके द्वारा सामान्यता निम्न तर्क प्रस्तुत किए जाते हैं : प्रथम कांग्रेस का निर्माण ब्रिटिश राज्य के हितों व स्वार्थों की पूर्ति के लिए किया गया था। द्वितीय, कांग्रेस की स्थापना एक रिटायर्ड अंग्रेज ह्यूम द्वारा की गई थी और ह्यूम कांग्रेस की सुरक्षा नली के रूप में प्रयुक्त करना चाहते थे। तृतीय, वायसराय डफरिन ने भी कांग्रेस को पुष्पित तथा पल्लवित होने का अवसर दिया। गोखले ने लिखा है–"कोई भी भारतीय कभी राष्ट्रीय कांग्रेस की स्थापना कर ही नहीं सकता था। इस समय प्रत्येक राजनीतिक आंदोलन को ऐसा संदिग्ध दृष्टि से देखा जाता था कि यदि कांग्रेस का जन्मदाता एक प्रसिद्ध अंग्रेज तथा सफल भूतपूर्व कर्मचारी न होता तो सरकार तुरंत ही इस आंदोलन के दमन का कोई उपाय निकाल लेती।"

फिर भी यह तो स्वीकार करना ही पड़ेगा कि कांग्रेस, एक विशुद्ध भारतीय संस्था थी। कांग्रेस की स्थापना एक अंग्रेज ने की, तथा वायसराय ने कांग्रेस की स्थापना में सहयोग दिया, इससे यह निष्कर्ष निकालना कि कांग्रेस ब्रिटिश शासन की संतान थी अथवा वह केवल ब्रिटिश साम्राज्य की नींव सुदृढ़ करने के विचार से बनाई गई थी, उचित नहीं है। गुरूमुख निहालसिंह के अनुसार, "यह संभव है कि ब्रिटिश साम्राज्य को बचाने तथा कांग्रेस को यह सेफ्टी बाल्व की तरह प्रयोग करने के विचार ह्यूम तथा वेडरबर्न के हृदय में हों, परंतु यह विश्वास करना असंभव है कि दादाभाई नौराजी उमेशचंद्र बनर्जी,

फिरोजशाह मेहता तथा रानाडे, आदि जैसे भारतीय नेता इनके हाथों में साधन मात्र थे या वे भी ब्रिटिश साम्राज्य को क्रांति के खतरे से बचाने का विचार रखते थे।"

उदार राष्ट्रवाद (Moderates)

अपने प्रारंभिक वर्षों से कांग्रेस संपूर्ण रूप से उदारवादी नेताओं के प्रभाव में थी, जिनका विश्वास विशुद्ध वैधानिक साधनों में था और जिनके आंदोलन का लक्ष्य यही था कि भारतीय शासन व्यवस्था में थोड़े-बहुत सुधार कर दिए जाएं। कांग्रेस के प्रारंभिक दो दशकों (1885-1905) का नेतृत्व करने वाले उदारवादी नेताओं में उमेशचंद्र बनर्जी, फिरोजशाह मेहता, सुरेंद्रनाथ बनर्जी, गोपाल कृष्ण गोखले, दादाभाई नौराजी, आर.सी.दत्त इत्यादि प्रमुख हैं।

उदारवादियों के प्रमुख सिद्धांत इस प्रकार हैं–

1. ब्रिटिश न्यायप्रियता में विश्वास
2. राजभक्ति
3. ब्रिटिश संस्थाओं की श्रेष्ठता में विश्वास
4. भारत और इंग्लैंड के हितों की संबद्धता।

उदारवादियों के साधन उग्र न होकर सौम्य तथा उदार थे। उनकी पद्धति की उदारता के विचार के फलस्वरूप उनकी कार्य-पद्धति भी उदार बन गई थी। वे शांतिपूर्ण तथा सवैधानिक साधनों में विश्वास करते थे। वे अपनी आवश्कताओं और मांगों की प्राप्ति का वैधानिक मार्ग उचित मानते थे। वे प्रार्थना-पत्र भेजकर सरकार को जनता की समस्याओं से अवगत कराने में विश्वास करते थे। प्रभावशाली व्यक्तियों के प्रतिनिधि मंडल भेजकर शासन पर दबाव डालने का तरीका भी उन्होंने अपनाया। भारत से कुछ प्रतिनिधि मंडल इंग्लैंड भी भेजे गए थे, जहां ब्रिटिश संसद और जनता को भारतीय समस्याओं से अवगत कराया गया। मालवीय जी तो कहा करते थे कि "हमें शासन से बार-बार याचना करनी चाहिए कि वह हमारी मांगों पर शीघ्रता से विचार करों।"

उदारवादी नेता पाश्चात्य रंग में रंगे हुए थे। वे पाश्चात्य शिक्षा, पाश्चात्य संस्थाएं तथा पाश्चात्य संस्कृति सबके प्रशंसक थे। भारत पर ब्रिटेन के साम्राज्य को वरदान मानते थे। उनमें कष्ट सहने करने, देश के लिए त्याग और बलिदान करने की प्रबल वेगवती भावना का अभाव था। उन्होंने प्रार्थना पत्र, याचना-पत्र

तथा प्रतिनिधि मंडल के तरीकों में ही अपने कर्त्तव्य की इतिश्री माल ली थी। ये सब तरीके इतने विनम्र थे कि शासन ने सदैव उनकी अपेक्षा की।

उपरोक्त दुर्बलताओं के बावजूद भी उदारवादी नेता भारतीय स्वतंत्रता आंदोलन के प्रारंभिक कर्णधार कहे जा सकते हैं। राष्ट्रीय आंदोलन के इतिहास में उनका यह महत्व है कि किसी सुंदर महल के निर्माण में नींव के पत्थरों का होता है। उन्होंने भारतीय को राजनीतिक शिक्षा दी तथा देश में एक नवीन चेतना का संचार किया।

उग्र राष्ट्रवाद का काल (Extremist Phase)

सन् 1905 से भारतीय राष्ट्रीयता के इतिहास में युगांतरवादी परिवर्तन आया और राष्ट्रीय आंदोलन तीन विचारधाराओं में बंट गया–उदारवादी, उग्रवादी और आंतकवादी। इस समय भारत तथा विदेशों में कुछ घटनाएं घटीं, जिनके कारण भारतीय जीवन में नूतन भावनाओं का प्रादुर्भाव हुआ। और भारतीय राष्ट्रीयता अपनी बाल्यवास्था छोड़कर तरूणाई लेने लगी। यद्यपि कांग्रेस पर उदारवादियों का प्रभाव बना रहा तथापि लाल, पाल और बाल के नेतृत्व में उग्र दल पनपने लगा।

उग्रवादी राष्ट्रवाद के उदय के प्रमुख कारण निम्नलिखित थेः

प्रथम, ब्रिटिश शासन की प्रतिक्रियावादी नीति–ब्रिटेन में अनुदार दल का शासन था और भारत के प्रति उनकी नीतियां प्रगतिशील न होकर प्रतिक्रियावादी थी। 1892 के अधिनियम द्वारा जो भी सुधार किए गए थे, वे अपर्याप्त और निराशाजनक थे। शासन ने इस अवधि में जो नीति अपनाई तथा जो सुधार किए उससे जनता बहुत क्षुब्ध हो उठी।

द्वितीय उदारवादियों की पद्धति से असंतोष–उदारवादियों ने वैधानिक तथा शांतिपूर्ण प्रार्थना पत्र, स्मृति पत्र भेजने की नीति अपनाई थी जिसके तथ्यपूर्ण परिणाम न निकले। उदारवादियों की राजनीतिक भिक्षावृति की नीति से युवक-वर्ग निराश हो गया था और जन आंदोलन की आवश्यकता महसूस की जाने लगी थी। **तृतीय, कांग्रेस की मांगों की अपेक्षा**–1885 के बाद से कांग्रेस ने प्रतिवर्ष अपने अधिवशेनों में परिषद के विस्तार, निर्वाचन, शासन नियंत्रण संबंधी अधिकार, परिषद के कार्य-क्षेत्र, में वृद्धि, इत्यादि की मांगे प्रस्तुत की। परंतु सरकार ने कांग्रेस की मांगों की ओर कोई ध्यान नहीं दिया।

लाला लाजपतराय के शब्दों में, "शिकायतें दूर करने और रियायतें प्राप्त करने के बीस वर्षों के कम अधिक प्रयत्नों के परिणामस्वरूप उन्हें रोटी के स्थान पर पत्थर ही प्राप्त हुए थे।" **चतुर्थ सरकार की अर्थनीति**—इस समय सरकार द्वारा भारत-विरोधी अर्थनीति अपनाई जा रही थी। शासन की भारत-विरोधी नीति के कारण भारतीय उद्योग-धंधे प्रायः नष्ट हो गए। भारतीय मिलों पर साढ़े तीन प्रतिशत उत्पादन कर लगा दिया गया जिससे देशी माल महंगा हो गया और विदेशी सामान सस्ते दामों पर बिकने लगा। **पंचम, अकाल ओर प्लेग**—अकाल और प्लेग जैसे प्राकृतिक प्रकोपों का सामना करने में सरकार असफल रही, उससे जनता के प्रति रोष की सीमा न रही। 1897 में बंबई अकाल पड़ा जिससे लाखों व्यक्ति प्रभावित हुए। शासन ने भूखमरी से पीड़ित व्यक्तियों की सहायता करने में शिथिल नीति अपनाई। 1898 में बंबई में प्लेग फैला और सरकार ने डॉक्टरों के बजाय सैनिकों को सेवा-कार्य सौंपा। सैनिकों के दुर्व्यवहार से जनता क्षुब्ध हो गई। **षष्टम, धार्मिक तथा सामाजिक कारण**—इस समय भारत में धार्मिक पुनर्जागरण हो रहा था और इससे उन्नायक भारतीय सभ्यता और संस्कृति को उत्कृष्टतम मानते थे। वे विदेशी शासन को भारत के हितों के प्रतिकूल मानते थे। विवेकानंद स्वतंत्रता के अभाव में भारत का आध्यात्मिक उत्थान असंभव मानते थे। श्रीमति एनीबेसेंट के अनुसार "समस्त हिंदू व्यवस्था पाश्चात्य सभ्यता से बढ़कर है।"

सप्तम, लार्ड कर्जन का प्रतिगामी शासन—लॉर्ड कर्जन सन् 1889 से 1905 तक भारत के वायसराय थे। वे एक दर्पपूर्ण साम्राज्यवादी व्यक्ति थे। गोखले के अनुसार कर्जन ने ब्रिटिश साम्राज्य के लिए वही कार्य किया जो मुगल साम्राज्य के के लिए औरंगजेब ने किया था। कर्जन ने केंद्रीयकरण की नीति अपनाई और 1899 में कलकत्ता कॉरपोरेशन अधिनियम पास करके उनकी स्वायता पर प्रहार किया। 1904 में भारतीय विश्वविद्यालय अधिनियम प्राप्त कर विश्वविद्यालयों का सरकारीकरण किया गया। कर्जन की सीमा-नीति, तिब्बत, फारस की खाड़ी तथा चीन में सेनाएं भेजना, आदि घटनाओं से भारतीयों के आक्रोश में वृद्धि। **अष्टम, बंग-भंग योजना**—कर्जन के शासनकाल की सबसे महत्वपूर्ण और अलोकप्रिय घटना बंगाल का विभाजन था। इससे विदेशी शासन सत्ता के विरूद्ध रोष और क्षोभ की ज्वाला भड़क उठी। सारे देश में एक सुसंगठित एवं अनुशासित आंदोलन फूट पड़ा। विदेशी वस्तुओं के

बहिष्कार और स्वदेशी वस्तुओं के प्रयोग के लिए आंदोलन शुरू हुआ। 16 अक्टूबर, 1905 के दिन सारे बंगाल में भूख-हड़ताल तथा शोक-दिवस मनाया गया।

उग्रवाद के बीज बीसवीं शताब्दी के प्रारंभ में ही देखे जा सकते हैं। लॉर्ड कर्जन के शासनकाल के अंतिम तीन वर्षो में जनता में घोर उत्तेजना आई। सन् 1905 के बनारस कांग्रेस अधिवेशन में तिलक के नेतृत्व में कतिपय राष्ट्रवादियों ने उदारवादियों के तरीकों की घोर निंदा की। यह अधिवेशन उस समय हुआ जब गोखले और लाजपतराय लंदन से निराश लौट चुके थे और बंगाल असंतोष और क्षोभ से तिलमिला रहा था। इस अधिवेशन में 'स्वराज' की अलग-अलग व्याख्या की गई और तिलक के नेतृत्व में कुछ लोगों ने 'उग्रवादी दल' की स्थापना का निर्णय लिया। 1906 में कांग्रेस का कलकत्ता अधिवेशन ऐतिहासिक रहा। उग्रवादियों तथा उदारवादियों में विरोध गहरा हो चुका था। उग्रवादी तिलक को कांग्रेसाध्यक्ष बनाकर अपना उग्र कार्यक्रम स्वीकृत कराना चाहते थे और उदारवादी उसका विरोध कर रहे थे। फलतः दादाभाई नौराजी को इंग्लैंड से भारत बुलायागया और कांग्रेस के अधिवेशन उनकी अध्यक्षता में हुआ। 1907 में सूरत का अधिवेशन कांग्रेसे के इतिहास की दुखांत घटना थी। उग्रवादी तिलक को 'सूरत कांग्रेस' का अध्यक्ष बनाना चाहते थे, परंतु उदारवादी तिलक का विरोध कर रहे थे। अतः तिलक ने लाजपतराय का नाम रखा, किंतु लालाजी ने अपना नाम वापस ले लिया। उदार दल के नेता रासबिहारी घोष इस अधिवेशन के सभापति नियुक्त हुए। तिलक ने इसका विरोध किया और निर्वाचन को गलत बताया। अधिवेशन में शोर-गुल फैल गया, पुलिस की सहायता से कार्यवाही स्थगित करनी पड़ी व जूते और छड़ियों का प्रहार किया गया। दूसरे दिन 900 प्रतिनिधियों की सभा हुई। चूंकि उग्रवादी अल्पमत में थे, इसलिए उन्हें कांग्रेस छोड़नी पड़ी।

1905 से 1916 तक का काल उग्रवादी आंदोलन का समय था। पंजाब, बंगाल व महाराष्ट्र में लाल, पाल और बाल के नेतृत्व में उग्रवादी आंदोलन चलता रहा। तिलक के अनुसार, "अपने उद्देश्य के कारण नहीं, वरन् उसे प्राप्त करने के उपायों के कारण हमें उग्रवादियों की उपाधि मिली।" उग्रवादियों के उद्देश्य थे—भारत में स्वराज की प्राप्ति और स्वतंत्र राष्ट्रीय सरकार की स्थापना करना। वे इस महानतम राजनीतिक ध्येय की प्राप्ति अपनी शक्ति और

योग्यता से करना चाहते थे। आत्मनिर्भरता, स्वावलंबन और स्वराज उनके अभीष्ट हेतु थे।

उग्रवादी नेताओं में बाल गंगाधर तिलक, लाल लाजपतराय, विपिनचंद्र पाल तथा अरविंद घोष के नाम उल्लेखनीय है। इन नेताओं की विचारधाराओं के प्रधान बिंदु थे। (i) भारत और ब्रिटेन के हित परस्पर विरोधी हैं ब्रिटिश साम्राज्य के साथ सहयोग करने से भारत अपने राजनीतिक लक्ष्यों की प्राप्ति नहीं कर सकता। (ii) युद्ध तथा सक्रिय विरोध के बिना स्वराज की प्राप्ति असंभव है। (iii) व्यापारियों का राष्ट्र, ब्रिटेन, केवल दबाव और विरोध की भाषा ही समझता है। (iv) उग्रवादी, भारत से सब प्रकार से मुक्त और स्वतंत्र राष्ट्रीय शासन-प्रणाली की स्थापना करना चाहता है। उनके प्रधान साधन थे–बहिष्कार, स्वदेशी तथा राष्ट्रीय शिक्षा। तिलक ने उग्रवादी दृष्टिकोण को स्पष्ट करते हुए कहा था कि 'हमारा आदर्श दया-याचना नहीं, आत्मनिर्भरता है।' वे भिखारी की भांति स्वतंत्रता मांग कर नहीं, अपितु अपने श्रम से प्राप्त करना चाहते थे।

बंग-विच्छेद (The Partition of Bengal)

लॉर्ड कर्जन के शासनकाल की सबसे भयंकर ऐतिहासिक भूल सन् 1905 में बंगाल विभाजन था। भारतीय राष्ट्रवाद पर यह एक भयंकर चोट थी और इससे रोष-क्षोभ की ज्वाला भड़क उठी और आतंकवाद ओर उग्रवाद का अभ्युदय हुआ।

कर्जन के अनुसार बंगाल के विभाजन का उद्देश्य शासन को सुविधापूर्वक चलाना है। बंगाल एक बहुत बड़ा प्रांत था जिसमे असम, बंगाल, बिहार और उड़ीसा शामिल थे। इस विशाल प्रांत की जनसंख्या लगभग 8 करोड़ थी जिसमें एक तिहाई मुसलमान थे। इतने बड़े प्रांत का शासन दक्षतापूर्ण नहीं किया जा सकता, अतः कर्जन ने 1905 में बंग-विभाजन की घोषणा की। असम और पूर्वी बंगाल के नए प्रदेश का निर्माण हुआ जिसका पृथक लेफ्टीनेन्ट-गवर्नर नियुक्त हुआ। विभाजन के तरीके से यह स्पष्ट हो गया कि कर्जन मुस्लिम बहुल प्रांत का निर्माण कर रहे हैं। कर्जन का यथार्थ ध्येय राष्ट्रीयता का गला घोंटना तथा हिंदू मुसलमानों में फूट डालना था। कर्जन ने स्वयं कहा था, "बंगाल-विभाजन से मेरा उद्देश्य प्रशासनिक सुविधा भर देखना नहीं है, मैं एक

मुस्लिम प्रांत बनाना चाहता हूं, जहां इस्लाम के अनुयायियों का बोलबाला होगा।''

बंगाल के विभाजन का विरोध करने क लिए संपूर्ण भारत में तीव्र आंदोलन शुरू हो गया। विभाजन का विरोध करने क लिए सभाएं की गई तथा स्मृतिपत्र सरकार के पास भेजे गए। किंतु, लार्ड कर्जन पर इनका कोई असर नहीं हुआ और 16 अक्टूबर 1905 को विभाजन की योजना क्रियान्वित कर दी गई। इस दिन सारे बंगाल में भूख-हड़ताल तथा शोक-दिवस मनाया गया। विदेशी वस्तुओं को जलाया गया तथा विदेशी माल की दुकानों पर धरना दिया गया। विद्यार्थियों ने इस आंदोलन में जमकर भाग लिया, 'वंदेमातरम् के गीत गाए गए तथा राष्ट्रीय विद्यालयों की स्थापना के प्रयास शुरू हुए।

गोखले के अनुसार हमारी राष्ट्रीय प्रगति के इतिहास में बंगाल के विभाजन के परिणामस्वरूप पैदा हुआ जनरोष और भावना का महान उद्रेक चिरस्मरणीय रहेगा। कर्जन का यह मूर्खतापूर्ण कार्य भारत के लिए वरदान सिद्ध हुआ।

होम रूल तथा प्रथम विश्वयुद्ध (Home Rule Movement and First World War)

सन् 1909 के मार्ले-मिंटों सुधारों से 1914 तक भारतीय राजनीति में निष्क्रियता का कोहरा छा गया। इसके कई कारण थे–प्रथम, सूरत विच्छेद के बाद कांग्रेस पर नरमवादियों का प्रभाव था। द्वितीय, उग्रवादी नेताओं का प्रभाव कांग्रेस पर न रहा। अरबिंद घोष ने राजनीति से ही सन्यास ले लिया था। तृतीय, नरमवादी नेता सरकार के साथ सहयोग की भावना से कार्य कर रहे थें। चतुर्थ, लॉर्ड हार्डिग वायसराय बनकर आए थे, जो दूरदर्शी थे और जिन्होंने यूरोप की राजनीतिक स्थिति देखते हुए भारतीयों के साथ उदार व्यवहार करना ही उचित समझा क्योंकि विश्वयुद्ध आरंभ हो जाता तो इंग्लैंड को भारत के सहयोग की आवश्यकता थी। इसी कारण उन्होंने सन् 1911 में बंगाल का विभाजन रद्द करवाया।

अगस्त 1914 में प्रथम विश्वयुद्ध प्रारंभ हुआ और ब्रिटिश साम्राज्य का अंग होने के कारण भारत भी युद्ध में स्वतः सम्मिलित मान लिया गया। ब्रिटिश प्रधानमंत्री लॉयर्ड जॉर्ज तथा अमरीकी राष्ट्रपति विल्सन का कहना था कि युद्ध

लोकतंत्र तथा राष्ट्रीय आत्मनिर्णय के अधिकार की रक्षा के लिए लड़ा जा रहा है। लोकतंत्र की रक्षा के लिए भारतीय जनता से भी सहायता की मांग की गई। गांधी जी ने सरकार को पूर्ण सहायता देने का आश्वासन दिया। भारतीय नवयुवकों ने तन-मन-धन से युद्ध में ब्रिटेन की सहायता की। इस युद्ध ने भारत में राष्ट्रवाद और स्वतंत्रता की भावना को जागृत किया। भारतीय नेताओं का कहना था कि ब्रिटेन लोकतंत्र की रक्षा के लिए लड़ रहा है। अतः उसे यह घोषणा करनी चाहिए कि युद्ध के बाद भारत में लोकतंत्र स्थापित किया जाए।

ब्रिटिश सरकार ने ऐसी कोई घोषणा नहीं की। इस समय तिलक जेल से छूटकर आए थे तथा श्रीमति एनीबेसेंट द्वारा उदारवादी और उग्रवादियों को मिलाने का प्रयास किया जा रहा था। हिंदू-मुस्लिम एकता के भी प्रयास किए जा रहे थे। श्रीमति एनीबेसेंट तथा तिलक भारतीय राजनीति में सबसे अधिक सक्रियता से भाग ले रहे थे। उनकी मांग थी कि सरकार घोषणा करे कि युद्ध के बाद भारत में उपनिवेशो जैसी व्यवस्था स्थापित कर दी जाएगी। किंतु शासन की चुप्पी देखकर उन्होंने 'होमरूल आंदोलन' शुरू करने का निश्चय किया।

वैधानिक और शांतिमय उपायों से आयरलैंड के लिए स्वशासन प्राप्त करने के लिए 'होमरूल लीग' की स्थापना हुई थी। श्रीमति एनीबेंसेट, जो एक आयरिश महिला थी, भारत में स्वशासन प्राप्त करने के लिए होमरूल आंदोलन चलाना चाहती थी। लोकमान्य तिलक और श्रीमति एनी बेंसेट भारत में होमरूल आंदोलन के संचालक थे।

भारत में होमरूल आंदोलन का उद्देश्य शांतिमय उपायों द्वारा स्वशासन प्राप्त करना था। यह आंदोलन इस विचारधारा पर आधारित था कि स्वशासित भारत साम्राज्य के लिए युद्ध में अधिक सहायक हो सकेगा। इसका यह भी ध्येय था कि भारतीय राजनीति उग्रपंथी न हो। यदि शांतिपूर्ण और वैधानिक आंदोलन न चलाया जाता तो भारतीय राजनीति पर क्रांतिकारियों का अधिकार हो जाता। इस आंदोलन द्वारा स्वशासन की याचना नहीं की गई थी, अपितु एक अधिकार के रूप में स्वशासन की मांग की गई थी। श्रीमति ऐनीबेंसेट के शब्दों में, "होमरूल भारतवर्ष का अधिकार है और राजभक्ति के पुरस्कार के रूप में उसे प्राप्त करने की बात कहना मूर्खतापूर्ण हैं।"

लोकमान्य तिलक ने महाराष्ट्र में होमरूल लीग की स्थापना की तथा

एनीबेंसेट ने 1916 में 'अखिल भारतीय होमरूल लीग' की स्थापना की। दोनों नेताओं ने पूरे भारत का दौरा किया तथा होमरूल की मांग पर जोर दिया। तिलक ने 'केसरी' और 'मराठा' तथा एनीबेंसेट ने 'न्यू इंडिया' तथा 'कामन हील' पत्रों के माध्यम से आंदोलन का प्रचार किया। इस शांतिमय आंदोलन के जरिए जनता में अपूर्व चेतना की जागृति हुई। पुत्रिया के अनुसार, "सारा देश नए विचारों से आंदोलित हो उठा और ऐसे नवजीवन से भर उठा, जैसा कि इससे पहले कभी नहीं हुआ था।"

सरकार आंदोलन से घबरा उठी। तिलक और एनीबेंसेट के कार्यकलापों पर प्रतिबंध लगा दिया गया। श्रीमति एनीबेंसेट 1917 में कांग्रेस की अध्यक्ष निर्वाचित हुई और होमरूल आंदोलन 1917 में ही समाप्त हो गया।

लखनऊ समझौता (The Lucknow Pact, 1916)

'लखनऊ समझौते' के परिणामस्वरूप कांग्रेस और मुस्लिम लीग के संबंध मधुर हुए और दोनों में सामंजस्यपूर्ण नीतियां प्रारंभ की। सन् 1906 में लीग की स्थापना हुई ओर तब से लेकर 1914 तक लीग ने कांग्रेस-विरोधी तथा ब्रिटिश शासन की हिमायती नीतियां अपनाई। राष्ट्रीय जागरण के फलस्वरूप लीग की नीति में परिवर्तन हुआ और उसने कांग्रेस के उद्देश्य को स्वीकार किया।

मुस्लिम लीग की नीति में परिवर्तन के प्रमुख कारण इस प्रकार थे :1. लार्ड हार्डिग की उदार नीति, 2. बंग-विच्छेद का अंत, 3. राष्ट्रवादी मुसलमानों पर प्रभाव, 4. अंतर्राष्ट्रीय स्थिति।

वस्तुतः प्रगतिशील मुसलमान यह अनुभव करने लगे कि हिंदुओं तथा मुसलमानों के हितों में कोई भी मौलिक भेद नहीं है। फलतः मुस्लिम लीग भी राष्ट्रीयता के बहाव में बहने लगी और कांग्रेस के पास आने लगी। सन् 1913 में ही लीग कांग्रेस के निकट आ गई। गांधी जी और जिन्ना साहब के प्रयत्नों से 1914 ई. में लीग और कांग्रेस के अधिवेशन बंबई में एक ही दिन बुलाए गए, गांधी जी, मालवीय जी, और सरोजिनी नायडू को लीग के अधिवेशन में निमंत्रित किया गया, जहां उन्होंने हिंदू-मुस्लिम एकता पर भाषण दिए। लीग ओर कांग्रेस की एक संयुक्त कमेटी बनाई गई जिसने 'कांग्रेस-लीग योजना, 1916 तैयार कीं। दोनों दलों द्वारा लखनऊ में इसे स्वीकार किया गया, अतः

इसे 'लखनऊ समझौता' भी कहते हैं।

'लखनऊ समझौते' की प्रधान शर्ते इस प्रकार हैं:–

1. चुनाव द्वारा मुख्य अल्मत वाली जातियों के प्रतिनिधित्व का उचित प्रबंध होना चाहिए तथा मुसलमानों का प्रांतीय विधान परिषदों के लिए निर्वाचन विशेष निर्वाचकों द्वारा इस अनुपात में होना चाहिए–मद्रास में 15 प्रतिशत, बंबई में 33.5 प्रतिशत बंगाल में 40 प्रतिशत, पंजाब में 50 प्रतिशत। मुसलमानों को अन्य स्थानो के लिए चुनाव लड़ने की आज्ञा नहीं मिलेगी।

2. यदि किसी गैर-सरकारी सदस्य द्वारा विधानपरिषद में कोई विधेयक रखा जाए जा अन्य संप्रदायों के हितों को प्रभावित करता हो, तो उसको पास नहीं किया जाएगा यदि उस संप्रदाय के 3/4 सदस्य उस विधेयक का विरोध करते हों।

3. प्रांतीय और केंद्रीय विधानपरिषदों के 4/5 सदस्य निर्वाचित और 1/5 सदस्य मनोनीत होने चाहिए।

4. जब तक गवर्नर जनरल या गवर्नर अपने वीटो का प्रयोग न करे, तब तक प्रांतीय और केंद्रीय सरकारों को विधान-परिषदों द्वारा पास किए गए प्रस्तावों क अनुकूल ही आचरण करना चाहिए।

5. प्रशासन और वित्त क्षेत्र में प्रांतों को केंद्र के नियंत्रण से अधिकतम स्वतंत्रता मिलनी चाहिए।

6. भारत सचिव के भारत सरकार के साथ संबंध वही होने चाहिए जो औपनिवेशिक सचिव के डोमोनियमों की सरकारों के साथ होते हैं।

असहयोग आंदोलन (Non-Co-Operation Movement)

भारत के स्वाधीनता संग्राम में 'असहयोग आंदोलन' का महत्वपूर्ण योगदान रहा है। भारत ने तन, मन और धन से प्रथम विश्वयुद्ध में ब्रिटेन की सहायता की, किंतु विश्वयुद्ध की समाप्ति पर भारत ने तो लोकतंत्र शुरू हुआ और न राष्ट्रीय आत्मनिर्णय का अधिकार ही भारतीयों को मिला। इसके विपरीत युद्ध से भारतीय राष्ट्रवाद को अपूर्व प्रोत्साहन प्राप्त हुआ और आंदोलन के रूप में 'असहयोग आंदोलन' प्रारंभ हुआ।

महात्मा गांधी का राजनीति में प्रवेश–महात्मा गांधी ने ब्रिटिश सरकार के एक रूप में भारतीय राजनीति में प्रवेश किया। प्रथम विश्वयुद्ध के समय

उन्होंने इस बात पर बल दिया कि आपत्तिकाल में शत्रु को भी सहायता दी जानी चाहिए। उन्होंने भारतीयों को सेना में भर्ती होने के लिए कहा तथा शासन के लिए धन इकट्ठा किया। किंतु, ब्रिटिश सरकार ने इसका उत्तर अत्यंत निराशाजनक ढंग से दिया जिससे गांधी जी ने सरकार को शैतान कहा और सरकार को झुकाने के लिए जनता को 'असहयोग आंदोलन' के लिए तैयार किया। दक्षिण अफ्रीका से वे एक नूतन कार्य-पद्धति अपने साथ लाए थे जिसे 'सत्याग्रह' कहा जाता है। उन्होंने सत्याग्रह द्वारा शासन को झुकाना समुचित समझा।

असहयोग आंदोलन के कारण—असहयोग आंदोलन एक विस्फोट था जिसके कारण थेः

1. प्रथम विश्वयुद्ध में ब्रिटेन की विजय।
2. भारतीयों में असंतोष।
3. भारत में अकाल तथा महामारी।
4. युद्ध के बाद छंटनी की नीति।
5. रौलेट ऐक्ट।
6. जलियांवाला बाग हत्याकांड।
7. हंटर समिति प्रतिवेदन।
8. खिलाफत का प्रश्न।

असहयोग आंदोलन की प्रगति तथा स्थगन—सितंबर 1920 में कांग्रेस का कलकत्ता अधिवेशन हुआ, जहां महात्मा गांधी ने 'असहयोग आंदोलन' का प्रस्ताव रखा। गांधीजी ने कहा कि अंग्रेज शैतान हैं जिनके साथ सहयोग संभव नहीं। उदारवादी नेताओं ने इस प्रस्ताव का विरोध किया। पं. मोतीलाल नेहरू तथा अली बंधुओं ने प्रस्ताव का समर्थन किया और प्रस्ताव स्वीकार हो गया।

इस प्रस्ताव द्वारा भारत में असहयोग तथा सत्याग्रह आंदोलन का सूत्रपात हुआ। इस प्रस्ताव के केंद्र बिंदु थेः

1. भारतवासी अहिंसात्मक असहयोग की नीति अपनाएं।
2. सरकारी नौकरियों का बहिष्कार करें।
3. सरकारी उपाधियों को त्याग दें।
4. सरकारी और अर्द्ध सरकारी उत्सवों में भाग न लें।
5. सरकारी स्कूलों और कॉलेजों का बहिष्कार करें।

6. वकील सरकारी न्यायालयों का बहिष्कार करें।
7. मतदाता अपने मतों का प्रयोग न करें।
8. विदेशी माल का बहिष्कार किया जाए।
9. राष्ट्रीय स्कूल और कॉलेजों की स्थापना की जाए।
10. पंचायती अदालतों की स्थापना की जाए।

दिसंबर 1920 के नागपुर कांग्रेस अधिवेशन में 'असहयोग प्रस्ताव' पुनः विचारार्थ उपस्थित किया गया और भारी बहुमत से स्वीकृत हो गया। कांग्रेस का ध्येय स्वराज प्राप्ति घोषित किया और इस हेतु सभी शांतिपूर्ण व उचित साधनों का प्रयोग मान्य ठहराया गया। डॉ. पट्टाभि सीतारमैय्या के अनुसार, ''नागपुर कांग्रेस से वास्तव में भारत के इतिहास में एक नए युग का प्रादुर्भाव हुआ। निर्बल क्रोध और प्रार्थनाओं का स्थान उत्तरदायित्व के एक नवीन भाव तथा स्वावलंबन की एक नई भावना ने ले लिया। जनता ने अनुभव किया कि यदि उसे स्वतंत्र होना है तो इसके लिए स्वयं प्रयास करना पड़ेगा।''

'असहयोग आंदोलन' के पीछे यह मन्तव्य था कि यदि जनता ब्रिटिश-संस्थाओं का बहिष्कार कर दे तो शासन बिल्कुल ठप्प हो जाएगा। यह एक निषेधात्मक आंदोलन न होकर सकारात्मक कार्यक्रम वाला आंदोलन था। इसमें विदेशी माल और संस्थाओं के बहिष्कार के साथ-साथ स्वदेशी, हाथ बुनाई, अस्पृश्यता का अंत, आदि रचनात्मक कार्यक्रमों पर बल दिया गया था। इस आंदोलन के फलस्वरूप सेठ जमनालाल बजाज ने 'रायबहादुर' की उपाधि छोड़ दी। गांधीजी ने 'कैसर-ए-हिंद' के पद को वापस किया। छात्रों ने स्कूलों व कॉलेजों का बहिष्कार किया। वकीलों ने वकालत छोड़ दी। जनता ने विदेशी वस्त्रों का बहिष्कार किया। शराब की दुकानों पर पिकेटिंग की गई। राष्ट्रीय शिक्षण संस्थाओं तथा कॉलेजों की स्थापना की गई। शासन ने भी दमन चक्र चलाए। गोलियां व लाठियां चलाई गई; सन् 1921 में अहमदाबाद कांग्रेस हुई और गांधीजी को 'सविनय अवज्ञा आंदोलन' शुरू करने का निर्देश दिया गया, किंतु 'चौरीचौरा कांड' घटित हो जाने के कारण महात्मा गांधी ने अचानक 'असहयोग आंदोलन' को स्थगित कर दिया। पं. मोतीलाल नेहरू, लाला लाजपत राय तथा सुभाषचंद्र बोस ने गांधीजी के इस कार्य की कटु आलोचना की।

असहयोग आंदोलन की दुर्बलताएं–'असहयोग आंदोलन' की कई दुर्बलताएं

थीं प्रथम दुर्बलता राजनीति में धर्म का प्रवेश था जिसके ऐतिहासिक प्रभाव बड़े भयंकर हुए। द्वितीय, आंदोलन को आकस्मिक रूप से बंद करना अनुचित था। तृतीय, जनता को प्रशिक्षित किए बिना आंदोलन छेड़ना गांधी जी की भूल थी। चतुर्थ, आंदोलन सरकार पर विशिष्ट प्रभाव न जमा सका तथा सरकारी दमन के आगे आंदोलनकारियों को झुकना पड़ा।

असहयोग आंदोलन का महत्व–'असहयोग आंदोलन' द्वारा राष्ट्रीय चेतना जाग्रत हुई। यह आंदोलन कांग्रेस की नीति व साधनों में परिवर्तन लाने की दृष्टि से ऐतिहासिक था। इससे पूर्व कांग्रेस उदार एवं सौम्य साधनों में विश्वास करती थी, किंतु अब जन-आंदोलन के साधनों को कांग्रेस ने अपना लिया। इस आंदोलन के द्वारा जनता में स्वदेशी वस्तुओं के प्रति प्रेम की भावना उत्पन्न हुई। इस आंदोलन ने भारत के स्वाधीनता आंदोलन को जन-आंदोलन में परिवर्तित कर दिया और आंदोलन की अवधि में कांग्रेस ने रचनात्मक कार्यक्रमों को अपनाया, इससे देश को बड़ा भारी लाभ हुआ।

स्वराज दल (Swaraj Party)

'असहयोग आंदोलन' के आकस्मिक स्थगन से भारतीय राजनीति में शून्य की स्थिति पैदा हो गई। 1919 के सुधारों को लेकर कांग्रेस दो भागों में बंट-सी गई। कांग्रेस का एक खेमा निर्वाचनों में भाग लेकर परिषदों में जाना चाहता था तथा दूसरा खेमा परिषदों का बहिष्कार करना चाहता था। सन् 1922 में ही कांग्रेस दो भागों में विभाजित हो गई। डॉ. अंसारी, राजाजी, कस्तूरी रंगा अय्यर कौंसिल-प्रवेश के विरोधी थे। जबकि चित्तरंजनदास, मोतीलाल नेहरू, विट्ठलभाई पटेल परिषदों में प्रवेश कर स्वराज प्राप्ति के प्रयास करना चाहते थे। कांग्रेस के इस खेमे को 'परिवर्तनवादी' कहा जाने लगा। नवंबर 1922 में कलकत्ता कांग्रेस में कौंसिल-प्रवेश का प्रस्ताव रखा गया। अधिवेशन में अपरिवर्तनवादी और परिवर्तनवादियों में संघर्ष छिड़ा और प्रस्ताव अस्वीकृत हो गया। इसके बाद 'गया अधिवेशन' के अध्यक्ष चित्तरंजनदास चुने गए। उनका तर्क था कि "हम शेर को उसकी मांद में जाकर पराजित करेंगे।" उनका मत था कि हम असहयोग आंदोलन के कार्यक्रम को परिषदों में ले जाएंगे, परंतु उनका प्रस्ताव पारित न हो सका। चित्तरंजनदास तथा मोतीलाल नेहरू ने त्याग-पत्र दे दिया और 1 जनवरी, 1923 को दोनों ने स्वराज दल की

स्थापना की।

स्वराज दल का उद्देश्य भारत को स्वराज दिलाना था और उस परिपाटी का अंत करना था जो ब्रिटिश सत्ता के अधीन भारत में विद्यमान थी। उनका उद्देश्य परिषदों में प्रवेश कर 1919 के ऐक्ट को कार्यान्वित करना नहीं, वरन् उसके क्रियान्वयन में बाधा पहुंचाना अथवा अडंगा (Obstruction) डालना था।

स्वराज दल का कार्यक्रम थाः प्रथम, बजट के उन भागों को, जिन पर वोट लिए जाते थे, अस्वीकृत कर गतिरोध उत्पन्न करना। द्वितीय, सरकार ने उन प्रस्तावों का विरोध करना जिनके द्वारा नौकरशाही शक्तिशाली बनने का प्रयत्न करती है। तृतीय, स्वराजवादियों ने कौंसिलों के बाहर गांधीजी के रचनात्मक कार्यों में पूर्ण सहयोग देना तय किया। चतुर्थ, कौंसिलों में ऐसे प्रस्ताव प्रस्तुत करना जिनसे राष्ट्र की उन्नति के कार्य हो सकें। पंचम, यदि नौकरशाही को सही रास्ते पर न लो सकें तो कौंसिलों में अपने पद छोड़कर कांग्रेस के झंडे के नीचे सत्याग्रह की सफलता के प्रयास करेंगे।

स्वराज दल ने सन् 1923 के निर्वाचनों में भाग लिया। केंद्रीय व्यवस्थापिका के 145 स्थानों में से 45 पर उसने अधिकार कर लिया। बंगाल तथा मध्य प्रांत की कौंसिलों में उसे पूर्ण बहुमत प्राप्त हुआ। केंद्रीय व्यवस्थापिका में यह सबसे बड़ा संगठित दल था तथा पं. मोतीलाल नेहरू उसके नेता थे। उन्होंने अनेक प्रस्ताव रखे जो स्वीकृत हो गए। उन्होंने अनुदान की मांगों को अस्वीकृत किया तथा वित्त विधेयक को प्रस्तावित करने की अनुमति प्रदान नहीं की। एक प्रस्ताव द्वारा बंगाल के दमनकारी अध्यादेशों का अंत करने का प्रयत्न किया गया, जो स्वीकृत हुआ। स्वराज दल ने कई बार असेंबली में 'वाक आउट' किया। 1925 तक केंद्रीय विधानसभा में स्वराज दल अत्यंत शक्तिशाली रहा। बंगाल विधानसभा में स्वराज दल सबल विरोधी के रूप में सामने आया और इसने लगातार तीन मंत्रिमंडलों को पराजित कर उन्हें त्यागपत्र देने के लिए बाध्य किया। मध्य प्रांत में भी द्वैधशासन-प्रणाली का स्वराज दल ने डटकर विरोध किया।

स्वराज दल की इस आधार पर आलोचना की जाती है कि उसकी अड़ंगानीति व्यर्थ थी और उससे स्वराज की प्राप्ति न हो सकी। डॉ. जकारिया के अनुसार, "स्वराजवादियों की स्थिति उन व्यक्तियों की सी थी, जो अपनी

रोटी को खाना और साथ में रखना भी चाहते थे। एक तरफ वे लोकप्रियता प्राप्त करने के लिए उग्रवाद की बातें करना आवश्यक समझते थे, परंतु वास्तव में उसी के साथ-साथ संसद वाद् में भी उनका पूर्ण विश्वास था।"

सविनय अवज्ञा आंदोलन (Civil Disobedience Movement)

सन् 1930 का 'सविनय अवज्ञा आंदोलन' गांधीवादी क्रांति का एक महत्वपूर्ण शस्त्र था। सन् 1928 के बाद देश में उत्तेजना और निराशा का वातावरण फैल रहा था। कांग्रेस हाथ-पर-हाथ धरे बैठे नहीं रहना चाहती थी। अतः सविनय अवज्ञा के रूप में एक सार्थक कदम उठाया गया।

सविनय अवज्ञा आंदोलन के कारण–'सविनय अवज्ञा आंदोलन' तात्कालिक परिस्थितियों की उपज थी, जिसके प्रधान कारण इस प्रकार हैं–प्रथम, शोचनीय स्थिति–सन् 1930 के आस-पास भारी मंदी और व्यापक बेकारी के कारण देश भर में आर्थिक दशा बड़ी शोचनीय हो गई थी। मजदूर, किसान, व्यापारी और सामान्य जनता सभी परेशान थे। अंग्रेज सरकार ने गांधीजी की न्यूनतम मांगें भी अस्वीकार कर दी थी। द्वितीय, असंतोष और उत्तेजना का वातावरण–देश में असंतोष और उत्तेजना का वातावरण बढ़ रहा था। राजनीति में अब नवयुवक वर्ग अधिक सक्रिय था। सरकार ने रूपए की कीमत 16 पैंस से बढ़ाकर 18 पैंस कर दी थी। जिससे इंग्लैंड को अधिक लाभ हुआ। सरकार ने मजदूर संगठनों के नेताओ को गिरफ्तार कर उन पर मेरठ षड्यंत्र का अभियोग लगाया जिससे मजदूर भी उत्तेजित हो उठे। भगत सिंह और बटुकेश्वर दत्त के क्रांतिकारी कार्यों और 'लाहौर-षड्यंत्र अभियोग' के कारण भी भारत का राजनीतिक वायुमंडल अत्यधिक दूषित हो गया था। तृतीय, स्वाधीनता दिवस की घोषणा–दिसंबर 1929 में कांग्रेस का अधिवेशन पं. जवाहर लाल नेहरू की अध्यक्षता में लाहौर में हुआ। 31 दिसंबर की रात्रि को 12 बजे रावी नदी के तट पर भारत का तिरंगा झंडा फहराकर पूर्ण स्वाधीनता का प्रस्ताव पारित किया गया। 'नेहरू प्रतिवेदन' वापस लिया गया तथा पूर्ण स्वाधीनता की प्राप्ति हेतु जनता का आह्वन किया गया। आवश्यकता पड़ने पर 'सविनय अवज्ञा आंदोलन' प्रांरभ करने का कांग्रेस कार्य-समिति को अधिकार दे दिया गया। चतुर्थ, इंगलैंड में मजदूर दल की सरकार तथा 'दिल्ली घोषणा पत्र'–सन् 1929 में मजदूर दल सत्ता में आया। रैम्जे मेकडॉनल्ड ने घोषणा की कि शीघ्र ही

भारत को राष्ट्रमंडल में समानता का दर्जा मिल जाएगा और उसे अधिराज्य स्तर दे दिया जाएगा। मेकडॉनाल्ड ने लॉर्ड इरविन को परामर्श हेतु इंग्लैंड बुलाया। दिल्ली आने पर 31 अक्टूबर, 1929 को इरविन ने एक घोषणा की। यह घोषणा बड़ी अस्पष्ट थी। घोषणा में भारत को औपनिवेशिक स्वराज प्रदान करने की कोई तिथि निश्चित नहीं की गई थी। भारत का नवयुवक वर्ग इस घोषणा से संतुष्ट नहीं था।

सविनय अवज्ञा आंदोलन का आरंभ–26 जनवरी 1930 को भारत के ग्राम-ग्राम, नगर-नगर में 'स्वाधीनता दिवस' के रूप में मनाया गया। फरवरी 1930 में कांग्रेस कार्यकारिणी की बैठक साबरमती में हुई तथा महात्मा गांधी को 'सविनय अवज्ञा आंदोलन' आरंभ करने का अधिकार दे दिया गया। गांधीजी ने 'यंग इंडिया' के जरिए वायसराय के सामने 11 शर्ते रखीं और कहा कि यदि सरकार इन्हें मान ले तों 'सविनय अवज्ञा आंदोलन' शुरू नहीं किया जाएगा। ये शर्ते थी :

1. पूर्ण नशाबंदी हो, 2. मुद्रा विनिमय में एक रुपया एक शिलिंग चार पैन्स के बराबर माना जाए, 3. मालगुजारी आधी कर दी जाए, 4. नमक पर लगने वाला कर बंद हों, 5. सैनिक व्यय को कम कर दिया जाए, 6. बड़े अधिकारियों के वेतन में कमी की जाए, 7. विदेशी वस्त्रों पर तटकर लगाया जाए, 8. तटीय व्यापार संरक्षण कानून पारित किया जाए, 9. राजनीतिक बंदियों को रिहा कर दिया जाए, 10. खुफिया पुलिस तोड़ दी जाए, 11. आत्मरक्षा के लिए हथियारों के लाइसेंस दिए जाएं।

इसका सरकार ने कोई उत्तर नहीं दिया और राजनीतिक कार्यकर्त्ताओं की गिरफ्तारी जारी रखी। अतः गांधीजी को आंदोलन शुरू करने का निर्णय लेना पड़ा। 11 मार्च, 1930 को साबरमती में 75 हजार व्यक्तियों ने स्वाधीनता के लिए संघर्ष करने की शपथ ली। 12 मार्च, 1930 को गांधीजी और उनके द्वारा चुने गए 79 कार्यकर्त्ताओं, साबरमती आश्रम में डांडी समुद्रतट की ओर चल पड़े। 5 अप्रैल, 1930 को गांधीजी डांडी पहुंचे और 6 अप्रैल को डांडी समुद्रतट पर स्वयं 'नमक कानून' का उल्लंघन कर सत्याग्रह प्रारंभ किया।

'सविनय अवज्ञा आंदोलन' का प्रमुख कार्यक्रम इस प्रकार था–नमक बनाना, शराब, अफीम, व विदेशी कपड़ों की दुकानों में धरना देना, विदेशी वस्त्रो को जला देना, सरकारी शिक्षण संस्थाओं का बहिष्कार, सरकारी नौकरियों

का बहिष्कार, अस्पृश्यता को छोड़ना और शासन के साथ असहयोग करना।

यह आंदोलन देश के अनेक भागों में फैल गया। भारतीय स्त्रियों ने पिकेटिंग, बहिष्कार तथा प्रचार कार्यो में महत्वपूर्ण भाग लिया। कई स्थानों पर हड़ताले हुई। मजदूर भी काम छोड़कर हड़ताल में शामिल हुए। सरकार ने भी दमन चक्र चलाए। प्रदर्शनों एवं सार्वजनिक सभाओं पर गोली एवं लाठी-प्रहार सामान्य बात हो गई। छात्रों व अध्यापकों को भी पुलिस निर्ममता से पिटती। 5 मार्च, 1931 को 'गांधी-इरविन समझौता' हुआ और 'सविनय अवज्ञा आंदोलन' स्थगित कर दिया गया। के. एम. मुखर्जी के अनुसार, ''इस समझौते का होना भारतीय इतिहास की एक महत्वपूर्ण घटना है।'' फिशर के अनुसार, ''एक राष्ट्र के नेता ने बराबरी के स्तर पर दूसरे राष्ट्र के नेता से वार्ता की और अब स्पष्ट हो गया कि इंग्लैंड के द्वारा भारत पर गांधीजी की इच्छा के बिना या उसके विरूद्ध शासन नहीं किया जा सकता।''

इस समझौते के फलस्वरूप गांधीजी ने द्वितीय गोलमेज सम्मेलन में भाग लिया, किंतु सांप्रदायिक समस्या पर कोई निर्णय नहीं हो सका। नए गवर्नर-जनरल लॉर्ड विलिंगडन ने 'गांधी इरविन समझौते' की उपेक्षा करना प्रारंभ कर दिया। फलतः 3 जनवरी, 1932 को गांधीजी ने पुनः सविनय अवज्ञा आंदोलन शुरू किया। गांधीजी व सरदार पटेल को गिरफ्तार कर लिया गया। सरकार ने कठोर नीति अपनाई और धीरे-धीरे आंदोलन की शक्ति कम होती गई। 7 अप्रैल, 1034 को गांधीजी ने आंदोलन समाप्त कर दिया। सुभाषचंद्र बोस ने इसे गांधीजी की महानतम् पराजय बतलाया तथा उनकी कार्य-पद्धति की आलोचना की।

सविनय अवज्ञा आंदोलन असफल हुआ और स्वराज की प्राप्ति न हो सकी। भारतीय मुसलमान भी इस आंदोलन से पृथक रहें, परंतु सविनय अवज्ञा आंदोलन से देश भर में उत्साह की एक नई लहर दौड़ गई।

•

भारत छोड़ो आंदोलन (Quit India Movement)

सन् 1942 का 'भारत छोड़ो आंदोलन' स्वाधीनता संग्राम की महानतम् अंहिसात्मक क्रांति थी। इस आंदोलन के परिणामस्वरूप हमारी स्वाधीनता निकट आई और राष्ट्रीय आंदोलन की प्रहार शक्ति तीव्रतम हुई। इस क्रांति ने भारत में ब्रिटिश साम्राज्यवाद की नींव हिला दी।

भारत छोड़ो आंदोलन के कारण—यह एक आकस्मिक आंदोलन नहीं था, अपितु इसके अनेक पूर्ववर्ती कारण थे, जिनमें निम्नलिखित प्रमुख थे :

1. क्रिप्स मिशन की असफलता 2. युद्ध में ब्रिटिश सरकार की शोचनीय स्थिति, 3.. अंग्रेजों का घृणास्पद व्यवहार, 4. कांग्रेस का वर्धा प्रस्ताव, 5. गांधीजी की विचारधारा में परिवर्तन।

कांग्रेस का 'भारत छोड़ो प्रस्ताव'—7 अगस्त, 1942 को बंबई में कांग्रेस का अधिवेशन आरंभ हुआ तथा 8 अगस्त को 'भारत छोड़ो प्रस्ताव' पारित किया गया। काफी वाद-विवाद के बाद भारी बहुमत से यह प्रस्ताव पारित हुआ। इस प्रस्ताव का पारित होना ही 1942 के प्रसिद्ध 'भारत छोड़ो आंदोलन' का श्रीगणेश था। प्रस्ताव में कहा गया था कि :

1. भारत में ब्रिटिश शासन का शीघ्र अंत होना चाहिए।

2. कांग्रेस यह नहीं चाहती कि मलाया, सिंगापुर तथा बर्मा पर जो बीती, वह भारत पर भी बीते। इसलिए वह चाहती है कि आक्रमण के विरूद्ध प्रतिरोध की शक्ति का संगठन किया जाए।

3. यदि ब्रिटिश सरकार स्वतंत्रता की मांग को स्वीकार न करे तो अहिंसात्मक प्रणाली से अधिक-से-अधिक विशाल पैमाने पर ऐसा आंदोलन प्रारंभ किया जाए जो अंत में भारत की स्वतंत्रता प्राप्ति के पश्चात ही दम लें।

4. महात्मा गांधी को आंदोलन का संचालक बनाया जाए।

क्रांति का विस्फोट और दमन—महात्मा गांधी ने आंदोलन की तीन विशेषताएं बताई : 1. यह संघर्ष 'करो या मरो' का संघर्ष होगा। 2. यह स्वाधीनता का अंतिम आंदोलन होगा और 3. यह खुला तथा अहिंसात्मक आंदोलन होगा। यद्यपि यह आंदोलन तुरंत ही प्रारंभ नहीं होना था, प्रस्ताव में कहा गया थ कि गांधीजी वायसराय से समझौता वार्ता करेंगे ओर उसके बाद कोई कार्यवाही की जाएगी, किंतु 9 अगस्त को ही सरकार ने कांग्रेस कार्य-कारिणी के सदस्यों को गिरफ्तार कर लिया। नेताओं की गिरफ्तारी से जनता नेतृत्वविहीन हो गई। जनता ने सरकार की नीति के विरूद्ध जुलूसों, सभाओं और हड़तालों का आयोजन किया। शासन ने उन्हें कुचला और गोलियां चलाई और अश्रुगैस का प्रयोग किया। इससे जनता की भावनाएं उबल पड़ी और फिर तो जनता और पुलिस, भीड़ और फौज में खुली लड़ाई छिड़ गई।

इस क्रांति का नेतृत्व युवकों ने संभाला तथा मजदूरो ने भी भरपूर

सहयोग दिया। फैक्टरियां बंद हो गई, संचार-साधनों को काट दिया गया, रेलों की लाइनें उखाड़ दी गई, पुलिस व रेलवे स्टेशन, डाकखाने व अन्य सरकारी इमारतें जला दी गई। कई स्थानों पर ब्रिटिश शासन समाप्त कर समानांतर सरकारें स्थापित की गई।

क्रांति के परिणाम और महत्व–'भारत छोड़ों आंदोलन' की आलोचना कई आधारों पर की जाती है। यह कहा जाता है कि आंदोलन असफल रहा और अहिंसा का त्याग कर दिया गया था। साम्यवादी दल और मुस्लिम लीग भी इस आंदोलन से दूर रहे। इन आलोचनाओं के बावजूद यह आंदोलन भारतीय स्वाधीनता का संग्राम था। यह सच्चे अर्थों में प्रयुक्त स्वचालित जन-आंदोलन था।यद्यपि आंदोलन को कुचल दिया गया, किंतु 1947 की स्वतंत्रता-प्राप्ति में इसका महानतम योगदान रहा है। डॉ. सुभाष काश्यप के अनुसार, "1942 का 'भारत छोड़ो आंदोलन' सचमुच 1857 की असफल क्रांति के बाद, भारत में अंग्रेजी राज्य की समाप्ति क लिए किया गया सबसे बड़ा प्रयास था।"

भारतीय स्वतंत्रता प्राप्ति में सहायक तत्व (Factors Responsible For The Independence of India)

15 अगस्त, 1947 के दिन भारत की स्वतंत्रता समय की गति और परिस्थितियों के दबाव का परिणाम थी। भारतीय स्वाधीनता के बारे में परस्पर दो विरोधी विचार प्रस्तुत किए जाते हैं : प्रथम, भारत की स्वाधीनता कांग्रेस के सतत् प्रयासों का परिणाम थी तथा द्वितीय, मजदूर दल की उदारता का परिणाम भारतीय स्वतंत्रता में अभिव्यक्त हुआ था। वस्तुतः दोनों ही विचार ठीक हैं तथा यथार्थ में भारत की स्वाधीनता प्राप्ति में अनेक तत्वों में सहायता मिली, जो अग्रलिखित हैं :

1. सांप्रदायिक वातावरण की स्थिति, 2. भारतीय जलसेना द्वारा विद्रोह, 3. ब्रिटेन की दुर्बल स्थिति, 4. लॉर्ड ऐटली का व्यक्तित्व, 5. ब्रिटेन पर विदेशी दबाव, 6. गांधीवादी क्रांति, 7. भारतीय राष्ट्रीय कांग्रेस का योगदान, 8. एशियाई जागरण, 9. कूटनीतिक चाल।

डॉ सुभाष काश्यप के अनुसार, "स्वतंत्रता का श्रेय किसी एक व्यक्ति को, अकेले कांग्रेस को अथवा सत्याग्रह और असहयोग आंदोलनों को नहीं

दिया जा सकता। अंग्रेजी शासन के प्रारंभ में ही स्वतंत्रता के लिए जितने भी, व्यक्तिगत अथवा सामूहिक, शांतिमय अथवा क्रांतिकारी, हिंसात्मक अथवा अहिंसात्मक प्रयास किए गए, उनमें से प्रत्येक को इस स्वतंत्रता का श्रेय है। उनमें से प्रत्येक का योगदान महत्वपूर्ण है।"

संवैधानिक विकास (Constitutional Development)

भारत का आरंभिक संवैधानिक विकास सन् 1600 से 1857 तक के इतिहास की गाथा है। सुविधा के लिए हम इस काल को तीन भागों में विभक्त कर सकते हैं–

1. प्रथम काल (1600 से 1772 तक), 2. द्वितीय काल (1773 से 1832 तक), 3. तृतीय काल (1833 से 1857 तक)।

1858 का भारत शासन अधिनियम (The Act Of 1858)

1858 से पूर्व भारतीय शासन ईस्ट इंडिया कंपनी के अधीन था। सन् 1600 ई. में इंग्लैंड में ईस्ट इंडिया कंपनी का गठन किया गया। वस्तुतः यह एक व्यापारिक कंपनी थी, किंतु व्यापार करते हुए उसने भारत में शासन करना भी आरंभ कर दिया। अंग्रेजी राज्य का विकास बंगाल से आंरभ होकर ईस्ट इंडिया कंपनी के अंतर्गत लगातार होता गया। 1857 में क्रांति होती है, जिसके परिणामस्वरूप समूची व्यवस्था में एक महत्वपूर्ण मोड़ आता है। शासन सत्ता ईस्ट इंडिया कंपनी के हाथों से छीन ली गई और उसे ब्रिटिश सम्राट को सौंप दिया गया। जी.एन.सिंह के अनुसार, "1857 की घटनाओं के फलस्वरूप कंपनी के राज्य का अंत हुआ। जैसे की ब्राइट ने कहा कि, उक्त प्रश्न पर राष्ट्र की आत्मा–अदमनीय रूप से–जग उठी और उसने ईस्ट इंडिया कंपनी को तोड़ देने का निर्णय किया।" प्रो. पायली के अनुसार "1857 की क्रांति भारत में ब्रिटिश शासन की समाप्ति का प्रथम प्रयास था तथा पुरानी व्यवस्था को इससे गहरा धक्का लगा। इस क्रांति के फलस्वरूप संसद में भारतीय शासन के बारे में नया विचार-विमर्श शुरू हुआतथा नई नीतियों को अपनाने हेतु 1858 का विधेयक प्रस्तुत किया गया।"

1858 के अधिनियम का प्रमुख प्रावधान–निम्नलिखित प्रावधान मुख्य हैं–

1. ब्रिटिश क्राउन के हाथ में शासन की बागडोर आना–1858 के भारतीय शासन अधिनियम ने कंपनी के शासन की अंत्येष्टि कर भारत का शासन सीधे ब्रिटिश सरकार के हाथों में सौंप दिया। कंपनी खत्म हो गई। और राजकाज सम्राट के नाम से होने लगा।

2. भारत सचिव के एक पद का विकास–नियंत्रण मंडल तथा संचालन सभा को समाप्त कर दिया गया तथा उनके कार्य एवं अधिकार भारत सचिव को सौंप दिए गए।

3. भारत परिषद की व्यवस्था–भारत सचिव को उसके कर्त्तव्यों का पालन करने में सहायता करने के लिए पंद्रह सदस्यों की एक परिषद–भारत परिषद् (India Council) की व्यवस्था की गई। उसके पंद्रह सदस्यों में से आठ क्राउन के द्वारा मनोनीत होते और, शेष को ईस्ट इंडिया कंपनी के डायरेक्टर निर्वाचित करेंगे।

4. भारत परिषद्र की स्थिति व शक्तियां–भारत परिषद एक परामर्शदात्री निकाय होती थी। उसके सदस्य भारत सचिव के न तो स्वामी होते और न कठपुतले, उनमें उसके मूल्यवान सलाहकार होने की आशा थी।

5. भारत परिषद की कार्यप्रणाली–ब्रिटेन में होने वाले भारतीय धंधे को करने तथा भारत के साथ व्यापार करने के लिए परिषद की प्रति सप्ताह में एक बार बैठक होती। भारत सचिव को, जो कि इसकी बैठकों का सभापतित्व करता था, भारत को भेजे जाने वाले या ब्रिटेन में जारी किए जाने वाले प्रत्येक आदेश अथवा संवाद को परिषद के समक्ष प्रस्तुत करना आवश्यक था।

6. भारत सचिव की स्थिति एवं शक्तियां–यदि भारत सचिव किसी संवाद को तुरंत महत्व का समझता तो उसे वह परिषद का परामर्श लिए बिना ही भारत भेज सकता था, परंतु इस बात की सूचना परिषद को अवश्य देनी पड़ती थी। रियासतों के साथ युद्ध तथा शांति संधि करने तथा उनके प्रति नीति से संबंधित संवादों पर 'गोपनीय' लिखकर उन्हें भारत सचिव परिषद से परामर्श किए बिना ही भेज सकता था। परिषद ने निर्णय बहुमत से होता था, किंतु दोनों ओर बराबर मत होने की अवस्था में भारत सचिव को निर्णायक मत देने का अधिकार था तथा कुछ विशेष अवस्थाओं में वह परिषद के बहुमत की अवहेलना भी कर सकता था।

7. भारतीय शासन में नियुक्तियां–भारत में गवर्नर जनरल अर्थात्

वायसराय और प्रेसीडेंसियों के गवर्नरों की नियुक्ति का अधिकार ब्रिटिश काउन को दिया गया, लेफ्टिनेट गवर्नरों की नियुक्ति का अधिकार वायसराय को दिया गया, परंतु इस विषय में उसे ब्रिटिश सरकार की अंतिम स्वीकृति प्राप्त करनी पड़ती थी। भारत सचिव औ उसकी कौंसिल को भारत की अनेक परिषदों के सदस्यों की नियुक्ति का अधिकार दिया गया।

8. ब्रिटिश संसद का नियंत्रण–भारत सचिव के लिए भारत की भौतिक तथा नैतिक प्रगति और भारत के हिसाब-किताब का पूरा वार्षिक विवरण संसद के समक्ष प्रस्तुत करना आवश्यक कर दिया गया। इस वार्षिक विवरण से संसद को भारतीय विषयों पर बहस करने का अवसर मिलता था।

9. घोषणा–ऐक्ट द्वारा यह व्यवस्था की गई कि सरकार परिवर्तन के संबंध में महारानी शीघ्र ही एक घोषणा करेंगी।

महारानी की घोषणा (Proclamation of the Queen 1858)

नई व्यवस्था का आरंभ महारानी विक्टोरिया की घोषणा 1858 के साथ हुआ। घोषणा में कहा गया कि देशी नरेशों के सम्मान और अधिकारों की रक्षा की जाएगी, उन्हें स्वेच्छा से गोद लेने का अधिकार होगा, कंपनी द्वारा उनके साथ की गई संधियों, करारों, आदि का पालन किया जाएगा तथा उनके क्षेत्रों को नहीं छीना जाएगा। 1857 के विद्रोह में भाग लेने वाले विद्रोहियों के साथ दया और क्षमा का व्यवहार किया जाएगा। बंदियों को रिहा कर दिया जाएगा। सभी धर्मो और जातियों के लोगों को बिना किसी पक्षपात के, योग्यतानुसार, सरकारी पदों पर नियुक्ति के अवसर दिए जाएंगे।

घोषणा में यह भी विश्वास दिलाया गया था कि जनता के धार्मिक विचारों और विश्वासों में किसी प्रकार का हस्तक्षेप नहीं किया जाएगा तथा देश की परंपराओं, आस्थाओं और रीति-रिवाजों का आदर किया जाएगा।

1861 का इंडियन कौंसिल ऐक्ट (Indian Council Act of 1861)

भारत को एक अच्छा, मजबूत और स्थायी प्रशासन देने के लिए 1861 का भारतीय परिषद अधिनियम बनाया गया। सन् 1861 के इस अधिनियम की मुख्य धाराओं द्वारा भारतीय शासन प्रणाली में निम्नलिखित महत्वपूर्ण परिवर्तन हुएः

1. गवर्नर जनरल की कार्यकारिणी परिषद का विस्तार–अधिनियम ने गवर्नर-जनरल की कार्यपालिका परिषद में एक और पांचवां सदस्य बढ़ाया जो विधि वृत्ति से संबंधित कोई कानूनवेत्ता या वकील होना था। परिषद के पांचों सदस्यों में से तीन सदस्य ऐसे होने थे जो नियुक्ति से पूर्व भारत में कम-से-कम दस वर्ष तक सेवाकर चुके हों। शेष दो में से एक सदस्य स्कॉटलैंड का कम-से-कम पांच वर्ष का अनुभवी बैरिस्टर या एडवोकेट होना था। प्रधान सेनापति को भी इस परिषद का असाधारण सदस्य नियुक्त करने की व्यवस्था की गई और उसकी नियुक्ति का अधिकार भारत सचिव को दिया गया।

2. गवर्नर-जनरल की शक्तियां–गवर्नर-जनरल की कार्यकारी परिषद् ने अधिनियम ने कई महत्वपूर्ण परिवर्तन किए। अब गवर्नर-जनरल को यह अधिकार दे दिया गया कि वह परिषद की कार्यवाही को अधिक सुचारू रूप से चलाने के लिए आवश्यक नियम और आदेश जारी रखे। परिषद सहित गवर्नर जनरल परिषद की बैठक का समय और स्थान भी निश्चित कर सकता था। परिषद सहित गवर्नर-जनरल को अब यह भी अधिकार दे दिया गया कि वह गवर्नर-जनरल की दौरे पर अनुपस्थिति में परिषद के किसी सदस्य को परिषद का अध्यक्ष नामांकित कर दे।

3. विभागीय प्रणाली का चलन–अधिनियम ने गवर्नर-जनरल को परिषद का काम सुचारू रूप से चलाने के लिए नियम एवं आदेश बनाने का अधिकार दिया। लॉर्ड केनिंग ने इस अधिकार का उपयोग भारत सरकार की विभागीय व्यवस्था (Portfolio System) चलाने के लिए किया।

4. गवर्नर जनरल की विधायी शक्तियां व कार्य–1861 के अधिनियम गवर्नर-जनरल को विधि निर्माण के लिए अपनी परिषद का कुछ विस्तार करने का अधिकार दिया। इस उद्देश्य के लिए यह परिषद कम-से-कम छः और अधिक-से-अधिक बारह सदस्य बढ़ा सकता था। इस प्रकार के नियुक्त सदस्यों में कम-से-कम आधे सदस्य गैर-सरकारी होने चाहिए थे। इन गैर-सरकारी सदस्यों को दो वर्षों की अवधि के लिए नियुक्त किया जाता। इस प्रकार विधि निर्माण के कार्य के साथ भारतीयों को संबद्ध करने का सबसे पहले आयोजन किया गया।

5. अध्यादेश जारी करने की शक्ति–1861 के अधिनियम ने गवर्नर-जनरल को पहली बार अध्यादेश जारी करने की असाधारण शक्ति प्रदान की।

6. प्रांतीय सरकारों से संबंधित परिवर्तन–1861 के अधिनियम के अनुसार मद्रास तथा बंबई में विधानसभाओं की स्थापना हुई। इस प्रकार इन प्रांतीय सरकारों को पुनः वे अधिकार दिए गए जो 1833 ई. के ऐक्ट के अनुसार उनसे छीन लिए गए थे।

भारतीय परिषद अधिनियम, 1892 (The Indian Council's Act 1892)

भारतीय परिषद अधिनियम, 1892 भारत के सार्वजनिक विकास की दिशा में एक महत्वपूर्ण चरण कहा जा सकता है। यह अधिनियम भारतीयों को प्रशासन के साथ संयुक्त करने की नीति का ही परिणाम था जिसे 1861 के अधिनियम के साथ अपनाया गया था।

1892 के अधिनियम की व्यवस्थाएं : प्रमुख विशेषताएं

इस एक्ट के प्रमुख प्रावधान इस प्रकार थे :

1. विधानसभाओं के अतिरिक्त सदस्यों की वृद्धि–अधिनियम द्वारा विधानसभाओं में अतिरिक्त सदस्यों की संख्या में वृद्धि कर दी गई। केंद्रीय विधानसभाओं में इन अतिरिक्त सदस्यों की संख्या कम से कम 10 और अधिक से अधिक 16 रखी गई। बंबई और मद्रास की विधानसभाओं के लिए यह संख्या 8 और 20 के बीच निश्चित की गई। बंगाल के लिए ऐसे सदस्यों की अधिकतम संख्या 20 और उत्तर पश्चिम प्रांत तथा अवध के लिए ऐसी अधिकतम संख्या 15 थी।

2. परोक्ष निर्वाचन प्रणाली को मान्यता–सपरिषद् गवर्नर-जनरल को भारत सचिव की स्वीकृति से इन अतिरिक्त सदस्यों की मनोनीत करने के लिए नियम बनाने का अधिकार प्रदान किया गया और यह आशा व्यक्त की गई कि गवर्नर-जनरल इन अतिरिक्त सदस्यों के चयन में परोक्ष निर्वाचन प्रणाली को मान्यता दे सकता है–"यदि वह (गवर्नर जनरल) यह देखे कि ऐसी पद्धति को निर्धारित किया जा सकता है।" 1892 की यही व्यवस्था विशेष रूप से महत्वपूर्ण थी और यह इस बात पर निर्भर थी कि गवर्नर-जनरल नियमों का निर्धारण करता है।

3. व्यवस्थापिकाओं की शक्तियों में वृद्धि की गई–इस अधिनियम ने

व्यवस्थापिकाओं की शक्तियों में काफी वृद्धि कर दी। उन्हें वार्षिक बजट पर बहस करने का अधिकार मिल गया, परंतु ये उस पर वोट नहीं दे सकती थी और उससे संबंधित किसी भी प्रश्न पर सदन को अभिव्यक्त नहीं कर सकती थी। इस अधिनियम ने सदस्यों को सार्वजनिक हित के विषयों पर प्रश्न पूछने का भी अधिकार दिया, परंतु उन्हें पूरक प्रश्न पूछने का अधिकार नहीं दिया गया। सपरिषद गवर्नर जनरल की सहमति से प्रांतीय परिषदें भी इन मामलों पर ऐसे ही नियम बना सकती थी। विधि निर्माण के क्षेत्र में केंद्रीय और प्रांतीय परिषदें सरकार द्वारा प्रस्तुत विधेयकों पर वाद विवाद कर सकती थीं, किंतु परिषद के सदस्यों को स्वयं किसी विधेयक को प्रवर्तित अधिकार नहीं था। परिषद् का कोई भी सदस्य स्वयं कोई प्रस्ताव परिषद् के सामने नहीं रख सकता था।

मार्ले मिंटों सुधार अधिनियम 1909 (Morley Minto Reform Act of 1909)

1909 की संवैधानिक व्यवस्था को 'मार्ले मिंटों सुधार' भी कहा गया है।

इस सुधार अधिनियम में तीन अंतर्निहित उद्देश्य थे : प्रथम, नरम दल को संतुष्ट करना, द्वितीय, नरम दल को गरम दल से पृथक करना, तृतीय, भारत की संवैधानिक प्रगति को रोकना। डॉ. सुभाष काश्यप के अनुसार, 'मार्ले-मिंटों सुधार अथवा 1909 के 'भारतीय परिषद् अधिनियम' का लक्ष्य 1892 के अधिनियम के दोषों को दूर करना तथा भारतीय राजनीति में बढ़ते उग्रवाद तथा क्रांतिकारी राष्ट्रवाद से उत्पन्न स्थिति का सामना करना था। इस सुधार-योजनाओं का हय उद्देश्य कदापि नहीं था कि भारत में उत्तरदायी अथवा प्रतिनिधक व्यवस्था का प्रारंभ किया जाए।"

मार्ले-मिंटों सुधार की प्रमुख विशेषताए

मार्लें मिंटों सुधारों की प्रमुख विशेषताएं निम्नलिखित हैं जिनसे अधिनियम द्वारा लाए गए परिवर्तनों का बोध होता है।

1. भारतीयों की कार्यकारिणी परिषदों में नियुक्ति—भारतीयों को कार्यकाणि परिषदों में नियुक्त किए जाने की व्यवस्था की गई। भारत-सचिव की परिषद्—इंडिया कौंसिल में दो भारतीयों—के,जी.गुप्ता तथा सैयद हुसैन बिलग्रामी

को 1907 में ही नियुक्त कर दिया गया था। गवर्नर-जनरल की कार्यकारिणी में एक भारतीय सदस्य को स्थान दिया गया। इस व्यवस्था के अंतर्गत श्री.एस. पी.सिन्हा को परिषद् का सदस्य नियुक्त किया गया।

2. केंद्रीय विधानपरिषद के आकार में वृद्धि—केंद्रीय विधान परिषद् के सदस्यों की संख्या 16 से 60 कर दी गई, जिससे परिषद की सदस्य संख्या 69 हो गई। इनमें से 37 सरकारी तथा 32 गैर सरकारी सदस्य थे।

3. प्रांतीय विधानपरिषदों के आकार में वृद्धि—ऐक्ट द्वारा प्रांतीय विधान-परिषदों में सदस्य संख्या की वृद्धि की गई। बंगाल, मद्रास तथा बंबई की विधान परिषदो की संख्या 20 से 50 कर दी गई, यू.पी. में यह संख्या 15 से 50 कर दी गई। यह वास्तव में जबरदस्त वृद्धि थी और इस दृष्टिकोण से कांग्रेस की मांग पूरी कर दी गई।

4. विधानपरिषदों में तीन प्रकार के सदस्य—विधानपरिषदों में सदस्यों की संख्या बढ़ा दी गई। विधानपरिषद् के ये सदस्य तीन प्रकार के थे—प्रथम, वे जिन्हें सरकारी सदस्य कहा गया, द्वितीय, वे जिन्हें निर्वाचित सदस्य कहा गया और तीसरे, वे जिन्हें मनोनीत गैर-सरकारी सदस्य कहा गया।

5. विधानपरिषदों के कार्यो में वृद्धि—1909 के अधिनियम ने विधानपरिषदों के कार्यो में काफी वृद्धि कर दी। नियमों के अंतर्गत केंद्रीय और प्रांतीय विधान परिषदों को पहली बार बजट पर वाद-विवाद करने, सार्वजनिक हितों के विषय में प्रस्ताव पेश करने, पूरक-प्रश्न पूछने और मत देने के अधिकार मिले, किंतु राजस्व की कुछ मदों को जैसे कि आयात-निर्यात कर, रियासतों से मिलने वाला नजराना, सैनिक उद्योग, आदि वाद-विवाद से बाहर रखे गए। परिषद् का अध्यक्ष किसी भी प्रस्ताव को अस्वीकार कर सकता था। पारित हो जाने के बार भी प्रस्ताव सरकार के लिए सुझावों की स्थिति में ही थे।

6. प्रांतीय कार्यकारिणी परिषदों के गठन में परिवर्तन—प्रांतीय कार्यकारिणी परिषदों के गठन में भी परिवर्तन किया गया। बंबई और मद्रास की कार्यकारिणी परिषदों की सदस्य-संख्या बढ़ाकर चार कर दी गई। गवर्नर-जनरल को भारत-सचिव की स्वीकृति से बंगाल के लिए ऐसी कार्यकारिणी परिषद के निर्माण का अधिकार प्रदान किया गया तथा इस परिषद् की अधिकतम सदस्य संख्या चार निर्धारित की गई। अन्य प्रांतों के लिए कार्यकारिणी परिषदों के निर्माण का कोई प्रत्यक्ष अधिकार गवर्नर-जनरल को प्रदान नहीं किया गया था।

7. सांप्रदायिक निर्वाचन व्यवस्था—मुसलमानों की परिषदों में उचित प्रतिनिधित्व देने के उद्देश्य से अधिनियम द्वारा सांप्रदायिक चुनाव-प्रणाली का आरंभ किया गया। केंद्रीय एवं प्रांतीय परिषदों को कुछ ऐसे मुस्लिम सदस्यों को लेने की व्यवस्था की गई जो केवल मुसलमानों द्वारा ही चुने गए हों।

8. सीमित तथा भेदभावपूर्ण मताधिकार—मार्ले-मिंटों एक्ट द्वारा सीमित तथा भेदभावपूर्ण मताधिकार की व्यवस्था की गई। मतदाताओं की योग्यता का आधार संपति कर या उपाधियां रखी गई।

9. मुसलमानों को विशेष रियायतें—प्रतिनिधित्व के संबंध में मुसलमानों को विशेष रियायतें दी गई। उत्तर प्रदेश में मुसलमानों की संख्या कुल जनसंख्या का 1/6 भाग थी, किंतु प्रांतीय परिषद में 26 गैर-सरकारी सदस्यों में से 8 मुसलमान थे। मुसलमानों को अपने प्रतिनिधि सीधे भेजने का अधिकार था, जबकि हिंदुओं को ऐसा अधिकार नहीं था।

1919 का अधिनियम (The Act OF 1919)

जी.एन.सिंह के अनुसार, "ब्रिटिश राज्याधीन भारत के इतिहास में 1909 से 1919 तक का युग सबसे छोटा है, किंतु यह काल अत्यंत महत्व की घटनाओं से परिपूर्ण हैं।" इन वर्षों में भारतीय राजनीति में कुछ ऐसी घटनाएं घटित हुई, जिन्होंने सवैधानिक विकास को आगे बढ़ाया।

मॉटेग्यू की घोषणा, अगस्त 1917

7 जुलाई, 1917 को मॉटेंग्यू भारत सचिव के पद पर आसीन हुए। वे उदारवादी विचारधारा के व्यक्ति थे तथा भारत के प्रति उनका रवैया उदार था। उन्होंने 20 अगस्त 1917 को एक ऐसी घोषणा की जिससे तीन बातें स्पष्ट होती हैं : प्रथम, इस घोषणा से भारत ब्रिटिश शासन का लक्ष्य स्पष्ट किया गया, द्वितीय, इस बात का संकेत दिया गया कि भविष्य में भारतीय राज्य प्रणाली में महत्वपूर्ण परिवर्तन होंगे, तथा तृतीय, भारत संबंधी नई नीति का सूत्रपात हुआ।

इस घोषणा का विश्लेषण करने से निम्न बातें स्पष्ट होती है :

प्रथम, भारतीयों को धीरे-धीरे प्रशासन के प्रत्येक भाग में अधिकाधिक

संख्या में सम्मिलित किया जाएगा। द्वितीय, इस लक्ष्य की प्राप्ति के लिए स्वशासी संस्थाओं का धीरे-धीरे विकास किया जाएगा। तृतीय, भारत के संबंध में ब्रिटिश शासन का अंतिम लक्ष्य भारत में उतरदायी शसन की स्थापना करना है। चतुर्थ, उत्तरदायी शासन की स्थापना क्रमिक विकास द्वारा संभव है। पंचम, उत्तरदायी शासन के मार्ग में प्रगति की प्रत्येक सीढ़ी का निर्णय ब्रिटिश सरकार तथा भारत सरकार ही कर सकती है।

अधिनियम की प्रस्तावना

अधिनियम की प्रस्तावना में मॉटेंग्यू की ऐतिहासिक घोषणा में दिए गए सिद्धांतों को दोहराया गया। प्रस्तावना की मुख्य बातें थी : (i) ब्रिटिश भारत ब्रिटिश साम्राज्य का अखंड भाग रहेगा। (ii) ब्रिटिश भारत में उत्तरदायी शासन संसद की घोषित नीति का लक्ष्य है। (iii) उत्तरदायी शासन धीरे-धीरे ही दिया जा सकता है। (iv) उत्तरदायी शासन की स्थापना के लिए आवश्यक है कि प्रशासन की हर शाखा में भारतीयों का अधिकाधिक संबंध और स्वशासी संस्थाओं का क्रमिक परिवर्तन हो।

अधिनियम की मुख्य विशेषताएं

1919 के अधिनियम की मुख्य विशेषताएं निम्न हैं–

1. लिखित एवं अचल स्वरूप–1919 के एक्ट द्वारा जो भारतीय विधान प्रस्तावित किया गया था वह मुख्य रूप से लिखित था। उसका आधार ब्रिटिश संसद द्वारा प्रतिपादित किया हुंआ एक प्रस्ताव था। इस एक्ट की दूसरी विशेषता अचल स्वरूप था।

2. केंद्र में अनुत्तरदायी शासन–अधिनियम द्वारा केंद्रीय शासन को पहले की तरह ही केंद्रीय विधानमंडल के प्रभाव से मुक्त यानी अनुत्तरदायी रखा गया। यद्यपि केंद्रीय व्यवस्थापिका सभा का विस्तार किया गया औरउनके अधिकारों में वृद्धि कर दी गई, लेकिन इसके साथ ही गवर्नर-जनरल को कुछ ऐसे विशेषाधिकार प्रदान किए गए जिनका प्रयोग वह व्यवस्थापिका की सहमति के बिना कर सकता था। इस प्रकार अधिनियम के द्वारा केंद्र में अनुत्तरदायी शासन को बनाए रखा गया।

3. एकात्मक शासन–भारत का शासन संघात्मक न होकर अभी तक

एकात्मक ही था। भारत में प्रांत और प्रांतीय व्यवस्थापिका संभाएं स्वतंत्र नहीं थी। वे केंद्र के अधीन थी।

4. भारतीय व्यवस्थापिका का सत्ताहीन स्वरूप—इस अधिनियम के द्वारा जिन भारतीय व्यवस्थापिका सभाओं का निर्माण किया गया वे डायसी के शब्दों में विधि-निर्माण करने वाली सत्तारहित संस्थाएं थी। उनकी शक्ति और उनके अधिकार का स्त्रोत भारत सरकार अधिनियम था जो देश का सर्वोच्च एवं सर्वश्रेष्ठ कानून था।

5. केंद्रीय कार्यकारिणी परिषद् में भारतीयों की बढ़ोतरी—ऐक्ट द्वारा कार्यकारिणी परिषद् के गठन में परिवर्तन किया गया। अब कार्यकारिणी पर से पूर्व निर्धारित संख्या संबंधी प्रतिबंध हटा दिया गया। भारतीय उच्च न्यायालय के उन वकीलों को परिषद् का लॉ सदस्य होने के योग्य ठहराया गया। जिन्हें उनमें कार्य करते हुए दस वर्ष हो चुके हों। ऐक्ट द्वारा कार्यकारिणी परिषद् में भारतीयों की संख्या एक से बढ़ाकर तीन कर दी गई।

6. द्विसदनात्मक केंद्रीय विधानमंडल—इस ऐक्ट द्वारा केंद्र में सर्वप्रथम द्विसनात्मक व्यवस्थापिका की स्थापना की गई। दोनों सदन केंद्रीय विधानसभा तथ राज्य परिषद के नाम से संबोधित किए जाते थे। केंद्रीय विधानसभा में 143 सदस्य होते थे, जबकि राज्य परिषद् में 60 सदस्य।

7. केंद्रीकरण से विकेंद्रीकरण—इस अधिनियम द्वारा प्रशासन तथा राजस्व के कुछ विषयों का विकेंद्रीकरण कर दिया गया अर्थात् उन्हें केंद्रीय सरकार के नियंत्रण से हटाकर प्रांतीय सरकारों को सौंप दिया गया। प्रांतों को पहली बार कर लगाने तथा ऋण लेने का अधिकार भी प्रदान किया गया। इस प्रकार लॉर्ड कर्जन द्वारा चलाई गई केंद्रीकयरण की नीति का आवागमन हुआ।

8. शक्ति विभाजन—अधिनियम द्वारा प्रांतों में आंशिक उत्तरदायी शासन प्रारंभ करते हुए केंद्रीय और प्रांतीय सरकारों के बीच शक्ति विभाजन किया गया। संपूर्ण भारत अथवा राष्ट्रीय महत्व के विषय जैसे विदेश संबंध, सेना, रेल, डाक-तार, आयकर, जहाजरानी, आदि केंद्र को दिए गए। स्थानीय महत्व के विषय प्रांतों को दिए गए, जैसे स्थानीय स्वशासन, शिक्षा, स्वास्थ्य, सिंचाई, चिकित्सा, जेल, पुलिस, कृषि, आदि।

9. द्वेध शासन—1919 के ऐक्ट की सबसे महत्वपूग्र विशेषता प्रांतों में आंशिक रूप से उत्तरदायी शासन अथवा द्वैध शासन की व्यवस्था करना था।

प्रांतीय शासन को दो भागों में विभाजित किया गया–रक्षित और हस्तांतरित। ऐक्ट के अनुसार प्रत्येक प्रांत की व्यवस्थापिका सभा में से कुछ मंत्री चुने गए और हस्तांतरिक विषयों का भार उनके हाथों में सौंप दिया गया। ये मंत्री अपने-अपने प्रांत की व्यवस्थापिका तथा बहुमत के प्रति उत्तरदायी थे। इन विषयों के संबंध में यह निश्चित कर दिया कि गवर्नर मंत्रियों की सहमति से ही कार्य करेगा। रक्षित विषय गवर्नर और उनकी कार्यकारिणी परिषद के लिए सुरक्षित रखे गए। इस परिषद् के सदस्य अब भी सरकारी होते थे जो व्यवस्थापिका सभा के साथ अपने नीति पर विचार-विमर्श करते हुए भी पहले के समान भारत सचिव के प्रति उत्तरदायी थे।

10. इंडिया कौंसिल में परिवर्तन–अधिनियम द्वारा भारत परिषद् के गठन में परिवर्तन किए गए। इसमें कम-से-कम 8 और अधिक-से-अधिक 12 सदस्य नियुक्त करने का प्रावधान रखा गया। सदस्यों का कार्यकाल 7 वर्ष से घटाकर 5 वर्ष कर दिया गया। इसी प्रकार भारत-परिषद के कार्य-संचालन के नियमों, वेतन, आदि में परिवर्तन किया गया।

11. नरेशमंडल की स्थापना–अधिनियम द्वारा नरेशमंडल का प्रावधान रखा गया जिसका प्रधान वायसराय था। नरेशमंडल की कुल सदस्य संख्या 121 थी। नरेशमंडल एक परामर्शदात्री सभा के समान था।

12. सांप्रदायिक निर्वाचन का विस्तार–'मांड-फोर्ड रिपोर्ट' में सांप्रदायिक निर्वाचनों की निंदा की गई थी। परंतु अधिनियम में मुसलमानों के अतिरिक्त सिक्खों, योरोपियनों, आंग्ल-भारतीयों तथा ईसाइयों केलिए भी पृथक निर्वाचन-व्यवस्था लागू कर दी गई।

13. मताधिकार–ऐक्ट द्वारा जहां एक ओर प्रत्यक्ष निर्वाचनों का चलन हुआ, वहां दूसरी तरफ मताधिकार का विस्तार किया गया। ऐसा माना जाता है कि अब भारत की 10 प्रतिशत जनता को मताधिकार प्राप्त हुआ।

14. संक्रमणकालीन स्वरूप–यह ऐक्ट एक स्थाई व्यवस्था न होकर संक्रमणकालीन व्यवस्था थी। इस ऐक्ट द्वारा यह निश्चय किया गया कि भविष्य में किए जाने वाले सुधारों के लिए दस वर्ष पश्चात् फिर एक समिति कानूनी व्यवस्था द्वारा स्थापित की जाएगी जो मॉण्ट-फोर्ड सुधारों के अधीन की गई उन्नति का अध्ययन कर नवीन सुधारों के बारे में परामर्श देगी। ऐक्ट की इसी धारा में हमें भावी 'साइमन कमीशन' के चिन्ह अंतनिर्हित मिलते हैं।

साइमन कमीशन (Simon Commission)

साइमन कमीशनः समय से पूर्व नियुक्ति के कारण

1919 के ऐक्ट में कहा गया था कि अधिनियम के पारित होने के 10 वर्ष बाद एक सांविधानिक आयोग की नियुक्ति की जाएगी जो इस बात की जांच करेगा कि यह अधिनियम व्यवहार मे कहां तक सफल रहा तथा भारत उत्तरदायी शासन की दिशा में और आगे कहां तक प्रगति करने की स्थिति में है। दस वर्ष 1929 में पूरे होने को थे, अतः 1929 में ऐसे आयोग की नियुक्ति की जानी थी। चूंकि 1919 का ऐक्ट 1921 में लागू किया गया था इसलिए आयोग की नियुक्ति 1931 तक भी की जा सकती थी, परंतु ब्रिटिश सरकार ने दो वर्ष पूर्व अर्थात् नवंबर, 1927 में ही भारतीय सुधारों की जांच करने के लिए एक 'कमीशन' नियुक्त कर दिया। ब्रिटिश शासन द्वारा समय के पूर्व इस प्रकार के आयोग की नियुक्ति का कारण माण्ट-फोर्ड सुधारों की जांच की भारतीय मांग के प्रति ब्रिटिश शासन की उदारतापूर्ण रियासत बताया गया, किंतु यथार्थ में, समय के पूर्व इस प्रकार के आयोग की नियुक्ति के कई कारण थे, जो इस प्रकार हैं:

1. इंग्लैंड में आम चुनाव।
2. सांप्रदायिक दंगे,
3. राष्ट्रीयता के प्रवाह को रोकना।
4. स्वराज दल को दुर्बल करना।
5. कांग्रेस के अंदर गरम दल।

साइमन कमीशन-कमीशन के सभी सदस्य अंग्रेज

5 नवंबर, 1927 को वाइसराय लॉर्ड इर्विन ने भारतीय नेताओं को साइमन कमीशन की नियुक्ति की सूचना दी। घोषणा में कहा गया कि सर जॉन साइमन की अध्यक्षता में एक 7 सदस्यीय राजकीय कमीशन (Royal Commission) भारत आने वाला है।

हाउस ऑफ कामन्स में उदार दल के प्रसिद्ध सदस्य सर जॉन साइमन को आयोग का अध्यक्ष नियुक्त किया गया। 1926 की आम हड़ताल में उन्होंने विशेष काम किया था और यह आशा थी कि भारत के नरम दल वाले उनको स्वीकार करेंगे। बर्नहम और स्ट्रथकोना हाउस ऑफ लार्ड्स से लिए गए थे।

बर्नहम ब्रिटिश साम्राज्य के सभी भागों की यात्रा कर चुके थे। स्ट्रेथकोना अपने दल के एक पद पर थे। लेन फोक्स और कैडेगन अनुदार दल के प्रतिनिधि थे। इनमें लेन फोक्स इर्विन के साले थे और कैडेगन कुछ समय के लिए स्पीकर के सचिव थे। ये दोनों ही हाउस ऑफ कामन्स में अनुदार दल के सदस्य थे। ऐटली और बर्लोन हार्ट शोर्न को मजदूर दल ने नामांकित किया था। उस समय ऐटली की कोई प्रसिद्धि नहीं थी।

साइमन कमीशन में भारतीयों को सम्मिलित न करने का कारण बतलाते हुए ब्रिटिश शासन की ओर से कहा गया कि क्योंकि कमीशन को अपनी रिपोर्ट ब्रिटिश संसद को देनी होगी, इसलिए उसमें ब्रिटिश संसद के ही सदस्यों को शामिल किया जाना उचित था, किंतु सरकार के इस स्पष्टीकरण से भारतीयों को संतोष नहीं हुआ क्योंकि इस समय दो भारतीय लार्ड सिंहा और सकलातवाला भी ब्रिटिश संसद के सदस्य थे। इस प्रकार कमीशन में एक भी भारतीय प्रतिनिधि नहीं रखा गया था। यह देश के लिए अपमानजनक था।

साइमन कमीशन का उद्देश्य

साइमन कमीशन की नियुक्ति का उद्देश्य इस बात की जांच करना था कि भारत की तत्कालीन शासन व्यवस्था किस तरह काम कर रही थी तथा इस संबंध में रिपोर्ट तैयार करना था कि क्या भारत में उत्तरदायी शासन की स्थापना करना वांछनीय है और यदि हां तो किस सीमा तक अथवा इस समय भारत को जिस मात्रा में उत्तरदायी शासन प्राप्त है, उसे किस सीमा तक विस्तृत, संशोधित या प्रतिबंधित करने की आवश्यकता है।

साइमन कमीशन का बहिष्कार

कांग्रेस के मद्रास अधिवेशन (दिसंबर, 1927) ने साइमन कमीशन के बायकाट का नारा दिया। साइमन कमीशन 3 फरवरी, 1928 को विलायत से बंबई पहुंचा। भारतभूमि पर पैर रखते ही उसका स्वागत देशव्यापी आम हड़ताल से हुआ। बंबई में पूर्ण हड़ताल हुई और 'साइमन कमीशन वापस जाओ' के नारे बुलंद करता हुआ विशाल जुलूस निकला।

साइमन कमीशन लाहौर पहुंचा तो वहां लाला लाजपतराय के नेतृत्व में विशाल जनसमूह ने उसके खिलाफ प्रदर्शन किया। पुलिस ने जुलूस पर लाठियों

और डंडों की वर्षा की। उसके नेताओं की उन्होंने कसकर पिटाई की जिससे लाजपत राय के हृदय पर गहरी चोट पहुंची। इस लाठीचार्ज पर लाला लाजपत राय ने कहा कि "मेरे ऊपर किया गया लाठी का प्रत्येक प्रहार ब्रिटिश साम्राज्य के कफन की कील सिद्ध होगा।" विश्वास किया जाता है कि इन चोटों की वजह से जल्दी ही लालाजी की मौत हो गई। इस घटना से कमीशन के प्रति विरोध और अधिक प्रबल हो गया तथा बंगाल व पंजाब में इससे आतंकवादी गतिविधियों को प्रोत्साहन मिला।

साइमन रिपोर्टः प्रमुख सिफारिशें

कमीशन की प्रमुख सिफारिशें निम्नलिखित थीः

1. उत्तरदायी शासन की असफलता–साइमन रिपोर्ट के अनुसार भारत में संसदीय अथवा उत्तरदायी शासन का प्रयोग सफल नहीं रहा है।

2. द्वैध शासन की समाप्ति तथा प्रांतीय स्वशासन–1919 के अधिनियम के तहत् स्थापित द्वैध शासन अनेक आंतरिक दोषों के कारण असफल रहा है, अतः द्वैध शासन का तुरंत अंत कर दिया जाना चाहिए और प्रांतों में विधानमंडलों के प्रति उत्तरदायी मंत्रियों को शासन भार सौंप दिया जाना चाहिए।

3. संघ व्यवस्था की स्थापना–भारत के लिए एकात्मक शासन व्यवस्था उपयुक्त नहीं है और निकट भविष्य में भारत के लिए एक संघ व्यवस्था की स्थापना की जाए। इस संघ में ब्रिटिश भारत के सभी प्रांत और समस्त देशी रियासतें शामिल होंगी।

4. सांप्रदायिक प्रतिनिधित्व–आयोग के अनुसार सांप्रदायिक प्रतिनिधित्व की प्रणाली निर्दलीय है, किंतु फिलहाल उसके सिवाय दूसरा विकल्प नहीं है।

5. वयस्क मताधिकार अव्यावहारिक–आयोग के अनुसार सार्वभौमिक वयस्क मताधिकार की बात सोचना अव्यावहारिक है, किंतु धीरे-धीरे मताधिकार और विधानमंडलों का विस्तार किया जाना चाहिए।

6. केंद्रीय क्षेत्र में अनुत्तरदायीर शासन–कमीशन ने केंद्रीय शासन व्यवस्था में कोई आमूल परिवर्तन नहीं सुझाया। केंद्रीय व्यवस्था में आवश्यक परिवर्तन के बाद में जब देश की व्यवस्था का संघीय आधार पर पुनर्गठन हो जाए, तब हो सकते हैं।

7. केंद्रीय विधानमंडल–कमीशन के अनुसार संघ व्यवस्था का निर्माण करने से केंद्रीय विधानमंडल का पुनर्गठन किया जाना चाहिए। केंद्रीय विधानमंडल में प्रांतों व देशी रियासतों के प्रतिनिधियों को शामिल किया जाना चाहिए। केंद्रीय विधानमंडल का उच्च सदन राज्य सभा को संघीय आधार पर गठित किया जाना चाहिए। केंद्रीय विधानमंडल के दोनों सदनों के लिए सदस्यों का चुनाव प्रांतीय विधानमंडलों द्वारा परोक्ष रीति से किया जा सकता है।

भारतीय जनता द्वारा साइमन रिपोर्ट को अस्वीकार कर दिया गया, क्योंकि–प्रथम, रिपोर्ट में भारतीयों की डोमिनियम स्टेट्स की मांग की पूर्ण उपेक्षा की गई थी द्वितीय, केंद्र में उत्तरदायी शासन की स्थापना नहीं की गई थी तृतीय, प्रांतों में उत्तरदायी मंत्रिमंडल की स्थापना का प्रावधान तो किया गया था, लेकिन प्रांतीय गवर्नरों को कुछ ऐसी विशेष शक्तियां प्रदान करने की सिफारिश की गई। जिससे उत्तरदायी शासन मजाक बनकर रह जाता चतुर्थ, रिपोर्ट में सांप्रदायिक प्रतिनिधित्व को पूर्ववत् जारी रखने की सिफारिश की गई।

नेहरू रिपोर्ट (Nehru Report)

साइमन कमीशन की नियुक्ति के समय और उससे पहले भी अनुदार दल की सरकार में भारत सचिव लॉर्ड बकिनहेड ने भारतीय नेताओं को चुनौती दी थी कि वे ऐसा संविधान बनाकर दिखाएं जो साधारणतया भारत के सभी लोगों को मान्य हो। बर्किनहेड के शब्दों में, "इन तीन सालों में–जिनके दौरान मैं भारत मंत्री रहा हूं–दो बार मैंने भारत के अपने आलोचकों को इसके लिए आमंत्रित किया है कि वे किसी संविधान के लिए खुद अपने सुझाव सामने रखे, ताकि हमें उस रूप का पता चल जाए, जिसके अनुसार उनके विचार से संविधान में संशोधन होना चाहिए। वह निमंत्रण अभी भी खुला है।" बर्किनहेड ने यह भी कहा कि साइमन कमीशन के बहिष्कार का उस समय कोई अर्थ नहीं है, जबकि स्वयं उनके (भारतीयों) द्वारा सभी को स्वीकार्य संविधान का निर्माण नहीं किया जा सकता। उनका कहना था कि घोर सांप्रदायिक मतभेदों के कारण भारतीय स्वयं अपने लिए कोई संविधान बनाने में सर्वथा असमर्थ हैं।

सर्वदलीय सम्मेलन

मई, 1927 में कांग्रेस के बंबई अधिवेशन में पंडित मोतीलाल नेहरू ने

एक प्रस्ताव रखा जिसमें कांग्रेस की कार्यकारिणी से कहा गया था कि वह केंद्रीय तथा प्रांतीय विधानमंडलों के चुने हुए सदस्यों तथा राजनीतिक दलों के नेताओं के परामर्श से देश के लिए एक संविधान बनाए तथा उसे अखिल भारतीय कांग्रेस समिति के सामने रखे। दिसंबर, 1927 में मद्रास कांग्रेस ने कांग्रेस कार्य समिति को यह निर्देश दिया कि वह अन्य पार्टियों से सलाह-मशविरा करके 'स्वराज' संविधान का मसौदा तैयार करे। फरवरी, 1928 में दिल्ली में कांग्रेस द्वारा एक सवर्पदल सम्मेलन बुलाया गया जिसके सभापति कांग्रेस के अध्यक्ष डॉ. अंसारी थे और इसने 'पूर्ण उत्तरदायी सरकार' के पक्ष में मत दिया। मई में इस सम्मेलन की एक बैठक बंबई मं हुई जहां भारतीय संविधान के सिद्धांतों को सुनिश्चित करने के लिए एक उपसमिति बनाई गई। इस उपसमिति के अध्यक्ष मोतीलाल नेहरू थे और इसमें सर अली इमाम व शोएब कुरेशी (मुस्लिम लीग), अणे व जयकर (हिंदू महासभा), मंगलसिंह (सिख लीग), तेज बहादुर सप्रू (लिबरल), एन. एम. जोशी (मजदूर दल) तथ जी. आर प्रधान (गैर ब्राह्मण) थे और उन्होंने इस संविधान निर्माणक समिति के मंत्री के रूप में भी कार्य किया। आगे चलकर यह समिति 'नेहरू समिति' के नाम से प्रसिद्ध हुई।

नेहरू रिपोर्टः प्रमुख सिफारिशें

नेहरू समिति को उस पेचीदे सवाल पर हल खोजना था, जो अगले 20 वर्षो तक भारतीय राजनीति पर अपनी छाया डाले रहा—स्वाधीन और लोकतंत्रात्मक भारत में अल्पसंख्यकों का स्थान क्या हो? मुस्लिम हितों की रक्षा करने का एक तरीका तो यह था कि संविधान में विशेष व्यवस्थाएं या 'आरक्षण' शामिल कर दिया जाए। एक तरीका यह था कि अलग-अलग निर्वाचन-मंडलों की व्यवस्था हो।

सांप्रदायिक प्रतिनिधित्व जैसे पेचीदा मसले का हल खोजते हुए जुलाई, 1928 में नेहरू समिति ने भावी संविधान की रूपरेखा का मसविदा प्रकाशित किया। इसमें खासकर तीन भाग थे : (क) भारत की भावी स्थिति के बारे में (ख) नागरिकों के मूल अधिकारों के बारे में और (ग) हिंदू मुस्लिम संबंधों के बारे में।

संक्षेप में, नेहरू रिपोर्ट में की गई सिफारिशें निम्नलिखित थी :

1. डोमीनियन स्टेटस—नेहरू समिति द्वारा भारत के लिए प्रस्तावित

संविधा का आधार डोमीनियन स्ट्रेटस (अधिराज्य) था। इसके अंतर्गत केंद्र तथा प्रांतों में संसदीय ढंग के पूर्ण उत्तरदायी शासन की स्थापना की व्यवस्था थी। स्वशासित डोमीनियनों के नमूने पर पूर्ण उत्तरदायी शासन की व्यवस्था करने के साथ-साथ समिति ने यह स्पष्ट कर दिया कि डोमीनियन स्टेटस की उपलब्धि हमारे विकास की दूरस्थ अवस्था नहीं, बल्कि तात्कालिक कदम हैं।"

2. मौलिक अधिकार—संविधान में मौलिक अधिकारों का प्रावधान होगा। इनमें अंतः करण व्यवसाय और धर्म की स्वतंत्रता होगी।

3. केंद्रीय विधानसभा—केंद्रीय विधानसभा के निचले सदन ओर प्रांतीय विधानसभाओं के सदस्य निर्वाचित होंगे। इनका निर्वाचन संयुक्त और मिश्रित निर्वाचन मंडल करेंगे, परंतु केंद्रीय विधानसभा में और प्रांतीय विधानसभाओं में, जहां मुसलमान अल्पमत हैं, उनके लिए स्थान सुरक्षित रखे जाएंगे। इसी प्रकार उत्तर-पश्चिमी सीमांत प्रदेश में हिंदुओं के लिए स्थान सुरक्षित रहेंगे।

4. पंजाब और बंगाल—पंजाब और बंगाल में मुसलमानों के लिए स्थान सुरक्षित नहीं रखे जाएंगे।

5. आरक्षण का आधार—स्थानों का आरक्षण जनसंख्या के आधार पर निश्चित काल के लिए होगा। जिन समुदायों के लिए स्थान सुरक्षित रखे जाएंगे, उनको और स्थानों के लिए भी चुनाव लड़ने का अधिकार होगा।

6. वयस्क मताधिकार—प्रत्येक व्यक्ति जो चाहे पुरूष हो या स्त्री कानून द्वारा अयोग्य घोषित नहीं किया गया है तो 21 वर्ष की आयु प्राप्त करने पर केंद्रीय और प्रांतीय विधानसभाओं के लिए मत देने का अधिकार होगा।

7. भाषीय प्रांत—सिंध और कर्नाटक के प्रांत अलग होंगे। यदि और भी प्रांत बनाए जाएं तो उनका निर्णय भाषा के आधार पर होगा।

8. केंद्र एवं प्रांतों के मध्य शक्ति विभाजन—नेहरू समिति ने संघात्मक व्यवस्था की संभावना पर विचार किया तथा प्रांतों को स्वायत्तता देने पर बल दिया। केंद्र और प्रांतों के बीच शक्तियों के विभाजन की भी एक योजना सुझाई गई और जिसमें अवशिष्ट शक्तियां केंद्र में सुरक्षित रखी गई।

9. सांप्रदायिक निर्वाचन का अंत—नेहरू समिति ने पृथक और सांप्रदायिक निर्वाचन प्रणाली को अस्वीकार किया और अल्पसंख्यक वर्गों के लिए उनकी जनसंख्या के अनुपात में सीमित काल के लिए स्थानों को आरक्षण की व्यवस्था की।

10. सर्वोच्च न्यायालय की स्थापना–समिति ने सर्वोच्च न्यायालय की स्थापना की सिफारिशें की थी।

11. देशी रियासते–देशी नरेशों को विश्वास दिलाया गया कि उनके अधिकार और विशेषाधिकार सुरक्षित रहेंगे, किंतु उन्हें यथाशीघ्र अपने-अपने राज्य में उत्तरदायी शासन की स्थापना कर देनी चाहिए ताकि बाद में अखिल भारतीय संघ बनाने में आसानी रहे।

गोलमेज सम्मेलन तथा गांधी इरविन समझौता (Round Table Conferances & Gandhi-Irwin Pact)

सन् 1930 का सविनय अवज्ञा आंदोलन गांधीवादी क्रांति का एक महत्वपूर्ण अस्त्र था। यह आंदोलन देश के अनेक भागों में फैल गया। इससे पूर्व 31 दिसंबर 1929 को कांग्रेस ने लाहौर में रावी नदी के तट पर पूर्ण स्वराज के लक्ष्य की घोषणा कर दी थी। भारत की संवैधानिक प्रगति के संबंध में प्रकाशित साइमन रिपोर्ट से भारतीय असंतुष्ट थे। लॉर्ड इर्विन भारतीय समस्या का शीघ्र हल चाहते थे; अतः भारत के भावी संविधान के सिद्धांतों पर विचार करने के लिए लंदन में तीन गोलमेज सम्मेलन आयोजित किए गए। पहला गोलमेज सम्मेलन 12 नवंबर 1930 को शुरू हुआ जिसमें कांग्रेस ने भाग नहीं लिया। 5 मार्च, 1931 को गांधी-इर्विन समझौता हुआ जिसके परिणामस्वरूप गांधीजी ने द्वितीय गोलमेज सम्मेलन में (7 सितंबर से 1 दिसंबर, 1931) में भाग लिया, किंतु सांप्रदायिक समस्या पर कोई निर्णय नहीं हो सका। 1932 में सरकार ने सांप्रदायिक समस्या पंचाट की घोषणा कर दी जिसके विरोध में गांधीजी ने आमरण अनशन की घोषणा की। 17 नवंबर, 1932 से 24 दिसंबर, 1932 तक तीसरा गोलमेज सम्मेलन आयोजित किया गया। इसमें भारत से कांग्रेस का कोई प्रतिनिधि नहीं गया और सम्मेलन असफल रहा। मार्च, 1933 में ब्रिटिश सरकार ने एक 'श्वेत पत्र' प्रकाशित किया जिसके आधार पर एक 'बिल तैयार कराया गया। 4 अगस्त, 1935 को सम्राट ने इस बिल पर हस्ताक्षर कर दिए। यही 1935 का भारत शासन अधिनियम था।

प्रथम गोलमेज सम्मेलन (First Round Table Conference)

लॉर्ड इर्विन भारत की राजनीतिक समस्या के समाधान के लिए

'गोलमेज-सम्मेलन आयोजित करने के प्रबल समर्थक थे। ब्रिटिश शासन ने भी अपनी पहली भूल–साइमन कमीशन की नियुक्ति को सुधारने के लिए गोलमेज सम्मेलन आयोजित करने की योजना बनाई जिसमें भारतीय और ब्रिटिश प्रतिनिधियों को समान प्रतिनिधित्व दिया जाएगा, जिसमें स्वतंत्र रूप से वार्ता हो तथा उसके द्वारा किए गए निर्णय सरकार तथा ब्रिटिश संसद का मार्गदर्शन करें, किंतु लॉर्ड इर्विन के लिए सम्मेलन की योजना को क्रियान्वित करना आसान नहीं था। डॉ. ताराचंद के शब्दों में, "उसके आगे कुंआ था तो पीछे खाई। यदि वह कांग्रेस के बिना सम्मेलन बुलाता तो उस पर बिना दूल्हे के बारात सजाने का आरोप लगाया जाता। दूसरी ओर यदि वह कांग्रेस से सहयोग के लिए कहता तो उसे उसकी शर्तें माननी पड़ती, जिसका तात्पर्य था गांधीजी के आगे आत्मसमर्पण।"

इस संकट को समाप्त करने के लिए इर्विन ने समझौते की एक नई रूपरेखा बनाई जिसके तत्व निम्नलिखित थेः

1. कांग्रेस का निश्चय कुछ भी हो, गोलमेज सम्मेलन का काम आगे बढ़ना चाहिए।

2. सम्मेलन हेतु भारत के प्रतिनिधियों का चयन इस प्रकार किया जाए कि यह जान पड़े कि भारत का प्रतिनिधित्व मिल रहा है और कांग्रेस के प्रतिनिधियों को बाहर रखने के विषय में कहा जा सके कि देश के अनेक गुटों और हितों में से केवल एक दल अनुपस्थित है।।

3. साथ ही सम्मेलन में सम्मिलित होने के लिए कांग्रेस को प्रेरित करने का काम भी चलता रहे।

प्रथम गोलमेज सम्मेलन के लिए लार्ड इर्विन ने प्रतिनिधियों का चयन इस तरह से किया कि ऐसा लगा कि कांग्रेस उग्र दल है जो भारत के अन्य सब गुटों और हितों का विरोधी हैं। इसलिए उन्होंने निम्नलिखित वर्गों के सदस्यों का चयन किया।

1. ऐसे राजनीतिज्ञ जो अखिल भारतीय दलों के सदस्य थे और जो नर्म दल के थे, जो बहिष्कार के विरोधी थे और समझौता करने के लिए तैयार थे और भारत को ब्रिटिश साम्राज्य में रखना चाहते थे।

2. मुस्लिम लीग, हिंदू महासभा, सिख, ईसाई, गैर-ब्राह्मण और अनुसूचित जातियों जैसे सांप्रदायिक दलों के प्रतिनिधि।

3. जमींदार और उद्योगपति जैसे आर्थिक वर्गों के प्रतिनिधि

4. अभारतीय गुटों के प्रतिनिधि जिनके विशेष हित थे जैसे यूरोपियन, एंग्लो-इंडियन और बर्मा के लोग।

5. भारत की देशी रियासतों के प्रतिनिधि

6. ब्रिटिश प्रतिनिधि जो ब्रिटिश संसद के तीनों दलों का प्रतिनिधित्व करें।

कांग्रेस को मनाने का प्रयत्न—प्रथम गोलमेज सम्मेलन में भाग लेने हेतु कांग्रेस को राजी करने के लिए वाइसराय ने सप्रू और जयकर को इजाजत दे दी कि जेल में गांधीजी तथा अन्य कांग्रेसी नेताओं से मिलकर गतिरोध को दूर करने का प्रयास करें। दोनों ने यरवदा जेल में गांधीजी से और नैनी जेल में मोतीलाल एवं जवाहर लाल से भेंट की। गांधीजी ने उनसे कहा कि जब तक यह आश्वासन न मिले कि वार्ता पूर्ण स्वराज के आधार पर होगी, कांग्रेस लंदन जाने के लिए तैयार नहीं है इसलिए कांग्रेस को मनाने का प्रयास विफल हो गया।

गोलमेज सम्मेलन के प्रतिनिधियों की प्रकृति—गोलमेज सम्मेलन में प्रथम वर्ग के प्रतिनिधियों की संख्या लगभग 20 थी, मुसलमान 16 थे। महासभा के 3 प्रतिनिधि थे। 2 सिख, 1 ईसाई, 4 ब्राह्मण, 2 दलित जातियों के, 4 जंमीदार, 4 यूरोपियन, 1 एंग्लो-इंडियन, 1 भारतीय व्यापारी और 3 बर्मी थे। देशी रियासतों के 16 प्रतिनिधि थे ओर अंग्रेज प्रतिनिधियों की संख्या भी 16 ही थी। 8 मजदूर दल से और 4-4 रूढ़िवादी और उदार दल के लिए लाए गए थें सब मिलकर 89 सदस्य थे।

मुसलमान प्रतिनिधियों के चयन में इर्विन का मार्गदर्शन उसकी कार्यकारिणी के सदस्य फजली हुसैन ने किया था। वह ऐसे मुसलमानों को दूर रखना चाहता था, जिन पर कांग्रेस की ओर झुकने का संदेह हो सकता था।

गोलमेज सम्मेलन का उद्घाटन एवं सुझाव—12 नवंबर, 1930 का सम्राट जार्ज पंचम गोलमेज सम्मेलन का उद्घाटन किया। इस सम्मेलन में पहली बार ब्रिटिश सरकार की ओर से भारत में संघात्मक व्यवस्था की स्थापना की एक योजना रखी गई। इसमें कहा गया था कि भारत की भावी शासन व्यवस्था एक अखिल भारतीय संघ के रूप में होगी जिसमें ब्रिटिश भारत के प्रांत तथा रियासतें दोनों शामिल होंगे। देशी रियासतों के शासको के प्रतिनिधियों—महाराजा

बीकानेर, महाराजा कशमीर ओर नवाब भोपाल ने न केवल संघ व्यवस्था का समर्थन किया, अपितु यह भी कहा कि अखिल भारतीय संघ में देशी राज्य इस शर्त पर शामिल होंगे कि केंद्रीय स्तर पर उत्तरदायित्व की स्थापना हों। प्रांतों को स्वायत्तता और उत्तरदायी शासन तथा केंद्र में आंशिक उत्तरदायी शासन देने की बातें भी की गई थी। इन मूल बातों पर सम्मेलन में किसी को आपत्ति नहीं थी, किंतु सांप्रदायिक प्रतिनिधित्व जैसे जटिल समस्याओं का कोई हल न निकल सका। मुस्लिम प्रतिनिधि आगा खां, जिन्ना, शर्फी और फजुल हक ने एवं सिखों के प्रतिनिधि सरदार उज्जल सिंह ने बार-बार चेतावनी दी कि जिस संविधान में अल्पसंख्यकों के अधिकारों का आरक्षण नहीं है और जो उनमें सुरक्षा की भावना उत्पन्न नहीं कर सकता, वह उन्हें स्वीकार्य नहीं है। चूंकि भारतीय आबादी का एक चौथाई अल्पसंख्यक है, इसलिए यह तो स्पष्ट था कि उनकी स्वीकृति के बिना यह संविधान निर्बाध कार्य नहीं कर सकेगा। इस मौलिक समस्या के हल के बिना भारत की राजनीति का प्रश्न नहीं सुलझ सकता था।

सम्मेलन के अंतिम दिन 19 जनवरी, 1931 को प्रधानमंत्री मैक्डॉनल्ड ने ब्रिटिश सरकार की भारत नीति के संबंध में एक वक्तव्य में कहा कि ब्रिटिश सरकार भारत के शासन का उत्तरदायित्व केंद्रीय और प्रांतीय विधानमंडलों को सौंपना चाहती है और संधिकाल के लिए आवश्यक आरक्षित शक्तियों का प्रावधान भी इस प्रकार करेगी कि नई संवैधानिक व्यवस्था द्वारा पूर्ण उत्तरदायी व्यवस्था की ओर प्रगति में बाधा न पड़े। अपनी ओर से एक व्यक्तिगत आश्वासन देते हुए मैक्डॉनल्ड ने यहां तक कहा कि उन्हें पूरी आशा और विश्वास है कि भारत शीघ्र ही दूसरे स्वशासित डोमीनियनों की तरह राष्ट्रमंडल का पूरा, बराबर का सदस्य हो जाएगा।

प्रथम गोलमेज सम्मेलन, दूल्हे के बिना बारात—सम्मेलन में ब्रिटिश भारत के प्रतिनिधियों में सर तेज बहादुर स्प्रे, श्रीनिवास शास्त्री, डॉक्टर जयकर, सी. वाई. चिंतामणि और डॉ. अंबेडकर जैसे व्यक्ति थे। नरेशो की ओर से बीकानेर के महाराजा, भोपाल के नवाब और ग्वालियर एवं मैसूर राज्यों के प्रधानमंत्री सम्मिलित थे। मुस्लिम लीग की ओर से जिन्ना और आगा खां जैसे नेता थे। इन सबके बावजूद डॉ. राजेंद्र प्रसाद के शब्दों में, "सम्मेलन बिना दूल्हें की बारात था।" विपिनचंद्र के अनुसार, "कांग्रेस के बिना भारतीय मामलों से

संबंधित कोई सम्मेलन वैसे ही था जैसे राम के बिना रामलीला का प्रदर्शन।"

वस्तुतः प्रथम गोलमेज सम्मेलन असफल रहा। इस सम्मेलन में पूर्ण स्वराज था औपनिवेशिक स्वराज की मांग पर कोई विचार नहीं किया गया। सांप्रदायिकता का प्रश्न विवादपूर्ण बना रहा। मुसलमानों ने पृथक निर्वाचन मंडल की मांग की। डॉ. अंबेडकर ने हरिजनों के लिए पृथक प्रतिनिधित्व की मांग की।

गांधी-इर्विन समझौता (Gandhi-Irwin Pact)

गांधी-इर्विन समझौते की पृष्ठभूमि और कारण

प्रथम गोलमेज सम्मेलन में कांग्रेस ने भाग नहीं लिया। जब लंदन में गोलमेज सम्मेलन चल रहा था, उस समय सविनय अवज्ञा आंदोलन का तूफान पूरे वेग पर था। सरकार यह आशा कर रही थी कि यह आंदोलन शीघ्र समाप्त हो जाएगा, परंतु आंदोलन के विषय में सरकार की आशाएं और अनुमान झूठे सिद्ध हुए और उसे कुचलने के लिए कठोर बड़ी संख्या में हिंदू लोग इस आंदोलन में सम्मिलित हुए। अनेक मुस्लिम संगठनों ने भी सरकार का विरोध किया। आंदोलन के सर्वोच्च नायक गांधीजी को जेल में बंद कर देने का भी संघर्ष समाप्त नहीं हुआ।

सविनय अवज्ञा आंदोलन के तूफान से 1930 के अंत तक अंग्रेजों ने यह देख लिया कि कांग्रेस का प्रभाव सर्वव्यापी है, इसलिए उनको संतुष्ट किए बिना कोई समझौता संभव नहीं हैं। टाइम्स के संवाददाता ने चेतावनी दी थी कि "यदि गांधी, दोनों नेहरू, मालवीय या पटेल को शामिल नहीं किया जाएगा तो भारतीय प्रतिनिधित्व माना ही नहीं जाएगा।"

वैजवुड बेन ने वाइसराय को सुझाया कि गांधीजी को गोलमेज सम्मेलन में उपस्थित रहने के लिए प्रेरित करना वाछंनीय है।

17 जनवरी, 1931 को भारत की केंद्रीय विधानसभा में वाइसराय इर्विन ने ऐसा भाषण दिया, जो कांग्रेस को आकर्षित करने वाला था। उन्होंने कहा, "जिस नीति के साथ गांधी का नाम जुड़ा हुआ है, उसके परिणाभ चाहे जितने शोचनीय माने जाएं, परंतु यह मानना पड़ेगा कि गांधी को आध्यात्मिक बल से प्रेरणा मिलती हैं, जिसके कारण वे अपने प्रिय देश भारत के हितार्थ कोई भी त्याग करने को तैयार रहते हों।"

लॉर्ड इर्विन के इस वक्तव्य से कांग्रेस और ब्रिटिश सरकार के मध्य समझौते का आधार तैयार हो गया। इसके पश्चात् 27 जनवरी, 1931 को गांधीजी और कांग्रेस की कार्य समिति के सदस्यों को कारावास से मुक्त कर दिया गया और कांग्रेस कार्य समिति पर से रोक हटा दी गई।

प्रथम गोलमेज सम्मेलन में भाग लेकर, सप्रू, जयकर और शास्त्री 8 फरवरी, 1931 को इलाहाबाद पहुंचे। उन्होंने 14 फरवरी तक गांधीजी ओर कांग्रेस की कार्य समिति के सदस्यों से बातचीत की। उनके सुझाव पर गांधीजी वाइसराय से मिलने के लिए सहमत हो गए। वाइसराय ने भी तुरंत भारत सचिव को सूचित किया कि उन्होंने गांधीजी से मिलने का निश्चय कर लिया है।

17 फरवरी, 1931 को महात्मा गांधी वाइसराय इर्विन से मिले और 5 मार्च, 1931 तक दोनों में अंतराल में वार्ता होती रही। इर्विन पर इस विचित्र अतिथि का गहरा प्रभाव पड़ा। उसने गांधीजी के विषय में ब्रिटिश सम्राट को लिखा, "मैंने एक विशाल शक्तिशाली व्यक्तित्व देखा वह शारीरिक दृष्टि से तगड़ा नहीं है, उसका कद छोटा है, मुख पर झुर्रिया हैं, दुबला-पतला है। आगे से दांत गिर गए हैं, उसका शरीर वस्त्रों आदि की संसारी सजावट से सजा हुआ भी नहीं है, फिर भी उसकी गहरी और छोटी-छोटी आंखों के पीछे ओर अतिसक्रिय मस्तिष्क के पीछे उसके चरित्र का बल है। इसके प्रभाव से कोई बच नहीं सकता।"

गांधी इर्विन समझौता : शर्तें—गांधी इर्विन वार्ता के परिणामस्वरूप 5 मार्च, 1931 को एक समझौता हुआ जो इतिहास में 'गांधी इर्विन समझौते' के नाम से विख्यात हैं :

इस समझौते के आधार पर सरकार ने निम्नलिखित आश्वासन दिए :

1. सांविधानिक प्रश्न के विषय में संघ को आवश्यक आधार मान लिया गया तथा आवश्यक आरक्षण के साथ भारतीय उत्तरदायित्व स्वीकार कर लिया गया।

2. सविनय अवज्ञा आंदोलन के संबंध में जारी किए गए अध्यादेश वापिस ले लिए गए।

3. संगठनों और गैर कानूनी घोषित करने के लिए जो विज्ञप्तियां जारी की गई, वे वापस ले ली जाएंगी।

4. सिवाय उन मुकदमों के जिनमें हिंसा शामिल हैं, अन्य विचारधीन

मुकदमें वापस ले लिए जाएंगे।

5. जिन बंदियों पर हिंसा का आरोप नहीं हैं वे मुक्त कर दिए जाएंगे।

6. जुर्मान माफ कर दिए जाएंगे।

7. सविनय अवज्ञा आंदोलन में जो चल संपति सरकार ने अपने कब्जे में ले ली है, वह यदि सरकार के कब्जें में है या जब्त कर ली गई है या भूमि कर की वसूली के लिए कुर्क की जा चुकी है, वह वापस कर दी जाएगी।

8. अचल संपत्ति लौटा दी जाएगी, परंतु जो संपत्ति तीसरी पार्टी को बेच दी गई है वह वापस नहीं की जाएगी।

9. जिन सरकारी अधिकारियों ने त्यागपत्र दे दिए हैं, उनके मामलों में पुनः विचार किया जाएगा, परंतु यदि उन स्थानों की पूर्ति स्थायी रूप से की गई हैं तो उनके स्थानों पर पुराने कर्मचारियों को नियुक्त नहीं किया जाएगा।

10. सरकार समुद्र तट से एक निश्चित दूरी में रहने वाले लोगों को बिना किसी कर के नमक इकट्ठा करने तथा बनाने देगी।

11. सरकार ऐसे लोगों को बंदी नहीं बनाएगी, जो शराब, अफीम तथा विदेशी वस्त्र की दुकानों पर शांतिपूर्ण पिकेटिंग करेंगे।

कांग्रेस की ओर से महात्मा गांधी की निम्न बातें स्वीकार की :

1. कांग्रेस सविनय अवज्ञा आंदोलन को स्थगित कर देगी।

2. कांग्रेस द्वितीय गोलमेज सम्मेलन में भाग लेगी।

3. कांग्रेस ब्रिटिश माल के बहिष्कार का राजनीतिक हथियार के रूप में प्रयोग नहीं करेगी।

4. कांग्रेस अपनी इस मांग को त्याग देगी जो कि आंदोलन के दौरान पुलिस के द्वारा जो ज्यादतियां की गई, उसकी निष्पक्ष जांच होनी चाहिए।

5. यदि कांग्रेस समझौते का पूरा पालन नहीं कर सकेगी तो सरकार जो उचित समझेगी, कार्यवाही करेगी।

गांधी-इर्विन समझौते का मूल्यांकन : दो प्रकार की प्रतिक्रियाएं

गांधी इर्विन समझौते के बारे में दो प्रकार की प्रतिक्रियाएं सामने आई। कांग्रेस का एक पक्ष इसे महात्मा गांधी की सफलता मान रहा था और दूसरे पक्ष ने इसे ब्रिटिश शासन के सामने कांग्रेस के आत्मसर्मपण की संज्ञा दी।

गांधी-इर्विन समझौते का कराची कांग्रेस ने अनुमोदन कर दिया, किंतु देश भर में, विशेषकर युवक वर्ग में, समझौते की कड़ी आलोचना की गई तथा गांधीजी को काफी बुरा-भला कहा गया क्योंकि समझौते में, देश को 'समाजवाद' और 'इंकलाब जिंदाबाद' के नारे देने वाले देशभक्त सरदार भगतसिंह और उनके साथी राजगुरू और सुखदेव की रिहाई के बारे में कुछ नहीं कहा गया था।

द्वितीय गोलमेज सम्मेलन

द्वितीय गोलमेज सम्मेलन लंदन में 7 सितंबर से 1 दिसंबर, 1931 तक हुआ। इसमें कांग्रेस के प्रतिनिधि के रूप में गांधीजी सम्मिलित हुए। वस्तुतः वही चुने हुए प्रतिनिधि थे, बाकी सभी प्रतिनिधि सरकार द्वारा मनोनीत थे। ब्रिटिश साम्राजियों ने चुन-चुनकर अपने जी-हुजूरों को गोलमेज सम्मेलन में शामिल होने को बुलाया था। उसने राजाओं-नबावों के मुस्लिम लीग और हिंदू महासभा के, ईसाइयों अछूतों और सिखों के, लिबरल फेडरेशन और व्यापार संघों के आदमी बुलाए थे। उनक बीच में वह गांधीजी को बैठाकर और सम्मेलन को असफल बनाकर सारा दोष भारतीयों के मत्थे मढ़कर अपने को दूध को धोया सिद्ध करना चाहते थे। गांधी-इर्विन पैक्ट के जरिए वह आंदोलन के ज्वार को रोकने में समर्थ हुए थे। अब वह भारतीयों का ध्यान आंदोलन से हटाकर गोलमेज सम्मेलन पर केंद्रित करना और भावी आंदोलन को कुचलने की तैयारी करने का अवसर चाहते थे। सम्मेलन को सफल बनाने और राष्ट्रीय आंदोलन के नेताओं की मांगों को पूरा करने का उसका इरादा कतई न था।

द्वितीय गोलमेज सम्मेलन से भारतीयों को बड़ी आशाएं थी और लगता था कि स्वराज का सपना अब साकार होगा, किंतु इसी बीच इंग्लैंड में सरकार बदल चुकी थी। मैक्डॉनल्ड अभी भी प्रधानमंत्री थे, किंतु उनके अधिकांश साथी और समर्थक अब अनुदारवादी थे, श्रमिक दल के लोग नहीं। भारत सचिव और वाइसराय भी बदल दिए गए थे।

12 सितंबर, 1931 को गांधीजी लंदन पहुंचे, और दूसरे गोलमेज सम्मेलन में हिस्सा लेना शुरू किया। पहले गोलमेज सम्मेलन की तरह इस सम्मेलन का काम भी अधिकांश उपसमितियों में विचार-विमर्श के जरिए चलता था। भारत को संघीय ढांचा, अल्पसंख्यक, पश्चिमोत्तर, प्रदेश में सुधार, आदि के बारे में कई उपसमितियां बनाई गई थी।

23 सितंबर, 1931 को गांधीजी ने हाउस ऑफ कॉमन्स में भाषण देते हुए कहा, ''हम लोग क्या चाहते हैं और क्यों चाहते हैं, यह मैं एक नहीं अनेक बार बता चुका हूं। हम 'पूर्ण स्वराज' से ही संतुष्ट हो सकते हैं। पर इसका अर्थ नहीं कि हम अपनी डेढ़ चावल की खिचड़ी अलग पकाएंगे। हम भागीदार होकर तुम्हारे साथ रहना चाहते हैं, गुलाम होकर नहीं।''

ब्रिटिश साम्राजियों ने गोलमेज सम्मेलन में अल्संख्यक हितों के संरक्षण पर बड़ा जोर दिया। उन्होंने कहा कि स्वराज के बारे में कोई भी बात सांप्रदायिक समस्या को हल करके ही की जा सकती है लेकिन साथ ही उन्होंने ऐसे तत्व जुटा रखे थे कि वे इसे किसी भी तरह हल न होने देते। गांधीजी ने सम्मेलन में कांग्रेस के राष्ट्रीय स्वरूप का प्रतिपादन किया और सुरक्षा बलों में वैदेशिक मामलों पर पूर्ण नियंत्रण सहित स्वराज की मांग की, लेकिन इस मांग का कोई विशेष प्रभाव नहीं हुआ। यद्यपि सम्मेलन में भारत के नवीन संविधान से संबंधित कुछ विस्तार की बातें निश्चित की गई। संघीय न्यायपालिका का ढांचा, संघीय विधानमंडल का संगठन और रियासतों के अखिल भारतीय संघ में प्रवेश से संबंधित कुछ बातें निश्चित की गई, लेकिन सांप्रदायिक समस्या का कोई हल नहीं निकाला गया।

ब्रिटिश प्रधानमंत्री के अनुसार,''सांप्रदायिक गतिरोध की अलंघ्य बाधा' के कारण ही व्यापक सांविधानिक प्रशनों के संबंध में गोलमेज सम्मेलन विशेष प्रगति न कर सका। वस्तुतः गांधीजी ने इस समस्या को सुलझाने के लिए नेहरू रिपोर्ट के आधार पर प्रयत्न किया, किंतु सम्मेलन में भाग लेने वाले सरकारी प्रतिनिधियों द्वारा अल्संख्यकों को अनुचित मांगे करने के लिए प्रोत्साहित किए जाने के कारण गांधीजी को अपने प्रयत्नों में सफलता प्राप्त नहीं हुई।

द्वितीय गोलमेज सम्मेलन की असफलता : 1 दिसंबर, 1931 को द्वितीय गोलमेज सम्मेलन समाप्त हो गया। यह सम्मेलन पूर्णतया असफल रहा, जिसके कई कारण थे : प्रथम, मजदूर दल ने अपने सिद्धांतों की प्रेरणा से गोलमेज सम्मेलन बुलाया था और गांधी-इर्विन समझौता किया था। 1931 में जब रूढ़िवादी दल की सरकार बन गई तो उसने यह नीति त्याग दी। अब सरकार की नीति का संचालन गोलमेज सम्मेलन के समझौतों से नहीं, वैधानिक आयोग की सिफारिशों से होना था। द्वितीय, मजदूर भारत सचिव वेजवुड बैन ने इस बात के लिए बड़ा संघर्ष किया था कि भारत के प्रति आमूल नीति बरती जाए

और उत्तरदायी सरकार के लिए वचन दिया और अल्संख्यकों को शांत करने के लिए बहुमत के अधिकारों का बलिदान न किया जाए। नए भारत सचिव सैम्युअल होर को बेन और इर्विन का तरीका कभी अच्छा नहीं लगा था। वह इस पक्ष में नहीं था कि भारतीय प्रतिनिधियों के साथ सलाह और समझौता किया जाए और ब्रिटिश संसद की हैसियत एक अदालत की सी हो जाए जो इस कार्यवाही को लिपिबद्ध करले। तृतीय, इंग्लैंड में सरकार बदल चुकी थी। इसी के परिणामस्वरूप गोलमेज सम्मेलन में मुसलमान प्रतिनिधियां का रूख दृढ़ हो गया? तृतीय, सम्मेलन में मुसलमान प्रतिनिधियों का रूख दृढ़ हो गया? चतुर्थ, सम्मेलन में तेज बहादुर स्प्रू और गांधी जैसे व्यक्ति समझौते के लिए कठिन प्रयास कर रहे थे। बड़े-बड़े रूढ़िवादी हिंदुओं ने भी दुराग्रह त्याग दिया था, परंतु मुसलमान प्रतिनिधि सांप्रदायिक समस्या के समाधान हेतु टस से मस नहीं हो रहे थे। पंचम, मैक्डॉनल्ड प्रधानमंत्री, बने, परंतु बदली राजनीतिक परिस्थितियों में उसे रूढ़िवादी समर्थक डिप्टी चीफ बाल्डविन ओर भारत सचिव सैम्युअल होर के साथ रहना था। हेरल्ड लास्की के अनुसार, "मैं मैक्डॉनल्ड का भी कुछ दोष मानता हूं। यदि वह निर्बल, घमंडी और ढुलमुल न होता और उसके मन में दृढ़ता होती तो मेरा ख्याल है कि वह बलात् समझौता करवा लेता।" षष्ठ, सम्मेलन में अवसरवाद का बोलबाला था और विभिन्न दल भूखे की तरह नए विधान की लूट में भाग लेने की प्रतीक्षा कर रहे थे।

मैक्डॉनल्ड अवार्ड तथा पुना समझौता

प्रथम और द्वितीय दोनों गोलमेज़ सम्मेलनों में सांप्रदायिक प्रतिनिधित्व का प्रश्न उठा था, किंतु इस विषय में कोई भी फैसला नहीं हो पाया था। द्वितीय सम्मेलन की समाप्ति के समय भाषण देते हुए रैम्जे मैक्डॉनल्ड ने सांप्रदायिक अवार्ड (निर्णय) का वायदा किया था।

सांप्रदायिक समस्या के बारे में भारतीय स्वयं आपस में कोई समझौता नहीं कर पा रहे—इस तर्क की आड़ में ब्रिटिश सरकार ने 16 अगस्त, 1932 को विभिन्न संप्रदायों के प्रतिनिधित्व के विषय में पर एक पंचाट प्रकाशित किया जो 'सांप्रदायिक पंचाट' (Communal Award) के नाम से जाना जाता है। इस पंचाट ने पृथक निर्वाचन पद्धति को न केवल मुसलमानों के लिए कायम रखा बल्कि उसे दलित वर्गों के ऊपर भी लागू कर दिया। मुसलमानों, ईसाईयों,

सिखों, आंग्ल-भारतीयों तथा महिलाओं तक के लिए पृथक निर्वाचन की व्यवस्था की गई। श्रम, वाणिज्य, उद्योग, जमींदारों तथा विश्वविद्यालयों के लिए भी पृथक चुनाव क्षेत्र निर्धारित किए गए। कुल मिलाकर निर्वाचकों को 17 विभिन्न वर्गों में बांट दिया गया। दलित वर्ग के लोगों के लिए पृथक चुनाव क्षेत्रों की योजना के पीछे अंग्रेज कूटनीतिज्ञों की यह चाल थी कि उन्हे हिंदुओं से अलग कर दिया जाए। पंचाट की कड़ी आलोचना हुई। दलित वर्गो के लिए पृथक निर्वाचक मंडलों के प्रवर्तन का प्रस्ताव महात्मा गांधी को मान्य नहीं था क्योंकि इससे हिंदुओं के बीच स्थायी फूट पैदा हो जाती। अतः 20 सितंबार 1932 से उन्होंने 'दलित वर्गों' के अलग प्रतिनिधित्व की योजना को रोकने के लिए आमरण अनशन आरंभ किया जिसका परिणाम 'पूना पैक्ट' हुआ। इस पैक्ट के अनुसार हरिजनों के अलग मतदान की योजना समाप्त हो गई ओर सामान्य सीटों में ही उनके लिए सीटों के सरंक्षण की व्यवस्था की गई।

तृतीय गोलमेज सम्मेलन

नवंबर-दिसंबर 1932 में लंदन में तीसरा गोलमेज सम्मेलन हुआ। परंतु यह पहले जैसा सम्मेलन नहीं था। इससे भारत में कांग्रेस का कोई प्रतिनिधि नहीं गया। जिन्ना को नहीं बुलाया गया। भारत की देशी रियासतों को इसकी कार्यवाहियों के प्रति कोई रूचि नहीं थी। नरेश लोग लंदन गए ही नहीं, उनका प्रतिनिधित्व उनके मंत्री और अधिकारी लोग कर रहे थे। मजदूर दल, जो प्रधानमंत्री रैम्जे मैक्डॉनल्ड को दल-बदलू मानता था, ने सम्मेलन में उपस्थित होने से इंकार कर दिया था। साइमन को प्रथम दो सम्मेलनों में नहीं बुलाया गया था क्योंकि वेजवुड बैन ने इसका बड़ा प्रबल विरोध किया था, अब उसे बुला लिया गया।

मैक्डॉनल्ड अब प्रधानमंत्री नहीं रहे थे। नई सरकार ऐसा कोई सुधार करने को तैयार नहीं थी जिससे भारतीयों को अधिक अधिकार मिलें और भारत पर अंग्रेजों का राजनीतिक और आर्थिक आधिपत्य किसी भी प्रकार कमजोर पड़ें।

सम्मेलन का अधिकांश प्रारंभिक कार्य तो वे समितियां कर चुकी थीं जिन्हें द्वितीय सम्मेलन में नियुक्त किया गया था, इसलिए इसकी कार्यवाहियों के विषय में किसी में कोई उत्साह नहीं था। यह सम्मेलन 17 नवंबर से 24

दिसंबर, 1932 तक चला। अंतिम सभा में दो महत्वपूर्ण भाषण हुए। सप्रू ने सरकार से अपील की कि जिस संविधान की रूपरेखा बनाई जा रही है वह ऐसा होना चाहिए जिसको भारत की जनता स्वीकार कर लें। दूसरा भाषण भारत सचिव सैम्युअल होर का था। उन्होंने सम्मेलन के कामों का सिहांवलोकन किया और सप्रू की अपील का उत्तर देते हुए आश्वासन दिया कि उनकी मांग पर पूरा विचार किया जाएगा। भारत सचिव ने यह भी घोषणा की कि प्रस्तावित संविधान में जो व्यवस्था होगी उसके अनुसार (1) संख्या और आबादी दोनों दृष्टियों से लगभग आधे देशी राज्यों के संघ में मिलने के लिए तैयार हो जाने पर संघ व्यवस्था का सूत्रपात हो सकेगा (2) केंद्रीय विधानमंडल में ब्रिटिश भारत के स्थानों में से 33.50 प्रतिशत स्थान भारतीय मुसलमानों को मिलेंगे और (3) सिंध और उड़ीसा दो नए प्रांत बनाए जाएंगे।

श्वेत पत्र का प्रकाशन

मार्च, 1933 में ब्रिटिश सरकार ने एक श्वेत पत्र प्रकाशित किया जिसमें नए संविधान के प्रस्तावों को लेखबद्ध किया गया था। श्वेत पत्र में प्रायः साइमन आयोग की सिफारिशें थी। प्रस्तावों में संघात्मक व्यवस्था और प्रांतीय स्वायत्तता का प्रावधान था। केंद्रीय और प्रांतीय दोनों स्तरों पर विशेष उत्तरदायित्व और रक्षोपाय कार्यपालिका के हाथों में सुरक्षित रखे गए थे।

इन प्रस्तावों की बड़ी तीव्र प्रतिक्रिया हुई। इनमें कोई भी संतुष्ट नहीं था। इसलिए इन प्रस्तावों पर आगे विचार करने के लिए तथा पूरी योजना का परीक्षण करने के लिए ब्रिटिश संसद ने एक संयुक्त प्रवर समिति बनाई। लॉर्ड लिनलिथगों इसके अध्यक्ष थे। इस संयुक्त समिति को सलाह देने के लिए ब्रिटिश भारत से 21 और रियासतों से 7 प्रतिनिधियों का मंडल बनाया गया। समिति की रिपोर्ट के आधार पर एक बिल तैयार किया गया जो 19 दिसंबर, 1934 को पेश हुआ। दोनों सदनों ने भारी बहुमत से इसे पास किया और 4 अगस्त, 1935 को सम्राट ने इस पर सहमति दे दी। यही 1935 का भारतीय शासन अधिनियम था।

1935 का अधिनियम (The Act of 1935)

1935 का ऐक्ट प्रस्तावनारहित था। इससे यह स्पष्ट है कि इसमें किसी

नवीन सिद्धांत का अनुसरण नहीं किया गया था। भारत में ब्रिटिश नीति-संबंधी सन् 1917 की सम्राट की घोषणा द्वारा, जिसका लक्ष्य उत्तरदायी शासन की प्राप्ति करना था, आरंभ किए गए वैधानिक विकास का यह द्वितीय अंश था।

1935 के अधिनियम की मुख्य विशेषताएं (Salient Features of the Act 1935)

यह एक लंबा और जटिल अधिनियम था। इसमें 451 धाराएं तथा 15 परिशिष्ट थे। इस ऐक्ट की प्रमुख विशेषताएं इस प्रकार हैंः

1. **संघात्मक स्वरूप**–इस अधिनियम की विलक्षणता यह थी कि इसने भारत में संघ-व्यवस्था की शुरूआत करने का सुझाव दिया। वह संघ ब्रिटिश भारत के प्रांतों तथा उन देशी रियासतों से मिलकर बनना था जो संघ में शामिल होने के इच्छुक हों। संघ का निर्माण करने के लिए एक साथ दो काम किए जाने थे। पहले तो ब्रिटिश भारत में चल रहे शासन की इकाई को तोड़कर स्वायत्तता प्राप्त प्रांतों में विभाजित करना था और फिर उन्हें दोबारा से संघीय आधार पर जोड़कर एक ऐसी व्यवस्था की स्थापना करना था। जिसमें ब्रिटिश भारत के अलावा देशी राज्य भी एककों के रूप में शामिल हो सकें। इस संघात्मक व्यवस्था के निर्माण में भी एकात्मक शासन की प्रतिच्छाया उपस्थित थी।

2. **प्रांतीय स्वायत्तता**–इस अधिनियम द्वारा प्रांतों में द्वैध शासन की व्यवस्था की समाप्ति और उसके स्थान पर प्रांतीय स्वराज की स्थापना की गई। ऐक्ट द्वारा प्रांतों में सुरक्षित और हस्तांतरित विषयों का अंतर समाप्त कर दिया गया।

3. **केंद्र में द्वैध शासन व्यवस्था**–इस ऐक्ट द्वारा केंद्र में आंशिक उत्तरदायी शासन स्थापित किया गया। अधिनियम ने केंद्रीय प्रशासनिक क्षेत्र को रक्षित और हस्तांतरित दो भागों में बांट दिया।

4. **शक्ति विभाजन**–ऐक्ट द्वारा संघात्मक व्यवस्था का प्रावधान रखा गया, शक्ति विभाजन की योजना प्रस्तावित की गई। अधिनियम में केंद्रीय विषयों की एक संघीय सूची और प्रांतीय विषयों की प्रांतीय सूची बनाई गई। इसके अतिरिक्त इसनें एक तीसरी समवर्ती सूची भी बनाई। संघ सूची में 59 विषय थे जिन पर संघीय धारा सभा ही कानून बना सकती थी। प्रांतीय सूची

में 54 विषय थे। समवर्ती सूची में 36 विषय थे।

5. संरक्षण तथा आरक्षण के उपबंध—संरक्षण तथा आरक्षण संबंधी प्रतिबंध इस ऐक्ट की एक विलक्षण विशेषत थी। केंद्र में रक्षा, धर्म, विदेश नीति तथा कबाइली प्रशासन रक्षित विभाग थे। इसके अतिरिक्त गवर्नर जनरल के कतिपय विशेष उत्तरदायित्व थे। इन विशेष उत्तरदायित्वों का संबंध अनेक विषयों से था जैसे भारत की सुरक्षा और शांति के विरूद्ध उपस्थित संकट को दूर करना, अल्पमतों के उचित अधिकार एवं हितों की रक्षा करना, देशी रियासतों के शासकों के पद व अधिकारों की रक्षा करना, आदि। विशेष उत्तरदायित्वों को पूरा करने के लिए गवर्नर-जनरल स्वविवेक से कार्य कर सकता था।

6. विधानमंडलों का परिवर्द्धन और मताधिकार का विस्तार—ऐक्ट द्वारा विधानमंडलों की सदस्य-संख्या में पर्याप्त वृद्धि की गई। प्रस्तावित संघ के उच्च व निम्न सदनों में क्रमशः 260 और 375 सदस्य होते थे। प्रांतीय विधानमंडलों की सदस्य संख्या पहले से प्रायः दुगनी कर दी गई थी और 6 प्रांतों में द्विसदनात्मक विधानमंडल बनाए गए। भारत की लगभग 10 प्रतिशत जनसंख्या को मताधिकार प्राप्त हुआ।

7. संघीय न्यायालय—1935 के भारतीय शासन अधिनियम ने भारत को संघात्मक संविधान प्रदान किया, अतएव एक संघीय न्यायालय की भी व्यवस्था की गई। परंतु यह संघीय न्यायालय भारत का उच्चतम न्यायालय नहीं था।

8. ब्रिटिश संसद की सर्वोच्चता—ऐक्ट में महत्वपूर्ण संशोधन करने की शक्ति ब्रिटिश संसद के ही हाथों में रही। ब्रिटिश संदद को भारतीय शासन के संबंध में सर्वोच्च सत्ता प्राप्त थी।

9. भारत परिषद् का अंत—अधिनियम द्वारा गृह-शासन में परिवर्तन हुआ तथा भारत परिषद् का अंत कर दिया गया। भारत सचिव के लिए कुछ परामर्शदाता नियुक्त कर दिए गएं जिनसे परामर्श लेना या न लेना उनकी इच्छा पर था।

10. सांप्रदायिक चुनाव पद्धति का विस्तार—1935 के अधिनियम द्वारा सांप्रदायिक चुनाव पद्धति का विस्तार किया गया। संघीय और प्रांतीय व्यवस्थापिकाआं में विभिन्न संप्रदायों और विशेष हितों को प्रतिनिधित्व देने के लिए पृथक, निर्वाचन क्षेत्र आंग्ल भारतीयों, योरोपियनों, भारतीय ईसाइयों और

हरिजनों के लिए भी लागू कर दिया गया। यह राष्ट्रीय एकता के लिए घातक था।

क्रिप्स प्रस्ताव (Cripps Mission Plan)

सन् 1941 का वर्ष समाप्त ही हो रहा था कि एक महत्वपूर्ण घटना ने विश्वयुद्ध को एक नया और महत्वपूर्ण मोड़ दिया और परिणामस्वरूप संयुक्त राज्य अमेरिका भी युद्ध में सम्मिलित हो गया। यह घटना थी 6 दिसंबर को जापान द्वारा पर्ल हार्बर पर आक्रमण। जापान की युद्ध सफलताओं ने भारत के महत्व को विशेष रूप से बढ़ा दिया। ब्रिटिश-प्रशासन को भारतीयों के पूर्ण सहयोग की आवश्यकता थी और यह तब तक संभव नहीं था जब तक ब्रिटिश शासन भारत में इस संवैधानिक गतिरोध को समाप्त करने के लिए किसी नई नीति की घोषणा न करें। रंगून पर जापान के अधिकार के ठीक चार दिन उपरांत 11 मार्च, 1942 को चर्चिल ने सर स्टैफर्ड क्रिप्स एक सफल राजनयिक माने जाते थे। वे समाजवादी विचारधारा के नेता थे और रूस के साथ संधि करने में उन्होंने काफी प्रसिद्धि प्राप्त की थी। वे भारतीय नेताओं से भी परिचित थे और उन्हें जवाहरलाल नेहरू का मित्र माना जाता था। 22 मार्च, 1942 को क्रिप्स भारत आए। उन्होंने भारत के विभिन्न दलों से बातचीत की तथा उसके बाद भारत के वैधानिक गतिरोध को दूर करने के लिए एक योजना प्रस्तुत की, जिसे 'क्रिप्स प्रस्ताव' कहा जाता है।

1942 के मार्च और अप्रैल महीनों में क्रिप्स मिशन की भारत यात्रा युद्ध के दौरान ब्रिटिश-भारतीय संबंधों के संकट में एक संक्राति बिंदु साबित हुआ। क्रिप्स योजना या भारत के लिए संविधानिक प्रस्तावों को ब्रिटेन के युद्धकालीन मंत्रिमंडल ने तैयार किया था और इन प्रस्तावों को सर स्टैफोर्ड भारत लेकर आए थे ताकि वे इसे समझौते का आधार बनाकर भारतीय नेताओं के साथ विचार-विमर्श कर सकें।

क्रिप्स प्रस्तावों के दो मुख्य भाग थे : 1. युद्धोतरकालीन प्रस्ताव, और 2. युद्धकालीन तात्कालिक उपाय।

1. युद्धोतरकालीन प्रस्ताव

युद्धोतरकालीन (भविष्य में लागू होने वाले) प्रस्ताव निम्नलिखित थे :

1. डोमीनियन (अधिराज्य) की स्थापना—नए भारतीय संघ को डोमीनियन स्टेट्स (स्वशासित उपनिवेश या अधिराज्य) का दर्जा दियाा जाएगा। वह किसी घरेलू या बाहरी सत्ता के अधीन नहीं होगा और यदि वह चाहेगा तो ब्रिटिश राष्ट्रमंडल से संबंध भी विच्छेद कर सकेगा।

2. संविधान सभा—भारत का नया संविधान बनाने के लिए युद्ध के तुरंत बाद एक संविधान सभा बनाई जाएगी जिसमें ब्रिटिश भारत और देशी रियासतों, दोनों के प्रतिनिधि सम्मिलित होंगे।

3. संविधान सभा की रचना—संविधान सभा की रचना के लिए प्रांतीय विधानमंडलों के निम्न सदनों के सभी सदस्य एक निर्वाचक मंडल की स्थापना करेंगे और सानुपातिक प्रतिनिधित्व के आधार पर संविधान सभा का चुनाव करेंगे। संविधान सभा के कुल सदस्यों की संख्या इस निर्वाचक मंडल के कुल सदस्यों की संख्या का दसवां भाग होगी। देशी राज्य भी अपनी जनसंख्या के अनुपात से अपने प्रतिनिधि नियुक्त करेंगे।

4. संविधान के स्वीकार किए जाने की शर्तें—ब्रिटिश सरकार इस संविधान सभा द्वारा तैयार किए गए संविधान को केवल तभी कार्यन्वित करेगी, जबकि निम्नलिखित शर्तें पूरी हों : (क)यदि ब्रिटिश भारत का कोई प्रांत नए संविधान को स्वीकार करना ना चाहें, तो उसे वर्तमान सांविधानिक स्थिति बनाए रखने का अधिकार होगा। यदि किसी प्रांत की विधानसभा 60 प्रतिशत बहुमत से संघ में सम्मिलित होने का निश्चय करे तो उसके संघ प्रदेश का अंतिम निर्णय जन-निर्णय के द्वारा ही हो सकेगा, (ख) ब्रिटिश सरकार द्वारा भारतीय हाथों में सत्ता के हस्तांतरण से संबंधित मामलों के लिए ब्रिटिश सम्राट की सराकार और भारतीय संविधान सभा के बीच एक संधि की जाएगी। इस संधि में उन सारे विषयों का समावेश होगा जो ब्रिटिश सरकार द्वारा भारतीयों के हाथों में सत्ता सौंपने से उत्पन्न होंगे। सम्राट की सरकार ने जातीय और धार्मिक अल्पसंख्यक वर्गों की रक्षा के लिए जो वचन दिए हैं, संधि में उनकी पूर्ति के लिए व्यवस्था की जाएगी।

2. युद्धकालीन तात्कालिक प्रस्ताव

क्रिप्स के युद्ध के समय लागू होने वाले सुझावों के बारे में कहा गया—इस नाजुक समय में और संविधान के बनने तक भारत की रक्षा की जिम्मेदारी

ब्रिटिश सरकार की रहेगी। भारत की जनता के सहयोग से भारत के सैनिक, नैतिक और भौतिक साधनों को संगठित करने की जिम्मेदारी भारत सरकार की होगी, ब्रिटिश सरकार भारतीय नेताओं को अपने देश, राष्ट्रमंडल तथा संयुक्त राष्ट्र के परामर्श में पूरा सहयोग चाहती है।

अर्थात् 'युद्धकालीन तात्कालिक प्रस्तावों' का सार था–भारत ब्रिटेन के हाथ में रहेगी। भारतीय प्रतिनिधियों का सहयोग सलाहकार के रूप में लिया जाएगा।

क्रिप्स प्रस्तावों का महत्व

'क्रिप्स प्रस्ताव' कई दृष्टियों से महत्वपूर्ण थे तथा 'अगस्त प्रस्ताव' (1940) सं बहुत आगे थे। क्रिप्स प्रस्तावों' में भारत को राष्ट्रमंडल से पृथक होने की आज्ञा दे दी गई थी, जबकि 'अगस्त प्रस्तावों' में यह बात नहीं थी। 'क्रिप्स प्रस्तावों' में भारत का संविधान बनाने का अधिकार भी भारतीयों को दे दिया गया था तथा संविधान सभा की रचना पेश की गई थी। इसी प्रकार ये प्रस्ताव अंतर्कालीन सरकार के संबंध में 'अगस्त प्रस्तावों' से आगे थे।

वेवेल योजना और शिमला सम्मेलन (Wavell Plan And Simla Conference)

सन् 1943 में लॉर्ड वेवेल भारत के नए वाइसराय बनाए गए। वे भारत में सर्वोच्च सेनापति के पद पर रह चुके थे। वाइसराय का पद संभालने हेतु आते समय लॉर्ड वेवेल ने कहा था कि वे भारत के लिए अद्‌भुत भेंटों से भरा थैला कर आ रहे हैं। वेवेल ने कार्यभार संभालते ही भारत में वैधानिक गतिरोध को दूर करने का प्रयत्न प्रारंभ किया।

14 जून 1945 को लॉर्ड वेवेल ने संविधानिक गतिरोध दूर करने के लिए कुछ ताजा प्रस्तावों की घोषणा की और कहा कि इनके द्वारा राजनीतिक तनाव कम होगा तथा देश 'पूर्ण स्वराज' के अपने लक्ष्य की ओर प्रगति करेगा। यही ताजा प्रस्ताव वाइसराय वेवेल के नाम पर वेवेल योजना के नाम से प्रसिद्ध है।

वेवेल योजना : प्रमुख प्रावधान

वेवेल योजना के प्रमुख प्रावधान निम्नलिखित हैं :

1. ब्रिटिश सरकार भारत का वैधानिक संकट दूर करना चाहती है, अतः

गवर्नर-जनरल की कार्यकारिणी परिषद में वाइसराय तथा प्रधान सेनापति को छोड़कर सभी सदस्य भारतीय होंगे।

2. नई कार्यकारिणी परिषद् का गठन किया जाए जिसमें संगठित राजनीतिक विचारों का अधिक प्रतिनिधित्व हो। प्रस्तावित परिषद में मुख्य सदस्यों का प्रतिनिधित्व होगा। इसमें हिंदू और मुसलमान बराबर-बराबर लिए जाएंगे। यह परिषद् वर्तमान संविधान के तहत ही काम करेगी।

3. कार्यकारिणी परिषद् निम्नलिखित काम करेगी : (क) युद्ध संचालन, (ख) भारत सरकार का संचालन, (ग) ऐसे उपायों पर विचार जिनसे नया और स्थायी संविधान सबकी सहमति से बने और लंबे समयके लिए हल निकल सके।

4. सीमांत और कबाइली मामलों को छोड़कर शेष विदेशिक विभाग भारतीयों के हाथों में रहेगा।

5. कार्यकारिणी परिषद में वाइसराय अकारण 'वीटो' का प्रयोग नहीं करेगे। भारत-सचिव का कम से कम नियंत्रण रहेगा और शासन भारत के हित में किया जाएगा।

6. भारत के अन्य डोमिनियमों की तरह ब्रिटिश हाई कमिशनर की नियुक्ति की जाएगी।

7. युद्ध के बाद भारत के संविधान का निर्माण स्वयं भारतीय करेंगे।

8. यदि भारतीय नेता इन प्रस्तावों को स्वीकार कर लेंगे तो उन प्रांतों में जहां 1935 के भारत शासन अधिनियम की धारा 93 के अंतर्गत गवर्नर का शासन लागू था, फिर से मिली-जुली सरकारों की स्थापना कर दी जाएगी।

शिमला सम्मेलन (Simla Conference)

वेवेल प्रस्तावों पर विचार विमर्श करने के लिए वाइसराय ने शिमला में भारतीय नेताओं का एक सम्मेलन बुलाया। शिमला सम्मेलन 25 जून, 1945 को शुरू हुआ। वस्तुतः यह एक गोलमेज सम्मेलन की भांति था। वाइसराय की घोषणा के अनुसार इसमें कांग्रेस ओर मुस्लिम लीग के अध्यक्षो, परिगणित जातियों ओर सिक्खों के प्रतिनिधियों, केंद्रीय विधानसभा में कांग्रेस दल के नेता और मुस्लिम लोग के उपनेता, केंद्रीय विधानसभा में कांग्रेस दल के नेता और मुस्लिम लीग के उपनेता, केंद्रीय राज्यपरिषद् में कांग्रेस दल के नेता ओर मुस्लिम लीग के नेता, विधानसभा में नेशलिस्ट पार्टी और यूरोपीय ग्रुप के नेता

एवं उस वक्त की प्रांतीय सरकारों के मुख्यमंत्री निमंत्रित किए गए थे। हिंदू महासभा ने निमंत्रण पत्र पाने की कोशिश की, लेकिन वाइसराय ने उसके दावे को स्वीकार न किया।

पहले दो दिनों में सम्मेलन ने सर्वसम्मति से अल्पमत वालो के प्रतिनिधित्व युद्ध प्रयासों, का तहेदिल से समर्थन और भारत सरकार कानून के अंतर्गत पुर्नगठित कार्यकारिणी परिषद का जारी रखना स्वीकार कर लिया, लेकिन कार्यकारिणी परिषद के गठन को लेकर कांग्रेस और लीग में मतभेद हो गए।अतः पहले दो दिन कार्य करने के पश्चात सम्मेलन दो दिन के लिए स्थगित हो गया और उसके बाद एक पखवाड़े से भी अधिक दिनों तक सम्मेलन स्थगित रहा।

वेवेल ने 14 व्यक्तियों की कार्यकारिणी परिषद का प्रस्ताव रखा। कहा गया कि 5 नाम कांग्रेस और 5 नाम लीग दे। 4 नाम स्वयं वेवेल देंगे। कांग्रेस ने आजाद, नेहरू, पटेल, एक पारसी ओर एक भारतीय ईसाई का नाम देना चाहा। वेवेल ने एक सिक्ख, दो परिगणित जातियों और पंजाब के मुख्यमंत्री खिजिर हयात कानाम देना चाहा, लेकिन जिन्ना ने कहा कि मुसलमान नाम सिर्फ मुस्लिम लीग ही दे सकती है। दूसरा कोई नहीं। उन्होंने आजाद और खिजिर हयात खां के लिए जाने का विरोध किया। स्वाभाविक था कि सम्मेलन असफल हो जाएगा। जब सम्मेलन 14 जुलाई को फिर प्रारंभ हुआ तो लॉर्ड वेवेल ने यह घोषित कर दिया कि नई कार्यकारिणी परिषद के निर्माण के प्रश्न पर कोई समझौता न होने के कारण सम्मेलन भंग हो गया।

'शिमला सम्मेलन' की असफलता का मुख्य कारण कांग्रेस और लीग में मतभेद ही था। जिन्ना की हठधर्मी के कारण सांप्रदायिक समस्या पर कोई निर्णय नहीं हो सका। मौलाना आजाद के अनुसार, "भारत के राजनीतिक इतिहास में 'शिमला सम्मेलन' एक दुर्घटना है। यह प्रथम अवसर था कि जबकि वार्ता भारत और ब्रिटेन के बीच आधारभूत राजनीतिक प्रश्न पर नहीं, वरन् विभिन्न भारतीय वर्गो को विभाजित करने वाले सांप्रदायिक प्रश्न पर असफल हो गई।"

कैबिनेट मिशन योजना (Cabonet Mission Plan)

शिमला सम्मेलन (जून 1945) की समाप्ति के बाद दो सप्ताह के अंदर

चर्चिल की सरकार ने त्यागपत्र दे दिया और मजदूर दल के नेता ऐटली ने 26 जुलाई 1945 को पद भार संभाल लिया। ब्रिटेन में सरकार के इस अप्रत्याशित परिवर्तन को लोगों को कल्पना भी नहीं थी। यह ब्रिटिश लोकमत में व्यापक परिवर्तन का संकेत था।

इतिहास में पहली बार हाउस ऑफ कामन्स मे मजदूर दल को बहुमत प्राप्त हुआ। मजदूर दल की विजय का भारत पर प्रभाव पड़ना अवश्यभावी था। स्वाधीनता संघर्ष के नेताओं और बहुत से कांग्रेसियों को इस परिवर्तन से अपार हर्ष हुआ। मजदूर दल आमूल परिवर्तन के सिद्धांत में विश्वास करता था ओर स्वराज के लिए भारत की आकांक्षा का समर्थन करता था, इसलिए आशा थी कि नई सरकार भारत को उसके 'उद्देश्य' की प्राप्ति में सहायता देगी।

ऐटली की घोषणा

18 फरवरी, 1946 को नौ सेना की हड़ताल शुरू हुई थी और 19 फरवरी को ब्रिटेन के नए प्रधानमंत्री ऐटली ने हाउस ऑफ कामन्स में घोषणा की कि उनकी सरकार भारत की समस्या के हल के लिए 'कैबिनेट मिशन' भेज रही है। इसके सदस्य थे भारत सचिव पेथिक लारेंस, व्यापार बोर्ड के अध्यक्ष सर स्टेफार्ड क्रिप्स और फर्स्ट लॉर्ड ऑफ एडमिरैल्टी ए. वी. अलेक्जेंडर। यह दल 'कैबिनेट मिशन' के नाम से प्रसिद्ध है, क्योंकि इसमें ब्रिटिश कैबिनेट के तीन प्रसिद्ध सदस्य सम्मिलित थे।

ऐटली ने अपने बयान में कहा था कि इस 'मिशन' का उद्देश्य होगा 'भारतीय जनमत के नेताओं के साथ मिलकर भारत में पूर्ण स्वराज की प्राप्ति को जल्दी संभव बनाना।' उन्होंने यह भी बताया कि इस मिशन के तीन काम होंगे : 1. ब्रिटिश भारत के निर्वाचित प्रतिनिधियों के साथ और देशी रियासतों के साथ प्रारंभिक वार्तालाप ताकि संविधान बनाने के तरीके के बारे में लोग ज्यादा से ज्यादा सहमत हो सके। 2. संविधान निर्मात्री सभा स्थापित करना। 3. ऐसी कार्यकारिणी परिषद स्थापित करना जिसका समर्थन भारतीयों के मुख्य दल करते हों।

कैबिनेट मिशन का भारत आगमन

24 मार्च, 1946 को 'कैबिनेट मिशन' दिल्ली आया। इस मिशन का

उद्देश्य था मैत्रीपूर्ण वातावरण पैदा करना और शांतिपूर्ण समझौते के लिए आधार तैयार करना। मिशन का ध्येय भारतीयों को सत्ता हस्तांतरण के उपाय खोजना था।

भारत की सांविधानिक समस्या का सर्वमान्य हल खोजने के लिए यह आवश्यक था कि सर्वप्रथम विभिन्न दलों, जातियों और हितों के प्रतिनिधियों से मिलकर उनके विचारों ओर दृष्टिकोणों को जाने समझे।

अतः कैबिनेट मिशन ने कुछ सप्ताह, गवर्नरों, राजाओं, नवाबों, प्रांतों के प्रधानमंत्रियों, प्रतिपक्ष के नेताओं, तथा कांग्रेस, मुस्लिम लीग ओर अन्य संगठनों के साथ बातचीत में बिताए। कुल मिलाकर मिशन ने 472 लोगों से भेंट की ओर 182 बैठकें की। मुख्य पक्ष थे दो–कांग्रेस और मुस्लिम लीग ओर मुख्य प्रश्न था कि भारत एक संयुक्त इकाई बना रहे अथवा दो स्वतंत्र संपृक्त इकाईयों में विभाजित हो जाए।

कैबिनेट मिशन योजना

भारत के विभिन्न दलों और लोगों से वार्ता के परिणामस्वरूप यह बात स्पष्ट हो गई कि भारत की संवैधानिक रूपरेखा, संविधान सभा के निर्माण, अंतरिम सरकार, आदि के संबंध में भारतीय नेता एकमत नहीं हो सके और जिन्ना पाकिस्तान की मांग पर अड़े रहे। 'कैबिनेट मिशन' ने पाकिस्तान की मांग को स्पष्टतः अस्वीकार कर दिया तथा भारत की वैधानिक समस्या के समाधान के लिए इसने अपनी ओर से एक योजना प्रकाशित की, जिसकी मुख्य बातें निम्नलिखित हैं :

'कैबिनेट मिशन योजना' का संबंध था : (क) भारत के भावी संविधान की सिफारिशें, (ख) संविधान सभा की रचना के बारे में सिफारिशें, (ग) अंतरिम सरकार के संबध में सिफारिशे, (घ) संधि के संबंध में सिफारिशें।

(क) भारत के भावी संविधान के संबंध में सिफारिशें :

(i) **संघ**–ब्रिटिश भारत ओर देशी रियासतों को मिलाकर एक संघ का गठन किया जाएगा। संघीय सरकार के पास तीन शक्तियां होंगी–विदेश विभाग, सुरक्षा व यातायात।

(ii) **संघ की कार्यपालिका और विधानमंडल**–संघ की अपनी एक विधायिका

सभा एवं कार्यपालिका होगी, जिसका गठन ब्रिटिश भारत और भारतीय यानी देशी रियासतों के प्रतिनिधियों द्वारा होगा।

(iii) **सांप्रदायिक समस्या**—संघीय विधानसभा में किसी भी सांप्रदायिक प्रश्न पर निर्णय के लिए दोनों प्रमुख संप्रदायों (हिंदू और मुसलमान) के उपस्थित एवं मतदान करने वाले प्रतिनिधियों के बहुमत के साथ ही कुछ सदस्यों (उपस्थित एवं मतदान करने वाले) के बहुमत की भी आवश्यकता होगी।

(iv) **अवशिष्ट शक्तियां**—उपर्युक्त तीन शक्तियों के अतिरिक्त अन्य सभी विषय प्रांतों में निहित होंगे।

(v) **रियासतों के अधिकार**—देशी रियासतों के संबंध में संघीय सरकार केवल उन्हीं विषयों पर प्रशासन करेगी जो उसे देशी रियासतों द्वारा प्रयत्न किए ग हैं अन्य सभी विषय (जिन्हें संघ को नहीं दिया गया है।) इन देशी रियासतों में ही निहित होंगे।

(vi) **प्रांतों के ग्रुप**—प्रांतों को आपस में मिलकर गुप्स बनाने की स्वतंत्रता होगी ऐसे समूह की अपनी अलग विधानसभा और कार्यपालिका होगी। प्रत्येक समूह यह भी निश्चित करेगा कि प्रांतीय विषयों में से कौन से सामान्य विषय समूह के पास रहेंगे। प्रस्तावों में तीन समूहों की व्यवस्था थी—अ ग्रुप,—मद्रास, बंबई, यू.पी, बिहार, सी.पी, और उड़ीसा। 'ब' ग्रुप—पंजाब ओर उत्तर पश्चिम सीमा प्रांत ओर सिंध। 'स' ग्रुप—बंगाल और असम।

(vii) **संविधान पर पुर्नविचार**—संघीय संविधान तथा समूह संविधान में इस प्रकार की व्यवस्था होगी जिसके अंतर्गत कोई भी प्रांत अपनी प्रांतीय विधानसभा में बहुमत द्वारा संविधान पर पुर्नविचार की मांग कर सकेगा, किंतु ऐसा दस वर्ष की अवधि के उपरांत ही संभव होगा।

(ख) संविधान सभा की रचना के बारे में सिफारिशें

1. 'कैबिनेट मिशन' ने यह निश्चय किया कि एक संविधान सभा भारत का संविधान बनाने के लिए स्थापित की जाएगी जिसके कुछ 389 सदस्य होंगे और इनमें 292 प्रांतों, के 93 देशी रियासतों के तथा 4 चीफ कमिश्नर प्रांतों के होंगे।

2. वह निश्चित किया जाएगा कि लगभग दस लाख व्यक्तियों पर संविधान सभा में एक सदस्य होगा। प्रांतो के लिए निर्धारित स्थान जनसंख्या के आधार पर उनकी विभिन्न जातियों में बंटने थे।

3. प्रांतों की संविधान सभामें प्रतिनिधित्व आबादी के आधार पर दिया गया तथा यह तय किया गया कि प्रांतीय विधानसभा से प्रत्येक संप्रदाय को जितने प्रतिनिधि संविधान सभा में भेजने थे, उनका चुनाव प्रत्येक संप्रदाय अलग-अलग करेंगा।

4. अल्संख्यक वर्गो को आबादी से अधिक सीटे देने की प्रथा को खत्म कर दिया गया। केवल तीन प्रकार से मतदाताओं को बांटने का निश्चय हुआ–साधारण, मुसलमान तथा सिक्ख।

5. रियासतों को भी जनसंख्या के आधार पर प्रतिनिधित्व देने का निश्चय हुआ, परंतु इनके प्रतिनिधियों के चुनाव को ढंग ब्रिटिश भारत से संविधान सभा के लिए चुने गए प्रतिनिधियों की 'समझौता समिति' और देशी रियासतों के नरेशों की तरफ से बिठाई गई समिति के बीच में आपसी बातचीत द्वारा तय करना होगा।

6. संविधान के निर्माण के संबंध में कहा गया था कि 'सभा' के सदस्य प्रारंभिक कार्यो को करने के उपरांत, ऊपर उल्लिखित तीन वर्गों में विभक्त हो जाएंगे। इनका प्रमुख कार्य अपने-अपने समूह के अंतर्गत प्रांतीय संविधानों कानिर्माण करना होगा दूसरा महत्वपूर्ण कार्य समूह के संविधान बनाना था। इसके उपरांत संविधान निर्मात्री सभा के तीन वर्गो के सदस्यों सम्मिलित हो जाएंगे ओर देशी रियासतों के प्रतिनिधियों से मिलकर संघीय संविधान का निर्माण करेंगे।

(ग) अंतरिम सरकार के संबंध में सिफारिशें

'संविधान-निर्माण' की अवधि में अंतरिम सरकार की आवश्यकता थी। योजना के अनुसार केंद्र में शीघ्र ही एक अंतरिम सरकार स्थापित हो जाएगी जिसे भारत के प्रमुख दलो का सहयोग प्राप्त होगा। इसमें युद्ध विभाग सहित सारे विभाग मंत्रियों को दे दिए जाएंगे जिन्हें जनता का विश्वास प्राप्त होगा। संक्रमण काल में इस सरकार को ब्रिटिश सरकार अपना पूर्ण सहयोग देगी।

(घ) संधि के संबंध में सिफारिशें

सत्ता के हस्तांतरण (ब्रिटिश क्राउन से भारतीयों को सत्ता का हस्तांतरण) से संबंधित मामलों के निर्धारण हेतु संविधान निर्मात्री सभा और ब्रिटिश सरकार के बीच एक संधि की जाएगी।

संविधान सभा का चुनाव (Election OF The Constituent Assebly)

'कैबिनेट मिशन योजना' के आधार पर संविधान सभा के चुनाव हुए तथा 296 में से कांग्रेस का साथ देने वाले 212 सदस्य थे, जबकि लीग का साथ देने के लिए केवल 73 सदस्य थे। लीग को कांग्रेस की विजय से निराशा हुई। इसी समय कांग्रेस प्रधान पं. नेहरू ने यह वक्तव्य दिया कि 'कांग्रेस केवल उस समय तक संविधान सभा में रहेगी, जब तक कि वह उसमें रहना भारत के हित में समझेगी। हम वहां जाकर जो कुछ करेंगे, उसके लिए हम बिल्कुल स्वतंत्र होंगे।" प्रातां के वर्गो के संबंध में पं. नेहरू ने कहा कि बड़ी भारी संभावना यह है कि इस प्रकार के कोई वर्ग नहीं बनेंगे। जिन्ना ने इस वक्तव्य पर बड़ी भारी प्रतिक्रिया की और 'कैबिनेट मिशन योजना' को अस्वीकार कर दिया। मौलाना आजाद के अनुसार पंडित नेहरू का 10 जुलाई का वक्तव्य उन दुर्भाग्यपूर्ण घटनाओं में से था जिन्होंने इतिहास का रूख बदल दिया।

माउंटबैटन योजना (MountBatten Plan)

माउंटबैटन ने 24 मार्च, 1947 को 'वाइसराय पद का कार्यभार संभाला और बड़ी चतुराई से देश के विभाजन की तरफ बढ़ना शुरू किया। कांग्रेस नेताओं को उन्होंने क्रमशः भारत विभाजन के पक्ष में लाना शुरू किया। लीग अंतरिम सरकार में रहते हुए भी उसे पंगु बना रही थी। वित विभाग लियाकत अली के हाथमें होने के कारण कोई भी काम करना कांग्रेसी मंत्रियों के लिए मुश्किल हो रहा था। सरदार पटेल ने लीग के हाथ में वित आयोग देने में अगुवाई की थी, लेकिन अब यह देखकर उनकी खीझ बेहद बढ़ गई कि वे होम मेंबर होते हुए भी अपने-अपने विभाग के चपरासी तक वित्त विभाग की इजाजत के बिना नियुक्त न कर सकते थे। अतः माउंटबैटन ने बड़ी आसानी से पहले पटेल को देश के बंटवारे के पक्ष में किया। उसके बाद जवाहर लाल की तरफ ध्यान दिया। उन्होंने और उनसे ज्यादा लेडी माउंटबैटन ने समझा-बुझाकर नेहरू को भी बंटवारे के पक्ष में कर लिया।

माउंटबैटन योजना : प्रमुख प्रावधान

कांग्रेसी और लीगी नेताओं से बात करने के बाद माउंटबैटन 18 मई, 1947 को लंदन गए और ब्रिटिश सरकार के सामने देश के विभाजन की अपनी योजना पेश की। ब्रिटिश सरकार की सहमति पाकर वह 31 मई, 1947 को

भारत आए और 2 व 3 जून को कांग्रेस व लीग नेताओं से बात की। इन नेताओं की स्वीकृति पाकर ब्रिटिश सरकार ने 3 जून, 1947 को वक्तव्य देकर नई योजना प्रकाशित की जो 3 जून की योजना का माउंटबैटन योजना और जनसाधारण के शब्दों में 'मन-बांटन योजना' के नाम से प्रसिद्ध है। इस योजना की मुख्य बातें निम्नलिखित थी :

1. **विभाजन**–हिंदुस्तान की दो हिस्सों–भारतीय संघ और पाकिस्तान में बांट दिया जाएगा।

2. **जनमत संग्रह**–इन दोनों राज्यों की अंतिम सीमा निर्धारित करने से पहले पश्चिमोत्तर सीमांत प्रदेश ओर असम के सिलहट जिले में जनमत और सिंध विधानसभा में वोट यह जानने के लिए लिया जाएगा कि उक्त दोनों राज्यों में से किस में शामिल होना चाहते हैं।

3. **पंजाब और बंगाल का विभाजन**–विभाजन से पूर्व पंजाब और बंगाल के सीमांकन के सवाल का फैसला करना होगा। इस सवाल को हल करने के लिए निम्नलिखित रास्ता अपनाना होगा : प्रत्येक प्रांत की विधानसभा को दो ग्रुपों में बांट दिया जाएगा–

(क) मुस्लिम बहुसंख्यक जिलो का ग्रुप, (ख) हिंदू बहुसंख्यक जिलो का ग्रुप। हर ग्रुप अपने प्रांत के विभाजन के पक्ष या विपक्ष में वोट देगा अर्थात इस बात के पक्ष में या विपक्ष में वोट देगा कि वे पूरे के पूरे पाकिस्तान में चले जाएंगे या दोनों राज्यों में बांट दिए जाएं। अगर एक ग्रुप विभाजन चाहेगा तो दूसरे ग्रुप के न चाहने पर भी प्रांतों का बंटवारा कर दिया जाएगा।

4. **संविधान सभा**–इन कामों को पूरा करने के बाद हिंदुस्तान की संविधानसभा को दो हिस्सों में बांट दिया जाएगा–भारतीय संघ की संविधान सभा और पाकिस्तान की संविधान सभा।

5. **डोमीनियन स्ट्रेटस**–भारत और पाकिस्तान दोनों राज्यों को डोमीनियन स्टेट्स दिया जाएगा।

6. **देशी राज्य**–देशी राज्यों को यह तय करने का अधिकार होगा कि वे किस डोमीनियन (अधिराज्य) में शामिल होना चाहती हैं। अगर कोई रियासत किसी भी डोमीनियन में शामिल नहीं होना चाहती तो ब्रिटेन के साथ उसके पहले जैसे ही संबंध बने रहेंगे, लेकिन वह डोमीनियन न बन सकेगी।

7. **ब्लूचिस्तान**–ब्लूचिस्तान को भी भारतीय संघ में रहने या अलग होने

के संबध में निर्णय करने का अधिकार होगा। ब्लूचिस्तान की सभी प्रतिनिधियात्मक संस्थाओं की संयुक्त बैठक में इस प्रकार का निर्णय किया जाएगा।

8. लेनदारियां व देनदारियां–भारत और पाकिस्तान के डोमिनियनों के मध्य लेनदारियां व देनदारियों को विभाजित करने के लिए समझौता होगा।

9. राष्ट्रमंडल की सदस्यता–भारत और पाकिस्तान के राष्ट्रमंडल की सदस्यता के त्याग का अधिकार होगा।

भारतीय स्वतंत्रता अधिनियम 1947 प्रमुख प्रावधान (The Indian Independence Act 1947 Main Provision)

भारतीय स्वतंत्रता अधिनियम, 1947 द्वारा निम्नलिखित व्यवस्थाएं की गई। 1. दो डोमिनियनों की स्थापना, 2. संविधानसभाओं की सत्ता का हस्तांतरण, 3. देशी रियासतों को स्वतंत्रता, 4. अलग-अलग गवर्नर जनरल, 5. ब्रिटिश नियंत्र की समाप्ति, 6. देशी राज्यों पर सर्वोच्च सत्ता का अंत, 7. भारत सचिव के पद की समाप्ति, 8. 1935 के भारत सरकार अधिनियम द्वारा शासन, 9. राष्ट्रमंडल।

कैबिनेट मिशन योजना और संविधान सभा की अवधारणा विकास ओर निर्माण (Cabinet Mission Plan nd Formation of Constitument Assembly)

24 मार्च, 1946 को 'कैबिनेट मिशन' दिल्ली पहुंचा। 16 मई, 1946 को मिशन ने अपनी योजना प्रकाशित की। संविधान निर्माण के प्रस्तावित संगठन के बारे में मिशन का विचार था कि वयस्क मताधिकार के आधार पर संविधान सभा का गठन वर्तमान स्थितियों में असंभव है। अतः व्यावहारिक उपाय यही है कि प्रांतीय विधानसभाओं का निर्वाचनकारी संस्थाओं के रूप में उपयोग किया जाए।

इस संविधान सभा में कुल मिलाकर 389 सदस्य हों जिनमें 292 ब्रिटिश प्रांतों के प्रतिनिधि, 4 चीफ कमिश्नर क्षेत्रों के प्रतिनिधि और 93 देशी रियासतों के प्रतिनिधि हो। योजना में यह कहा गया कि 1. प्रत्येक प्रांत द्वारा भेजे जाने वाले सदस्यों की संख्या उनकी जनसंख्या के आधार पर निश्चित की जाए ओर इस संबंध में 10 लाख की जनसंख्या पर एक प्रतिनिधि लेने का नियम

अपनाया जाए। 2. प्रांतों को इस आधार पर दिए गए स्थान उनमें निवास करने वाली प्रमुख जातियों में उनकी संख्या के आधार पर पर विभाजित कर दिए जाएंगे।

संविधान सभा का गठन : चुनाव (Composition OF The Constituent Assembly ITS Election)

कैबिनेट मिशन योजना के अनुसार जुलाई, 1946 में संविधान सभा के चुनाव हुए। संविधान सभा के लिए कुल 389 सदस्यों में से, प्रांतों के लिए निर्धारित 296 सदस्यों क लिए ही ये चुनाव हुए। चुनावों के परिणामस्वरूप संविधान सभा में जो दलीय स्थिति उत्पन्न हुई, उसे निम्न तालिका में देखा जा सकता है :

कांग्रेस	208
मुस्लिम लीग	73
यूनियनिस्ट मुस्लिम	1
यूनियनिस्ट पार्टी	1
यूनियनिस्ट शिडयूल कास्ट	1
कृषक प्रजा पार्टी	1
अनुसूचित जाति संघ	1
सिख कांग्रेस के अतिरिक्त	1
साम्यवादी	1
स्वतंत्र निर्दलीय	8
	296

संविधान सभा में अपनी स्थिति निर्बल देखकर मुस्लिम लीग ने संविधान सभा के बहिष्कार का निश्चय किया और 9 दिसंबर, 1946 को संविधान सभा के प्रथम अधिवेशन में मुस्लिम लीग के प्रतिनिधि सम्मिलित नहीं हुए। अब लीग ने पाकिस्तान के लिए बिल्कुल पृथक संविधान सभा की मांग प्रारंभ कर दी।

वस्तुतः भारत की संविधान सभा का गठन तीन चरणों में पूरा हुआ। सर्वप्रथम, केबिनेट मिशन योजना के अनुसार संविधान सभा के सदस्यों का निर्वाचन हुआ और कुल सदस्यों की संख्या 389 निश्चित की गई थी। द्वितीय

चरण की शुरूआत 3 जजून 1947 की विभाजन योजना से होती है और संविधान सभा का पुनर्गठन किया गया। देश का बंटवारा हो जाने के बाद संविधान निर्मात्री सभा की कुल सदस्य संख्या 324 रह गई थी जिसमें 235 स्थान प्रांतों केलिए और 89 देशी राज्यों के लिए थे। तृतीय चरण देशी रियासतों से संबंधित था और उनके प्रतिनिधि संविधान सभा में अलग-अलग समय में सम्मिलित हुए।

संविधान निर्माण की कहानी (The Story of the Constitution Making)

संविधान सभा का प्रथम अधिवेशन 9 दिसंबर, 1946 को संसद भवन के केंद्रीय कक्ष में प्रारंभ हुआ। डॉ. सच्चिदानंद सिंहा को सर्वसम्मति से अस्थाई अध्यक्षा चुना गया। इसके बाद सदस्यों ने अपने प्रत्यय पत्र पेश किए तथा रजिस्टर पर हस्ताक्षर किए। 11 दिसंबर, 1946 को कांग्रेस के तपे हुए नेता, डॉ. राजेंद्र प्रसाद संविधान सभा के स्थाई सदस्य निर्वाचित हुए। संविधान निर्माण की दिशा में सबसे पहला काम था जवाहरलाल नेहरू द्वारा प्रस्तुत 'उद्देश्य प्रस्ताव'। यह प्रस्ताव 13 दिसंबर, 1946 को प्रस्तुत किया गया था। प्रस्ताव प्रस्तुत करते हुए पं. नेहरू ने कहा, "मैं आपके सामने जो प्रस्ताव प्रस्तुत कर रहा हूं उसमें हमारे उद्देश्यों की व्याख्या की गई है, योजना की रूपरेखा दी गई है और बताया गया है कि हम किस रास्ते पर चलने वाले हैं।" 13 दिसंबर से 19 दिसंबर, 1946 तक संविधान सभा ने उद्देश्य प्रस्ताव पर कुल आठ दिन विचार-विमर्श किया। 22 जनवरी, 1947 को संविधान सभा में सदस्यों ने खड़े होकर सर्वसम्मति से इस प्रस्ताव को पास किया।

उद्देश्य प्रस्ताव की स्वीकृति के बाद ही संविधान सभा ने संविधान निर्माण की समस्या के विभिन्न पहलुओं के संबंध में अनेक समितियां नियुक्त की। प्रमुख समितियां थीं–(1) संघ संविधान समिति (Union Constitution Committee); (2) प्रांतीय संविधान समिति (Provincial Constitution Committee); (3) संघ शक्ति समिति (Union Powers Committee); (4) मूल अधिकारों, अल्पसंख्यकों, आदि से संबंधित परामर्श समिति; (5) प्रारूप समिति, आदि। देशों रियासतां से बातचीत करने के लिए संविधान सभा ने एक 'वार्ता समिति' पूर्व में ही गठित कर ली थी।

संविधान सभा के कार्यकाल की परामर्श शाखा ने 17 मार्च, 1947 को संविधान की मुख्य विशेषताओं के संबंध में एक प्रश्न-सूची विभिन्न प्रांतीय विधानमंडलों तथा केंद्रीय विधानमंडल के सदस्यों के पास भी भेजी ताकि वे प्रस्तावित संविधान के बारे में अपने विचार व्यक्त कर सकें। इसी समय ब्रिटिश सरकार ने 3 जून, 1947 की योजना प्रकाशित की जिसके अनुसार देश का विभाजन होना था।

अक्टूबर 1947 में संविधान सभा के सचिवालय की परामर्श शाखा ने संविधान का पहला प्रारूप तैयार किया। इस प्रारूप के तैयार होने के पहले संविधान सभा के सचिवालय ने तीन जिल्दों में विश्व के विभिन्न संविधानों के पूर्व दृष्टांत एकत्र कर उन्हें संविधान सभा के सदस्यों में वितरित कर दिया। संवैधानिक परामर्शदाता बी. एन. राव ने विश्व के विभिन्न संविधान विशेषज्ञों से विचार-विमर्श कर एक प्रतिवेदन भी प्रस्तुत किया।

29 अगस्त, 1947 को संविधान सभा ने 'प्रारूप समिति' की नियुक्ति की। डॉ. अंबेडकर इस समिति के अध्यक्ष चुने गए। 'प्रारूप समिति' का यह काम था कि वह संविधान सभा की परामर्श शाखा द्वारा तैयार किए गए संविधान का परीक्षण करे और फिर संविधान को विचार के लिए संविधान सभा के सम्मुख प्रस्तुत करें। 'प्रारूप समिति' ने भारत का जो प्रारूप संविधान तैयार किया वह फरवरी 1948 में संविधान सभा के अध्यक्ष को सुपुर्द किया गया। प्रारूप संविधान के प्रकाशित होने के बाद प्रारूप संविधान में संशोधन कारने के लिए अनेक सुझाव प्राप्त हुए। एक विशिष्ट समिति ने इन सुझावों पर विचार किया तथा प्रारूप संविधान का एक पुनर्मुद्रित संस्करण प्रकाशित किया। 15 नवंबर, 1948 को प्रारूप संविधान पर धारावार विचार प्रारंभ हुआ। 8 जनवरी, 1949 तक संविधान सभा 67 अनुच्छेदों पर विचार कर चुकी थी। इसे प्रथम वाचन कहा जाता है क्योंकि इस कालवधि में संविधान पर सामान्य वाद-विवाद हुआ। 16 नवंबर, 1949 को संविधान का 'द्वितीय वाचन' समाप्त हो गया। संविधान का तीसरा वाचन 26 नवंबर, 1949 तक चला जबकि 'संविधान सभा द्वारा निर्मित संविधान को अंतिम रूप से पास किया गया।' संविधान सभा के अंतिम दिन 24 जनवरी, 1950 को संविधान की तीन प्रतियां सभा पटल पर रखी गई। एक हस्तलिखित प्रति अंग्रेजी की थी जिस पर कलाकारों द्वारा कलाकृतियां अंकित की गई थी। दूसरी अंग्रेजी की छपी हुई

प्रति थी और तीसरी हिंदी की हस्तलिखित प्रति थी। सभा के अध्यक्ष ने सभी सदस्यों से प्रार्थना की कि वे एक-एक करके तीनों प्रतियों पर हस्ताक्षर करें। सदस्यों ने संविधान की प्रतियों पर हस्ताक्षर किए और उसके बाद जन-गण-मन तथा वंदेमातरम् के गायन के साथ 'सभा' का संविधान सभा के रूप में समापन हो गया। 26 जनवरी, 1950 को उसका भारतीय गणराज्य की (अंतरिम) संसद के रूप में आविर्भाव हुआ।

3. भारत की विदेश-नीति

ब्रिटिश दासता से मुक्त होने के उपरान्त भारत का प्रवेश स्वतन्त्र राष्ट्रों की मंडली में हुआ। उसी दिन भारत को अपनी आन्तरिक विदेश-नीति के निर्धारण का पूरा-पूरा अधिकार मिला। अन्तर्राष्ट्रीय राजनीति के क्षेत्र में भारत की स्वतन्त्रता एक युगान्तकारी घटना थी यह एशिया में नवीन युग के आगमन का द्योतक थी।

यह सत्य है कि स्वतन्त्रता प्राप्ति के बाद ही भारत अपनी इच्छानुसार विदेश-नीति का निर्धारण करने लगा, लेकिन यह समझ लेना कि ब्रिटिश काल में अन्तर्राष्ट्रीय राजनीति में भारत ने कोई हिस्सा नहीं लिया एक गलत दृष्टिकोण होगा। वस्तुतः स्वतन्त्र भारत की विदेश-नीति का एक महत्त्वपूर्ण ऐतिहासिक पृष्ठाधार है और अपनी विदेश-नीति से सम्बन्धित वक्तव्यों में पं. नेहरू ने कई बार इस तथ्य की ओर संकेत किया था।

स्वतन्त्र भारत की विदेश-नीति का निर्माण और उसके तत्त्व

गुटबन्दियाँ—आज के युग में विदेश-नीति का निर्धारण किसी भी देश के प्रशससन के लिए बड़ी ही कठिन समस्या है। सैनिकों और आर्थिक दृष्टि से कमजोर देश के लिए तो यह कठिनाई कई गुना बढ़ जाती है। भारत इस सिद्धान्त का अपवाद नहीं हो सकता था।

15 अगस्त, 1947 को भारत स्वतन्त्र हुआ। उस दिन से भारत स्वतन्त्रापूर्वक अपनी विदेश-नीति का निर्धारण करने लगा। लेकिन यह एक अत्यन्त ही

कठिन कार्य था। स्वतन्त्र भारत का विदेश-नीति के निर्धारण में अनेक कठिनाइयाँ थीं। सबसे विकट समस्या युद्धोपरान्त विश्व का दो विरोधी गुटों में विभाजित होना था। अभी द्वितीय विश्व-युद्ध समाप्त भी नहीं हुआ था कि संयुक्त राज्य अमेरिका और सोवियत संघ में मनमुटाव पैदा हो गया। यह मनमुटाव बढ़ते-बढ़ते "शीत-युद्ध" के रूप में परिवर्तित हो गया। संसार दो गुटों में बँट गया। एक का नेता सोवितय संघ और दूसरे का संयुक्त राज्य अमेरिका हुआ। इन गुटबन्दियों में स्वतन्त्र भारत का क्या स्थान हो, भारत के विदेश-मन्त्री के सामने यह एक प्रमुख प्रश्न था।

भौगोलिक तत्त्व—भारत की भौगोलिक स्थिति इस समस्या को और भी जटिल बना रही थी। उत्तर भारत साम्यवादी गुट के दो प्रमुख देशों (रूस और चीन) के बिलकुल समीप है। इसक अतिरिक्त स्वतन्त्रता के तुरन्त बाद भारत अपनी राष्ट्रीय सुरक्षा के लिए पश्चिमी गुट की मर्जी पर आश्रित था। भारत दक्षिण-पूर्व और दक्षिण-पश्चिम में समुद्रों से घिरा हुआ है। इतने लम्बे समुद्र तट की रक्षा के लिए एक बहुत बड़ी नौ-सेना आवश्यक है और इस दृष्टि से हम पूर्णरूप से ब्रिटेन पर आश्रित थे। भारतीय सेना का संगठन भ्ज्ञी पाश्चात्य ढंग पर हुआ था। फिर भारत के दोनों छोरों पर पाकिस्तान स्थित है। काफी मनमुटाव और झगड़े के बाद पाकिस्तान की स्थापना हुई थी और इसलिए भारत और पाकिस्तान का सम्बन्ध सन्तोषजनक नहीं था। अतएव भारतीय विदेश-नीति के निर्धारण में इस भौगोलिक स्थिति पर ध्यान देना आवश्यक था।

विचारधाराओं का प्रभाव—भारतीय विदेश-नीति के निर्धारण में एक तीसरी बात का भी समावेश करना था। राष्ट्रीय आन्दोलन के समय काँग्रेस ने अन्तर्राष्ट्रीय क्षेत्र में तरह-तरह के आदर्श संसार के सामने प्रस्तुत किए थे। काँग्रेस ने हमेशा विश्वशान्ति और शान्तिपूर्ण सहजीवन का समर्थक तथा साम्राज्यवाद और प्रजातीय विभेद का घोर विरोध किया था। 1947 में भारत का शासन-सूत्र इसी पार्टी को मिला। सत्तारूढ़ होने के बाद काँग्रेस सरकार को अपनी विदेश-नीति के निर्धारण में उन सभी आदर्शों पर ध्यान देना आवश्यक था। इसके अतिरिक्त काँग्रेस के कुछ अपने सिद्धान्त थे। इस संस्था पर महात्मा गांधी का प्रभाव था जो अहिंसा और विश्व-बन्धुत्व की भावना में विश्वास करते थे। काँग्रेस को इन सिद्धान्तों पर भी ख्याल रखना था।

तत्कालीन परिस्थिति–तत्कालीन आन्तरिक परिस्थिति विदेश-नीति के निर्धारण में एक दूसरी समस्या थी। देश के विभाजन के बाद साम्प्रदायिक दंगे के कारण देश की हालत बहुत ही शोचनीय हो गई थी। इससे भी अधिक शोचनीय आर्थिक स्थिति थी। देश के बँटवारे से भारत अब एक ऐसा देश नहीं रह गया जो आर्थिक दृष्टि से एक इकाई कहलाए। साम्प्रदायिक दंगे के फलस्वरूप लाखों की संख्या में शरणार्थी पाकिस्तान से भागकर भारत चले आए। भारत सरकार के सामने उन्हें बसाने और रोजी-रोटी देने का प्रश्न था। इसके तुरन्त बाद भारत सरकार को कश्मीर-युद्ध में फँस जाना पड़ा। इन सब कारणों से देश का आर्थिक जीवन बिल्कुल तहस-नहस हो गया। देश के मजदूर असन्तुष्ट थे। हड़ताल मामूली बात हो गई थी। इसके अलावा भारत में विदेशी उपनिवेशों की समस्या थी। अंग्रेज तो भारत छोड़कर चले गए, लेकिन भारत के अन्दर अभी भी फ्राँसीसियों और पुर्तगालियों के छोटे-छोटे उपनिवेश थे। इन उपनिवेशों का कायम रहना स्वतन्त्र भारत की स्वतन्त्रता के लिए बड़े खतरे की बात थी।

आर्थिक तत्व–इस शोचनीय परिस्थिति के पृष्ठाधार में भारत के विदेश-मन्त्री को अपनी नीति का निर्धारण करना था। आर्थिक विकास के लिए भारत में राष्ट्रीय साधन और जन-शक्ति का कोई अभाव नहीं था। ये सब चीजें प्रचुर मात्रा में थीं। असल प्रश्न था इन साधनों का अधिक-से-अधिक उपयोग करना और इनका उपयोग विदेशी सहायता से ही सम्भव था। भारत विदेशी सहायता का इच्छुक था। दुनिया के सभी उन्नत राष्ट्रों से यथासम्भव मदद प्राप्त करके भारत अपनी उन्नति चाहता था। इस दृष्टिकोण से भारत के लिए सभी देशों के साथ मैत्री का बर्ताव रखना आवश्यक था।

पिछड़े हुए देशों की उन्नति के लिए शान्ति कायम रखना अति आवश्यक शर्त है। भारत की उन्नति तभी सम्भव थी जब संसार में चिरशान्ति बनी रहती। अतएव विश्व शानित भारत के लिए जीवन-मरण का प्रश्न हो गया। भारतीय विदेश-नीति के निर्धारण के प्रारम्भिक इतिहास में हमें दो-चार बातों पर ध्यान देना होगा।

विदेश-नीति की विशेषताएँ–सितम्बर, 1946 में अन्तरिम सरकार की स्थापना के बाद से ही भारतीय विदेश-नीति विकसित होने लगी। 26 सितम्बर को एक प्रेस-सम्मेलन में बोलते हुए पं. नेहरू ने इसकी एक रूपरेखा निर्धारित

की। सरकारी तौर पर भारत की विदेश नीति से सम्बन्धित यह पहली महत्त्वपूर्ण घोषणा थी। पं. नेहरू ने कहाः स्वतन्त्र भारत अन्तर्राष्ट्रीय क्षेत्र में एक स्वतन्त्र नीति का अवलम्बन करेगा और किसी भी गुट में शामिल नहीं होगा। भारत संसार के किसी भी भाग में उपनिवेशवाद और प्रजातीय विभेद का विरोध करेगा और विश्व-शान्ति के समर्थक देशों के साथ सहयोग करेगा। पं. नेहरू ने भारत के अन्तर्राष्ट्रीय सम्पर्क बढ़ाने पर भी जोर दिया। उन्होंने कहा कि अन्तर्राष्ट्रीय क्षेत्र में स्थान प्राप्त कर लेने के बाद यह आवश्यक हो गया कि भारत दुनिया के सभी देशों के साथ कूटनीतिक सम्बन्ध स्थापित करे। इसके बाद भारत ने संसार के समस्त देशों के साथ मैत्रीपूर्ण सम्बन्ध स्थापित करने तथा एशियाई देशों के साथ घनिष्ठता बढ़ाने का प्रयास किया। 1947 के प्रारम्भ में, जब भारत पूर्णतया स्वतन्त्र भी नहीं हुआ था, एशियाई देशों का एक सम्मेलन दिल्ली में हुआ। यह इसी नीति का परिणाम था। पंडित नेहरू के उक्त वक्तव्य के आधार पर ही स्वतन्त्र भारत की विदेश-नीति विकसित हुई। अतएव अब हम भारतीय विदेश-नीति की मुख्य-मुख्य विशेषताओं का वर्णन करेंगे।

अभी तक की भारतीय विदेश-नीति के इतिहास के अध्ययन के आधार पर हम उसमें निम्नलिखित विशेषताएँ पाते हैंः (1) वर्तमान गुटबन्दियों की विश्व-राजनीति में असंलग्नता (non-alignment) की नीति का अवलम्बन करना, (2) शान्तिपूर्ण सह-जीवन के सिद्धान्त में विश्वास करते हुए विश्व-शान्ति कायम रखने में यथासम्भव सहयोग देना। (3) साम्राज्यवाद और प्रजातीय विभेद (racial discrimination) का विरोध करते हुए पददलित राष्ट्रों की सहायता करना, (4) पारस्परिक आर्थिक तथा जनहितों के रक्षार्थ एशियाई-अफ्रीकी देशों को संगठित करना तथा (5) संयुक्त राष्ट्रसंघ तथा उससे सम्बद्ध उसकी अन्य संस्थाओं का समर्थन तथा सहयोग करना। अगले पृष्ठों में हम भारतीय विदेश-नीति की इन्हीं विशेषताओं पर प्रकाश डालेंगे।

असंलग्नता की नीति

युद्धोत्तर विश्व-राजनीति—युद्धोत्तर अन्तर्राष्ट्रीय राजनीति का सबसे प्रमुख और दुर्भाग्यपूर्ण तथ्य संसार का दो विरोधी गुटों में बँट जाना था। एक गुट का नेता संयुक्त राज्य अमेरिका और दूसरे का सोवियत संघ था। अभी द्वितीय

विश्व-युद्ध खत्म भी नहीं हुआ था कि संसार इन विरोधी खेमों में विभाजित हो गया और युद्ध खत्म होते-होते दोनों में अनेक कारणों को लेकर भीषण शीत-युद्ध प्रारम्भ हो गया। इसी शीत-युद्ध ने अन्तर्राष्ट्रीय राजनीति को बहुत बुरी तरह प्रभावित किया। यूरोप और एशिया के अधिकांश देश इस गुटबन्दी में फँस गए और वे खुले तौर पर एक दूसरे का समर्थन करने लगे। शीत-युद्ध का क्षेत्र विस्तृत होने लगा और इसके साथ-साथ एक तीसरे महासमर की तैयारी होने लगी। एक-से-एक भयानक शस्त्रास्त्र बनने लगे। सैनिक संगठनों का निर्माण हुआ। कुछ ही दिनों में ऐसा प्रतीत होने लगा कि दोनों गुटों के बीच अन्तिम फैसले के लिए युद्ध का हो जाना अनिवार्य है।

"भारत तटस्थ रहेगा"—जिस समय संसार इस भयंकर परिस्थिति से गुजर रहा था, उसी समय स्वतन्त्र राष्ट्र के रूप में भारत का जन्म हुआ। स्वतन्त्र भारत के लिए यह एक विकट समस्या थी कि इस स्थिति में वह क्या करे! क्या संसार के अन्य देशों की तरफ वह किसी एक गुट में सम्मिलित हो जाए? भारत के समक्ष दो मार्ग थे—या तो किसी एक गुट के साथ मिलकर संसार के संघर्ष क्षेत्र को और अधिक व्यापक करने में अपना योग दे अथवा गुटबन्दियों से पृथक् रहकर दो विरोध गुटों में मेल-मिलाप करने का यत्न करे। बहुत विचार-विमर्श के बाद यह निश्चय किया गया कि भारत के राष्ट्रीय हित में द्वितीय मार्ग का अवलम्बन ही हितकर है। अतएव शुरू से ही भारत के नीति-निर्धारक कहने लगे कि वे संसार के किसी भी गुट में सम्मिलित नहीं होंगे। अन्तराष्ट्रीय राजनीति के सभी प्रश्नों पर वे तटस्थता की नीति का अवलम्बन करेंगे और उनकी वास्तविकता पर ध्यान रखते हुए स्वतन्त्र रूप से सभी प्रश्नों पर अपना निर्णय करेंगे।

भारत ने यह निर्णय तो कर लिया, लेकिन इस नीति के अवलम्बन में अनेक कठिनाइयाँ थीं। जैसे-जैसे दोनों गुटों का मतभेद गहरा होता गया वैसे-वैसे उनके द्वारा यह प्रयास होने लगा कि किसी भी तरह संसार के उन देशों को, जो अपने को तटस्थ कहते हैं, अपने गुट में शामिल कर लिया जाए और इस उद्देश्य की प्राप्ति के हेतु सभी तरह के उपायों का अवलम्बन किया जाने लगा। उनके द्वारा (विशेषकर अमरीकी गुट द्वारा) कूटनीतिक धमकियाँ देना, अधिक सहायता देने से इंकार करना और अन्य तरीकों से दबाव डालने का काम शुरू हुआ। जब अमेरिका द्वारा इस प्रकार का दबाव असह्य हो गया

तो 4 दिसम्बर, 1947 में भारतीय संविधान परिषद् में बोलते हुए पं. नेहरू ने कहाः "हम लोगों ने दोनों में किसी भी गुट में शामिल न होकर विदेशी गुटबन्दियों से अलग रहने का प्रयास किया है। इसका परिणाम यह हुआ कि दोनों में कोई भी गुट हम लोगों के प्रति सहानुभूति नहीं रखता है। लेकिन पंडित नेहरू ने बिल्कुल स्पष्ट कर दिया कि चाहे इसका परिणाम जो भी हो वे अपनी तटस्थ और स्वतन्त्र नीति का परित्याग नहीं कर सकते हैं, क्योंकि भारत का कल्याण इसी नीति का अवलम्बन करने में है। वस्तुतः इस नीति के अवलम्बन का निर्णय कोई क्षणिक आवेश का परिणाम न था? वरन् एक गम्भीर चिन्तन का फल था और इसके मूल में तीन प्रमुख बातें थीं।

प्रथमतः वर्षों के साम्राज्यवादी शोषण के बाद भारत अभी-अभी आजाद हुआ था और उसके समक्ष सबसे महत्त्वपूर्ण प्रश्न देश के आर्थिक पुनर्निर्माण का था। यह महान् कार्य शान्ति के वातावरण में ही सम्भव था, लेकिन गुटबन्दियों के अस्तित्व मात्र से इस प्रकार के वातावरण का सृजन नहीं हो सकता था। ऐसी स्थिति में भारत किस प्रकार किसी गुट में सम्मिलित होकर अन्तर्राष्ट्रीय तनाव को कम करने में योगदान दे। अतएव भारत के लिए तटस्थता की नीति का अवलम्बन अनिवार्य प्रतीत हो रहा था। द्वितीयतः, गौरवपूर्ण भारतीय राष्ट्रीहयता और प्रत्येक क्षेत्र पूर्ण स्वतन्त्र रहने की उत्कट अभिलाषा तटस्थ और स्वतन्त्र विदेश-नीति के अवलम्बन में दूसरा प्रेरक तत्त्व था। वर्ष्ज्ञों के प्रयास और सहस्रों देश-प्रेमियों के बलिदान के बाद भारत स्वतन्त्र हुआ। ऐसी स्थ्ज्ञिति में भारतीयों के लिए स्वतन्त्रता से बढ़कर बहुमूल्य दूसरी चीज न थी। अन्तर्राष्ट्रीय क्षेत्र में किसी गुट में सम्मिलित होने का अर्थ इस मूल्यवान स्वतन्त्रता को खो बैठना था। भारत यह अनुभव करता था कि विश्व-राजनीति में बिल्कुल स्वतन्त्र रूप से भाग लेने का उसे पूर्ण अधिकार है। अर्थात् अन्तर्राष्ट्रीय क्षेत्र में भारत अपना कोई निर्णय इसलिए नहीं हो ले सकता कि यह गुट अथवा वह गुट ऐसा चाहता है, बल्कि उसके निर्णयों का आधार वही होगा जिसको वह ठीक समझता है और वह उसके राष्ट्रीय हित में है। यदि भारत किसी गुट में शामिल हो जाता तो उसकी वह स्वतन्त्रता खत्म हो जाती—भारतीय संसद में जब किसी सदस्य ने यह सुझाव पेश किया कि भारत को अपनी असंलग्नता की नीति का परित्याग न देना चाहिए तो पंडित नेहरू ने जवाब देते हुए कहा—"किसी गुट में सम्मिलित होने का अर्थ क्या है?

इसका केवल एक ही अर्थ है–किसी एक विशेष प्रश्न पर आप अपने विचार को परित्याग कर दें और दूसरे को खुश करने तथा उसकी सदिच्छा प्राप्त करने के लिए उसके विचारों को मान लें।" भारत के लिए ऐसी स्थिति असह्य थी। वह अन्तर्राष्ट्रीय क्षेत्र में पूर्ण स्वतन्त्र रहना चाहता था और किसी गुट में शामिल होकर इस स्वतन्त्रता को कायम नहीं रखा जा सकता था।

द्वितीयतः किसी गुट में शामिल नहीं होने का एक और कारण भी था। यदि भारत स्वतन्त्र विदेश-नीति का अवलम्बन करते हुए सभी अन्तर्राष्ट्रीय प्रश्नों पर निष्पक्ष रूप से अपना निर्णय लेगा तो दोनों गुट उसके विचारों का आदर करेंगे और अन्तर्राष्ट्रीय तनाव में कमी होगी तथा भारत की अन्तर्राष्ट्रीय प्रतिष्ठा बढ़ेगी। यदि विश्व-राजनीति में कभी गतिरोध उत्पन्न हो जाए तो उसको दूर करने के लिए कुछ ऐसे राष्ट्रों की आवश्यकता होगी जो कोई रास्ता निकाल सके। गुटों में शामिल राष्ट्र इस तरह के काम में सफल नहीं हो सकते क्योंकि उनकी तरफ से कोई मान्य प्रस्ताव भी आएगा तो विरोधी गुट उसको शक की निगाहों से देखेगा और अन्ततः उसको नामंजूर कर देगा। अन्तर्राष्ट्रीय गतिरोध को मिटाने तथा इस तरह विश्व-शान्ति का मार्ग प्रशस्त करने के उद्देश्य से भी भारत ने असंलग्नता की नीति को अपनाया है। बाद की अन्तर्राष्ट्रीय घटनाओं ने इस अनुमान को बहुत हद तक ठीक साबित किया है। युद्धोत्तर काल में भारत के प्रयास से कई अन्तर्राष्ट्रीय गतिरोध सुलझाए गए हैं।

तृतीयतः इस सम्बन्ध में एक और बात है। इस नीति के निर्धारण में परिस्थिति ने भी सहयोग दिया है। 1947 में एशिया की स्थिति यूरोप से बहुत भिन्न थी। यूरोप में राष्ट्रों के बीच कटुता और मनमुटाव की एक लम्बी परम्परा है जिससे यूरोप के प्रमुख राष्ट्र अन्तर्राष्ट्रीय क्षेत्र में तटस्थ नीति का अनुसरण नहीं कर सकते थे। लेकिन एशिया के देशों के साथ ऐसी बात नहीं थी। स्वतन्त्र राष्ट्र के रूप में जब भारत का प्रादुर्भाव हुआ तो उस समय दुनिया के किसी भी देश के साथ उसकी शत्रुता न थी और न दुनिया के किसी भाग में उसका अन्यायपूर्ण स्वार्थ ही था। इस पृष्ठाधर में वह संसार के प्रत्येक प्रदेश का मित्र बन सकता था और विश्व-शान्ति की मंजिल तक पहुँचने में बसके साथ सहयोग कर सकता था।

असंलग्नता का अर्थ–गुटबन्दियों से अलग रहने की भारतीय नीति एक अत्यन्त विवादास्पद विषय बन गई है। इसका एक कारण यह है कि कभी-कभी

स्वयं इसके निर्धारक भी इसकी व्याख्या स्पष्ट शब्दों में नहीं कर पाते हैं। इस नीति को विविध नामों से पुकारा जाता है जैसे–तटस्थ विदेश-नीति, स्वतन्त्र विदेश-नीति, गुटबन्दियों से अलग रहने की नीति, शान्ति-नीति, असंलग्नता की नीति आदि। इस प्रकार के विविध नामकरणों से इसके सम्बन्ध में भ्रान्तियाँ और भी बढ़ जाती हैं। लेकिन वास्तव में इस नीति में गलतफहमियों की कोई गुंजाइश नहीं है। भारत की विदेश-नीति को तटस्थ नहीं कहा जा सकता है क्योंकि तटस्थता एक निषेधात्मक विचार है। वह किसी पक्ष में शामिल नहीं होती तथा वह पूर्णरूप से पार्थक्यवादी होती है। असंलग्नता का अर्थ जैसा कि श्री नेहरू ने कहा था, "यह कदापि नहीं है कि वह संसार की राजनीति से अपने-आपको पृथक् रखे और न इसका अर्थ कोई शान्तिवाद से है क्योंकि प्रत्येक देश को युद्ध की सम्भावना को ध्यान में रखकर काम करना पड़ता है। भारत की नीति सकारात्मक एवं गतिशील (Positive and dynamic) है। वह दोनों गुटों से अलग रहना चाहता है। वह दोनों की मित्रता चाहता है और दोनों से सहायता प्राप्त करके अपनी उन्नति करना चाहता है। वह इन दोनों पक्षों में किसी के साथ सैनिक सन्धियाँ और समझौते करके महशक्तियों की राजनीति में अपने को उलझाना नहीं चाहता। परन्तु आवश्यकता पड़ने पर भारत की नीति चुपचाप बैठकर तमाशा देखने वाली नहीं है। भारत किसी भी पक्ष को समर्थन करने को तैयार है यदि वह शान्ति और सुरक्षा के लिए आवश्यक है। लेकिन ाारत उन शक्तियों से अपने को दूर रखता है जिनकी नीति से शान्ति और सुरक्षा को खतरे में पड़ने की सम्भावना है। संयुक्त राज्य अमेरिका की सिनेट में बोलते हुए पं. नेहरू ने इसको स्पष्ट कर दिया था। "जहाँ स्वतन्त्रता के लिए खतरा उपस्थिति हो, न्याय को धमकी दी जाती हो, अथवा जहाँ आक्रमण होता है वहाँ न तो हम तटस्थ रह सकते हैं और न तटस्थ रहेंगे।"

असंलग्नता की नीति का प्रयोग

अब हमें यह देखना है कि विश्व-राजनीति में भारत ने अपनी असंलग्नता की नीति का कैसे प्रयोग किया है। इस नीति के इतिहास को मुख्यतः तीन भागों में बाँटा जा सकता है–1947 में कोरिया युद्ध (1950) तक, कोरिया-युद्ध से द्वितीय भारतीय साधारण निर्वाचन 1957 तक तथा 1957 से 1962 के

भारत-चीन युद्ध तक तथा 1962 से आज तक।

1947 से 1950 तक–स्वतन्त्रता के तुरन्त बाद असंलग्नता की नीति बहुत हद तक अस्पष्ट थी और कई कारणों से विशुद्ध न थी। उन दिनों भारत की नीति अमरीकी या पश्चिमी गुट की तरफ थोड़ी झुकी हुई थी, अर्थात् अन्तर्राष्ट्रीय मामलों में वह पश्चिमी गुट का अपेक्षाकृत अधिक पक्ष लेती थी। इसके कई कारण थे। सर्वप्रथम सुरक्षा के मामले में हम पश्चिमी गुटों पर पूर्णतया आश्रित थे। भारतीय सेना का संगठन ब्रिटिश पद्धति के आधार पर हुआ था और इसलिए हम ब्रिटेन के साथ इस मामले में बुरी तरह सम्बद्ध थे। इसके अतिरिक्त भारत की समुद्र तटीय सीमा की रक्षा के लिए भी हम ब्रिटेन पर ही आश्रित थे। द्वितीय, भारत के शिक्षित वर्ग पर पश्चिमी देशों का अत्यधिक प्रभाव था। हमारी शिक्षा-पद्धिति पश्चिमी ढाँचे पर ढाली गई थी। लेकिन पद्धति में शिक्षित लोगों की सहानुभूति स्वभावतः ब्रिटेन और पश्चिमी गुट के साथ थी। लेकिन सबसे प्रमुख कारण आर्थिक था। पहले से ही हमारा व्यापारिक सम्बन्ध केवल पश्चिमी राष्ट्रों से था। स्वतन्त्रता-प्राप्ति के बाद हम आर्थिक दृष्टि से पश्चिमी गुट पर और अधिक आश्रित हो गए। आर्थिक पुननिर्माण के लिए भारत को विदेशी सहायता की आवश्यकता थी। यह सहायता मुख्यतः ब्रिटेन और संयुक्त राज्य अमेरिका से प्राप्त हो सकती थी। उस समय सोवियत संघ आर्थिक और सैनिक दृष्टिकोण से स्वयं एक शक्तिहीन राज्य था। अतएव इन परिस्थितियों में भारत की असंलग्नता की नीति निष्पक्ष नहीं रह सकी और पश्चिमी गुट की ओर उसका अधिक झुकाव रहा। इसके अनेक उदाहरण दिए जा सकते हैं।

भारतीय असंलग्नता की नीति निष्पक्ष नहीं थी, यह पूर्वी जर्मनी के प्रति भारतीय नीति से स्पष्ट हो जाता है। विभाजित जर्मनी में एक को (पश्चिमी जर्मनी) जो पश्चिमी गुट से सम्बन्ध था उसको कूटनीतिक मान्यता प्रदान करना और दूसरे (पूर्वी जर्मनी) को नहीं मानता तर्कसंगत नहीं प्रतीत होता है। पूर्वी जर्मनी को यह कहकर भारत ने मान्यता नहीं दी कि ऐसा करना जर्मनी के विभाजन को मान लेना होगा, लेकिन भारत का ऐसा इरादा नहीं है।

कोरिया-युद्ध के प्रारम्भ में भारत का रुख कुछ इसी तरह का पक्षपातपूर्ण रहा। उदाहरण के लिए संयुक्त राज्य अमेरिका और अन्य पश्चिमी देशों की तरह भारत ने भी उत्तरी कोरिया को आक्रामक घोषित किया था, यद्यपि

पश्चिमी देशों ने आज तक अपने कथन के समर्थन में विश्वसनीय प्रमाण प्रस्तुत नहीं किए हैं। यह बहुत सम्भव है कि दक्षिण कोरिया ने ही उत्तर कोरिया पर आक्रमक किया हो, जैसा कि श्री करुणाकर गुप्त लिखते हैं: "भारत का निर्णय श्री कोन्डापी की रिपोर्ट पर आधारित था और यह रिपोर्ट उसके व्यक्तिगत विचारों से अत्यधिक प्रभावित थी।" इस तरह का अन्य कई अन्तर्राष्ट्रीय घटनाओं में भी भारत पश्चिमी राष्ट्रों के साथ सम्बद्ध रहा।

1950 से 1957 का काल—इस काल में सोवियत संघ के प्रति भारतीय रुख में कुछ परिवर्तन हुआ। इसके कई कारण थे। 1953 में स्टालिन की मृत्यु के बाद सोवियत व्यवस्था में कुछ उदार तत्वों का समावेश हुआ। इसके पूर्व सामरिक दृष्टिकोण से भी सोवियत संघ कुछ शक्तिशाली हुआ। इस समय तक अणु बम का आविष्कार सोवियत संघ में हो चुका था। स्टालिन के मरणोपरान्त सोवियत नीति में परिवर्तन का सबसे महत्त्वपूर्ण उदाहरण यूगोस्लाविया के प्रति सोवियत दृष्टिकोण में परिवर्तन था। इस प्रकार जहाँ एक ओर अनेक कारणों से प्रेरित होकर सोवियत संघ और भारत का सम्बन्ध बढ़ रहा था, वहाँ दूसरी ओर अमेरिका के साथ भारत के सम्बन्ध में कटुता आने लगी थी। इसका एक कारण था 1954 में अमेरिका और पाकिस्तान के बीच की सैनिक सन्धि। भारत के विरोध के बावजूद अमेरिका ने पाकिस्तान को बहुत बड़े पैमाने पर अस्त्र-शस्त्र देने का निर्णय किया। भारत में इसकी तीव्र प्रतिक्रिया हुई। इसी तरह की प्रतिक्रिया गोआ की समस्या के प्रति अमरीकी रुख को लेकर हुई। विदेश सचिव जॉन फास्टर डलेस ने सार्वजनिक तौर पर गोआ में पुर्तगाल का समर्थन किया। एक तरफ तो अमेरिका का ऐसा रुख होता आया और दूसरी ओर सोवियत संघ की तरफ से भारत को हमेशा समर्थन मिलता रहा। दो देशों के बीच इस बढ़ती हुई मित्रता को पं. नेहरू और ख्रुश्चेव के भ्रमणों ने और भी मजबूत कर दिया। 1955 में पं. नेहरू ने रूस की यात्रा की और उसी वर्ष शरद् में श्री ख्रुश्चेव भारत आए।

सोवियत संघ से राजनीतिक सम्बन्ध बढ़ाने के साथ-साथ व्यापारिक सम्बन्ध में भी वृद्धि हुई और भारत को उस देश से आर्थिक सहायता मिलने लगी। सोवियत सहयोग से भिलाई में एक इस्पात का कारखाना खोलने के लिए दोनों के बीच समझौता हुआ। यह काल दो महत्त्वपूर्ण अन्तर्राष्ट्रीय घटनाओं के लिए भी प्रसिद्ध है। स्वेज नहर के राष्ट्रीयकरण को लेकर मिस्र पर

ब्रिटेन और फ्राँस का आक्रमण तथा हंगरी में सोवियत-संघ का हस्तक्षेप। मिस्र पर पश्चिमी राज्यों के आक्रमण से भारत को जबरदस्त सद्मा पहुँचा और मिस्र से आक्रमणकारियों को हटाने के लिए भारत ने सोवियत संघ के साथ सहयोग किया। शुरू में हंगरी की समस्या पर भारत की नीति सोवियत संघ का समर्थन करती रही।

1957 से 1962 तक—लेकिन 1957 में द्वितीय साधारण निर्वाचन के बाद से भारतीय नीति पुनः सोवियत संघ से दूर हटकर पश्चिमी गुट की ओर अधिक झुक गई। इसके भी कारण थे। सर्वप्रथम, चुनाव ने यह प्रकट कर दिया कि भारत में कम्युनिस्टझें का प्रभाव बढ़ता जा रहा है। भारत के एक राज्य केरल में इस पार्टी की सरकार भी बन गई। इससे भी जबरदस्त कारण था 1957 का आर्थिक संकट। देश में खाद्यान्नों और विदेशी मुद्रा की कमी तथा द्वितीय पंचवर्षीय योजना की भावी असफलता ने भारत को बाध्य कर दिया कि वह पश्चिमी गुट के साथ अपना मेल-जोल बढ़ावे। स्वयं काँग्रेस पार्टी के अन्दर दक्षिणपन्थियों का प्रभाव बढ़ गया और नेहरू के मन्त्रिमंडल में कुछ ऐसे लोग आ गए जो अमरीकी गुट के प्रति अपेक्षाकृत अधिक सहानुभूति रखने के समर्थक थे। इन सब कारणों से (विशेषकर आर्थिक सहायता के लिए) बाध्य होकर पं. नेहरू संयुक्त राज्य अमेरिका गए। इसके बाद ही भारतीय नीति में परिवर्तन होने लगा। इस परिवर्तन का प्रथम सबूत हंगरी की समस्या में भारतीय रुख का बदलना था। शुरू में भारत ने इस मामले में सोवियत संघ का समर्थन किया था, लेकिन बाद में भारत सोवितय संघ का विरोध करने लगा। इसके अतिरिक्त, पश्चिमी देशों के साथ मेल बढ़ाने का एक अन्य परिणाम यह हुआ कि भारत उसके साम्राज्यवादी गुनाहों को माफ करता चले। इसलिए पश्चिमी एशिया और पूर्वी एशिया में अब भारत पश्चिमी साम्राज्यवाद का विरोध बहुत बन्द जबान से करने लगा। वियतनाम संकट के सम्बन्ध में भारत की अस्पष्ट ढुलमुल नीति इन्हीं परिस्थितियों का परिणाम है।

भारत-चीन युद्ध और असंलग्नता की नीति की अग्निपरीक्षा—भारतीय असंलग्नता की नीति में सबसे महान् संकट का काल नवम्बर 1962 में आया जब चीन और भारत के बीच युद्ध शुरू हुआ। भारत-चीन सम्बन्ध और विशेष्ज्ञकर चीन के इस आक्रमण का अध्ययन हम आगे के पृष्ठों में करेंगे। यहाँ पर हम उससे सम्बन्धित असंलग्नता को नीति का ही वर्णन करेंगे।

जब चीन-भारत युद्ध शुरू हुआ तो देश के बहुत से क्षेत्रों से इस बात की मांग होने लगी कि असंलग्नता की नीति पूर्णतया असफल हो चुकी है और देश के हित में इसका जल्द-से-जल्द परित्याग होना चाहिए। इस तरह की मांग स्वतन्त्र पार्टी, जनसंघ और इससे सम्बन्धित प्रतिक्रियावादी क्षेत्रों से ही नहीं हुई, वरन् कुछ जिम्मेवार एवं निष्पक्ष नागरिकों ने भी की। परन्तु 20 अक्टूबर, 1962 को रेडियो से राष्ट्र के नाम सन्देश देते हुए पं. जवाहरलाल नेहरू ने स्पष्ट कर दिया कि भारत अपनी असंलग्नता की नीति का अनुकरण करता रहेगा। इसके बाद चीन का आक्रमण जारी रहा तथा नेफा में भारतीय सेना की पराजय हुई। युद्ध की स्थिति अत्यन्त गम्भीर हो गई और भारत की सुरक्षा अत्यधिक खतरे में पड़ गई। इस हालात में भारत सरकार ने पश्चिमी राष्ट्रों से सैनिक सहायता के लिए अपील की। अमेरिका और ब्रिटेन ने भारत को सहायता देने का निर्णय किया और इन देशों में बहुत बड़ी मात्रा में शस्त्रास्त्र सेनाएँ भारत भेजी गई। इस अवसर पर असंलग्नता की नीति के विरोधियों को एक मौका और मिला। कहा जाने लगा कि संसार आज दो विरोधी गुटों में विभक्त है और भारत इन्हीं गुटबन्दियों में असंलग्नता की नीति का अवलम्बन कर रहा था। अब स्थिति यह है कि भारत ने साम्यवादी गुट के एक प्रमुख सदस्य चीन के साथ युद्ध की स्थिति में है और उसका मुकाबला करने के लिए उसने उसके विरोधी अमरीकी गुट से सैनिक सहायता ली है। इस हालत में असंलग्नता की नीति रही कहाँ? भारत को अब अपनी स्थिति का पुनर्निर्धारण स्पष्ट शब्दों में कर लेना चाहिए। चीनी आक्रमण से उत्पन्न स्थिति में न तो सह असंलग्नता नीति का अवलम्बन कर सकता है और न अमरीकी सहायता स्वीकार करने के बाद इसका दावा ही कर सकता है। इस तरह असंलग्नता की नीति पर कठोर आक्रमण होने लगे। स्वयं पंडित नेहरू को चीनी आक्रमण से गहरा धक्का पहुँचा। 25 अक्टूबर, 1962 को बोलते हुए उन्होंने कहा कि "चीन के आक्रमण से हमारी आँखें एकाएक खुल गई हैं; अभी तक भारत वास्तविक तथ्य की ओर नहीं देख रहा था और अपने ही द्वारा निर्मित एक कृत्रिम वातावरण में रह रहा था।" इस वक्तव्य के बाद यह सन्देह किया जाने लगा कि प्रधान मन्त्री ने असंलग्नता की नीति की असफलता की ओर संकेत किया है और शायद भारत नई परिस्थिति में इस नीति का परित्याग कर दे। धाना, संयुक्त अरब गणराज्य, लंका आदि तटस्थ राज्यों से यही उम्मीद की जा

रही थी कि वे इस विवाद में अपने साथी असंलग्न देश भारत का पक्ष लें। लेकिन इन देशों ने ऐसा नहीं किया और वे मध्यस्थ के रूप में काम करने लगे। इससे भारतीय जनता और सरकार को बड़ा सद्मा पहुँचा। ऐसा प्रतीत हुआ कि असंलग्नता की नीति बिल्कुल खोखली है और इससे देश का हित सधने वाला नहीं है। लेकिन प्रधान मन्त्री पंडित नेहरू को अपने दर्शन और अपनी इस नीति में अटूट विश्वास था। वे अपने इस विश्वास से कभी नहीं डिगे और बराबर कहते रहे कि असंलग्नता की नीति ही देश के लिए सर्वोत्तम है। प्रधान मन्त्री ने इस नीति को छोड़ने से साफ-साफ इंकार कर दिया। यद्यपि उनका कहना था कि भारत के हक में यह नीति सर्वोत्तम है और वे उसका अनुकरण करते रहेंगे, तो भी यह बात तो माननी ही पड़ेगी कि 1962 से लगातार असंलग्नता की नीति की अग्नि-परीक्षा हो रही है। समय ही बतलाएगा कि यह नीति कहाँ तक सफल रही और कब तक कायम रहेगी।

1965 का भारत-पाक युद्ध और असंलग्नता की नीति—सितम्बर, 1965 में हुए भारत और पाकिस्तान के युद्ध ने असंलग्नता की नीति की शक्ति को एक बार और सिद्ध कर दिया। पाकिस्तान 'सिआटो' और 'सेंटो' दो सैनिक गुटों का सदस्य था और उसने कहा कि भारत ने उस पर आक्रमण किया है। पश्चिमी गुट के प्रमुख प्रवक्ता के रूप में ब्रिटिश प्रधान मन्त्री ने इस घटना को भारत द्वारा पाकिस्तान पर आक्रमण माना। उस हालत में पाकिस्तान उम्मीद कर सकता था कि गुटबन्दियों के साथी राज्य उसकी सहायता करें। लेकिन पाकिस्तान को कहीं से कोई प्रत्यक्ष सहायता नहीं मिली। तुर्की और ईरान ने इसे सैनिक सहायता देने का आश्वासन भी दिया, लेकिन अन्य राज्यों के विरोध (जिनमें पश्चिमी राज्य भी शामिल थे) के कारण पाकिस्तान को वे भी कोई मदद नहीं दे सके। इस युद्ध में पाकिस्तान के दृष्टिकोण ने यह सिद्ध कर दिया कि राष्ट्रीय सुरक्षा के लिए गुटों में शामिल होने की नीति गलत है। बात यहीं तक सीमित नहीं रही। पाकिस्तान के बहुत बड़े समर्थक संयुक्त राज्य अमेरिका ने भारत और पाकिस्तान दोनों पर आर्थिक प्रतिबन्ध लगा दिए और यह घोषणा की कि जब तक दोनों पक्ष युद्ध नहीं बन्द कर देते तब तक उन्हें किसी तरह की सैनिक सहायता नहीं दी जाएगी। इस प्रकार एक साथी राज्य तथा एक असंलग्न राज्य को एक ही कोटि में रखा गया। गुटों में शामिल होने से यदि पाकिस्तान को लाभ नहीं हुआ तो भारत को क्या लाभ होता यदि वह भी

किसी गुट में शामिल रहता? यह असंलग्नता की नीति का ही परिणाम था कि इस संकट के अवसर में भारत को कई क्षेत्रों से समर्थन मिला और युद्ध के समय उसकी कूटनीतिक स्थिति किसी तरह कमजोर नहीं हुई। सुरक्षा-परिषद् में युद्ध से उत्पन्न समस्या पर बहस के दौरान में सोवियत संघ से पर्याप्त सहायता मिली। यह असंलग्नता की नीति का ही परिणाम था। भारत-पाक युद्ध ने असंलग्नता की नीति की श्रेष्ठता को अन्तिम रूप से सिद्ध कर दिया। यही कारण है कि पाकिस्तान में भी अब कहीं-कहीं असंलग्नता की नीति को अपनाने की चर्चा चल पड़ी है। पाकिस्तान के शासक भी समझने लगे हैं कि गुटों में शामिल होने की नीति से कोई लाभ होने वाला नहीं है। इस हालत में भारत के लिए इस नीति का परित्याग राजनीतिक और कूटनीतिक आत्महत्या के अतिरिक्त और कुछ नहीं होगा।

पंडित नेहरू की देन—असंलग्नता की नीति के जन्मदाता और पोषक पंडित जवाहरलाल नेहरू थे। उनके शासन काल में इस नीति को पर्याप्त सफलता मिली। जहाँ तक अन्तर्राष्ट्रीय प्रतिष्ठा का प्रश्न है, इस सम्बन्ध में लगभग कोई मतभेद नहीं कि प्रधान मन्त्री नेहरू के काल में देश ने अन्तर्राष्ट्रीय समाज में अपने लिए पर्याप्त प्रतिष्ठा प्राप्त की। साम्यवादी जगत और पश्चिमी संसार दोनों ही भारत के विचारों की, उसकी निष्पक्ष असंलग्नता की नीति की कद्र करते रहे और सर्वत्र भारत सरकार के प्रतिनिधियों का यथोचित आदर होता रहा। एशिया और अफ्रीका में बहुत लोग नेहरू और उनकी सरकार का शोषित मानवता का प्रवक्ता मानते थे और राजनीतिक पराधीनता एवं उपनिवेशवाद के अत्याचार के विरुद्ध जारी संघर्ष में उनसे नैतिक और भौतिक समर्थन की अपेक्षा करते थे। उन्होंने भारत के लिए जिस विदेश-नीति का प्रतिपादित किया उससे देश की प्रतिष्ठा में अपार वृद्धि हुई। नेहरू की नीति के कटु आलोचक भी इस तथ्य को अस्वीकार नहीं कर सकते कि जब तक नेहरू जीवित रहे तब तक संसार में उनके मुकाबले का अन्तर्राष्ट्रीय ख्याति और प्रतिष्ठा प्राप्त व्यक्ति दूसरा नहीं था। नेहरू की विदेश-नीति ने राष्ट्रीय प्रतिष्ठा में वृद्धि की अथवा उसके व्यक्तित्व के कारण राष्ट्र को यह सम्मान प्राप्त हुआ, यह बात अलग-अलग नहीं सोची जा सकती है। किसी भी देश की विदेश-नीति के साथ विदेश मन्त्री का व्यक्तित्व घनिष्ठ रूप से जुड़ा रहता है उन्हें अलग-अलग कर उस पर विचार नहीं किया जा सकता।

नेहरू की मृत्यु और असंलग्नता की नीति—नेहरू के जीवनकाल में असंलग्नता की नीति की कटु आलोचना होती रही। लेकिन जवाहरलाल नेहरू को अपनी नीति में अटूट विश्वास था और किसी भी हालत में वे उसके परित्याग की बात नहीं सोच सकते थे। 27 मई, 1964 जब उनकी मृत्यु हो गई तो उस समय यह आशंका व्यक्त की जाने लगी कि भारत अब असंलग्नता की नीति का अवलम्बन कर पाएगा या नहीं। लेकिन अनिश्चितता के बादल तुरन्त ही मिट गए। श्री नेहरू की मृत्यु के बाद पद ग्रहण करते ही भारत के प्रधान मन्त्री लाल बहादुर शास्त्री ने स्पष्ट रूप से यह घोषणा कर दी कि भारत के हक में असंलग्नता की नीति सर्वोत्तम है और वह उसी नीति के आधार पर अपनी विदेश-नीति का निर्धारण करता रहेगा। बाद की घटनाओं ने सिद्ध कर दिया कि शास्त्री का यह निश्चय हर दृष्टिकोण से उचित था। यही कारण है कि लाल बहादुर शास्त्री की मृत्यु (जनवरी 1966) के बाद जब श्रीमती इन्दिरा गाँधी भारत की प्रधान मन्त्री मनीं तो उन्होंने भी यह घोषणा की कि भारत हर हालत में असंलग्नता की नीति का यह अनुसरण करेगा।

असंलग्नता की वर्तमान स्थिति—समकालीन अन्तर्राष्ट्रीय राजनीति में गुटबन्दियों में नरमी आने के कारण असंलग्नता की धारणा भी बदलती जा रही है। जहाँ तक वर्तमान भारतीय नीति का प्रश्न है, आजकल वह कठिन आर्थिक स्थिति के दबाव में पड़कर संयुक्त राज्य अमेरिका की ओर अधिक झुक रहा है। इस विचार को मानने वालों का कहना है कि रुपया के अवमूल्यन (जून 1966) का सरकारी निर्णय अमरीकी दबाव का ही परिणाम है और भी कई दृष्टियों से भारत सरकार को विवश होकर अमेरिका के प्रभाव में अधिकाधिक जाने के लक्षण दृष्टिगोचर होने लगे थे। लेकिन इनको असंलग्नता की नीति का परित्याग मान लेना उचित प्रतीत नहीं होता।

असंलग्नता की नीति का अन्त—1964 के बाद अन्तर्राष्ट्रीय राजनीति में पुरानी गुटबन्दियों का महत्त्व समाप्त होता गया और इस बदली हुई परिस्थिति में असंलग्नता की नीति को कायम रखना वांछनीय नहीं रहा। 1971 के मध्य में दो प्रमुख अन्तर्राष्ट्रीय घटनाएँ घटीं—अमेरिका द्वारा चीन के साथ सामान्य सम्बन्ध कायम करने के लिए राष्ट्रपति निक्सन द्वारा चीन यात्रा की घोषणा तथा बांग्ला देश की उथल-पुथल। इन दोनों घटनाओं ने भारतीय विदेश नीति को बहुत अधिक प्रभावित किया। भारत की विदेश नीति चीन की कमजोर

अन्तर्राष्ट्रीय स्थिति पर आश्रित थी। अब चीन अमेरिका मिलाप से चीन की स्थिति बदल जाने की सम्भावना थी। इसलिए भारत को अपनी नीति पर पुनर्विचार करना था। इसी बीच पूर्व पाकिस्तान में गृह-युद्ध छिड़ा और स्वतन्त्र बांग्ला देश की स्थापना हुई। भारत की सहानुभूति बांग्ला देश के साथ थी। पश्चिम पाकिस्तान की सेना ने बांग्ला देश के निवासियों पर घोर अत्याचार किए और बड़े पैमाने पर नर-संहार हुआ। लाखों-लाख विस्थापित भागकर भारत आए। भारत ने प्रयास किया कि संसार के अन्य देश बांग्ला देश का पक्ष लेकर पश्चिम पाकिस्तान के तानाशाहों पर दबाव डालकर बांग्ला देश की समस्या के समाधान में उनकी मदद करें। लेकिन किसी क्षेत्र से भारत को सहयोग नहीं मिला। उल्टे पाकिस्तान ने धमकी दी कि वह भारत के विरुद्ध युद्ध छेड़ देगा। पाकिस्तान को चीन तथा अमेरिका के समर्थन का आश्वासन भी था। एक ऐसी स्थिति पैदा हो गई जब एक दूसरा भारत-पाकिस्तान युद्ध अवश्यमभावी प्रतीत होने लगा। भारत ने अपने को मित्रहीन और अकेला महसूस किया। इस अकेलेपन को दूर करने तथा देश की सुरक्षा के लिए भारत ने अपनी विदेश नीति में यह महत्त्वपूर्ण परिवर्तन करने का निश्चय किया 19 अगस्त 1971 को सोवियत संघ के साथ भारत की एक बीस वर्षीय मैत्री शान्ति और सुरक्षा सन्धि सम्पन्न हो गई। यद्यपि भारत-सरकार के प्रवक्ताओं ने यह दावा किया कि इस सन्धि से असंलग्नता की नीति का अन्त नहीं हुआ है। लेकिन यह बात मान्य नहीं हो सकती। यह तथ्य मानने से इंकार नहीं किया जा सकता कि भारत ने अपने को एक गुट के साथ आबद्ध करके अपनी असंलग्नता की नीति का परित्याग कर दिया। भारत-सोवियत सन्धि का असंलग्नता की नीति पर क्या प्रभाव पड़ा है इसका वर्णन हम इस पुस्तक में आगे करेंगे।

शान्तिपूर्ण सहजीवन और विश्व-शान्ति

आणविक आयुधों के इस युग में विश्व शान्ति की आवश्यकता आज सर्वोपरि है। अर्द्धविकसित और पिछड़े हुए देशों की उन्नति और विकास के लिए तो चिर-शान्ति का वातावरण अनिवार्य ही है। जिस समय भारत स्वतन्त्र हुआ उस समय ब्रिटिश साम्राज्यवाद के शोषण के फलस्वरूप उसकी आर्थिक स्थिति एकदम डाँवाडोल थी। भारत को दुनिया में अमनचैन का कायम रहना अत्यन्त

आवश्यक प्रतीत हो रहा था। इसके अभाव में भारत का आर्थिक विकास असम्भव था। इस स्थिति में विश्व-शान्ति को बनाए रखना भारतीय विदेश-नीति का एक मूलाधार हो गया। 25 अगस्त, 1954 को पणिक्कर ने कहा था: "यदि समय मिले तो भारत के लिए स्वयमेव, अपने ढंग से विश्व-शक्ति बनाने का पूरा मौका है। भारत को इस बात की बड़ी चिन्ता है। उसकी प्रगति को तथा सामान्यरूप से मानव-जाति की उन्नति को संकट में डालने वाला कोई युद्ध न हो।" फिर 12 जून, 1952 को सम्भावित तृतीय विश्व-युद्ध के सम्बन्ध में अपनी शान्तिवादी नीति की घोषणा करते हुए नेहरू ने कहा था: "हमारी पहली नीति तो यह होनी चाहिए कि हम ऐसी भीषण आपत्ति को घटित होने से रोकें, दूसरी नीति इससे बचने की होनी चाहिए कि हम ऐसी भीषण आपत्ति को घटित होने से रोकें, दूसरी नीति इससे बचने की होनी चाहिए और तीसरी नीति ऐसी स्थिति बनाने की होनी चाहिए कि यदि युद्ध छिड़ जाए तो हम इसे रोकने में समर्थ हो सकें। मैं यह चाहता हूँ कि एशिया में ऐसे देशों का क्षत्र अधिक विस्तृत हो तो यह निश्चय करें कि चाहे कुछ हो, वे युद्ध में शामिल न हों, अन्य प्रदेशों में होने वाले युद्ध के क्षेत्र की सीमित करें, अपने प्रदेश की रक्षा करें और दूसरों के प्रदेशों को सुरक्षित बनाने का भी यत्न करें।"

अतएव स्वतन्त्रता प्राप्ति के बाद विश्व-शान्ति की स्थापना के लिए सदा तत्पर रहना और इस महान् कार्य में योगदान करना भारतीय विदेश-नीति का एक मूल तत्त्व बन गया। भारत ने इस तरह अपनी विदेश-नीति का निर्धारण करना शुरू किया जिससे विश्व की शान्ति सुरक्षित रहे।

इसी उद्देश्य से प्रेरित होकर भारत किसी सैनिक गुट में शामिल नहीं हुआ। भारत को गुटबन्दियों में शामिल कर लेने के लिए शक्ति-गुटों के नेताओं की ओर से अनेक प्रयास किए गए। पर, भारत उनसे प्रभावित नहीं हुआ।

हथियारबन्दी की होड़ विश्व-शान्ति के लिए बहुत खतरनाक होती है। एक पीढ़ी के भीतर ही संसार को दो महायुद्ध देखने पड़े हैं। अतएव द्वितीय विश्व युद्ध के बाद निरस्त्रीकरण के लिए अनेकमुखी प्रयास किए जाने लगे। भारत ने इसमें अपना सक्रिय योगदान दिया। भारत शुरू से ही निरस्त्रीकरण का जबरदस्त समर्थक रहा है। वह विश्व-शान्ति के लिए निरस्त्रीकरण को परम आवश्यक मानता है। यही कारण है कि जब अगस्त 1963 में आणविक परीक्षण रोक सन्धि हुई तो भारत वह पहला देश था जिसने अविलम्ब इस

सन्धि पर हस्ताक्षर कर दिया।

युद्धोत्तर काल में संसार के दो विरोधी गुटों में तनातनी बढ़ी कि कई बार उनको लेकर विश्व-युद्ध छिड़ने की सम्भावना हो गई। ऐसे कई अवसरों पर भारत ने दोनों गुटों के बीच मतभेद की चौड़ी खाई को पाटने का महत्त्वपूर्ण कार्य किया है। दो अवसरों पर निश्चित रूप से भारत ने तृतीय विश्व-युद्ध के दावानल को प्रज्वलित होने से रोका है और दोनों पक्षों में शान्ति के दूत का कार्य किया है। ये अवसर कोरिया तथा हिन्द-चीन के युद्ध थे।

पंचशील के पाँच सिद्धान्तों का प्रतिपादन भी भारत की शान्तिप्रियता का द्योतक है। 1954 के बाद से भारत की वैदेशिक नीति को पंचशील के सिद्धान्तों ने एक नई दिशा प्रदान की है। इसे भारतीय विदेश-नीति की आधारशिला भी कहा गया है।

पंचशील

पंचशील बौद्ध धर्म का एक पारिभाषिक शब्द है जिसका सर्वप्रथम प्रयोग महात्मा बुद्ध ने किया था। बौद्ध धर्म स्वीकार करके जो व्यक्ति भिक्षु बनता था उसको पाँच व्रतों को धारण करना पड़ता था जिसे पंचशील कहा जाता था। इसका शाब्दिक अर्थ है "आचरण के पाँच सिद्धान्त।" जिस प्रकार बौद्ध धर्म में ये व्रत एक व्यक्ति के लिए होते थे, उसी प्रकार आधुनिक पंचशील के सिद्धान्त के द्वारा राष्ट्रों के लिए दूसरे के साथ आचरण के सम्बन्ध निश्चित किए गए हैं। ये सिद्धान्त निम्नलिखित हैं:

(1) सभी राष्ट्र एक दूसरे की प्रादेशिक अखण्डता और सम्प्रभुता का सम्मान करें।

(2) कोई राज्य दूसरे राज्य पर आक्रमण नहीं करे और दूसरों की राष्ट्रीय सीमाओं का अतिक्रमण न करे। किसी राज्य की सीमा को कोई दूसरा राज्य भंग नहीं करे।

(3) कोई भी राज्य एक दूसरे के आन्तरिक मामले में हस्तक्षेप नहीं करे।

4. प्रत्येक राज्य एक दूसरे के साथ समानता का व्यवहार करें तथा पारस्परिक हित में सहयोग प्रदान करे। अर्थात् सभी देश समान हैं, कोई न बड़ा है और न कोई छोटा। सबको इसी सिद्धान्त के आधार पर आचरण करना चाहिए।

5. सभी राष्ट्र शान्तिपूर्ण सहजीवन (Peacefulco-existence) के सिद्धान्त में विश्वास करें तथा सिद्धान्त के आधार पर एक दूसरे के साथ शान्तिपूर्वक रहें तथा अपनी अलग-अलग सत्ता एवं स्वतन्त्रता कायम रखें।

अन्तर्राष्ट्रीय स्तर पर पंचशील के इन सिद्धान्तों का प्रतिपादन सर्वप्रथम 29 अप्रैल, 1954 को तिब्बत के सम्बन्ध में भारत और चीन के बीच हुए एक समझौते में किया गया था। बाद में चीन के प्रधान मन्त्री श्री चाऊ एन-लाई जब जून 1954 में दिल्ली आए तो तीन दिनों तक प्रधानमन्त्री नेहरू के साथ वार्तालाप करने के बाद 28 जून, 1954 को दोनों प्रधान मन्त्रियों का एक संयुक्त वक्तव्य प्रकाशित हुआ जिसमें पंचशील के सिद्धान्त में उनके विश्वास को दुहराया गया था। इस वक्तव्य में कहा गया थाः

"चीन और भारत ने दोनों के सम्बन्धों के संचालन के लिए इन पाँच सिद्धान्तों के पालन का निश्चय किया है वे एशिया तथा विश्व के अन्य देशों के साथ अपने सम्बन्धों में भी इसका अनुकरण करेंगे। यदि इसका प्रयोग न केवल विभिन्न देशों में अपितु सामान्य रूप से अन्तर्राष्टीय सम्बन्धों में भी किया जाए, तो इससे शान्ति और सुरक्षा का एक सुदृढ़ आधार बनेगा और आशंकाओं के स्थान पर विश्वास उत्पन्न होगा।

इस समय एशिया के साथ संसार के विभिन्न भागों में विभिन्न प्रकार की सामाजिक तथा राजनैतिक पद्धतियाँ विद्यमान हैं। यदि उपर्युक्त सिद्धान्तों को स्वीकार किया जाए और इनका पालन किया जाए, या दूसरे के देश में कोई हस्तक्षेप न हो तो ये विभिन्नताएँ शान्ति भंग करके संघर्ष उत्पन्न नहीं करेंगी। प्रत्येक देश को प्रादेशिक अखण्डता, सर्वोच्च सत्ता और अनाक्रमण का आश्वासन मिल जाने पर विभिन्न देशों में शान्तिपूर्ण सह-अस्तित्व रहेगा और मित्रतापूर्ण सम्बन्ध बढ़ेंगे। इससे विश्व में विद्यमान वर्तमान तनाव कम होगा और शान्ति का वातावरण उत्पन्न होने में सहायता मिलेगी।"

अब तक एशिया के प्रायः सभी देशों ने पंचशील के सिद्धान्तों को स्वीकार कर लिया है। इसके सिद्धान्त को भारत की यात्रा करने वाले विदेशों के अनेक प्रधान मन्त्रियों और शासनाध्यक्षों ने अपने वक्तव्यों में स्वीकार किया है। फिर, जब भारत के प्रधान मन्त्री विदेश भ्रमण पर गए तो वहाँ भी कई देशों के साथ पंचशील के आधार पर संयुक्त वक्तव्य प्रकाशित किए गए। अप्रैल, 1955 में बांडुंग में एशियाई-अफ्रीकी देशों का एक सम्मेलन हुआ। इस

सम्मेलन में पंचशील के सिद्धान्तों को विस्तृत रूप प्रदान किया गया और उसमें पाँच सिद्धान्तों के स्थान पर दस सिद्धान्तों की स्थापना की गई। इसके बाद संसार के अन्य कई देशों ने इस सिद्धान्तों को मान्यता प्रदान की। 14 सितम्बर, 1949 को संयुक्त राष्ट्रसंघ की साधारण सभा ने भी भारत द्वारा प्रस्तुत पंचशील के सिद्धान्तों को स्वीकार कर लिया। इस तरह पंचशील के सिद्धान्तों को विश्व में मान्यता मिल रही है। यद्यपि अमेरिका और ब्रिटेन आदि "नाटो" के देशों ने इसे पूर्णतः स्वीकार नहीं किया है, फिर भी उन्होंने इसका खुला विरोध भी नहीं किया है। भारत में एक अमरीकी राजदूत श्री शर्मन कपूर ने अपने एक भाषण में कहा था कि "अमेरिका पंचशील के सिद्धान्तों से पूर्णतया सहमत है।"

शान्तिपूर्ण सहजीवन–पंचशील के सिद्धान्त अन्तर्राष्ट्रीय सम्बन्ध के क्षेत्र में अत्यन्त महत्त्वपूर्ण माने जाते हैं। अतएव इसकी कुछ और अधिक विवेचना आवश्यक है। इसका पहला सिद्धान्त यह कहता है कि संसार के सभी राष्ट्रों को एक-दूसरे की प्रादेशिक अखंडता और सम्प्रभुता का सम्मान करना चाहिए। इस तरह यह साम्राज्यवाद तथा उपनिवेशवाद की जड़ पर कुठाराघात करता है। इसके द्वारा यह अर्थ स्पष्ट होता है कि किसी भी राज्य को अपने से कम शक्तिशाली राज्यों पर राजनीतिक या सैनिक शर्तें नहीं लादनी चाहिए तथा प्रादेशिक और आर्थिक साम्राज्यवाद के सिद्धान्तों का परित्याग कर देना चाहिए। इन सिद्धान्तों के आधार पर यह भी कहा जा सकता है कि दूसरे देशों में विशेष आर्थिक अधिकार और सुविधाएँ प्राप्त करना, विद्रोहात्मक कार्यवाहियों को प्रोत्साहन देना, दुर्बल कठपुतली सरकारों की स्थापना करना तथा किसी भी राज्य में किसी दल विशेष को आर्थिक सहायता देना या सारे कार्य राज्यों की सम्प्रभुता तथा अहस्तक्षेप के सिद्धान्तों के उल्लंघन है। इसलिए यदि सभी देशों की सर्वोच्च सत्ता का पूरा ध्यान रखा जाए तो साम्राज्यवाद का स्वयंमेव अन्त हो जाएगा। अनाक्रमण और दूसरे देश के मामले में हस्तक्षेप की नीति संसार में संघर्ष के क्षेत्र को सीमित करने वाले हैं। पंचशील के चौथे सिद्धान्त के द्वारा समानता और पारस्परिक लाभ पर बल दिया गया है। यदि इस सिद्धान्त का अनुसरण किया गया तो कोई भी राज्य चाहे छोटा हो या बड़ा, एक दूसरे के साथ समानता के सिद्धान्त के आधार पर अपने सम्बन्धों का निर्माण कर सकता है और एक दूसरे के हित को आगे बढ़ा सकता है। यदि सभी राष्ट्र एक

दूसरे के साथ सहयोग करें तो पिछड़े हुए देशों की दरिद्रता और सब प्रकार के अभावों को दूर किया जा सकता है।

लेकिन पंचशील का सबसे महत्त्वपूर्ण सिद्धान्त शान्तिपूर्ण सहजीवन का है। आज संसार में तरह-तरह की राजनीतिक, आर्थिक और सामाजिक पद्धतियाँ कायम हैं जिनमें सर्वाधिक महत्त्वपूर्ण साम्राज्यवाद और पूँजीवाद हैं। इनको लेकर संसार दो विरोधी गुटों में बँट गया। और इससे अन्तर्राष्ट्रीय तनातनी बढ़ गई है कि आणविक आयुधों के इस युग में तृतीय विश्व युद्ध की सम्भावना प्रतीत हो रही है। पूँजीवादी देश समाजवाद को जड़-मूल से उखाड़ फेंकना चाहते हैं और समाजवादी देश पूँजीवाद को खत्म करने पर उतारू हैं। ऐसी स्थिति में संसार को युद्ध से बचाने का एकमात्र उपाय है: शान्तिपूर्ण सहजीवन के सिद्धान्त में विश्वास करना। यदि यह मान लिया जाए कि पूँजीवादी और समाजवाद दोनों किसी-न-किसी रूप में हरेंगे तो बहुत सी समस्याओं का हल हो जाएगा। यदि हम ऐसा नहीं मानते तो यह वास्तविकता से मुँह मोड़ना होगा। पूँजीवादी देश साम्यवादी देशों के इस अधिकार को मान लें कि उन्हें अपने देश में किसी तरह रहने का अधिकार है। इसी तरह की बात समाजवादी लोग और पूँजीवादी गुटों की प्रणालियों, विचारधाराओं तथा आर्थिक, राजनीतिक एवं सामाजिक संगठनों में जमीन-आसमान का भेद है तो भी वे विश्व-शान्ति के हित में परस्पर मिलकर शान्तिपूर्वक रह सकते हैं। यदि ऐसा हो गया तो संसार में किसी प्रकार का संघर्ष नहीं रहेगा और सब अपने इच्छानुसार अपने देश में शान्तिपूर्वक रहेंगे। शान्तिपूर्ण सहजीवन का यही तात्पर्य है। शान्तिपूर्ण सहजीवन में ही आज विश्व और मानवता की आशा निहित है। पंचशील का पाँचवाँ सिद्धान्त इस बात पर बल देता है कि विभिन्न देशों के संगठनों में मौलिक भेद होने पर भी इन्हें एक-दूसरे के उन्मूलन का प्रयत्न नहीं करना चाहिए, किन्तु एक-दूसरे के साथ शान्तिपूर्वक रहने की नीति ग्रहण करनी चाहिए।

पंचशील का मूल्यांकन—इसमें कोई सन्देह नहीं कि पंचशील के सिद्धान्त बड़े ही प्रेरणात्मक आदर्श हैं। फिर भी इसके सिद्धान्तों पर अनेक आपत्तियाँ की गई हैं। इसको केवल ऊँचे आदर्शों की कोरी घोषणा मात्र कहा है और इसकी तुलना 1917 में पवित्र संघ (Holy Alliance) तथा 1927 के कैलाग ब्रियां पैक्ट से की गई है। कहा जाता है कि पंचशील एक ऐसी घोषणा है

जिसको पालन कराने के लिए न तो कोई संस्था है और न कोई व्यवस्था। अतएव इसकी कुछ भी उपयोगिता नहीं है। फिर, पंचशील को व्यर्थ भी माना जाता है, क्योंकि इसके सारे सिद्धान्त संयुक्त राष्ट्रसंघ के चार्टर में सन्निहित हैं और इसलिए पृथक् रूप से उसकी पुनरावृत्ति निरर्थक है। पंचशील का कोई भी ऐसा सिद्धान्त नहीं है जो चार्टर में न हो। इसके अतिरिक्त पंचशील के सिद्धान्त पर और भी कई आपत्तियाँ की गई हैं; जैसे–उसकी प्रेरणा कम्युनिस्टों के द्वारा हुई है, यह यथास्थिति का पोषक है, आदि। इन आपत्तियों की चर्चा करते हुए जवाब के तौर पर 29 दिसम्बर, 1954 को पंडित नेहरू ने भारतीय लोकसभा में कहा था–"लोगों ने पंचशील का विरोध किया है, किस आधार पर? वे कहते हैं आप यह कैसे विश्वास करते हैं कि इन सिद्धान्तों का पालन भी किया जाएगा? निस्सन्देह यदि आप किसी बात पर विश्वास नहीं करते तो इसकी चर्चा करने और उसके बारे में लिखने से काई लाभ नहीं है और फिर आपके लिए कोई दूसरी बात शेष नहीं रह जाती सिवाय इसके आप अकेले रहें और लड़ कर एक दूसरे पक्ष को परास्त करें–इसके अतिरिक्त अन्य कोई मार्ग नहीं है। यह दूसरे पक्ष के वचन पर विश्वास करने का प्रश्न नहीं है किन्तु ऐसी परिस्थितियाँ उत्पन्न करने का प्रश्न है जिसमें दूसरा पक्ष अपने वचन को भंग न कर सके। यह सम्भव है कि दूसरा पक्ष अपने वचन को भंग करे और यह भी सम्भव है कि वह अपने को अधिक विषम परिस्थितियों में पावे। यदि विश्व के विभिन्न देश पारस्परिक सम्बन्धों के लिए इन पाँच सिद्धान्तों को बार-बार दुहराते हैं तो उसके लिए एक वातावरण उपस्थित करते हैं।"

जहाँ तक सिद्धान्त के रूप में पंचशील का प्रश्न है, इस पर कोई विशेष आपत्ति नहीं हो सकती। लेकिन व्यावहारिक राजनीति की दृष्टि से और विशेषकर भारत-चीन सम्बन्ध की पृष्ठभूमि में पंचशील एक अत्यन्त असफल सिद्धान्त साबित हुआ। इसके सिद्धान्तों का प्रतिपादन भारत और चीन के तिब्बत के सम्बन्ध में हुए समझौते के समय हुआ था। इसके द्वारा भारत ने तिब्बत में चीन की सर्वोच्च सत्ता को स्वीकार करके "तिब्बत की स्वायत्तता के अपहरण में चीन का समर्थन किया था। इस कारण भारत में शुरू से ही कुछ लोगों द्वारा इसकी कटु आलोचना होती रही। उदाहरणार्थ, पंचशील के जन्म के समय आचार्य कृपलानी ने कहा थाः "यह मानू सिद्धान्त पापपूर्ण परिस्थितियों की उपज है, क्योंकि यह आध्यात्मिक और सांस्कृतिक रूप से हमारे साथ

सम्बद्ध एक प्राचीन राष्ट्र के विनाश पर हमारी स्वीकृति पाने के लिए प्रतिपादन किया गया था।" आचार्य कृपलानी की यह उक्ति शायद सत्य न हो, क्योंकि तिब्बत के प्रति भारत की यह नीति अनुचित नहीं थी, लेकिन 1962 के अक्टूबर में चीन ने भारत पर आक्रमण करके जिस प्रकार का व्यवहार किया उसके परिणामस्वरूप पंचशील का अब नामोनिशान मिट गया है। इसके उदार सिद्धान्तों का उल्लंघन इसके आदि प्रवर्त्तक एक राष्ट्र (चीन) के द्वारा हुआ है और इस कारण पंचशील में लोगों की आस्था अब नहीं रह गई है। यह भारतीय विदेश-नीति की एक बहुत बड़ी असफलता मानी जाएगी।

साम्राज्यवाद और प्रजातीय विभेद का विरोध

भारत साम्राज्यवाद के दुष्परिणामों का स्वयं मुक्तभोगी रहा है। साम्राज्यवाद का विरोध करना अत्यन्त स्वाभाविक है। भारत साम्राज्यवाद का विरोधी इसलिए भी है कि वह इसको शान्ति का बहुत बड़ा दुश्मन मानता है। प्रजातीय विभेद के कारण भी अन्तर्राष्ट्रीय वातावरण दूषित होता है और युद्ध के कारण उत्पन्न होते हैं। अतएव भारत इन दोनों का विरोध करता रहा। यह भारतीय विदेश नीति का एक मुख्य तत्त्व रहा। यही कारण है कि विश्व में जहाँ कहीं भी राष्ट्रवादी आन्दोलन विदेशी सत्ता से मुक्ति पाने के लिए हुए हैं, भारत ने खुल कर उनका समर्थन किया। इण्डोनेशिया पर जब हालैंड ने द्वितीय विश्व-युद्ध के बाद पुनः अपनी सत्ता स्थापित करने का प्रयास किया तो भारत ने इसका घोर विरोध किया। इसके लिए उसने एशियाई देशों का संगठित किया, संयुक्त राष्ट्रसंघ में इस मामले को पेश किया और अन्य कई तरह के उपायों का अवलम्बंन करके हालैंड को बाध्य किया कि वह फिर कभी इण्डोनेशिया पर अपना आधिपत्य जमाने का प्रयास न करे। इण्डोनेशिया की स्वतन्त्रता के लिए भारत ने जो प्रयास किए वे सचमुच स्तुत्य हैं। इसलिए इण्डोनेशिया वाले नेहरू को डॉ. सुकर्ण के बाद अपनी स्वतन्त्रता का दूसरा जनक मानते हैं।

1956 में इंग्लैंड और फ्रांस ने मिलकर मिस्र पर आक्रमण कर दिया। वे स्वेज नहर को हड़प लेना चाहते थे। भारत ने इस नवीन साम्राज्यवाद का घोर विरोध किया। इस अवसर पर मिस्र को भारत से जैसी सहायता मिली वैसी सहायता किसी अन्य देश से नहीं मिली। इसी प्रकार भारत ने लीबिया,

ट्यूनिसिया, मोरक्को, मलाया, अल्जीरिया आदि देशों के स्वतन्त्रता-संग्राम का पूरा समर्थन किया है। जब संयुक्त राज्य अमेरिका द्वारा क्यूबा पर आधिपत्य जमाने की चेष्टा की गई तो भारत ने उसका घोर विरोध किया। इतना ही नहीं, भारत संयुक्त राष्ट्रसंघ में उपनिवेशवाद के विरुद्ध बराबर आवाज उठाता रहा है। संरक्षण परिषद् की कार्यवाहियों में भारत सक्रिय भाग लेता रहा है। उसने संरक्षित (trust territories) के प्रशान के सम्बन्ध में संयुक्त राष्ट्रसंघ के पूर्ण नियन्त्रण और संरक्षण का समर्थन किया है। उसने इस बात पर भी जोर दिया है कि स्वशासन न करने वाले प्रदेशों का शासन चार्टर के सिद्धान्तों के अनुसार किया जाना चाहिए। इसमें कोई सन्देह नहीं कि साम्राज्यवाद को जड़ से हिलाने में भारत का बहुमूल्य योग रहा है।

आज भी संसार में कुछ ऐसे संकुचित प्रवृत्ति के लोग हैं जो रंग-भेद की नीति में विश्वास करते हैं। फलतः संसार के कुछ भागों में गोरी और काली प्रजातियों के बीच भयंकर भेदभाव बना रहता है। अमेरिका में नीग्रो लोगों को तंग किया जाता है। दक्षिण अफ्रीका से प्रजातीय विभेद अपनी चरम सीमा पर पहुँचा हुआ है। वहाँ की गोरी सरकार काले चमड़े वाले आदिवासियों और भारतीयों पर प्रजाति के आधार पर घोर अत्याचारी करती है। भारत इस नीति का जोरदार विरोध करता आ रहा है। संयुक्त राष्ट्रसंघ में भारत बराबर यह प्रश्न उठाता रहा है। इसको दुनिया के प्रगतिशील राष्ट्रों को समर्थन भी प्राप्त होता है। लेकिन दुर्भाग्यवश दक्षिण अफ्रीका की अन्यायपूर्ण समस्या का समाधान अभी तक नहीं हो सका है। भारत प्रजातीय विभेद का इतना घोर विरोधी है कि उसने दक्षिण अफ्रीका के साथ अपना कूटनीतिक सम्बन्ध भी विच्छेद कर लिया है।

एशियाई-अफ्रीकी देशों का संगठन

दिल्ली का एशियाई सम्मेलन–एशियाई देशों को संगठित करने में भारत की दिलचस्पी बहुत ही पुरानी है। स्वतन्त्रता संग्राम के समय से ही भारत इस ओर क्रियाशील था। जब भारत स्वतन्त्र भी नहीं हुआ था कि पंडित नेहरू के प्रोत्साहन से इण्डिया कौंसिल ऑफ वर्ल्ड अफेयर्स ने मार्च 1947 को दिल्ली में एक एशियाई सम्मेलन का आयोजन किया। यद्यपि यह सम्मेलन सरकारी स्तर पर नहीं बुलाया गया था, लेकिन इसमें एशिया के प्रायः सभी देशों के राष्ट्रवादी

नेता शामिल हुए थे और एशियाई देशों के बीच एकता कायम करने का यह प्रथम महान प्रयास था और इसमें भारत ने मुख्य पार्ट अदा किया। सम्मेलन ने उपनिवेशवाद और प्रजातीय विभेद का घोर विरोध किया। यद्यपि इस सम्मेलन से कोई विशेष व्यवहारिक लाभ नहीं हुआ, लेकिन जैसा कि नेहरू ने कहा था: "इस सम्मेलन के बारे में सबसे महत्त्वशील बात यह है कि इस प्रकार का एक सम्मेलन हो गया। सम्मेलन ने एक स्वर से यह विचार व्यक्त किया कि एशिया से उपनिवेशवाद का शीघ्रातिशीघ्र अन्त होना चाहिए, उसके अन्त का मार्ग प्रशस्त कर दिया।" इसके बाद से जब भी किसी साम्राज्यवादी देश ने एशिया के किसी देश पर उपनिवेशवाद लादने का प्रयास किया तो उसका विरोध केवल उसी देश में नहीं हुआ, वरन् सम्पूर्ण एशिया में हुआ। इंडोनेशिया पर डच साम्राज्य के साथ ऐसी ही बात हुई। जब दिसम्बर 1948 में हालैंड की सरकार ने इंडोनेशिया गणराज्य को पुनः अपना उपनिवेश बनाने का प्रयास किया तो एक दूसरा एशियाई सम्मेलन आवश्यक हो गया।

इंडोनेशिया पर डच आक्रमण से सारे एशिया में रोष और क्रोध का तूफान फूट पड़ा। बर्मा की सरकार ने पं. नेहरू से आग्रह किया कि वे तुरन्त एक एशियाई सम्मेलन बुलाने का प्रयास करें जिसमें डच आक्रमण पर विचार किया जाए। जनवरी 1949 में नई दिल्ली में इस तरह के एक सम्मेलन का आयोजन हुआ जिसमें एशिया के पन्द्रह राज्य तथा आस्ट्रेलिया और न्यूजीलैंड शामिल हुए। इस सम्मेलन में भारत ने महत्त्वपूर्ण भाग लिया और डच साम्राज्यवाद की पुर्नस्थापना को असम्भव बना दिया।

बांडुंग सम्मेलन–इंडोनेशिया की समस्या पर विचार करने वाला दिल्ली का एशियाई सम्मेलन एशिया के इतिहास में एक परिवर्तन-बिन्दु माना जा सकता है। इसकी सफलता ने इस बात को सिद्ध कर दिया कि यदि एशिया के राज्य एक दूसरे के साथ सहयोग करते रहे तो उनकी अधिकांश समस्याओं का समाधान हो सकता है। अतएव उसी समय में एक दूसरे सम्मेलन की आवश्यकता महसूस की जाने लगी। इसी समय जनवरी, 1954 में लंका के प्रधान मन्त्री सर जॉन कोटेलवाला भारत आए और उनके सुझाव पर बर्मा, लंका, भारत हिन्देशिया तथा पाकिस्तान के प्रधान मन्त्रियों का एक सम्मेलन 28 अप्रैल, 1954 को कोलम्बो में हुआ। यहाँ पर अनेक प्रश्नों पर विचार हुआ और यह तय किया गया कि एशिया और अफ्रीकी देशों का एक वृहत् सम्मेलन

बुलाने का आयोजन किया जाए। इस सम्मेलन के स्वरूप पर विचार करने के लिए इन पाँचों राष्ट्रों के प्रधान मन्त्रियों का एक और सम्मेलन 28 दिसम्बर, 1954 को बोगीर में हुआ। यहाँ इंडोनेशिया के नगर बांडुंग में इस सम्मेलन को बुलाने का निर्णय किया गया।

18 अप्रैल 1955 को बांडुंग सम्मेलन प्रारम्भ हुआ। सम्मेलन ने उपनिवेशवाद का विरोध किया। पंचशील के सिद्धान्तों को और अधिक विस्तृत किया गया। उसमें पाँच सिद्धान्तों के अनुरूप आचरण करने का वादा किया और इस प्रकार एक "बांडुंग के वातावरण" (Bandung Spirit) का आविर्भाव हुआ। बांडुंग सम्मेलन को आशातीत सफलता मिली। इसका मुख्य श्रेय भारतीय प्रतिनिधि नेहरू को दिया जा सकता है।

इस प्रकार स्वतन्त्र भारत ने एशियाई-अफ्रीकी देशों को संगठित करने का प्रयास किया ताकि एशिया-अफ्रीका से पश्चिम साम्राज्यवाद का अन्त हो तथा उनका आर्थिक विकास हो। एशियाई-अफ्रीकी देशों को संगठित करने के भारतीय प्रयास का एक और महत्त्वपूर्ण परिणाम निकला है कि संयुक्त राष्ट्रसंघ में एशियाई-अफ्रीकी देशों का एक गुट तैयार हो गया है जिसने संयुक्त राष्ट्रसंघ की साधारण सभा में अब कोई भी निर्णय इस गुट की उपेक्षा करके नहीं किया जा सकता है।

1960 से चीन भारत पर यह आरोप लगाता आ रहा है कि भारत अफ्रीकी-एशियाई संगठन में फूट पैदा करने की नीति का अवलम्बन कर रहा है। यह आरोप सरासर निराधार और गलत है। वास्तविक बात यह है कि चीन स्वयं अफ्रीकी-एशियाई संगठन के मंच को अपने प्रचार का प्रमुख स्थल बनाने का प्रयास करता आ रहा है और जब भारत इसका विरोध करता है तो चीन उसके विरुद्ध गलत आरोप लगाने लगता है। अफ्रीकी-एशियाई संगठन की भावना में भारत का अटूट विश्वास है और यह उसकी विदेश-नीति का एक प्रमुख तत्त्व है। इसीलिए भारत ने बांडुंग सम्मेलन के बाद अफ्रोएशियाई देशों के सभी सम्मेलनों में प्रमुख भाग लिया है।

बेलाग्राड और दारेस्सलाम सम्मेलन तथा भारत—1964 के काहिरा सम्मेलन के बाद से तटस्थ राज्यों का एक भी सम्मेलन नहीं हो सका था। अतः तटस्थतावाद को जीवित रखने के लिए तटस्थ राष्ट्रों के एक दूसरे सम्मेलन की तैयारी करना आवश्यक प्रतीत हुआ। जुलाई 1969 में पचास तटस्थ राष्ट्रों का

एक सम्मेलन बेलग्रेड में आयोजित हुआ जिसका मुख्य उद्देश्य तटस्थ राष्ट्रों के एक शिखर सम्मेलन की तैयारी करना था। इसमें हिस्सा लेने के लिए भारत की ओर से विदेश सचिव त्रिलोकीनाथ कौल को भेजा गया। बेलग्राड सम्मेलन में यह प्रश्न उठा कि किन-किन राज्यों को तटस्थ माना जाए। कुछ प्रतिनिधिमण्डलों ने निरपेक्ष राष्ट्रों की परिभाषा को बदलने का यत्न किया लेकिन भारत ने इसका विरोध किया। भारतीय प्रतिनिधि का कहना था कि गुट की निरपेक्षता के बुनियादी सिद्धान्तों में कोई भी परिवर्तन नहीं हुआ है जिससे कि निरपेक्षता का स्वरूप ही बदल दिया जाए। भारत ने निरपेक्षता की पहचान के लिए पाँच आधार सिद्धान्त सम्मेलन को भेजे।

बेलग्रेड सम्मेलन के बाद गुटनिरपेक्ष राज्यों का दूसरा सम्मेलन दारेस्सलाम में अप्रैल 1970 में हुआ जिसका उद्देश्य एक बृहत् शिखर सम्मेलन की तैयारी करना था। अनेक पेचीदे प्रश्नों पर विचार-विमर्श के बाद यह निश्चय किया कि गुट निरपेक्ष देशों का शिखर सम्मेलन जाँबिया की राजधानी लुसाका में हो।

लुसाका सम्मेलन में भारत की भूमिका–8 सितम्बर, 1970 को लुसाका सम्मेलन शुरू हुआ। इसमें भारत सहित 63 देशों ने भाग लिया। सम्मेलन में उपनिवेशवाद, प्रजातिवाद तथा गुटनिरपेक्ष देशों की आर्थिक समस्याओं पर कई दृष्टिकोणों से विचार किए गए। भारत सरकार शुरू में इस सम्मेलन को बुलाने के विरोध में रही। पहले तो उसने कई सालों तक टाल-मटोल की, फिर जब देखा कि अधिकांश गुटनिरपेक्ष देश यह चाहते हैं कि सम्मेलन हो तो भारत भी अनमने मन से राजी हुआ। जब अधिकांश देशों ने इस बात पर जोर दिया कि तीसरा शिखर सम्मेलन दिल्ली में हो तो भारत ने इंकार कर दिया। असल में गुट-निरपेक्षता के स्तम्भ तीन देश रहे हैंः भारत, यूगोस्लाविया और संयुक्त अरब गणराज्य। पहला शिखर सम्मेलन यूगोस्लाविया की राजधानी बेलग्रेड में हुआ था, दूसरा संयुक्त अरब गणराज्य की राजधानी काहिरा में। इसलिए तीसरा शिखर सम्मेलन भारत की राजधानी दिल्ली में होना चाहिए था और इस बात पर अनेक देशों की ओर से जोर दिया गया था लेकिन भारत की ओर से यह बात नहीं मानी गई। इसका कारण यह नहीं था कि दिल्ली में ऐसे बड़े अन्तर्राष्ट्रीय सम्मेलन की सुविधा नहीं थी, बल्कि इसलिए कि भारत सम्मेलन को ही टालना चाहता था। फिर भारत को यह भी तय था कि कहीं पाकिस्तान इसमें भाग लेने के लिए न आ टपके। पाकिस्तान को गुट निरपेक्ष सम्मेलन से

बाहर रखने के यत्न में भारत दारेस्सलाम बैठक में ही सफल हो गया था।

इन कारणों से लुसाका सम्मेलन में भारत की सम्भावित भूमिका की ओर सबों का ध्यान बहुत पहले से लगा हुआ था।

भारत और संयुक्त राष्ट्रसंघ

भारत संयुक्त राष्ट्रसंघ का सबसे बड़ा समर्थक है। नेहरू ने एक बार कहा था कि "हम संयुक्त राष्ट्रसंघ के बिना आधुनिक विश्व की कल्पना नहीं कर सकते।" इस अन्तर्राष्ट्रीय संगठन की स्थापना द्वितीय विश्व-युद्ध के बाद हुई थी। इसका मुख्य उद्देश्य विश्व-शान्ति की सुरक्षित रखना था। लेकिन जब संसार दो विरोधी गुटों में बँट गया तो दुनिया के कुछ प्रमुख देश संयुक्त राष्ट्रसंघ की उपेक्षा करने लगे। पर, भारत का कहना है कि हमें संयुक्त राष्ट्रसंघ का यथासम्भव उपयोग करना चाहिएः दुखी और सन्तप्त मानवता के परित्राण का यह एकमात्र साधन है। यदि इसकी उपेक्षा की गई तो संसार महाविनाश के गर्त में गिर जाएगा। भारत का कहना है कि राष्ट्रों को अपने पारस्परिक झगड़ों को संयुक्त राष्ट्रसंघ के जरिए तय करना चाहिए। इसलिए स्वयं भारत संघ के कार्यों में सक्रिय भाग लेता है। संयुक्त राष्ट्रसंघ में भारत हमेशा अपने उच्च कोटि के राजनेता को अपना प्रतिनिधि बनाकर भेजता है जो इसके वाद-विवादों में प्रमुख भाग लेता है। भारत एक बार सुरक्षा-परिषद् का सदस्य भी चुना जा चुका है। भारतीय प्रतिनधि श्रीमती विजयलक्ष्मी पंडित साधारण सभा का सभापतित्व कर चुकी हैं। संयुक्त राष्ट्रसंघ का शायद ही कोई ऐसा अधिवेशन रहा हो जिसमें भारत ने कुछ प्रस्ताव न रखे हों। संयुक्त राष्ट्रसंघ का समर्थन करने के लिए भारत ने जितना किया है उतना दुनिया के शायद ही किसी देश ने किया हो। उसको जब भी सेना की आवश्यकता पड़ी है, भारत ने दी है। शान्ति के रक्षार्थ, संयुक्त राष्ट्रसंघ के आदेश पर भारतीय सैनिक कोरिया, मिस्र, कांगो आदि देशों में भेजे गए थे।

भारत ने संयुक्त राष्ट्रसंघ को एक विश्व-व्यापक संस्था बनाने में भी महत्त्वपूर्ण योग दिया है। कोरिया-युद्ध के बाद संयुक्त राष्ट्रसंघ में नए राज्यों को संघ की सदस्यता प्रदान करने के प्रश्न पर गतिरोध पैदा हो गया था। सोवियत और अमरीकी गुट दोनों नए सदस्य बनाने का विरोध कर रहे थे। इस कारण संयुक्त राष्ट्रसंघ में नए स्वतन्त्र देशों का प्रवेश असम्भव हो गया था।

भारत ने इस गतिरोध को दूर करने का यत्न किया। नवम्बर 1955 में जब मार्शल बुल्गानिन और खुश्चेव भारत आए तो पंडित नेहरू ने उनसे इस समस्या पर बातचीत की और अन्त में यह तय हुआ कि अमेरिका सोवियत रूस द्वारा समर्थित देशों का विरोध न करे और इसी प्रकार सोवितय रूस भी पश्चिमी गुट द्वारा समर्थित देशों का विरोध नहीं करे। कोरिया और वियतनाम के संघ के सदस्यता का प्रश्न अभी छोड़ दिया जाए। इस समझौते के अनुसार 8 सितम्बर, 1955 को संघ की साधारण सभा द्वारा एक प्रस्ताव पास करके अठारह नए देशों को संघ का सदस्य बनाने की सिफारिश की। पर जब यह प्रश्न सुरक्षा-परिषद् में आया तो राष्ट्रवादी चीन ने वीटो का प्रयोग करके सारे समझौतों को ही रद्द करा दिया। इसके बाद सोवियत संघ ने भी वीटो का प्रयोग शुरू किया। फिर एक कठिन परिस्थिति उत्पन्न हो गई। इसके समाधान में भारतीय प्रतिनिध वी.के. कृष्णदेव ने बड़े-बड़े प्रयास किए और उनके परिश्रम के फलस्वरूप नए राज्यों की सदस्यता का प्रश्न बहुत कुछ हल हो गया। इस प्रकार भारत ने इस जटिल अन्तर्राष्ट्रीय समस्या को हल करने में अपना सहयोग दिया।

भारत संयुक्त राष्ट्रसंघ से सम्बद्ध संस्थाओं में भी प्रमुख भाग लेता आया है। अन्तर्राष्ट्रीय श्रम संघ तथा संयुक्त राष्ट्र आर्थिक, वैज्ञानिक एवं सांस्कृतिक संगठन के कार्यों में उसकी विशेष रूचि रही है। इस प्रकार भारत संयुक्त राष्ट्रसंघ का प्रबल समर्थक है। यह भारतीय विदेश-नीति का महत्त्वपूर्ण पहलू है।

पिछले वर्षों में भारत के प्रतिनिधियों ने संयुक्त राष्ट्रसंघ की विभिन्न शाखाओं तथा उसकी विभिन्न आयोगों एवं विशेष समितियों में उत्साहपूर्वक भाग लेकर अच्छी ख्याति प्राप्त की है। इसके अतिरिक्त अन्तर्राष्ट्रीय न्यायालय में वी.एन. राव ने न्यायाधीश के पद पर काम किया था। डॉ. राधाकृष्णन यूनेस्को के सर्वोच्च पद पर रह चुके हैं। अन्तर्राष्ट्रीय संगठनों में भारत का यह सम्मान भारतीय विदेश-नीति की सफलता का द्योतक है।

संयुक्त राष्ट्रसंघ में भारत का अटूट विश्वास है और उसकी यह नीति है कि दुनिया के अन्तर्राष्ट्रीय विवादों को सुलझाने में इस विश्व-संस्था का अधिकाधिक प्रयोग किया जाए। संयुक्त राष्ट्रसंघ के प्रति भारत के अटूट विश्वास का प्रबल प्रमाण भारत-पाकिस्तान युद्ध के समय सुरक्षा-परिषद् के

युद्ध-विराम प्रस्तावों का भारत द्वारा तत्काल स्वीकृति है। इस काल में एक महीने के अन्दर सुरक्षा-परिषद् की तीन बैठकें हुईं और प्रस्ताव पास हुए। भारत ने इन सभी प्रस्तावों को तुरन्त मान लिया। जहाँ पाकिस्तान ने इन प्रस्तावों को मानने में आनाकानी की वहाँ भारत युद्ध में विजयी होते हुए भी सुरक्षा-परिषद् के आदेशों को सहर्ष स्वीकार करने में जरा भी संकोच का प्रदर्शन नहीं किया।

इस तरह भारत ने शुरू से ही संयुक्त राष्ट्रसंघ का पूरा समर्थन किया है। इसी कारण 1966 के अन्त में दुबारा सुरक्षा-परिषद् का अस्थाई सदस्य चुना गया। विश्व राजनीति के क्षेत्र में यह उसकी एक महान् उपलब्धि मानी जाएगी। इस चुनाव के फलस्वरूप 1 जनवरी, 1967 को भारत ने सुरक्षा-परिषद् में अपना स्थान लिया। 1968 के फरवरी अप्रैल में भारत में नई दिल्ली में 'अंकटाड' (unctad) के द्वितीय सम्मेलन को बुलाकर भी संघ के प्रति अपनी निष्ठा का प्रदर्शन किया।

श्रीलंका

1. श्रीलंका :
ऐतिहासिक, भौगोलिक तथा आर्थिक संदर्भ

ऐतिहासिक संदर्भ

भारत की दक्षिणी सीमा से लगभग 20 मील की निकटतम दूरी पर बसा हुआ द्वीप श्रीलंका प्रकृति की सौंदर्य स्थली है। यह द्वीप तमिलनाडु प्रांत के रामनाथपुरम जनपद के सुप्रसिद्ध हिंदू तीर्थस्थल रामेश्वरम् से समुद्री मार्ग द्वारा जुड़ा हुआ है। पूर्व में सगमनकंदे से पश्चिम में कोलंबो तक यह देश 140 मील चौड़ा तथा उत्तर में प्वाइंटपीड्रो से दक्षिण में केंद्र तक 270 मील लंबा है। द्वीप का संपूर्ण क्षेत्रफल लगभग 25,481 वर्गमील है। लगभग डेढ़ करोड़ की जनसंख्या वाले भूभाग का पिदुरतलागल नामक उच्चतम पर्वतीय शिखर 8,281 फुट ऊंचा है। यह देश प्राचीन काल में तंवपण्णी सिंहल, टेप्रोबन, सेरेहिंद, ईलम, ईलमंडलमू, पारसमुद्र आदि विविध नामों से जाना जाता है।

श्रीलंका भारतवर्ष के दक्षिण में स्थित एक विशाल देश है। इस उपमहाद्वीप से समुद्र द्वारा विलग होने के कारण यह अपना पृथक एवं स्वतंत्र विकास करने में बहुत कुछ समर्थ रहा है। ऐसे अवसर विरलतः ही आए हैं जब लंकावासियों को इस उपमहाद्वीप के साम्राज्यवाद का शिकार होना पड़ा हो। लेकिन सांस्कृतिक क्षेत्र में यह द्वीप इस उपमहाद्वीप से उतना विलग नहीं रह सका। विशेषतः प्रायद्वीपीय भारत में उत्पन्न होने वाली धार्मिक एवं सांस्कृतिक धाराएं समुद्र की उत्ताल तरंगों को पार करके भी श्रीलंका पहुंचने में समर्थ हो जाती

थी। जैसाकि ह्वीलर ने अन्य संदर्भ में कहा है, 'विचारों के पंख होते है।' जब हिंदू और बौद्ध धार्मिक विचारों का प्रसार दूरस्थ द्वीपांतर भारत (ईस्ट इंडीज) तथा अन्य एशियाई देशों में हो सकता था तो भारत का निकटतम पड़ोसी श्रीलंका उनसे कैसे मुक्त रह सकता था?

लेकिन दुर्भाग्य का विषय है कि आधुनिक काल में अपनी बौद्धिक अवनति के क्षणों में हम अपने पड़ोसी देशों के साथ अपनी सांस्कृतिक घनिष्ठता को सबल करने वाले घटकों के अध्ययन की उपेक्षा करते रहे हैं। हिंदू और बौद्ध धर्म मात्र भारत की बपौती नहीं है—श्रीलंका, बर्मा, द्वीपांतर भारतीय प्रदेशों तथा एशिया के अन्य देशों पर भी उनका समान अधिकार है, उसी तरह जैसे ईसाई धर्म और इस्लाम पर किसी एक देश का नहीं उन सभी देशों का अधिकार हैं जिनके नागरिक इन धर्मों को मानते हैं। धर्म निरपेक्षता के महान आदर्श का भी जिसे हम राष्ट्रीय स्तर पर स्वीकार करते हैं, सही अर्थ सर्वधर्मसमभाव है न कि धर्म की उपेक्षा। लेकिन धर्मनिरपेक्षता को धर्म की उपेक्षा या धर्म विहीनता मानने की भूल करने के कारण हम हिंदू और बौद्ध धर्म आदि के विकास और प्रसार को जो हमारे और हमारे पड़ोसी देशों के बीच मित्रता की सबल कड़ी बन सकते हैं, अपनी राष्ट्रीय अध्ययन-योजना में वह स्थान नहीं दे पाते हैं जो इन्हें मिलना चाहिए। हमें याद रखना चाहिए कि भारतीय देशों में रहने वाले हिंदुओं और बौद्धों को अपने हिंदू और बौद्ध होने पर उतना ही गर्व है जितना भारतवर्ष के हिंदुओं और बौद्धों को। वे धर्म के क्षेत्र में भारत को अपना प्रेरणा स्त्रोत मानते हैं।

भौगोलिक पृष्ठभूमि

हिंद महासागर की उत्ताल तरंगों से आवेष्टित तथा अतुल प्राकृतिक संपदा से समन्वित नाशपाती के आकार का द्वीप श्रीलंका भारत के दक्षिण में स्थित है। इसकी स्थिति 5°55' और 9°51' उत्तरी अक्षांश तथा 79°42' एवं 81°52' पूर्वी देशांतर के मध्य है। पाक जलडमरूमध्य तथा मन्नार की खाड़ी भारत को श्रीलंका से पृथक करते हैं। भारत से सामुद्रिक मार्ग द्वारा द्वीप की निकटतम दूरी 20 मील है। उत्तर में प्वाइंट पीड्रो से दक्षिण के दींद्र स्थल तक की अधिकतम दूरी 270 मील एवं पूर्व में सगमनकंदे से पश्चिम में कोलंबों तक की अधिकतम चौड़ाई 140 मील है। द्वीप का क्षेत्रफल 25481 वर्गमील है जो

कर्नाटक प्रांत के क्षेत्रफल से थोड़ा कम है।

सुविधा की दृष्टि से श्रीलंका द्वीप के जो सिंहल भी कहलाता है, दो भाग किए जा सकते हैं :–

1. दक्षिण-मध्य का पहाड़ी भू-भाग तथा
2. मैदानी भू-भाग।

पर्वतीय क्षेत्र के अंतर्गत उच्चतम पर्वत श्रृंखला पिदुरतलागल 8292 फुट ऊंची है। इसके अतिरिक्त 7857 फुट ऊंची किरिगलपोत्त 7360 फुट ऊंची एडम्स पीक (समंतकुट) तथा 6679 फुट ऊंची नमुनुकुल पहाड़ी है। प्राकृतिक सौंदर्य सकी दृष्टि से यह क्षेत्र लंका में सुंदरतम माना जा सकता है। प्राकृतिक जलस्त्रोतों चाय के बागानों एवं राज्य द्वारा संरक्षित पुष्पोद्यानों (विशेषकर हग्गल गार्डन) ने इसकी शोभा में पर्याप्त वृद्धि की है। इन पर्वतमालाओं से अनेक नदियां निकली हैं। बड़ी नदियों में पांच प्रमुख हैं–206 मील लंबी महावेलि-गंगा, 104 मील लंबी अरूवि-अरू, 97 मील लंबी कल-ओया, 94 मील लंबी यन-ओया तथा 87 मील तक प्रवाहित होने वाली केलानी-गंगा। इस प्रकार श्रीलंका की सबसे बड़ी सरिता महावेलि-गंगा है जो कैंडी नगर से 30 मील दक्षिण की ओर स्थित पहाड़ी से चलती हुई कैंडी से होकर त्रिन्कोमली के दक्षिण में समुद्र में मिलती है। महावेलि-गंगा की घाटी का दक्षिणी पहाड़ी प्रदेश समुद्र तल से 1000 फुट से 2000 फुट तक ऊंचा है। महावेलि-गंगा की ऊपरी पहाड़ी पर अधिकतम वर्षा 140 इंच से 200 इंच तक होती है जबकि संपूर्ण पर्वतीय क्षेत्र में वार्षिक वर्षा का औसत 80 से 125 इंच के बीच है। उवा के पर्वत तथा पूर्वी क्षेत्र के पर्वतो पर 65 से 100 इंच तक वर्षा होती है। प्रथम शताब्दी ई. पू. के अंतिम भाग में महावेलि-गंगा की निचली घाटी के अंतर्गत तेलडेणि, कैंडी, और गंपोला में तथा बादुल्ल के उत्तर-पश्चिम की छोटी पहाड़ियों एवं माताालि की पहाड़ियों के उत्तरी एवं पश्चिमी उतार (स्लोप) पर बस्तियां बसी थी। 1000 फुट से 2000 फुट की ऊंचाई पर बसी इन प्राचीन बस्तियों के विषय में बौद्ध विहारों में शिलाओं पर उत्कीर्ण लेखों से सूचना मिलती है। इन लेखों के प्राप्ति स्थलो से उस काल के नीचे से पर्वतों पर जाने वाले मार्गों के विषय में सूचनाएं प्राप्त होती है। 2500 फुट से ऊपर का पर्वतीय क्षेत्र दसवी शताब्दी ई. तक अधिक बसा हुआ नहीं था। संभवतः पर्वतीय क्षेत्रों में अधिक ऊंचाई पर लोगों के आवास तेरहवी शती ई. के उपरांत

बने होंगे। पर्वतीय आवासों के इससे प्राचीनतर उल्लेख उपलब्ध नहीं है। अध्ययन की सुविधा की दृष्टि से श्रीलंका के पर्वतीय क्षेत्र को कुछ छोटे-छोटे उपविभागों में विभाजित किया जा सकता है। इनमें समंतकूट की पहाड़ियों पर सर्वाधिक वर्षा होती है। यहां चाय के बागान भी हैं तथा धार्मिक दृष्टि से हिंदू तथा बौद्ध धर्म बड़ी संख्या में अपनी श्रद्धा अर्पित करने आते हैं। हट्टन के पठार पर समंतकुट की अपेक्षा वर्षा कम 150 इंच होती है। यह क्षेत्र चाय उत्पादन के लिए बड़ा उर्वर है। उवा क्षेत्र का प्रमुख नगर बादुल्ल है। यह क्षेत्र चारों ओर पहाड़ियों से घिरा है। यहां वर्षा अपेक्षाकृत कम होती है। पर्वतीय क्षेत्र में पिदुरू की पहाड़ियां सर्वाधिक महत्व रखती है। यहां का तापमान अपेक्षतया कम रहता है। 6200 फुट ऊंची नुवरएलिय की पर्वत श्रृंखलाएं अत्यंत सुंदर हैं। सामान्यतया यहां का तापमान 60 डिग्री फॉरनहाइट रहता है। विविध फलों एवं मसालों के लिए उर्वरता यहां की भूमि की विशेषता है। इसी प्रकार माताले की घाटी में चाय, रबर, एवं धान की खेती होती है। द्वीप का सबरगमुव पर्वतीय भाग घने जंगलों के लिए प्रसिद्ध है। यहां जंगली हाथी बहुतायत से मिलते हैं। इसी क्षेत्र के अंतर्गत रत्नपुर स्थित है जो बहुमूल्य रत्नों के लिए प्रसिद्ध है। श्रीलंका की पर्वतमालाएं द्वीप को प्राकृतिक तथा आर्थिक दोनों दृष्टियों से संपन्न बनाती हैं। धार्मिक दृष्टि से समंतकुट तथा नुवरएलिय के निकट सीताएलिय महत्वपूर्ण है। समंतकुट के देवता का विस्तृत विवरण आगे इतर देवी-देवताओं के अंतर्गत प्रस्तुत किया गया है। किंवदंतियों के अनुसार सीताएलिय वह स्थान था जहां रावण ने सीता को लाकर रखा था।

यहां यह उल्लेखनीय है कि अनेक विद्वानों के अनुसार रामायण में वर्णित लंका की पहिचान वर्तमान श्रीलंका से किया जाना संदेहास्पद है। सीताएलिय के अतिरिक्त बडरवेल जिले के अंतर्गत पर्वतीय क्षेत्र में एक स्थान रावणएल्लगुहा के नाम से जाना जाता है। कहा जाता है कि रावणएल्लगुहा से सीताएलिय तक जाने के लिए मार्ग बना था। उत्खनन से प्राप्त तथ्यों से विदित होता है कि इस गुहा में कभी पाषाणयुगीन संस्कृति से संबंधित जातियां रहती थी। निश्चित रूप से इन स्थलों को रामायण में वर्णित स्थलों से विभिन्न नहीं माना जा सकता। वृक्षों, जलस्त्रोतों, पर्वतमालाओं तथा अन्य प्राकृतिक दृश्यों की दृष्टि से निश्चय ही वह क्षेत्र मनोरम है।

श्रीलंका के मैदानी भू-भाग को तीन भागों में विभाजित किया जा सकता

है:–

1. दक्षिण-पश्चिम का मैदान,
2. दक्षिण-पूर्व का मैदान तथा
3. उत्तरी मैदान

मैदानी भाग का तापमान सामान्यतया 80 डिग्री फॉरनहाइट के मध्य रहता है। इन भागों को वर्षा के आधार पर नम तथा सूखे प्रदेशों में भी विभक्त किया जा सकता है। द्वीप का पश्चिमी, दक्षिण-पश्चिमी और दक्षिणी क्षेत्र नम है। इसमें मुख्य रूप से चिला, कोलंबो, कलुतर, गाल, मातर, कागल्ल और रत्नपुर जिले आते हैं। दक्षिण-पश्चिमी तथा उत्तर-पूर्वी मानसून से इस क्षेत्र में वर्षा आती है। इस क्षेत्र की औसत वार्षिक वर्षा 85 से 125 है। रत्नपुर, कलुतर तथा कागल्ल और गाल जनपदों के कुछ भागों एवं कलाणी गंगा की निचली घाटी में 130 से 200 इंच तक वर्षा होती है। यहां नदियां चौड़ी गहरी तथा जल से सतत रूप से परिपूर्ण रहने वाली हैं। किसी भी ऋतु में सिंचाई के लिए जल के संचय की आवश्यकता नहीं रहती। उल्टे प्रायः बाढ़ आती रहती है।

कभी-कभी सूखा पड़ता हैं, किंतु आर्थिक दृष्टि से विशेष हानि नहीं पहुंचाता क्योंकि उस समय गहरी नदियों में विद्यमान जल प्रयोग में लाया जा सकता है। इस क्षेत्र की भूमि अत्यंत उर्वर है और चावल की उपज के लिए प्रसिद्ध है। यहां वर्ष में प्रायः दो फसलें मिल जाती हैं। समुद्रतट की निकटवर्ती भूमि समतल है। चिला, कोलंबो तथा कागल्ल जनपद ईसा पूर्व की शताब्दियों से ही लोगों के आवास-स्थल थे।

अनेक अभिलेखों से इस तथ्य की पुष्टि होती है। दक्षिण पश्चिम के कुछ क्षेत्रों (कलु-गंगा से निवलागंगा तक) तथ रत्नपुर जनपद में दसवीं शताब्दी ई. से पूर्व के अभिलेख अप्राप्य हैं। कलुतर जनपद के पसरदन कोरले का क्षेत्र बारहवीं शती ई. तक दलदल से परिपूर्ण था। अभिलेखीय वृत्तांत क अनुसार सम्राट प्रथम पराक्रमबाहु ने इस क्षेत्र का जोणोंद्धार कराकर निवास के योग्य कराया था।

मैदानी सूखे प्रदेश के अंतर्गत द्वीप का लगभग 70 प्रतिशत भू-भाग सम्मिलित है। इसमें पुतलम, मन्नार, जफना, बावुनिया, अनुराधपुर, पोलोन्नरूवा, कुरूणागल, त्रिन्कोमली, बैट्टीकलोअ, मोनरागल, हम्बनतोटा जनपद तथा माताले

जनपद का उत्तरी तथा पूर्वी क्षेत्र सम्मिलित हैं[5] इस क्षेत्र में केवल उत्तर-पूर्वी मानसून से अक्टूबर से अप्रैल मास तक वर्षा होती है। मई से सिंतबर तक यह क्षेत्र सूखा रहता है। इसी कारण इसे सूखा प्रदेश कहा जाता है। उत्तर-पश्चिम के मन्नार जनपद तथा दक्षिण-पूर्व के हम्बनतोटा जनपदों में औसत वार्षिक वर्षा 35 इंच से 45 इंच तक होती है जबकि समस्त सूखे प्रदेशकी वर्षा का वार्षिक औसत 50 से 75 इंच है। श्रीलंका के क्षेत्रीय विभेदों में वर्षा महत्वपूर्ण भूमिका रखती है। इससे भूमि की उपजाऊ शक्ति में अंतर आता है। सूखे के समय कृषि तथा घरेलू उपयोग के लिए जल की व्यवस्था करना इस क्षेत्र की एक बड़ी समस्या है। यहां के सिंहली लोगों ने प्राचीन काल में भूमि के असमतल होने का लाभ उठाया, ऊंचाई पर बांध बनाकर नदियों के जल को बांध लिया तथा इन बांधों को निम्न धरातल पर बने हुए बांधों से संबंधित कर दिया। उन्होंने इन जलाशयों एवं बांधों से अनेक नहरें निकाली तथा इस क्षेत्र की सिंचाई की दृष्टि से विशेष उपयोगी बना दिया। प्राचीन सिंहनी वास्तुविदों के इस कार्य की सराहना विश्व के वर्तमान वास्तुविद् भी करते हैं। द्वितीय शती ई. पू. के आरंभ से संपूर्ण सूखे प्रदेश में बस्तियां बसने लगी थी। उत्तर मध्य क्षेत्र में अपेक्षाकृत अधिक आवासीय व्यवस्था रही।

श्रीलंका के तीन क्षेत्रीय भाग सामूहिक रूप से तिसौहल (त्रिसिंहल) कहलाते हैं।

1. राजरट्ठ,
2. रोहण देश (रहुण दनविय या रोहण मंडल) तथा
3. मलय देश (मलय मंडल)।

राजरट्ठ चार हिस्सों में बंटा हुआ था जिनमें दक्खिणदेश (दक्षिण देश या दक्खिणपस्स) का विशेष महत्व था। बारहवीं शती ई. के अंत में राजरट्ठ का नाम बदलकर पतिट्ठारट्ठ हो गया। इस काल में दक्षिणदेश तथा रोहण को महावेलिगां पृथक करती थी तथा दोनों के लिए सुरक्षात्मक उपादान थी।

श्रीलंका के दक्षिण पूर्व का भाग रोहण देश पराजित सम्राटों, राजकुमारों और आकस्मिक आक्रमणों से त्रस्त जनों के लिए शरणस्थली का काम करता था। राजरट्ठ की अपेक्षा यह क्षेत्र कम उपजाऊ था। सिंचाई के साधनों की दृष्टि से भी यह काफी पिछड़ा हुआ था। इसके अंतर्गत महावेलि-गंगा का पूर्वी भाग तथा वैहीकलोअ, मोनरागल, हम्बनतोटा, मातर एवं गाल जनपद सम्मिलित

थे। इसकी राजधानी महागाम वर्तमान तिस्समहाराम थी। यातायात संबंधी कठिनाइयों के कारण राजरट्ठ से रोहण पर विजय प्राप्त करना कठिन था। ग्याहरवीं शताब्दी ई. में श्रीलंका पर चोल आधिपत्य के समय रोहण पर अधिकार करने के लिए गंभीर प्रयत्न नहीं किए गए। इस क्षेत्रर में समय-समय पर शत्रुओं को दंडित करने हेतु आकस्मिक आक्रमण किए गए। जब-जब द्वीप पर विदेशी आक्रमण हुए तब-तब यह प्रायः स्वतंत्रता प्राप्ति के प्रयत्नों का केंद्र बना।

मलयदेश के अंतर्गत द्वीप का पर्वतीय क्षेत्र आता था। छठी शताब्दी ई. से सामान्यतया छोटे राजकुमार मलयराज के नाम से इस क्षेत्र पर शासन करते थे। रत्नों तथा भोज्य पदार्थों की दृष्टि से यह महत्वपूर्ण अंचल था। श्रीलंका के ये तीन प्रमुख क्षेत्र प्रांतों जनपद तथा उप-जनपदों में विभक्त थे। प्रांतों के प्रशासक पस-लडु तथा जनपदों के प्रमुख रट-लडु कहलाते थे। प्रांतों के लिए सिंहल मेंपस्स या पस, दनविय और मंडल आदि शब्दों का प्रयोग किया जाता था। जिलों या जनपदों के लिए रट्ठ, रट और वग्ग शब्द प्रयुक्त होते थे। जिलों के उपविभागों के लिए कण्णिका, बिजक, राजी, रजिय आदि शब्दों का प्रयोग किया जाता था। वस्तुतः विभिन्न युगों के इनके नाम परिवर्तित होते रहते हैं। रोहण के प्रशासक राजकुमारों की एक उपाधि रोहणिका थी। इसी प्रकार मंत्री प्रशासक रोहण-बोजिल कहलाते थे। ग्राम का मुखिया गामिक कहलाता था।

श्रीलंका में अत्यंत प्राचीन काल से वैलगाड़ियों का प्रयोग होता था। अश्वों द्वारा खींचे जाने वाले रथ प्रायः युद्धों में व्यवद्रत होते थे। भारी सामानों को एक स्थान से दूसरे स्थानद तक ले जाने के लिए हाथियों का प्रयोग किया जाता था। यातायात के लिए सड़कों पुलों, इत्यादि के निर्माण के उल्लेख प्राचीनकाल से मिलते हैं। सामान्यतया पुल काष्ठनिर्मित होते थे निमित पुलों के अवशेष मिलते हैं। सामान्यतया पुल काष्ठनिर्मित होते थे जो अब नष्ट हो चुके हैं। इस संदर्भ में बाहरवीं शती ई. में निर्मित एक पुल के निर्माण का उल्लेख उदाहरणीय है। कलाजोय नदी पर गिरिबा के उत्तर में पराक्रमबाहु के सेनापति देव के सम्राट के आदेश पर एक लंबे, ठोस तथा सुंदर 20 क्युबिट (30 फुट) चौड़े पुल का निर्माण करना था। लोहे के समान, कीली तथा काठ की धन्नियों से युक्त इस पुल से होकर हाथी, घोड़ों तथा रथों के समूह चल सकते थे। श्रीलंका के मुख्य बड़े मार्ग महामग्ग, साधारण सड़के मग्ग या

मग्गानुमग्ग, गलियां बीथि तथा पदपथ एकपदिकमग्ग कहलाते थे। बारहवी शती ई. में सम्राट निस्संकमल्ल ने मार्गों में दूरी निर्देशक पत्थर लगवाए थे तथा विश्रामगृहों का निर्माण कराया था।

प्राचीनकाल के श्रीलंका के मुख्य मार्ग निम्न थे :–

1. कंकेसंतुरइ के निकट जंबुकोल से अनुराधपुर तक।

2. महातित्व से अनुराधपुर तक यह मार्ग व्यापारिक दृष्टि से विशेष महत्व रखता था। समुद्र तट पर आने वाले विदेशी आक्रांताओं के लिए प्राचीन राजधानी पर आक्रमण करने में इस मार्ग की विशिष्ट भूमिका थी।

3. राजरट्ठ और रोहण की राजधानियों को जोड़ने वाला मार्ग। यह अनुराधपुर से महागाम तक महगमंतोट्ट, महियंगण ओर बुत्तल होते हुए जाता था।

4. महागाम से दीघवापी तक।

5. अनुराधपुर से उरूवेला तक।

6. पूर्व में संसद तटवर्ती मुख्य मार्ग जो छगाम होकर जाता था।

7. राजरट्ठ से समंतकूट तक जाने वाला मार्ग। यह धार्मिक दृष्टि से विशेष महत्व रखता था। सम्राट प्रथम विजयबाहु ने अपने प्रशासन काल में इस मार्ग पर विशेष ध्यान दिया था।

इन मुख्य मार्गों के अतिरिक्त द्वीप में अन्य मार्ग भी थे। चीनी यात्री फाह्यान के वर्णन के अनुसार अनुराधपुर की मुख्य सड़कें तथा गलियां समतल एवं भली-भांति संरक्षित थी। राजधानी का मुख्य मार्ग मन्गुलमह-वेय था जो दुर्ग के उत्तर एवं दक्षिण द्वारों से होकर जाता था। पराक्रमबाहु ने अपने समय में नहरों और जलाशयों का जाल बिछा दिया था। उसने घोषणा की थी कि वर्षा से प्राप्त जल का निम्नतम अंश भी समुद्र में तब तक विलीन नहीं होने दिया जाता। जब तक वह मनुष्य के हित में प्रयोग में न आ सके। सिंचन-व्यवस्था हेतु निर्मित बांध तथा नहरों के किनारे चलने के लिए पद-पथ की व्यवस्था रही होगी। श्रीलंका की भौगोलिक पृष्ठभूमि में वहां के विभिन्न भू-भागों, सरिताओं वार्षिक वर्षा, औसत तापमान, पैदा होने वाले भोज्य पदार्थ तथा मानवीय प्रयासों द्वारा निर्मित विविध उपादान इस तथ्य का संकेत करते हैं कि यह लघु द्वीप अपनी मौलिक विशेषताओं से संपन्न रहा है। विविध युगों में व्यापार की दृष्टि से आने वाले व्यवसायियों, ज्ञान की पिपासा की तृप्ति हेतु आने वाले

विद्वानों तथा विभिन्न साहसी यात्रियों ने इस द्वीप के विषय में विविध रूपों में अपनी स्मृतियां छोड़ी हैं। इसके अतिरिक्त अनेक साहित्यिक विवरणों में श्रीलंका की भौगोलिक छटा का वर्णन मिलता है।

श्रीलंका के ऐतिहासिक विवरणों के अनुसार गौतम बुद्ध के समय यह देश 'लंकादीप' के नाम से अभिहित किया जाता था। तीन पूर्व बुद्धों के समय इसके नाम 'ओजदीप', 'वरदीप' एवं 'मंडदीप' मिलते हैं। महावंश में तांबपण्णी का उल्लेख मिलता है। इस नाम से संपूर्ण द्वीप के बोध होने की पुष्टि अन्य विवरणों से होती है। सिंह से संबंधित होने के कारण राजकुमार विजय एवं उसके अन्य सभी साथी सीहल कहलाते थे। इसी के आधार पर श्रीलंका का नाम 'सीहलदीप' सिंहल द्वीप पड़ा।

प्राचीन भारतीय साहित्य के अंतर्गत श्रीलंका का उल्लेख कौटिल्य के अर्थशास्त्र में मिलता है। इसमें श्रीलंका के लिए 'पारसमुद्र' शब्द का प्रयोग किया गया है। सिकंदर के यूनानी नौसेनाध्यक्ष नियार्कस तथा आनिसिक्राइटस ने श्रीलंका के लिए टेप्रोबेन नाम का प्रयोग किया थाा। सीरिया के सम्राट सिल्युकस के राजदूत मगस्थनीज ने भी इस द्वीप के लिए टेप्रोबेन शब्द का प्रयोग किया था। मेगस्थनीज के विवरण के अनुसार टेप्रोबेन को भारत से एक नदी विभक्त करती थी। रसनयगम के अनुसार भारत और श्रीलंका के बीच का सामुद्रिक क्षेत्र इतना कम था कि उसे नदी की संज्ञा दे दी गई है। मेगस्थनीज के ही अनुसार श्रीलंका टेप्रोबेन से हाथी नावों द्वारा भारत भेजे जाते थे।

मेगस्थनीज के वर्णन के आधार पर एलियन ने जो तथ्य प्रस्तुत किए हैं उनमें इन नावों के विशिष्ट काष्ट से निर्मित होने की सूचना मिलती है। टेप्रोबेन तथा कलिंग के मध्य घनिष्ठ व्यापारिक संबंध थे। हाथियों का काष्ठ निर्मित नौका पर ले जाया जाना विशेष महत्वपूर्ण तथ्य है। भूगोलवेता डियोनिसिअस (डायोनिसस) के अनुसार टेप्रोबेन हाथियों की नस्ल के लिए प्रसिद्ध था। इरैटोस्थेनीन्स ने लिखा है कि यह देश सवर्ण की शुद्धता तथा बड़े आकार के मोतियों के लिए प्रसिद्ध था। संभवतः प्रथम शती ई. के अंत तक यूनान एवं रोम के साथ श्रीलंका का सीधा एवं सतत आवागमन नहीं था। पश्चिमी व्यापारियों को श्रीलंका की वस्तुओं का ज्ञान था। वे दक्षिण भारतीय समुद्रतटों से ये वस्तुएं प्राप्त कर लेते थे। प्रथम शती ई. के रोमक विद्वान प्लिनी ने श्रीलंका के संबंध में अपनी जानकारी प्रस्तुत की है। उसका श्रीलंका विषयक

ज्ञान मुख्य रूप से सिंहली दूतों के वर्णन पर आधारित था। रोम के सम्राट क्लाडिअस सीजर (41-45) ई. के समय एन्निअस प्लोकेमस नाम का एक व्यक्ति विपरीत आयु के कारण अरब से पंद्रह दिनों तक जहाज से चलते रहने के बाद टेप्रोबेन के हिप्परस नामक स्थान पर पहुंचा। टेप्रोबेन के तत्कालीन राजा ने उसकी पूरी आवभगत की। उसकी राजधानी पलइसिमुंदस में वह 6 मास तक रहा। इसके बाद चार सिंहली दूतों के साथ वह अपने देश रोम लौटा। इनमें रेचिअस नाम का एक दूत भी था। सम्राट क्लाडिअस के पास इन दूतों को सिंहली राजा ने रोम के साथ सीधे व्यापारिक संबंधों की स्थापना हेतु भेजा था। प्लिनी के अनुसार सिंहल द्वीप में 500 कस्बे थे तथा इसकी राजधानी पलइसिमुंदस थी। द्वीप की जनसंख्या दो लाख थी तथा कन्याकुमारी से श्रीलंका तक जहाज से पहुंचने में 4 दिन लगते थे। रोम के इस विद्वान के वर्णन में श्रीलंका के बहुमूल्य रत्नों तथा इस द्वीप और चीन के बीच होने वाले व्यापारिक संबंधों का उल्लेख मिलता है।

प्रथम शती ई. के 'पेरिप्लस ऑफ द इरिथ्रियन सी' ग्रंथ में टेप्रोबेन में पाए जाने वाले मोतियों, पारदर्शक प्रस्तरों एंव महीन सूती वस्त्रों का उल्लेख हुआ है। इस ग्रंथ के अनुसार भारत के समुद्रतट से द्वीप के उत्तरी तट तक पहुंचने में एक दिन लगता था।

द्वितीय शताब्दी ई. के सुप्रसिद्ध भूगोलवेत्ता टॉलेमी (90-168) के वर्णन से श्रीलंका के विषय में अनेक महत्वपूर्ण तथ्य ज्ञात होते हैं।इस यूनानी विद्वान ने भारत और श्रीलंका की भौगोलिक स्थिति के विषय में अपने विचार प्रस्तुत किए हैं। उसके इस वर्णन में कुछ अशुद्धियां भी देखने को मिलती है, जैसे श्रीलंका के आकार को वह इसके मूल आकार से बहुत बड़ा बताता है। उसके अनुसार द्वीप के निवासी इसे सलाइक कहते थे। पूर्वकाल में यह सिम्पुंदु नाम से जाना जाता था किंतु यूनानवासी इसे टेप्रोबेन नाम से जानते थे। टॉलेमी के वर्णन में द्वीप के पर्वतों एवं नदियों का उल्लेख मिलता है। उसने श्रीलंका के समीपवर्ती द्वीपों की एक सूची भी प्रस्तुत की है उसके अनुसार चावल, शहद, अदरक, बहुमूल्य रत्न, सोना, चांदी अन्य धातुएं चीते तथा हाथी श्रीलंका में पाए जाते थे।

श्रीलंका को अरब के निवासी सेरेन्दिव के नाम से संबोधित करते थे। चौथी शती ई. में पश्चिमी देशों में यह नाम काफी प्रचलित था। 361 ई. में

सेरेन्दिव (श्रीलंका) से एक दूतमंडल रोम के सम्राट जूलियन के दरबार में गया था। प्रथम तथा द्वितीय शताब्दी ई. में श्रीलंका नरेश से उपहार की वस्तुएं लेकर दूतमंडल चीन जाया करते थे। चौथी शताब्दी ई. में दोनों देशों के दौत्य संबंधों में पर्याप्त वृद्धि हुई। पांचवी शती ई. में चीनी यात्री फाह्यान धर्मलाभ व ज्ञान की साधना हेतु भारत आया। भारत से चीन लौटते समय वह श्रीलंका गया तथा अभयगिरि में रहा। गंगा के मुहाने पर स्थित तामलुक से श्रीलंका पहुंचने में उसे 14 दिन लगे। उसके विवरण के अनुसार यह द्वीप पूर्व से पश्चिम में 50 योजन तथा उत्तर से दक्षिण में तीस योजन विस्तृत था। उसके बाई और दाहिनी ओर छोटे-छोटे लगभग 100 द्वीप थे। द्वीप के धार्मिक रीति-रिवाजों, पर्वों तथा सामाजिक एवं राजनैतिक जीवन पर उसने अपने विचार व्यक्त किए हैं। उसके अनुसार प्रशासन स्थिर या अकाल, अभाव तथा विद्रोह नहीं होते थे। सम्राट ब्राह्मण विधि-विधानों के प्रति श्रद्धावान थे। नगरवासी भी उनमें पर्याप्त श्रद्धा रखते थे। भिक्षु समुदायों के कोष में भी अमूल्य मणियां, रत्न एवं मोती थे। फाह्यान द्वारा वर्णित एक घटना महत्वपूर्ण है :

एक बार एक राजा भिक्षुओं के एक कोष को देखकर लोभग्रस्त हुआ। उसने उन अमूल्य रत्नों को बलात् प्राप्त करने की चेष्टा की। तीन दिनों के बाद सम्राट स्थिरचित्त हुआ तथा अपनी भूल अनुभव की। वह भिक्षुओं के पास गया तथा पश्चाताप से उनके बीच अपना सिर झुकाया। इसके उपरांत उसने अपना विचार रखा कि अब से सम्राटों की भिक्षुओं के कोषागार में प्रवेश न करने दिया जाए और 40 वर्षों के अनुभववृद्ध भिक्षु ही कोषागार में प्रविष्ट हो सके।[1] बुद्ध की दंतधातु के प्रति द्वीपवासियों की आस्थापूर्ण भावना की पुष्टि भी फाहयान के वृतांत से होती है।

पांचवी शताब्दी ई. के पूर्वार्द्ध में चार दूतमंडल श्रीलंका से चीन गए। 426 ई. में आठ तथा 429 ई. में तीन सिंहली भिक्षुणियां नानकिन पहुंची। 434 ई. में चीन ने प्रथम बार स्त्रियां भिक्षुणी बनाई गई। 456 ई. में पांच सिंहली भिक्षु चीनी सम्राट के पास गए। इनमें से एक अत्यंत कुशल मूर्तिकार था। पांचवी शताब्दी ई. के एक रोमक ग्रंथ पल्लडिअस ने टेप्रोबेन के सम्राट को शक्तिशाली तथा वहां के लोगों को दीर्घजीवी कहा गया है।

छठी शताब्दी ई. के मध्यकाल से सामुद्रिक व्यापार की दृष्टि से श्रीलंका

में पर्याप्त प्रगति हुई। पश्चिमी एवं सुदूर-पूर्व के देशों के साथ समुद्री व्यापार में इस द्वीप की अत्यंत महत्वपूर्ण भूमिका थी। इसकी दृष्टि 'कांसमस इंडिकोप्लुयस्टस' की 'क्रिश्चियन टोपोग्राफी' से होती है। यह मिस्त्र का एक व्यापारी था। उसके अनुसार पगान (बर्मा) के निवासी इस द्वीप को टेप्रोबेन तथा भारतवासी सीलेदिव (सीहलदीप) कहते थे। अपनी महत्वपूर्ण भौगोलिक स्थिति के कारण यहां बड़ी व्यापारिक मंडियां अस्तित्व में आ गई थीं। यहां लोग विक्रय की वस्तुएं विविध देशों से लाकर एकत्र करते थे। और फिर वे वस्तुएं अन्य देशों में वितरित की जाती थी। भारत, ईरान, इथोपिया और चीन के जहाज लंका के समुद्रतटों पर आते थे। सातवीं शताब्दी ई. के मध्य काल तक अरबवासियों तथा चीन के लोगों ने सामुद्रिक व्यापार पर अपना सर्वाधिक अधिकार स्थापित कर लिया था।

चीनी वृत्तांतों में 718 तथा 719 ई. में भारत के विद्वान भिक्षु वज्रबोधि के श्रीलंका जाने का वर्णन मिलता है। वह अनुराधपुर से रोहण तथा समंतकुट गया था। द्वीप के जंगली क्षेत्रों में भी उसने भ्रमण किया था। वज्रबोधि का श्रीलंका भ्रमण ऐतिहासिक दृष्टि से महत्व रखता है।

दसवीं से बारहवीं शताब्दी ई. तक दक्षिण भारत की चोल सत्ता का श्रीलंका पर पर्याप्त प्रभाव दृष्टिगत होता है। चोलों की सुदृढ़ नौसेना ने श्रीलंका और दक्षिण पूर्व एशिया में अपनी विजय पताका फहराई थी। तमिल लेखों में इस द्वीप के लिए इलम अथवा ईलममंडलम् शब्द का प्रयोग किया गया है। तमिलों के श्रीलंका के साथ संबंध का उल्लेख विस्तार से आगे प्रस्तुत किया गया है। दक्षिण भारत के चालुक्य राजा तृतीय सोमेश्वर (1126-1138) के राज्यकाल के मानसोल्लास से श्रीलंका के वस्त्र उद्योग पर प्रकाश मिलता है। तेरहवीं शताब्दी ई. के यात्री मार्कोपोलो के अनुसार श्रीलंका के निवासी युद्ध के लिए उपयुक्त नहीं थे, अतः वहां पर सैनिक प्रायः मालाबार तट से लाए जाते थे।[4] चौदहवीं शती ई. का यात्री इब्नबतूता दोंद्र के विष्णु मंदिर से संबंधित सहस्त्र ब्राह्मणों का उल्लेख करता है।

श्रीलंका की भौगोलिक स्थिति उसके स्वतंत्र अस्तित्व के लिए उत्तरदायी थी। भारत से द्वीप की अतिशय समीपता द्वीप पर भारतीय प्रभाव डालती रही परंतु इसकी केंद्रवर्ती स्थिति के कारण इसका विश्वास अनेक देशो के साथ व्यापारिक संबंध बन गया। यहां पाए जाने वाले बहुमूल्य रत्न विदेशियों के

आकर्षण का प्रमुख विषय थे। प्रकृति ने अपने वरदान से इस द्वीप को अत्यंत रमणीय बनाया था। व्यापारिक लाभ की वस्तुओं के उत्पादन तथा अपनी विशिष्ट भौगेलिक स्थिति के कारण भी इसका तत्कालीन आर्थिक जगत में महत्वपूर्ण स्थान बन गया था।

भारत-पाक उप महाद्वीपीय खंड का श्रीलंका तृतीय महत्वपूर्ण देश है। सामरिक दृष्टि से इसका महत्व अपरिमित है। यह यूरोप तथा दक्षिणीय-पूर्वी एवं सुदूर पूर्वीय और आस्ट्रेलिया के प्रधान समुद्रीय मार्ग पर पड़ता है। हिंद महासागर में स्थित होने के कारण इसकी सहायता से उस पर भली-भांति नियंत्रण किया जा सकता है। ट्रिन्कोमाली बंदरगाह का प्राकृतिक पोताश्रय बहुत विस्तृत है। इस देश की मौलिक स्थिति एवं ट्रिंकोमाली के विस्तृत पोताश्रय से प्रभावित होकर अंग्रेजों ने इसे सेना का एक बड़ा अड्डा बनाया था। सिंघल द्वीप अथवा श्री लंका टापू वस्तुतः भारत का ही एक अंग है जो केवल 22 मील चौड़े पाक जलडमरूमध्य से पृथक् है। पहले यह प्रायद्वीपीय भारत की मुख्य भूमि का ही अंग था और अब भी भौगोलिक दृष्टिकोण से यह मुख्यतः भारत भूमि का ही अंग है।

पाक जलडमरूमध्य में एक खंडित पुल जाता है जो आदम के पुल के नाम से विख्यात है। हिंदुओं के रामायण नामक काव्य के अनुसार भगवान श्रीरामचंद्र की बानरी सेना द्वारा लंका अभियान के दौरान इसका निर्माण किया गया था। यह पुल वर्तमान समय में टुकड़ों-टुकड़ों में विभक्त पाया जाता है। श्रीलंका का टापू केवल सामरिक एवं ऐतिहासिक महत्व नहीं रखता वरन् रत्नों से परिपूर्ण होने के कारण 'रत्नद्वीप' 'पूर्व का मोती' (Pearl of Orient) या उस द्वीप के वानस्पतिक आवरण हरीतिमा एवं सुंदर दृश्यों से युक्त होने के कारण उसे 'स्वर्ग वाटिका' की भी संज्ञा प्रदान की गई है।

सन् 1802 ई. में सिंहल द्वीप पूर्णतः एक ब्रिटिश उपनिवेश बन गया था और सन् 1814 से 1948 ई. तक ब्रिटिश शासनान्तर्गत रहा। इस देश को स्वायतता सन् 4 फरवरी, सन् 1948 ई. को प्राप्त हुआ।

स्थिति, आकार एवं विस्तार–सिंघल द्वीप, प्राचीन तपोबेन (तम्बापरणी, पाली पत्तियों' का द्वीप) हिंदमहासागर का प्रमुख द्वीप है जो भौगोलिक दृष्टि से भारत की दक्षिणी मुख्य भूमि से लगा हुआ दक्षिण दिशा में $5^0 55'$ और $6^0 50'$ उत्तरीय अंक्षाश तथा $76^0 42'$ और $81^0 53'$ पूर्वीय देशांतर के मध्य में स्थित है।

इस टापू की आकृति नाशपाती की अपेक्षा एक भीगे हुए चने से अधिक मिलती-जुलती है। श्री लंका की अधिकतम लंबाई उत्तर-दक्षिण दिशा में 432 किलोमीटर (270 मील) है तथा अधिकतम चौड़ाई पूर्व-पश्चिम दिशा में 224 किलोमीटर (140 मील) है। इसका क्षेत्रफल 65,86.2 वर्ग किलोमीटर (25,332 वर्ग मील) है। इस प्रकार यह वेल्स-रहित इंगलैंड के क्षेत्रफल का आधा या स्काटलैंड से कुछ ही छोटा अथवा हालैंड व बेल्जियम के सामूहिक क्षेत्रफल के बराबर है।

प्राकृतिक दशा—यह द्वीप प्रधानतः समतल मैदानी भाग है, जिसके मध्य-दक्षिणी भाग में पर्वतों का एक पिंड है जो चारों ओर समुद्र-तल से केवल 150 मीटर (500) ऊंचे समतल मैदान से घिरा है। पहाड़ों की चोटियां लगभग 2,135 और 2,440 मीटर (7,000 और 8,000) के मील ऊंचाई वाली हैं। केवल पिड लागला नामक पर्वत शिखर की ऊंचाई 2,529.1 मीटर (8292 फीट) है। ऊंची चोटियों के अलावा पहाड़ी मार्ग में यहां अनेक हरी-भरी आकार की जल-प्रपातों से युक्त अनेक घाटियां पाई जाती हैं। मैदानी भाग का सबसे अधिक विस्तार उत्तर में है। यहां छोटी-छोटी नदियां बहती हैं जिनका सिंचाई के लिए उपयोग होता है। रेखा से थोड़ी दूर तक ये नदियां नौका संचालन योग्य हैं। इस प्रकार इनका कुछ व्यापारिक महत्व भी है। सिंघल द्वीप के सुदूर उत्तरीय भाग में चूने की चट्टानें पाई जाती हैं जो समुद्री लहरों द्वारा काफी कट-फट चुकी हैं। यहां पर जफना का प्रसिद्ध प्रायद्वीप स्थित है। श्री लंका का पर्वतीय प्रदेश पूर्व-कैम्ब्रिजयन युग (Pre-Cambrian) की रवेदार चट्टानों से बना हुआ है। यह पहले ही कहा जा चुका है कि भौगोलिक दृष्टि से यह प्रायद्वीपीय भारत का दक्षिणी अग्रभाग है। यह अपने गर्भ में पुरानी सुंदर मणियों को छिपाए हुए हैं जिसके लिए यह प्राचीन काल से ही सिद्ध है। उसी के फलस्वरूप इसे 'रत्नद्वीप' की उपयुक्त संज्ञा से विभूषित किया गया है। यहां पाए जाने वाली मणियों में नीलम सर्वाधिक प्रसिद्ध है।

जलवायु—यहां की जलवायु प्रधानतः मानसूनी है तथापि दक्षिणी भाग की जलवायु विषुवत् रेखीय प्रदेश के अधिक समकक्ष हैं। यह उष्ण कटिबंध में तथा विषुवत् रेखा के निकट स्थित होने के कारण एक गर्म देश है। यहां मैदानी भागों में तापमान का औसत 26.44^0 से. (80^0 फा.) तथा पहाड़ी भागों का औसत तापमान लगभग 15.55^0 से. (60^0 फा.) होता है। यहां की जलवायु को

यदि और ठीक तौर से बताया जाए तो उष्ण कटिबंधीय समुद्रद्वीपीय जलवायु कहना अधिक उपयुक्त होगा। जहां का तापमान समुद्रीय प्रभाव के कारण साल भर लगभग समान होता है। यहां के ग्रीष्म एवं शीत ऋतु का भेद करना लगभग कठिन होता है। सिंघल द्वीप का पश्चिमोत्तरीय एवं दक्षिणी-पूर्वी भाग सापेक्षतः कुछ शुष्क है। इन भागों में वार्षिक वर्ष का औसत 127^0 सेंटीमीटर से भी कम होता है जब कि ऊंचे वितीय भागों में 508 सेंटीमीटर तक वर्षा होती है। यह द्वीप दक्षिणी व पश्चिमी दोनों मानसूनी हवाओं से वर्षा लाभ करता है। दोनों मानसूनों के बीच की अवधि शुष्क है।

प्राकृतिक वनस्पति–जलवायु के अनुसार श्री लंका की प्राकृतिक वनस्पति में भी विभिन्नता पाई जाती है। पहाड़ों के निचले भाग घने, सदाबहार वनों से आच्छादित हैं जो आकार-प्रकार में विषुवत् रेखीय सदाबहार वनों से अधिकांशतः मिलते-जुलते हैं। उनमें पाए जाने वाले मुख्य वृक्ष रबड़, गटापारचा, सिनकोना आदि मुख्य हैं किंतु रबड़ तथा चाय के बगीचों के लिए इन वनों को अधिकांश साफ कर दिया है और शेष में उपयोगी लकड़ियां बहुत कम रह गई हैं। आर्द्र मैदानी भागों में सदाबहार बन पाए जाते हैं जब कि शुष्य प्रदेश में अपेक्षाकृत शुष्क बन पाते हैं जिनमें आबनूस व सेटिनउड विशेष प्रसिद्ध हैं। आर्द्र मैदानी भाग साफ कर दिए गए हैं और वहां चावल व नारियल उत्पन्न किए जाते हैं। श्री लंका के वनों का विस्तार यहां के पांचवें भाग में है जब कि दूसरे पांचवें भाग का क्षेत्र खेती के लिए प्रयुक्त होता है। ऊंचे पर्वतीय भागों में कोणधारी वृक्ष भी पाए जाते हैं। इसके समुद्र तटों पर नारियल के सघन कुंज सुशोभित हैं।

कृषि–सिंघल द्वीप के कुल 1,62,12,4 एकड़ भूमि में से लगभग 37 लाख एकड़ क्षेत्र में कृषि होती है। यहां के चरागाही विस्तार 4,56,000 एकड़ भूमि पर है। यह पुराने आंकड़ों के अनुसार मुख्य फसलों के अंतर क्षेत्रों का विवरण इस प्रकार है : 10,9,3,538, चाय 5,70,50 (उत्पादन 29,77,75,460 पौंड), नारियल 10,71,000, रबड़ 6,60,725, (उत्पादन, 18,56,55,383 टन)।

सिंघल द्वीप में पहले नारियल का क्षेत्र सबसे विस्तृत था लेकिन अब यह श्रेय धान को प्राप्त हो गया है। वर्तमान समय में यह देश धान उत्पादन के संबंध में स्वावलंबी नहीं है। फलतः आवश्यकता का शेष भाग आयात द्वारा पूर्ण करना पड़ता है किंतु सुविधा में विस्तार द्वारा धान के संबंध में स्वावलंबी

होने की यहां पूर्ण कोशिश की जा रही है। रबड़ उत्पादन की दृष्टि से इसका समग्र विश्व में तीसरा स्थान है। उसी प्रकार चाय उत्पादन की दृष्टि से भी संसार में इसकी यही स्थिति है। यहां की अन्य कृषि फसलों कोको, इलायची, तंबाकू, सुपारी, सन, और कपोक मुख्य हैं। श्री लंका में चाय के उद्यान के पी मध्यवर्तीय पहाड़ी ढालों पर द्वारा एलिया से कैंडी तक विस्तृत है। यह विश्व का लगभग एक-चौथाई चाय का उत्पादन करता है। रबड़ के उद्यान दक्षिणी पश्चिमी सिंघल द्वीप के तटीय मैदान के निचले पहाड़ी ढाल तथा कोको के कैंडी के उत्तर में मध्यवर्तीय पहाड़ी पर फैले हुए हैं। शेष मैदानी भाग उत्पादन के लिए प्रसिद्ध है। श्रीलंका के अपेक्षाकृत शुष्क भागों में कपास का उत्पादन किया जाता है। श्री लंका उष्ण एवं शीतोष्ण दोनों कटिबंधों में फलों के उत्पादन के लिए प्रसिद्ध है। उष्ण कटिबंधीय फलों में आम, केला व अनन्नास तथा पहाड़ी भाग शीतोष्ण फलों यथा नींबू, नारंगी, संतरा, नाशपाती, अनार, काजू आदि के लिए प्रसिद्ध है।

मछली पकड़ना—श्री लंका में मछली पकड़ने का व्यवसाय प्रधानतः समुद्र तटीय भागों में किया जाता है। यहां समुद्रों से प्राप्त होने वाली मछलियों में बानिटो, केल, टूना और स्पाइनेल, लेगून झीलों में क्वीन फिश, मिल्क फिश, मुलेट तथा मीठे पानी वाली मछलियों में कार्क, ट्राउट, कैटफिश आदि मुख्य हैं। श्रीलंका की सरकार देश में अंतरवर्तीय एवं गहरे समुद्रों के मत्स्य उद्योग के विकास के लिए एक व्यापक कार्यक्रम को कार्यान्वित कर रही है। अब यहां देशी नावों पर मछली पकड़ने के लिए यंत्रचालित नौकाएं प्रयुक्त होने लगी हैं मछली तथा पकड़ने के केंद्रों पर शीत भंडारों की व्यवस्था की जा रही है। बाजारों को पहुंचाने वाली मोटरों में भी इसकी सुविधा प्रदान की जा रही है।

खनिज पदार्थ—यहां के खनिज पदार्थों में बहुमूल्य पत्थरों का महत्वपूर्ण स्थान है। श्री लंका में बहुमूल्य रत्नों की सैकड़ों खदानें पाई जाती हैं जिनमें नीलम लाल, पोखराज, इक्वामेरीन, चंद्रमणि (मून स्टोन), क्राइसो बेरिल, (Cats-eye) जिरकन, स्पाइनेल, टूरमेलीन आदि प्राप्त होते हैं। सिंघल द्वीप के दक्षिणी भाग के प्रधान क्षेत्र में स्थित नगर 'रत्नपुरा' के नाम से पुकारा जाता है, जिसका अर्थ 'रत्नों का नगर' (City of Jems) । इनके अतिरिक्त सन् 1955 ई. के अंत तक यहां प्लम्बैगो (Plumbago) की 44 खदानें थीं। यहां फ्लोगोपाइट अबरख (Phlogopite-mica) की अच्छे जमाव पाए जाते हैं।

सिंघल द्वीप से निर्यात होने वाले खनिजों में ग्रेफाइट मुख्य है। तटवर्तीय समुद्री बालू में यहां इल्मेनाइट, मोनाजार जिरनक व्यापारिक परिमाण में पाए जाते हैं। इस द्वीप की अन्य उल्लेखनीय खानें क्योलिन, खनिज लोहा तथा कांच की रेत है। इस देश में समुद्रीय जल से नमक बनाने का कार्य केवल सरकार के हाथ में है।

उद्योग धंधे–श्री लंका देश अपने कुटीर उद्योगों के लिए बहुत प्रसिद्ध है। यहां के कुटीर उद्योगों में हाथ करघा, चटाइयां, टोकरियां व हैट और कांच चूड़ियां बनाना, तेल पेरना, लकड़ी व हाथी दांत की चीजें बनाना, पीतल व चांदी का बर्तन बनाना, कछुवे की खोपड़ी से विभिन्न वस्तुएं तैयार करना, धान कूटना, के बर्तन बनाना आदि प्रधान हैं। यहां फैक्ट्री स्तर के भी कुछ उद्योगों का विकास हुआ है यथा, सीमेंट, सूती वस्त्र, कांच, प्लाइउड और चमड़े का उद्योग।

यातायात–श्री लंका में रेलमार्गों की कुल लंबाई 1,433.6 किलो. (896 मील) है, जिसमें से 1,294.4 किलोमीटर (809 मील) बड़ी लाइन तथा 139. 2 किलोमीटर (87 मील) संकरी लाइन (2 फुट 6 इंच) इसके समुद्रीय मार्गों पर अधिकतर विदेशी जलयान चलते हैं। कोलम्बो तथा स्टर्डम के बीच एयर सिलोन व के. एल. एम. केनियों के वायुयानों हवाई यातायात संचालित होता है। इनके अतिरिक्त यहां एयर इंडिया, ए.सी., कंटास एम्पायर एयरवेज और टी. डब्ल्यू.ए. केवायुयान आते-जाते हैं।

व्यापार–पूर्व में यहां की प्रधान निर्यात वस्तुओं का (हजार रूपयों में) विवरण इस प्रकार है :

यहां के निवासी बौद्ध धर्म के मानने वाले हैं जिसका प्रचार भारत से तीसरी शदी (बी.सी.) में हुआ था।

कोलम्बो यहां की राजधानी है तथा सबसे बड़ा नगर व बंदरगाह है। यहां का अड्डा अंतर्राष्ट्रीय स्तर के है। यह श्री लंका का सबसे बड़ा औद्योगिक केंद्र है। इस देश का लगभग शत प्रतिशत विदेशी व्यापार कोलम्बो बंदरगाह से सम्पन्न होता है।

2. श्रीलंका : औपनिवेशिक संदर्भ

श्रीलंका का औपनिवेशिक इतिहास सन् 1505 से देखा जा सकता है जब पुर्तगालियों द्वारा प्रथम बार यहां की धरती पर अपना पैर रखा गया और यह कहानी 1948 तक तब तक चलती रही जब तक 1948 में श्रीलंका को स्वतंत्रता नहीं प्राप्त हो गई।

आधुनिक काल में श्रीलंका में सबसे पहले आने वाले प्रथम यूरोपियन पुर्तगाली थे। सन् 1505 में फ्रांसिस्कों में दी अल्मीडा प्रथम बार आया। वह यहां देखा कि यह Island (द्वीप) सात प्रतिद्वंदी राजघरानों में विभाजित है तथा बाहर से आने वाले धुसपैठियों से अपनी रक्षा करने में भी ये असफल रहे हैं। दूसरे शब्दों में, इनकी आपसी प्रतिद्वंद्विता के कारण यहां बाहर से आकर भी लोग अपना पैर जमा लेते हैं। यहां आने के बाद पुर्तगालियों ने 1517 में कोलंबो के बंदरगाह शहर में एक किले का निर्माण किया। इसकी स्थापना के बाद इन्होंने अब अपना तटवर्ती क्षेत्रों में विस्तार करना प्रारंभ कर दिया। 1592 में सिंहालियों ने अपनी राजधानी हटाकर कैंडी के शहर में कर दिया। पूरे 16 वीं सदी तक इन दोनों पुर्तगालियों एवं सिहांलियों के बीच संघर्ष चलते रहे।

अनेको निम्न भूमि (Lower Land) के निवासी द्वारा सिंहालियों को ईसाई धर्म अपनाने के लिए मजबूर किया गया तथा तटवर्ती क्षेत्रों के मूर (moor) लोगों को धर्म के आधार पर दंडित किया गया, मारा गया तथा मध्य उच्च भूमि (Central highland) को वापस लौटाने को मजबूर किया गया। बौद्ध लोगों द्वारा पुर्तगालियों की नीतियों का जमकर विरोध किया गया। वे

इन्हें बिल्कुल पसंद नहीं करते थे तथा चाहते थे कि कोई ऐसी शक्ति या शासक आए जो इन पुर्तगालियों से हमारी रक्षा कर सके एवं उन्हें हरा सके। अतः 1602 में डच कप्तान जोरिस वेन स्पिल बर्गन श्रीलंका में आया तो कैंडी के राजा ने पुर्तगालियों के विरूद्ध स्वयं द्वारा सहायता के लिए अनुरोध किया।

डच काल :–1638 में डच ने आक्रमण किया परंतु एक समझौता के द्वारा इसने आक्रमण तो बंद कर दिया लेकिन यह आक्रमण 1656 में पूरी तरह बंद हुआ जब कोलंबो इसके अधिकार में आ गया। सिर्फ कैंडी राज्य को छोड़कर 1660 तक डच आक्रमणकारियों ने कैथोलिक धर्म वाले लोगों की हत्या की तथा उन्हें दंडित किया जबकि बौद्ध, हिंदू तथा मुसलमानों को किसी प्रकार की क्षति नहीं पहुंचाई गई। इसने पुर्तगालियों की तुलना में सभी लोगों पर भारी कर लगाया। एक डच तथा सिंहली मिश्रित लोगों को जिन्हें बगैर (Burgher) कहा जाता था, डच शासन की देन माना जाता है।

सन् 1659 में एक अंग्रेज समुद्री कप्तान राबर्ट नाक्स अचानक श्रीलंका की धरती पर पहुंच गया जिसे कैंडी के राजा ने बंदी बना लिया। वह उन्नीस वर्ष बाद कैंडी राजा की गिरफ्त से भाग निकला तथा अपने देश जाकर अपनी यात्रा का वृतांत किया जिसके कारण इन महाद्वीपों के महत्व के बारे में अंग्रेज लोगों को जानकारी प्राप्त हुई तथा उन्होंने श्रीलंका में रूचि दिखाना शुरू किया।

ब्रिटिश शासन :–नेपोलियन युद्ध के काल में ग्रेट ब्रिटेन को इस बात का डर सता रहा था कि फ्रांस के द्वारा जो नीदरलैंड पर नियंत्रण कर लिया गया है, अब कहीं श्रीलंका भी फ्रांस के अधिकार में न चला जाए, अतः अंग्रेज शासकों ने श्रीलंका के सारे महाद्वीपों पर 1796 में अपना अधिकार कर लिया जिसे उन्होंने Ceylon का नाम दिया। इसमें उन्हें थोड़ी बहुत परेशानियों का सामना करना पड़ा। 1802 में एमीन की संधि द्वारा डच के द्वारा अधिकृत महाद्वीपों को अंग्रेजों को दे दिया गया। 1803 में अंग्रेजों ने कैंडी के राज्य पर आक्रमण कर दिया जिसमें कैंडी के राजा ने अंग्रेजों को मार भगाया। पुनः 1815 में कैंडी के राजा के साथ दूसरे युद्ध में कैंडी पर अंग्रेजों ने अपना नियंत्रण स्थापित कर लिया। इसी प्रक्रिया में अंग्रेजों को पता चला कि श्रीलंका की ऊंच भूमि (upland) के क्षेत्र में कॉफी, चाय तथा रबर के लिए अत्यंत उपयोगी क्षेत्र हैं तथा 19 वीं सदी के मध्य तक श्रीलंका अंग्रेजों के लिए एक

महत्वपूर्ण बाजार बन चुका था। कुछ सीमित अंग्रेज चाय उत्पादकों के लिए यह जबरदस्त चाय का स्त्रोत था। दक्षिण भारत के तमिल क्षेत्रों से श्रमिकों को भेजा जाता था। धीरे-धीरे ऐसे श्रमिकों की संख्या महाद्वीप के कुल जनसंख्या का दस प्रतिशत हो गयी। इन श्रमिकों की स्थिति बिल्कुल दास जैसी थी। इनसे जबरदस्ती तथा समय से काफी ज्यादा देर तक काम कराया जाता था। इनके काम करने का कोई निश्चित समय तय नहीं था। ये अत्यंत दयनीय स्थिति में एक अत्यंत छोटे कमरे में रहते थे जिसकी छतें, लकड़ी, पुआल आदि से किसी तरह बनाई गई थी। इनके मकान तथा जानवरों के मकान की बनावट में कोई खास फर्क नहीं था।

कुछ उच्च वर्ग के सिंहली तथा अंग्रेजों द्वारा अर्द्ध यूरोपियन बर्गेर, लोगों के साथ पक्षपातपूर्ण रवैया अपनाया जाता था जबकि अन्य लोगों के प्रति भेदभाव का उनका रवैया था। लेकिन इन सबके बावजूद अंग्रेजों के द्वारा श्रीलंका के अपने इतिहास में पहली बार कुछ प्रजातांत्रिक चीजों को भी लागू किया गया। बर्गेर लोगों को 1833 में कुछ हद तक स्वशासन का अधिकार प्रदान किया गया। 1931 में सार्वभौम मताधिकार (universal suffrage) को लागू किया गया। 1909 में संवैधानिक विकास की शुरूआत हुई जब आंशिक रूप से विधानसभा का चुनाव कराया गया तथा 1920 में चुने हुए विधानसभा के सदस्यों की संख्या नियुक्त किए गए अधिकारियों से ज्यादा हो गई।

3. श्रीलंका में संवैधानिक विकास

प्रजातांत्रिक समाजवादी श्रीलंका गणतंत्र का संविधान 7 सितंबर 1978 को नेशनल स्टेट असेंबली (National State Assembly) द्वारा वास्तविक रूप से उद्घोषित संविधान ही वहां का संविधान रहा है। यह श्रीलंका का दूसरा गणतांत्रिक संविधान है तथा श्रीलंका की 1948 में स्वतंत्रता के पश्चात से तीसरा संविधान है। सितंबर 2010 में इसे औपचारिक रूप से अठारह बार संशोधित किया जा चुका है।

संविधान का इतिहास :—जब संयुक्त राष्ट्रीय दल (United National Party) (UNP) 1977 में पांचवें-छठे बहुमत से सत्ता में आई तो दूसरा संविधान संशोधन 4 अक्टूबर 1977 को किया गया, जिसके द्वारा एक कार्यपालक राष्ट्रपति (Executive presidency) की व्यवस्था का प्रावधान किया गया तथा जे. आर. जयवर्द्धने को (जो उस समय प्रधानमंत्री थे) को राष्ट्रपति बनाया गया। इस प्रकार जयवर्द्धने 4 फरवरी 1978 को श्रीलंका के प्रथम राष्ट्रपति बने। 1977 के आम चुनाव के पूर्व संयुक्त राष्ट्रीय दल (UNP) ने लोगों से एक नए संविधान के निर्माण के लिए विचार मांगे थे। इसके लिए एक चयन समिति (Select Committee) की नियुक्ति की गई जिसका कार्य वर्तमान संविधान में बदलाव संबंधी सुझाव देने थे।

सितंबर 1978 में एक नए संविधान की घोषणा की गई, जिसके द्वारा एकल संसद (unicameral constitution) तथा एक कार्यपालक राष्ट्रपति की नियुक्ति की बात की गई जिनका कार्यकाल छः वर्षों के लिए होगा। इस नए

संविधान के द्वारा संसद के चुनाव के लिए एक बहुसदस्यीय आनुपातिक प्रतिनिधित्व की व्यवस्था की गई जिसमें 196 सदस्य थे जिनकी संख्या बाद में 14 वें संविधान संशोधन के द्वारा बढ़ाकर 225 कर दी गई।

इस संविधान के द्वारा एक स्वतंत्र न्यायपालिका की स्थापना की गई तथा लोगों को मौलिक अधिकार प्रदान किए गए और यह प्रावधान किया गया कि यदि किसी व्यक्ति के मौलिक अधिकारों का हनन हो रहा हो तो वह सर्वोच्च न्यायालय की शरण ले सकता है। संविधान में इस बात की भी व्यवस्था की गई कि प्रशासन के लिए 'ओंबडसमैन' एक संसदीय आयुक्त की नियुक्ति की जाएगी जो राज्यों की सरकारों के खिलाफ लोगों की शिकायतों की सुनवाई करेगा तथा उन्हें दूर करेगा। इस संविधान के द्वारा दल विरोधी कानून तथा कुछ विद्रोहों से संबंधित एवं राष्ट्रीय महत्व के मुद्दे पर कानूनों का निर्माण किया गया।

संविधान संशोधन संबंधी प्रावधान :–श्रीलंका के संविधान के ज्यादातर प्रावधानों में संसद की दो तिहाई बहुमत से संशोधन किया जा सकता है। परंतु कुछ ऐसे विषय हैं जैसे भाषा, धर्म तथा श्रीलंका का एक एकीकृत राष्ट्र के रूप में बने रहना आदि में संशोधन करने के लिए संसद की दो तिहाई बहुमत के साथ-साथ राष्ट्रीय स्तर पर जनमत-संग्रह कराना भी आवश्यक होगा।

1972 से श्रीलंका के संविधानों का विकास मुख्य रूप से इस अविश्वास पर आधारित था जिसकी सच्चाई अब खुलने लगी थी कि 1947 के संविधान जो कई दशकों तक अस्तित्व में रहा था द्वारा किस प्रकार प्रकार की शासन प्रणाली को बहाल किया गया था। कहने का तात्पर्य यह है कि 1947 के श्रीलंका के संविधान में अनेक प्रकार की त्रुटियां थीं जो अब 1972 के बाद सामने आने लगी थीं।

जिस सरकार द्वारा 1972 के संविधान का निर्माण किया गया था वह एक गठबंधन (coalition) की सरकार थी, जिसने स्वयं को एक विकासवादी सरकार बताया जो यहाँ की रूढ़िवादी सरकारों से बिल्कुल पृथक थी। संयुक्त राष्ट्रीय दल (UNP) को सबसे ज्यादा रूढ़िवादी दल माना जाता था तथा कहा जाता था कि यह दल सिर्फ समाज के संपन्न लोगों (Richer People) का प्रतिनिधित्व करता है। जिन तीन दलों को मिलाकर यह गठबंधन की सरकार बनी थी वे वामपंथी विचार धारा के थे जिनका प्रमुख लक्ष्य विकास था।

4. श्रीलंका में प्रजातंत्र की स्थिति एवं राजनीतिक प्रक्रिया

दक्षिण एशिया के देशों में श्रीलंका में प्रजातंत्र की स्थापना सबसे पहले हुई है। 1931 में डोनोमोर आयोग द्वारा डोनोमोर संविधान के निर्माण के लिए ड्राफ्ट तैयार किया गया था, जिसके कारण देश में वयस्क मताधिकार के द्वारा चुनाव कराए गए। ऐसा पहली बार हुआ था कि किसी पश्चिमी यूरोप साम्राज्य के अधीन रहते हुए किसी काले (non-white) देश को एक व्यक्ति एक वोट (मत) के अधिकार के साथ-साथ घरेलू मामलों पर भी नियंत्रण करने का अधिकार प्रदान किया गया था।

वर्तमान में आज श्रीलंका को राजनीति में दो प्रतिद्वंदी गठबंधन पक्षों–प्रथम मध्य–वामपंथी (Centre-leftist) तथा दूसरे प्रोग्रेसिविस्ट यूनाइटेड पीपुल्स फ्रीडम एलियांस (progressivist united) peoples freedom alliance (UPFA) के मध्य मुख्य मुकाबला है। श्रीलंका में बहुदलीय प्रणाली की व्यवस्था है, जहाँ पर छोटे-छोटे कई राजनीतिक दल जैसे बौद्ध समाजवादी दल तथा तमिल राष्ट्रीय दल भी अस्तित्व में हैं।

श्रीलंका एक प्रजातांत्रिक गणतंत्र है जो अखंड (unitary) है तथा जहां पर अर्द्ध-राष्ट्रपति प्रणाली का भी प्रचलन है जो राष्ट्रपति प्रणाली तथा प्रधानमंत्री प्रणाली का मिश्रण है। यह एक संसदीय व्यवस्था है जहां पर संविधान का शासन होता है। संविधान के ज्यादातर प्रावधानों में संसद के दो-तिहाई बहुमत से संशोधन किया जा सकता है, परंतु कुछ ऐसे भी मुद्दे हैं

जैसे धर्म, भाषा, देश की अखंडता, एकता संबंधी मुद्दे आदि, तो उनमें संशोधन लाने के लिए संसद की दो-तिहाई बहुमत के अलावा पूरे देश भर में जनमत संग्रह (Refrendum) कराना भी आवश्यक है।

दुनिया की अनेक देशों की तरह श्रीलंका की सरकार के भी तीन प्रमुख अंग हैं : कार्यपालिका, विधायिका तथा न्यायपालिका।

कार्यपालिका :–श्रीलंका का राष्ट्रपति देश का प्रधान होता है। वह सेना का भी प्रधान होता है तथा सरकार का भी प्रधान होता है। राष्ट्रपति का चुनाव छः वर्षों के लिए किया जाता है। राष्ट्रपति अपने कर्तव्यों के निर्वहन के लिए संसद के प्रति उतरदायी होता है। राष्ट्रपति द्वारा ही अपने मंत्रियों की नियुक्ति की जाती है जो संसद के चुने हुए सदस्य होते हैं। 2010 में किए गए 18 वें संविधान संशोधन के द्वारा राष्ट्रपति की नियुक्ति की सीमा समय को समाप्त कर दिया गया जो पहले दो बार तक ही इस पद पर नियुक्त होने का अधिकारी था।

विधायिका : (Legislative)–श्रीलंका का संसद एक सदनीय संसद है जिसके सदस्यों की कुल संख्या 225 है जिसमें 196 संसद विभिन्न निर्वाचन क्षेत्रों से चुनकर आते हैं तथा 29 संसद सदस्यों का चुनाव आनुपातिक प्रतिनिधित्व के आधार पर होता है। संसद सदस्यों का चुनाव वयस्क मताधिकार के द्वारा किया जाता है। इनका चुनाव संशोधित आनुपातिक प्रतिनिधित्व के आधार पर जिलों के द्वारा छः वर्षों के लिए किया जाता है। यदि राष्ट्रपति चाहे तो शासन में आने के एक वर्ष बाद वह संसद का सत्र बुलाने के अलावा उसे स्थगित भी कर सकता है तथा संसद को भंग भी कर सकता है। परंतु कानून बनाने के सारे अधिकार संसद के पास हैं। राष्ट्रपति का उप (deputy) प्रधान मंत्री होता है जो संसद में शासित दल का प्रतिनिधित्व करता है तथा घरेलू मामलों पर निगरानी रखता है।

न्यायपालिका (Judiciary) :–श्रीलंका की न्यायपालिका के अंतर्गत एक सर्वोच्च न्यायालय होता है–जो सर्वोच्च तथा अंतिम सर्वश्रेष्ठ न्यायालय है। यह अंतिम अपील करने का न्यायालय है। इसके अलावा एक उच्च न्यायालय एवं कई अन्य अधीनस्थ न्यायालय भी होते है। यहाँ की न्याय प्रणाली अत्यंत जटिल प्रकार की है जिसमें अपराधिक सांस्कृतिक प्रभावों की स्पष्ट झलक होती है। यहाँ का अपराधिक कानून पूरी तरह ब्रिटिश कानून पर

आधारित है। सिविल कानून की अवधारणा रोम तथा डच से प्रभावित हैं। शादी-विवाह तथा तलाक (Divorce) के कानून यहाँ सांप्रदायिक हैं। परंपरागत रीति रिवाजों को अपनाते हुए सिंहासन रीति रिवाज कानून (कांडयान कानून), थेसावलामाई तथा शरिया कानून विशेष स्थिति में अपनाए जाते हैं। सर्वोच्च न्यायालय, उच्च न्यायालय तथा अपील न्यायालय के न्यायाधीशों की नियुक्ति राष्ट्रपति द्वारा की जाती है।

लोकतंत्र

जैसा कि हम जानते हैं कि श्रीलंका को 1948 में ब्रिटिश से आजादी प्राप्त हुई थी, और तब से लेकर अब तक यहां पर लोकतंत्र कायम है। लेकिन श्रीलंका को एक कठिन चुनौती का सामना करना पड़ा। यह चुनौती न तो सेना की थी और न ही राजतंत्र की। यह चुनौति थी जातिय संघर्ष की। श्रीलंका को जातीय संघर्ष का सामना करना पड़ा जिसकी मांगें हैं कि श्रीलंका के एक क्षेत्र को अलग राष्ट्र बनाया जाए।

श्रीलंका 1972 में गणतंत्र बना। 1978 में एक संविधान का निर्माण किया गया जिसके द्वारा राष्ट्रपति को देश का प्रधान बनाया गया। 1983 में नागरिक विद्रोह शुरू हुआ जिसमें हथियारधारी नौजवान थे। पच्चीस वर्षों तक उसे इस संघर्ष का सामना करना पड़ा।

आजादी के बाद से (उन दिनों श्रीलंका को सिलोन) कहा जाता था। श्रीलंका की राजनीति पर बहुसंख्यक सिंहली समुदाय के हितों की नुमाइंदगी करने वालों का दबदबा रहा है। ये लोग भारत होकर श्रीलंका आ बसी एक बड़ी तमिल आबादी के खिलाफ हैं। तमिलों का बसना श्रीलंका के आजाद होने के बाद भी जारी रहा। सिंहली-राष्ट्रवादियों का मानना था कि श्रीलंका में तमिलों के साथ कोई रियायत नहीं बरती जानी चाहिए क्योंकि श्रीलंका सिर्फ सिंहली लोगों का है। तमिलों के प्रति उपेक्षा भरे बर्ताव से उग्र तमिल राष्ट्रवाद की आवाज बुलंद हुई। 1983 के बाद से उग्र तमिल संगठन 'लिबरेशन टाइगसे आफ तमिल ईलम' (लिट्टे) श्रीलंकाई सेना के साथ सशस्त्र संघर्ष कर रहा है। इसमें 'तमिल ईलम' यानि श्रीलंका के तमिलों के लिए एक अलग देश की मांग की गयी है। श्रीलंका के उत्तर पूर्वी हिस्से पर लिट्टे का नियंत्रण है।

श्रीलंका की समस्या भारतवंशियों से जुड़ी है। भारत की तमिल जनता

का भारत सरकार पर भारी दबाव है कि वह श्रीलंका में तमिलों के हितों की रक्षा करे। भारतीय सरकार ने समय-समय पर तमिलों के सवाल पर श्रीलंका की सरकार से बातचीत की है। लेकिन 1987 में भारतीय सरकार श्रीलंका के तमिल मसले में प्रत्यक्ष रूप से शामिल हुई। भारत की सरकार श्रीलंका से एक समझौता किया तथा श्रीलंका की सरकार और तमिलों के बीच रिश्ते सामान्य करने के लिए भारतीय शांति सेना भेजा। आखिर में भारतीय सेना की उपस्थिति को श्रीलंका की जनता ने भी कुछ खास पसंद नहीं किया। श्रीलंका की जनता ने समझा कि भारत श्रीलंका के अंदरूनी मामलों में दखलअंदाजी कर रहा है। 1989 में भारत ने अपनी शांति सेना लक्ष्य हासिल किए बिना वापस बुला लिया।

श्रीलंका के इस संकट का हिंसक चरित्र बरकरार है। बहरहाल, अंतर्राष्ट्रीय मध्यस्थ के रूप में नार्वे और आइसलैंड जैसे स्कॅंडिनवाई देश युद्धश्त दोनों पक्षों को फिर से आपस में बातचीत करने के लिए राजी कर रहे हैं। श्रीलंका का भविष्य इन्हीं वार्ताओं पर निर्भर है।

संघर्ष की चपेट में होने के बावजूद भी श्रीलंका ने अच्छी आर्थिक वृद्धि और विकास के उच्च स्तर को हासिल किया है। जनसंख्या की वृद्धि दर पर सफलतापूर्वक नियंत्रण करने वाले विकासशील देशों में श्रीलंका प्रथम है। दक्षिण एशिया के देशों में सबसे पहले श्रीलंका ने ही अपनी अर्थव्यवस्था का उदारीकरण किया। गृह युद्ध से गुजरने के बावजूद कई वर्षों से इस देश का प्रति व्यक्ति सकल घरेलू उत्पाद दक्षिण एशिया में सबसे ज्यादा है। अंदरूनी संघर्ष के बातों को झेलकर भी श्रीलंका ने लोकतांत्रिक राज व्यवस्था कायम रखी है।

5. श्रीलंका की विदेश नीति

श्रीलंका की विदेश नीति पिछले करीब 60 वर्षों से ज्यादा समय से अस्तित्व में है जब श्रीलंका को 1948 में स्वतंत्रता प्राप्त हुई। समय-समय पर इसकी विदेश नीति अंतर्राष्ट्रीय तथा घरेलू परिस्थितियां तथा दशाओं के अनुरूप अपनी प्रकृति तथा आकार पाती रही है। श्रीलंका की विदेश नीति प्रारंभ से ही गुटनिरपेक्षता (Non-alignment) की नीति के अंतर्गत निर्देशित होती रही है। श्रीलंका की विदेश नीति की आत्मा गुटनिरपेक्षता की नीति है। 1955 में श्रीलंका के प्रधानमंत्री के रूप में एस.डब्ल्यू.आर.डी. भंडारनायके के चुने जाने के बाद श्रीलंका की विदेश नीति एक नए युग में प्रवेश की। इस समय शीतयुद्ध अपनी पराकाष्ठा पर था परंतु श्रीलंका ने अपनी गुटनिरपेक्षता की नीति पर चलते हुए अंतर्राष्ट्रीय स्तर पर विश्व के सभी देशों के साथ सार्वभौम की नीति अपनाकर, अपने विदेशी संबंध अच्छे बनाए रखने की भरपूर कोशिश की और उसे सफलता भी इसमें प्राप्त हुई। श्रीलंका विश्व के ज्यादा-से-ज्यादा देशों के साथ अपनी तटस्थता की नीति पर चलते हुए, अच्छे संबंध स्थापित करने हेतु सदैव प्रयत्नशील रहा है। इन्हीं प्रयासों के तहत प्रधानमंत्री एस.डब्ल्यू.आर.डी. भंडारनायके ने कई देशों के साथ कुटनीतिज्ञ संबंध स्थापित किए जिसमें कई साम्यवादी देश भी शामिल थे। साथ-साथ अपनी गुटनिरपेक्षता की विदेश नीति की भी भरपूर वकालत की गई।

श्रीलंका की विदेश नीति में एक नया परिवर्तन तब आया जब दिवंगत श्री मावो भंडारनायके श्रीलंका की प्रधानमंत्री के रूप में शपथ ली। श्रीमावो

भंडारनायके प्रधानमंत्री बनने वाली विश्व की प्रथम महिला थी। इन्होंने गुट-निरपेक्ष आंदोलन को (Non-Alignment Movement) को विकसित करने में अत्यंत महत्वपूर्ण भूमिका निभाई तथा विश्वस्तर पर इस आंदोलन के महत्व को स्थापित किया। अब श्रीलंका की गुटनिरपेक्षता की नीति में विश्वास की सत्यता जगजाहिर हो गया था।

1950, 1960 तथा 1970 के दशक में श्रीलंका का विभिन्न अंतर्राष्ट्रीय मामलों में महत्वपूर्ण भूमिका निभाने जैसे श्रीलंका के प्रधानमंत्री द्वारा छः देशों के राष्ट्राध्यक्षों का सम्मेलन बुलाना ताकि शांतिपूर्ण तरीके से भारत-चीन के बीच के सीमा विवाद का दूर किया जा सके, श्रीलंका के लिए कच्चातिवु मुद्दे का शांतिपूर्वक समाधान निकालने के लिए महत्वपूर्ण कोशिश करना तथा सिरीमा-शास्त्री समझौता के द्वारा लंबे समय से चले आ रहे श्रीलंका में भारत के बागवानी मजदूरों (Plantation Workers) को शांतिपूर्ण तरीके से नागरिकता प्रदान कराने की मांग को मनवाने की सफल कोशिश करना, आदि-आदि महत्वपूर्ण कार्यों एवं प्रयासों के कारण अंतर्राष्ट्रीय स्तर पर मान्यता प्राप्त हुई। इसमें श्रीमावो भंडारनायके की भूमिका अत्यंत महत्वपूर्ण रही। 1976 में कोलंबो में हुए गुटनिरपेक्ष आंदोलन के छठे शिखर सम्मलेन में श्रीलंका ने पूरे विश्व का ध्यान अपनी ओर आकर्षित किया। वैश्विक स्तर पर ऐसी अनेक मुद्दे तथा समस्याएँ हैं जैसे आतंकवाद से मुकाबला, जलवायु परिवर्तन आदि जो पूरे विश्व के लिए चिंता के कारण बने हुए हैं तथा जिनका समाधान पूरे विश्व के हित में आवश्यक है जिसका बहुपक्षीय वार्तालापों के द्वारा समाधान अपरिहार्य है। श्रीलंका ने वैश्विक समस्याओं का बहुपक्षीय बातचीतों एवं वार्तालापों के द्वारा समाधान का प्रबल समर्थक रहा है।

श्रीलंका गुटनिरपेक्ष आंदोलन (NAM) का संस्थापक सदस्य रहा है तथा 1976 में श्रीलंका की राजधानी कोलंबो में इसकी अगुआई में शिखर सम्मेलन भी बुलाया गया था। कुमारातुंगे के राजनीतिक तथा सामाजिक संरचना का लोकतंत्रीकरण करने के प्रयास तथा मानवाधिकार के उल्लंघन की जांच-पड़ताल करने तथा द्वीप में शांति स्थापित करने के प्रयत्न को विश्व समुदाय की अत्यंत सराहना प्राप्त हुई। विश्वस्तर पर कुमारतुंगे के इन प्रयत्नों की प्रशंसा की गई।

2008 में श्रीलंका को भी संघाई सहयोग वार्तालाप (Sanghai Cooperations Dialogue) हेतु भागीदार बनाया गया तथा इसने

संगरी-ला-वार्तालाप में भी अहम् भूमिका का निर्वाह किया है। संगरी-ला-वार्तालाप एक ऐसा मंच है जो कि एशिया-प्रशांत क्षेत्रों की वर्तमान सुरक्षा चुनौतियों से संबंधित समस्याओं का हल ढूंढ़ता है।

सन् 1990 के दशक तथा 21वीं शदी के प्रथम दशक में श्रीलंका की विदेश नीति विभिन्न मुद्दों को ध्यान में रखते हुए निर्धारित की गई है। इसमें सर्वप्रथम मुद्दा था राष्ट्रीय हित की सुरक्षा। इन पिछले दशकों में श्रीलंका की विदेश नीति में सबसे ऊपर राष्ट्रहित एवं राष्ट्र सुरक्षा को रखा गया है और यहाँ की विदेश नीति का निर्देशित सिद्धांत विशेष रूप से यही रहा है। वर्तमान में इसकी विदेश नीति के अंतर्गत देश की सुरक्षा एवं इसकी संप्रभुता की चुनौतियां, श्रीलंका की क्षेत्रीय एकता एवं अखंडता के साथ-साथ व्यापारिक एवं आर्थिक पहलू भी प्राथमिक रूप से स्थान पा रहे हैं।

पाकिस्तान

1. पाकिस्तान : ऐतिहासिक, भौगोलिक तथा आर्थिक संदर्भ

ऐतिहासिक पृष्ठभूमि

आधुनिक पाकिस्तान विभिन्न प्राचीन संस्कृतियों का केंद्र रहा है। जैसे नवपाषाण (Neolithic) में हरागढ़ तथा सिंधु घाटी की सभ्यता एंव कास्य युग (Bronze age)। यहां पर अनेक राजाओं का शासन था जो अलग-अलग धर्म संस्कृति के थे जैसे हिंदू, फारसी, इंडो, ग्रीक, इस्लामिक, तुर्क-मुगल, अफगान तथा सिख। इस क्षेत्र पर अनेक शासकों तथा वंशजों द्वारा भी शासन किया गया। जिनमे भारतीय मौर्य वंश, फारसी अकेमनिड-वंश, मकदूनिया का सिंकदर, अरब उमायाद खालीफा, मंगोल का शासक, मुगल वंश, दुरानी वंश, सिख शासक तथा ब्रिटिश शासक प्रमुख थे।

मोहम्मद अली जिन्ना द्वारा चलाए गए पाकिस्तान निर्माण आंदोलन तथा स्वंतत्रता के लिए महाद्वीपिय संघर्ष के परिणामस्वरूप 1947 में पाकिस्तान अस्तित्व में आया। पाकिस्तान का उपमहाद्वीप के पूर्वी एवं पश्चिमी प्रांतों से मुसलमानों के लिए एक स्वतंत्र राष्ट्र के रूप में हुआ। ये दोनों क्षेत्र मुस्लिम बाहुल्य थे जहां मुसलमानों की जनसंख्या सबसे ज्यादा थी। प्रारंभ में अधिराज्य (dominion) था, फिर 1956 मे पाकिस्तान एक इस्लामिक गणतंत्र बन गया। 1971 के नागरिक युद्ध के कारण इसमें से पूर्वी पाकिस्तान पृथक होकर बंगलादेश के रूप में एक राष्ट्र बन गया।

पाकिस्तान एक संघीय संसदीय गणराज्य है जिसमें चार प्रांत तथा चार संघीय राज्य हैं। यहां विभिन्न जाति तथा भाषा बोलने वाले लोग हैं। पाकिस्तान विश्व का चौथा सबसे बड़ा सैन्य बल वाला देश है तथा यह न्यूक्लियर आणविक शक्ति (Nuclear atomic power) होने के साथ-साथ एक घोषित आणविक शस्त्र (Nuclear atomic state) राज्य भी है, जो कि ऐसा समस्त मुस्लिम देशों में यह सिर्फ अकेला ऐसा देश हैं। तथा दक्षिण एशिया में दूसरा ऐसा देश जिसे यह दर्जा हासिल है। यहां की अर्थव्यवस्था अल्प-औद्योगिक है जहां का कृषि क्षेत्र अत्यंत एकीकृत है। यहां की अर्थव्यवस्था पूरे विश्व में जहां तक इसकी क्रय शक्ति (Purchasing power) का प्रश्न है 26 वें स्थान पर है। तथा सकल घरेलू उत्पाद में 45 वें स्थान पर है। यहां की अर्थव्यवस्था को उभरते तथा विकासशील अर्थव्यवस्था के रूप में देखा जा सकता है।

पाकिस्तान के स्वतंत्रता के बाद के इतिहास सैनिक शासन, राजनीतिक अस्थिरता तथा भारत जैसे पड़ोसी देशों के साथ तनावपूर्ण संबंधों के रूप में चरितार्थ किया जाता है। इस देश के समक्ष विभिन्न प्रकार की चुनौतियां हैं, जैसे बढ़ती जनसंख्या, आतंकवाद, गरीबी, असाक्षरता, तथा भ्रष्टाचार। पंरतु इन सबके बावजूद इसे विश्व के उन देशों के मध्य स्थान प्राप्त है जहां की आय समानता में सबसे ज्यादा है। यहां की जनता दुनिया की सबसे खुशहाल, जनता है। पाकिस्तान की दुनिया के सबसे ज्यादा शक्तिशाली देशों में भी गिनती की जाती है। यह संयुक्त राष्ट्र संघ, सार्क, डी 8, क्योरो प्रोटोकौल, राष्ट्रमंडल देशों, समूह ग्यारह समूह चौबीस, समूह बीस आदि देशों का सदस्य भी है।

भूगोल एवं जलवायु :–पाकिस्तान भारत का पड़ोसी देश है। 23 मार्च 1956 में पाकिस्तान को एक इस्लामी प्रजातंत्र राज्य घोषित किया गया। पाकिस्तान वस्तुतः कोई एक नया देश नहीं है। यह पहले भारतीय उपमहाद्वीप का ही एक अंग था जो 14 अगस्त 1947 को अविभाजित भारत से पृथक होकर एक नए देश के रूप में जन्म लिया। पाकिस्तान का शाब्दिक अर्थ है, 'पवित्र भूमि' (Holy land)। यह दो भागों-पश्चिमी पाकिस्तान तथा पूर्वी पाकिस्तान में विभक्त है जो परस्पर लगभग 1,760 किलोमीटर (1100 मील) में विस्तृत है।

पाकिस्तान का कुल क्षेत्रफल 796, 095 वर्ग किलोमीटर (307, 371 वर्ग मील) है जो फ्रांस तथा इंग्लैंड के कुल क्षेत्रों के बराबर अकेला है। क्षेत्रफल के

अनुसार यह विश्व का छतीसवां सबसे बड़ा देश है। लेकिन यदि विवादित पाकिस्तान के क्षेत्र को इसमें जोड़ दिया जाए तो इसके क्षेत्रफल में अंतर आ सकता है। पाकिस्तान के तट की अरब सागर तथा दक्षिणी ओमान की खाड़ी की लंबाई 1,046 किमी. (650 मील) है तथा भूमि सीमा कुल मिलाकर 6,774 किमी. (4, 209 मील) हैः 2, 430 किमी. (1510 मील) अफगानिस्तान के साथ 523 किमी. (325 मील) चीन के साथ : 2, 912 किमी. (1809 मील) भारत के साथ तथा 909 किमी. (565 मील) ईरान के साथ है। ओमान के साथ इसकी समुद्री सीमा मिलती है तथा शीत एवं संकीर्ण वा खान गलियारा द्वारा यह तजिकिस्तान से पृथक हो जाता है। पाकिस्तान दक्षिण एशिया, मध्यपूर्व तथा मध्य एशिया के मार्ग पर स्थित है जो इसे भूराजनीतिक रूप से एक महत्वपूर्ण स्थान प्रदान करता है।

भूगर्भीय तौर पर पाकिस्तान अपने सिंध तथा पंजाब के प्रांतों में भारतीय विवर्तनिक प्लेट (Indian techtonic plate) को आच्छादित करता है।

बलूचिस्तान तथा अधिकांश खैबर पखतुंखवा यूरेशिया पठार के भीतर ही है जो मुख्य रूप से इरानी पठार पर गिलगिट-बलतिस्तान तथा आजाद काश्मीर भारतीय पठार के तीर के किनारे-किनारे बसे हैं और यही कारण है कि यहां पर काफी खतरनाक भूकंप आते हैं।

दक्षिण के तटवर्ती क्षेत्र से लेकर उत्तर के ग्लेशियर पर्वत तक दृश्य अत्यंत मनमोहक हैं चाहे जंगल हों, पहाड़ियों हों, रेगिस्तान हों या पठार हों।

पाकिस्तान मुख्य रूप से तीन भौगोलिक क्षेत्रों में विभाजित हैः ये क्षेत्र हैं, उत्तर ऊंच भूमि, सिंधु नदी का मैदान तथा बलूचिस्तान का पठार। उत्तरी उच्च भूमि (पहाड़ी प्रदेश) के अंतर्गत काराकोरम, हिंदु कुश तथा पामीर की पर्वत श्रेणियां आती हैं। जिसमें विश्व की सबसे ऊंची चोटियां, जिसमें हजार मीटर से ऊपर की ऊंचाई वाले पर्वत जैसे K_2 (8,611 मीटर), नंगा पर्वत (8,126) भी शामिल हैं। बलूचिस्तान का पठार पश्चिम में पड़ता है जबकि थार रेगिस्तान पूर्व में। 1,609 किमी. लंबी सिंधु नदी तथा इसकी सहायक नदियां इस देश में काश्मीर क्षेत्र से लेकर अरब सागर तक बहती हैं। पंजाब तथा सिंधु के आस-पास जलोढ़ मैदान के क्षेत्रों का भी विस्तार है।

पाकिस्तान की जलवायु उष्ण कटिबंधीय (Tropical) तथा शीतोष्ण जलवायु है। कहीं-कहीं पर यहां की जलवायु उष्ण कटिबंधीय है तो कहीं की

शीतोष्ण। यहां मानसून ऋतु भी होती है जब भारी वर्षा के कारण बार-बार बाढ़ आती है। कभी-कभी वर्षा के अभाव में यहां सुखा भी पड़ता है। यहां मुख्य रूप से चार ऋतुएं हैं जैसा कि भारत में भी है। ये ऋतुएं हैं : 1. ठंडा, शुष्क जाड़ा (दिसंबर से फरवरी); गर्मी शुष्क वसंत (मार्च से मई); ग्रीष्म वर्षा ऋतु और दक्षिण पश्चिम मानसून काल (जून से सितंबर) तथा लौटते मानसून काल (अक्टूबर तथा नवबंर)। वर्षा की औसत प्रत्येक वर्ष एक जैसी नहीं होती है, बल्कि किसी वर्ष ज्यादा वर्षा होती है तो किसी वर्ष कम। बाढ़ भी यहां प्रायः आया करती है।

जनसंख्या :–2012 के रिपोर्ट के अनुसार पाकिस्तान की जनसंख्या करीब 180.1 मिलियन है। जनसंख्या के अनुसार विश्व में पाकिस्तान को छठा स्थान प्राप्त है जो ब्राजील से पीछे तथा बांग्लादेश से आगे है। यहां की जनसंख्या विकास दर करीब 2.03 प्रतिशत है जो कि सार्क के सभी सदस्य मध्यस्थ देशों से ज्यादा है। इस दर से यहां की जनसंख्या में प्रतिवर्ष 3.6 मिलियन की वृद्धि होती है। इस प्रकार 2020 तक यहां की जनसंख्या बढ़कर 210.13 मिलियन हो जाएगी। तथा 2045 तक यह जनसंख्या दुगुनी हो जाने की उम्मीद है। 1947 में जब पाकिस्तान अस्तित्व में आया था तब इसकी कुल जनसंख्या 32.5 मिलियन थी। 2019 से 2029 तक दस वर्षों में यहां की जनसंख्या 57.2 प्रतिशत की दर से बढ़ी है। यह उम्मीद की गई है कि 2030 तक इसकी जनसंख्या इंडोनेशिया से भी ज्यादा हो जाएगी जो सबसे ज्यादा मुस्लिम जनसंख्या वाला देश है। पाकिस्तान एक नव निर्मित देश है। पाकिस्तान का जन्मदर 3.07 प्रतिशत है। जो भारत के 2.54 प्रतिशत से तथा ईरान के 1.73 प्रतिशत से ज्यादा है। यहां करीब 35 प्रतिशत लोग पंद्रह वर्ष की उम्र से कम है।

दक्षिण पाकिस्तान की बहुल जनसंख्या सिंधु नदी के किनारे बसी हुई है। कराची सबसे ज्यादा जनसंख्या वाला शहर है। देश के करीब आधे उत्तरी भाग के प्रमुख शहरों की जनसंख्या वृत्तखंड रूप में बसी हुई है। ये शहर हैं, लाहौर, फैसलाबाद, रावलपिंडी, इस्लामाबाद, गुजरनवाला सियाल कोट, गुजरात, झेलम, सरगोधा, शेखुपुरा, नौशेरा, मर्दान तथा पेशावर। 1990 से 2008 के बीच के वर्षों में शहरों में निवास करने वाले लोगों ने करीब 36 प्रतिशत पाकिस्तान की जनसंख्या का निर्माण किया जिसके परिणामस्वरूप यह दक्षिण एशिया का

सबसे बड़ा शहरीकृत राष्ट्र बन गया। इसके अतिरिक्त करीब पचास प्रतिशत पाकिस्तान की जनसंख्या वैसे शहरों में रहती है जहां की जनसंख्या पांच हजार या उससे ज्यादा है।

यहां 2009 में स्वास्थ्य के ऊपर घरेलू उत्पाद के 2.6 प्रतिशत खर्च किया गया। वहां का 2010 में महिलाओं का आयु अवधि (Life expectancy) 65 वर्ष तथा पुरूषों का 63.6 वर्ष है। यहां की करीब 19 प्रतिशत जनसंख्या तथा 30 प्रतिशत बच्चे कुपोषण के शिकार हैं। करीब 20 प्रतिशत जनसंख्या अंतर्राष्ट्रीय गरीबी रेखा के नीचे जीवन गुजर बसर कर रही है।

पाकिस्तान में करीब 16 भाषाओं से ज्यादा भाषा बोली जाती है। जिसमें अनेक प्रांतीय भाषाएं भी हैं। उर्दू वहां की राष्ट्रभाषा है। जो मुसलमानों की पहचान तथा राष्ट्रीय एकता का प्रतीक भी है। करीब 75 प्रतिशत पाकिस्तानी इस भाषा को अच्छी तरह समझते हैं। अंग्रेजी पाकिस्तान की सरकारी भाषा है। इसका प्रयोग सरकारी तथा वैधानिक कार्यों हेतु किया जाता है। स्थानीय बोली को पाकिस्तानी अंग्रेजी कहा जाता है। पंजाब में पंजाबी सबसे ज्यादा बोली जाने वाली भाषा है। पाश्ता खैबर पखतुंखवा की प्रांतीय भाषा है। सिंधी सिंध की प्रांतीय भाषा है, तथा बलोची भाषा मुख्य रूप से बलोचिस्तान में बोली जाती है।

पाकिस्तान की जनसंख्या में अनेक जातीय समूह की है। वर्ष 2009 के अनुसार, पंजाबियों की जनसंख्या सबसे ज्यादा 78.7 मिलियन (44.15) प्रतिशत थी। इसके बाद पाश्तुनों की संख्या सबसे अधिक है जो 27.2 मिलियन (15. 42) है। सिंधी की संख्या करीब 24.8 14.1.1 मिलियन है सेइराकी 14.8 मिलियन 10.53 प्रतिशत मुहाजिर 13.3 मिलियन 7.577 बलोच 6.3 मिलियन 3.57 प्रतिशत है।

राजनीति

पाकिस्तान एक प्रजातांत्रिक संसदीय संघीय गणराज्य है, जहां का राष्ट्रधर्म इस्लाम है। सर्वप्रथम पाकिस्तान में 1956 में संविधान अस्तित्व में आया। लेकिन 1958 में अयूब खान के द्वारा इसे रद्द कर दिया गया। 1973 के संविधान को जिया-ऊल-हक द्वारा 1977 में निरस्त कर दिया गया। लेकिन 1985 में इसे पुनः बहाल कर दिया गया जो देश का सबसे प्रमुख दस्तावेज है।

इसी संविधान के आधार पर वहां का आम शासन हो रहा है। पाकिस्तान के संपूर्ण राजनीतिक इतिहास में वहां के सैनिक शासन का अत्यंत महत्वपूर्ण भूमिका रही है।

पाकिस्तान का सैन्य शासन वहां की राजनीतिक व्यवस्था में अत्यंत प्रमुख भूमिका निभाता है। वहां ऐसा अनेकों बार हुआ है जब सेना ने वहां की सरकार का तख्ता पलटकर शासन की बागडोर अपने हाथों में ले लिया है। उदाहरण के तौर पर 1958-1971, 1971-1988 तथा 1999 से 2008। आज पाकिस्तान में 'बहुदलीय प्रणाली' (multi party system) है तथा वहाँ की शक्तियों का सरकार के विभिन्न अंगों में स्पष्ट रूप से बंटवारा किया गया है। दूसरे शब्दों में शक्ति के पृथक्करण (Separation of power) के आधार पर यहां की शासन व्यवस्था चलती है। 2013 में हुए आम चुनाव में तीन प्रमुख राजनीतिक दलों ने चुनाव में हिस्सा लिया। और यही तीन दल वहां प्रमुख रूप से अस्तित्व में है। ये तीन दल हैं, नवाज शरीफ का पाकिस्तान मुस्लिम लीग (PML), बिलावल जारदारी भुटो की पाकिस्तान पीपुल्स पार्टी (PPP) तथा इमरान खान की पाकिस्तान मुवमेंट फार जस्टिस।

राष्ट्रपति :–राष्ट्रपति का पद देश का सर्वोच्च संवैधानिक पद होता है। इसका चुनाव निर्वाचक मंडल (Electoral college) द्वारा किया जाता है। यह देश के सैन्य बल का भी प्रधान होता है। परंतु सैन्य बल में प्रमुख नियुक्ति तथा प्रमुख निर्णय लेना प्रधानमंत्री के अधिकार में होता है। परंतु ऐसा वह रिपोर्ट देखने तथा उसके गुण एवं कार्यक्षमता के आधार पर ही कर सकता है। समस्त विभाग जैसे न्याय विभाग, सैन्य प्रधान अध्यक्ष तथा विधायिका के क्षेत्र में की गई अधिकारियों की नियुक्तियों का सत्यापन प्रधानमंत्री से कराना आवश्यक होता है। जिसे राष्ट्रपति का परामर्श भी आवश्यक होता है। यद्यपि कि क्षमा करने का अधिकार पाकिस्तन के राष्ट्रपति को ही प्राप्त है।

विधायिका :–यहां की द्विसदनीय विधायिका है जिसमें एक का नाम सीनेट है जिसमें करीब सौ सदस्य होते हैं तथा दूसरा नेशनल असेंबली है जिनके सदस्यों की संख्या 342 है। नेशनल असेंबली के सदस्यों का चुनाव सार्वभौम वयस्क मताधिकार (Universal Adult suffrage के अंतर्गत किया जाता है जो निर्वाचक जिले का प्रतिनिधित्व करते हैं जिसे राष्ट्रीय विधानसभा (National Assembly) विधानसभा क्षेत्र कहा जाता है। संविधान के **अनुसार**

कुछ सीटें महिलाओं के लिए तथा धार्मिक अल्पसंख्यकों के लिए भी आरक्षित किए गए हैं। ऐसा सभी दलों को करना आवश्यक है। यह आरक्षण समानुपातिक प्रतिनिधित्व के आधार पर किया गया है। सीनेट के सदस्यों का चुनाव प्रांतीय विधायकों के द्वारा किया जाता हैं जिसमें सभी प्रांतों को समान प्रतिनिधित्व प्राप्त है।

कार्यपालिका :–प्रधानमंत्री सामान्तया राष्ट्रीय विधानसभा (National Assembly) में सामान्यतः सबसे बड़े दल के नेता या गठबंधन की सरकार का नेता होता है। वह सरकार का नेतृत्व करता है तथा देश का मुख्य प्रशासक होता है। प्रधानमंत्री द्वारा अपने मंत्रिमंडल का निर्माण किया जाता है। अपने सलाहकार की नियुक्ति वह स्वयं करता है। प्रधानमंत्री द्वारा ही देश के हित में महत्वपूर्ण निर्णय लिए जाते हैं। प्रमुख पदों पर नियुक्तियां भी प्रधानमंत्री की सलाह पर की जाती है, या की गई विभिन्न नियुक्तियों को प्रधानमंत्री का अनुमोदन आवश्यक होता है।

प्रांतीय सरकार :–सभी चार प्रांतों में एक ही प्रकार की सरकारों की व्यवस्था है जहां एक प्रत्यक्ष रूप से चयनित प्रांतीय विधानसभा होती है, जिसमें बहुमत दल के नेता या गठबंधन के नेता को मुख्यमंत्री के रूप में चुना जाता है। मुख्यमंत्री प्रांतीय सरकारों की देखभाल करते हैं तथा प्रांतीय मंत्रिमंडल के नेता होते हैं। पाकिस्तान में यह एक आम बात है कि प्रांतों में अलग-अलग दल की सरकारें या गठबंधन की सरकारें होती हैं। प्रांतीय विधानसभाओं को कानून बनाने के अधिकार होने के साथ-साथ प्रांतीय बजटों को मंजूरी देने का भी अधिकार प्राप्त होता है। जो कि प्रांत के वित्त मंत्री के द्वारा प्रति वर्ष पेश किया जाता है। हर प्रांत के राज्यपाल की नियुक्ति देश के राष्ट्रपति द्वारा की जाती है।

न्यायपालिका :–पाकिस्तान की न्यायपालिका पदसोपान प्रणाली hierarchical system पर आधारित है। यहां दो प्रकार के न्यायालय हैं : वरीय या उच्च न्यायालय तथा अधीनस्थ या निम्न न्यायालय। श्रेष्ठ न्यायालय (वरीय न्यायालय) का निर्माण संघीय शरीयत न्यायालय तथा पांच उच्च न्यायालयों से हुआ है जहां पर सर्वोच्च न्यायालय सबसे ऊपर है। वरीय न्यायालय (सर्वोच्च न्यायालय) को ही संविधान की रक्षा करने तथा सुरक्षित रखने की जिम्मेवारी है आदिवासी क्षेत्रों में ना ही सर्वोच्च न्यायालय को और

ना ही उच्च न्यायालय को दखल देने का अधिकार प्रदान किया गया है। जब तक इन्हें ऐसा करने के लिए नहीं कहा जाता है तब तक वे इस क्षेत्र में किसी प्रकार का दखल नहीं दे सकते। विवादित क्षेत्र ' आजाद काश्मीर' तथा गिलगिट-बलतिस्तान के लिए पृथक न्याय व्यवस्था है।

2. पाकिस्तान का संवैधानिक विकास

पाकिस्तान इस्लाम गणराज्य का संविधान पाकिस्तान का सर्वोच्च कानून है। वहां का संविधान वहां का सर्वोच्च दस्तावेज है। इस देश की पहचान है। इस संविधान में पाकिस्तान की संपूर्ण रूप रेखा, लोगों के मूलभूत अधिकार, राज्य के संवैधानिक कानून व्यवस्था, संवैधानिक संरचना, संस्थानों की स्थापना तथा सैन्य बल आदि के बारे में विस्तृत उल्लेख है। यहां का संविधान इस देश को अपनी एक पहचान प्रदान करता है। प्रथम तीन अध्यायों में नियम कानून, शासनादेश, सरकार के तीनों विभागों, विधायिका, कार्यपालिका तथा न्यायपालिका की शक्तियों का स्पष्ट रूप से विभाजन किया गया है। संविधान में एक राष्ट्रपति की नियुक्ति की व्यवस्था की गई है, जो देश का सम्मानित सर्वोच्च होगा जिसका कार्य देश की एकता को बनाए रखना है।

जुल्फीकार अली भुट्टो द्वारा ड्राफ्ट किया गया संविधान (जिसका देश की विरोधी पार्टियों द्वारा भी समर्थन प्रदान किया गया) विधानसभा द्वारा 10 अप्रैल 1973 को इसे अनुमोदित किया गया तथा 14 अगस्त 1973 को इसे अस्तित्व में लाया गया। इस संविधान में, 1956 तथा 1962 के संविधानों के विपरीत किसी प्रकार का परिवर्तन नहीं किया जा सकता है। हां इसमें संशोधन अवश्य किया जा सकता है।

प्रथम छः अनुच्छेदों में पाकिस्तान की राजनीतिक व्यवस्था एक संघीय संसदीय गणराज्य व्यवस्था के रूप में हमें वर्णन मिलता है। इसमें इस बात का भी उल्लेख है कि इस्लाम यहां का राज्य धर्म होगा। पाकिस्तान में समस्त

शासन व्यवस्था तथा संस्कृति वहां के विधान के अनुसार चलती है। यद्यपि कि इसमें समय-समय पर परिवर्तन भी किए जाते रहे हैं।

पूर्व संविधान :–विभाजन के बाद 1947 में पाकिस्तान को ब्रिटिशभारत से स्वतंत्रता प्राप्त हुई थी। प्रथम दस्तावेज जो पाकिस्तान के संविधान का आधार बना वह था 1935 का भारतीय अधिनियम। पाकिस्तान की पहली संविधान सभा का चुनाव 1947 में हुआ था तथा इसके नौ वर्षों के बाद 1956 में प्रथम संविधान अस्तित्व में आया। परंतु यह संविधान ज्यादा दिन तक अस्तित्व में नहीं रह सका। अक्टूबर 1958 में राष्ट्रपति इस्कंदर मिर्जा ने राज्य ने शासन में नियम विरुद्ध परिवर्तन कर दिया तथा संविधान को निरस्त घोषित कर दिया। इसके कुछ समय बाद ही जनरल अयूब खान ने इस्कंदर मिर्जा को गद्दी से उतारकर स्वयं को राष्ट्रपति घोषित कर दिया। 1960 में एक नए संविधान के निर्माण हेतु एक आयोग की नियुक्ति की गई। 1962 के इस संविधान को राष्ट्रपति अयूब खान द्वारा मान्यता प्रदान की गई। 25 मार्च 1969 को द्वितीय मार्शल कानून लागू कर दिया गया। राष्ट्रपति अयूब खान ने इस संविधान को निरस्त घोषित कर दिया तथा सेना के प्रमुख कमांडर जनरल आगा मोहम्मद याहया खान को देश की बागडोर सौंप दिया।

1969-1973 का काल :–राष्ट्रपति बनने के बाद जनरल याहया खान ने लोगों की पश्चिमी पाकिस्तान के एकल इकाई प्रणाली (one-unit system) को समाप्त करने की मांग को पूरा किया एवं एक व्यक्ति एक मत के आधार पर आम चुनाव कराने का आदेश दिया।

जनरल याहया खान के शासन के दौरान नए संविधान के निर्माण हेतु किसी प्रकार की कोई कोशिश नहीं की गई। सोच ये थी कि स्वतंत्र एवं निष्पक्ष चुनाव के उपरांत एक नए संविधान सभा की स्थापना की जाएगी। आम चुनाव कराने के लिए राष्ट्रपति याहया खान ने 30 मार्च 1970 को एक वैधानिक ढांचा व्यवस्था (Legal framework order) की घोषणा की जिसमें प्रस्तावित संविधान के मूलभूत सिद्धांतों का भी विस्तृत वर्णन किया गया था। इसके अंतर्गत राष्ट्रीय तथा प्रांतीय विधानसभाओं की संरचना तथा गठन के बारे में भी वर्णन किया गया।

दिसंबर 1970 में राष्ट्रीय तथा पांचों प्रांतीय विधानसभाओं में चुनाव कराए गए। साथ-साथ चुनाव स्वतंत्र एवं निष्पक्ष संपन्न कराए गए। यद्यपि कि

याहया खां ने मुजिब को जेल से रिहा कर दिया था। कारण कि राजनेताओं पर लगाए गए सभी आरोप वापस ले लिए गए थे, सरकार की तरफ से किसी प्रकार का कोई हस्तक्षेप नहीं था; पूरी तरह से निष्पक्षता बरती जा रही थी। किसी प्रकार का कोई पक्षपात या भेदभाव राजनीतिक दलों के विरूद्ध नहीं किया जा रहा था। मंत्री परिषद के सदस्यों को चुनाव में भाग लेने पर रोक लगा दी गई थी। चुनाव में किसी प्रकार की कोई गड़बड़ी या धांधली के आरोप नहीं लगाए जा रहे थे जैसा कि आमतौर विकासशील देशों में देखने को मिलता है।

परंतु संयुक्त पाकिस्तान में जो प्रथम तथा अंतिम आम चुनाव कराए गए वे देश की एकता के दृष्टिकोण से अत्यंत खतरनाक थे तथा देश की अखंडता पर प्रश्न चिन्ह लगा दिया था। किसी भी जनता ने राजनीतिक दल में चाहे पूर्वी पाकिस्तान हो या पश्चिमी पाकिस्तान, अपना विश्वास नहीं जताया यानि कि किसी भी दल को ठीक से बहुमत नहीं प्राप्त हुआ। दो क्षेत्रीय दल जैसे अवामी लीग (AL) जिसका नेतृत्व पूर्वी पाकिस्तान में शेख मुजीबुर्रहमान कर रहे थे को 290 में से 288 सीटें हासिल हुईं जो पूर्वी पाकिस्तान के लिए आवंटित किए गए थे। परंतु पश्चिमी पाकिस्तान में इसे एक सीट भी नहीं हासिल हुई।

पाकिस्तान पीपुल्स पार्टी (PPP) जिसका नेतृत्व जुल्फीकार अली भुट्टों कर रहे थे को पश्चिमी पाकिस्तान में 144 में से 88 सीटें हासिल हुई। परंतु इस पार्टी ने पूर्वी पाकिस्तान में एक भी सीट पर अपना उम्मीदवार खड़ा करने की हिम्मत कर पाई थी। पश्चिमी पाकिस्तान में बची शेष 57 सीटों पर सात पार्टियों ने मिलकर जीत हासिल की थी। पश्चिमी पाकिस्तान में 15 निर्दलीय उम्मीदवारों ने भी इस चुनाव में अपना किस्मत अजमाया था। पाकिस्तान पीपुल्स पार्टी (PPP) पश्चिमी पाकिस्तान में अकेले सबसे ज्यादा सीट हासिल करने वाला दल था। इसे सिंध तथा पंजाब में भी बहुमत प्राप्त हुआ था। नेशनल अवामी पार्टी (NAP) को अपने सहयोगी जमाएत-उल-उलेमा-ए-इस्लाम (जिसके नेता मौलाना मुफ्ती महमूद थे) के साथ बलूचिस्तान तथा खैबर-पखतुंखवा में स्पष्ट बहुमत प्राप्त हुआ। पूर्वी पाकिस्तान में पश्चिमी पाकिस्तान के किसी भी दल जैसे PPP को एक भी सीट हासिल नहीं हुई। चुनावों में धार्मिक प्रश्नों की भूमिका बहुत कम या नहीं के बराबर रही। इसमें कोई संदेह नहीं कि पूर्वी पाकिस्तान में स्वायत्तता का मुद्दा ही छाया रहा जिसके नाम पर जनता ने

अपना मत दिया।

अवामी लीग अपने छः सुत्रीय सिद्धांतों को लेकर चुनाव मैदान में गई थी। उसने लोगों से वादा किया था कि सत्ता में आने के बाद पूर्वी पाकिस्तान को वर्तमान संघीय व्यवस्था में परिवर्तन कर ज्यादा से ज्यादा राजनीतिक स्वायत्तता प्रदान की जाएगी। इस व्यवस्था के अंतर्गत सिर्फ दो विभाग-विदेश मामलों तथा रक्षा केंद्र सरकार के अधीन रखे जाएंगे। दूसरी तरफ पाकिस्तान पीपुल्स पार्टी पाकिस्तान केंद्र सरकार की शक्ति में किसी प्रकार की कटौती नहीं करना चाहती थी। 'नेशनल अवामी पार्टी' तथा जामियत उल उलेमा ए इस्लाम जे यू आई अवामी लीग के साथ खड़ी हो गई ताकि उन्हें अपने प्रांतों–बलूचिस्तान तथा खैबर-पंखतुंखवा को ज्यादा से ज्यादा स्वायत्तता प्राप्त हो सके।

परंतु चुनाव के परिणामों ने कुछ अलग ही राजनीतिक परिदृश्य पेश किया। इसका कारण था याहया द्वारा पाकिस्तानी मतदाताओं का क्षेत्रीय आधार पर विभाजन तथा पूर्वी एवं पश्चिमी पाकिस्तान के बीच राजनीतिक ध्रुवीकरण। इस प्रकार राजनीतिक शब्दों में पाकिस्तान एक राष्ट्र के रूप में अपने तेईस साल के अस्तित्व के प्रथम आम चुनाव में ही विभाजित हो गया था।

इस प्रकार 1970 के आम चुनाव ने एक नया राजनीतिक परिदृश्य प्रस्तुत किया। अब सत्ता के तीन अलग-अलग केंद्र बिंदु हो गए यानि सत्ता तीन दलों के मध्य विभाजित हो गया : पूर्वी पाकिस्तान में। अवामी लीग 2. सिंध तथा पंजाब में पाकिस्तान पीपुल्स पार्टी तथा 3. नेशनल अवामी पार्टी तथा जमाएत-उल-उलेमा-ए-इस्लाम। बलूचिस्तान एवं खैबर पंखतुंखवा में इस सबके शीर्ष पर चौथा शक्ति का केंद्र था, सैन्य बल जिसके प्रवक्ता याहया खान थे।

सत्ता के दो प्रमुख दावेदार थे : शेष मुजीबुर्रहमान तथा जुल्फीकार अली भुट्टो। जनवरी तथा मार्च 1971 के बीच इन दोनों प्रमुख क्षेत्रीय नेताओं तथा वर्तमान राष्ट्रपति याहया खान (सैनिक शासन) के मध्य बातचीत शुरू किए गए। परंतु इन तीनों के मध्य हुई त्रिपक्षीय वार्ता के द्वारा संघीय संविधान की स्थापना से संबंधित किसी प्रकार का निर्णय नहीं हो पाया। यह वार्ता निराशाजनक तथा असफल रही। वैधानिक संरचना व्यवस्था के तहत राष्ट्रपति को यह फैसला करना था कि विधानसभा का सत्र कब बुलाया जाए। एक बार

सत्र बुलाए जाने पर 4 महीने (120 दिन) के भीतर एक नए संविधान का निर्माण कर लिया जाएगा। 13 फरवरी 1971 को राष्ट्रपति ने घोषणा की कि नेशनल असेंबली (राष्ट्रीय विधानसभा) की बैठक ढाका में 3 मार्च को बुलाई जाएगी। इस समय तक विभिन्न विरोधी पार्टियों के बीच मतभेद पहले से काफी बढ़ चुके थे। पूर्वी पाकिस्तानी सेना जो कम या ज्यादा इस्लामाबाद को नजरअंदाज कर मानव अधिकारों का लगातार हनन करने में लगी थी, वार्तालाप में बाधा उत्पन्न कर रही थी।

22 दिसंबर 1970 को अवामी लीग का सचिव, ताजुद्दीन अहमद ने दावा किया कि मेरी पार्टी को पूर्ण बहुमत प्राप्त हुआ है और वह अब संविधान बनाने में अकेले सक्षम है तथा केंद्र में अकेले, अपने बलबूते पर सरकार बना सकती है। 3 जनवरी 1971 को शेख मुजीबुर्रहमान ने घोषणा की कि उनकी पार्टी द्वारा स्वयं संविधान का निर्माण नहीं किया जाएगा, यद्यपि कि इसे बहुमत भी प्राप्त है। उन्होंने मना कर दिया, तथापि छः मुद्दों पर बात करने के बारे में कहा गया कि वे अब लोक संपत्ति हैं जिस पर आगे बातचीत नहीं हो सकती। तनाव का प्रमुख कारण यह था कि पश्चिम में बहुमत दल जिसका नेतृत्व भुट्टो के द्वारा किया जा रहा था को इस बात का डर था कि छः बिंदुओं पर आधारित संघ (Federation) की स्थापना से एक कमजोर संघटन (Cofederation) का निर्माण होगा जो सिर्फ नाम का होगा जिससे भारत द्वारा पाकिस्तान को कमजोर करने की नीति को बल मिलेगा। इसका परिणाम यह भी हो सकता है कि कहीं पाकिस्तान के ही दो टुकड़े न हो जाए। यही भय पश्चिम के सैन्य शासक जिसमें याहया खान भी शामिल थे द्वारा भी व्यक्त किया गया था जब उन्होंने कहा था कि 14 जनवरी 1971 को शेख मुजीबुर्रहमान पाकिस्तान के प्रधानमंत्री बन सकते हैं।

15 फरवरी को भुट्टो ने इस बात की मांग की कि या तो नेशनल असेंबली (राष्ट्रीय विधानसभा) के 120 दिन की समय सीमा को समाप्त किया जाए या आरंभिक (Opening) सत्र को रद्द कर दिया जाए। राष्ट्रपति याहया खान ने विधानसभा की बैठक को रद्द कर 25 मार्च तक बढ़ा दिया। नेशनल असेंबली के स्थगन से अवामी लीग तथा पूर्वी पाकिस्तान में भारी रोष व्यक्त हो गया तथा हिंसा भड़क गयी। अवामी लीग द्वारा सविनय अवज्ञा आंदोलन की शुरूआत की गई।

नेशनल असेंबली की 26 मार्च की बैठक को स्थगित कर दिया गया ताकि स्थिति पर नियंत्रण पाया जा सके। सविनय अवज्ञा आंदोलन अब पूरी तरह पृथक राष्ट्र के आंदोलन के रूप में परिवर्तित हो गया जिसे भारतीय सेना का भी भरपूर सहयोग प्राप्त था। इसका परिणाम हुआ कि पाकिस्तान की सेना को भारत की सेना के आगे समर्पण करना पड़ा तथा करीब 93000 पाकिस्तानी सैनिकों को बंदी बना लिया गया, जिन्हें युद्ध बंदी कहा गया। इस प्रकार सबसे बड़े मुस्लिम राष्ट्र युग के रूप में पाकिस्तान का अंत हो गया। अब 16 दिसंबर 1971 को एक नया छोटा पाकिस्तान अस्तित्व में आया। करारी हार मिलने तथा स्थिति को नियंत्रण से बाहर होने के कारण जनरल याहया खान ने अपने पद से त्याग पत्र दे दिया। भुट्टो को 20 दिसंबर 1971 को राष्ट्रपति के रूप शपथ दिलाई गई।

संविधान का प्रारूप एवं अधिनियम :—राष्ट्रपति पद की शपथ लेने के बाद जुल्फीकार अली भुट्टो ने संसदीय दल के नेताओं की 17 अप्रैल 1972 को एक बैठक बुलाई जिसमें संवैधानिक समझौते पर सहमति बनाई गई। इसके लिए एक गहन विचार विमर्श किया गया। पाकिस्तान पीपुल्स पार्टी के परामर्श के आधार पर पाकिस्तानी नेशनल असेंबली ने 17 अक्टूबर 1972 को एक पच्चीस सदस्यीय समिति की नियुक्ति की, ताकि पाकिस्तान के लिए एक स्थायी संविधान के निर्माण हेतु ड्राफ्ट (प्रारूप) तैयार किया जा सके। महमूद अली कसूरी इस समिति के अध्यक्ष थे। 20 अक्टूबर 1972 को संसदीय दल के सभी नेताओं द्वारा पाकिस्तान के लिए संविधान के एक प्रारूप विधेयक (draft bill) पर नेशनल असेंबली में हस्ताक्षर किए गए। 2 फरवरी 1973 को नेशनल असेंबली में पाकिस्तान इस्लाम गणराज्य के संविधान निर्माण हेतु एक विधेयक पेश किया गया। 19 अप्रैल 1973 को असेंबली में सर्वसम्मति से विधेयक को पारित कर दिया गया जिसे 12 अप्रैल 1973 को कार्यवाहक राष्ट्रपति जुल्फीकार अली भुट्टो द्वारा भी समर्थित किया गया। इस प्रकार 14 अगस्त 1973 को संविधान अस्तित्व में आ गया। ठीक उसी दिन भुट्टो के पाकिस्तान के प्रधानमंत्री तथा चौधरी फमल-ए-इलाही पाकिस्तान के राष्ट्रपति बने।

संविधान के प्रावधान :—संविधान मुख्य रूप से तीन मुद्दों पर आधारित सहमति का नतीजा था : इस्लाम की भूमिका, संघीय सरकार तथा प्रांतों के

बीच शक्ति का बंटवारा तथा राष्ट्रपति एवं प्रधानमंत्री के बीच उत्तरदायित्वों का बंटवारा जिसमें प्रधानमंत्री ज्यादा शक्तिशाली बना रहेगा।

संविधान में एक संघीय व्यवस्था का प्रावधान किया गया। संघीय विधायिका ब्रिटिश संसद के जैसा कार्य करेगी। संविधान द्वारा एक द्विसदनीय विधायिका की व्यवस्था की गई जिसमें सीनेट उच्च सभा होगा जिसमें समान प्रांतीय प्रतिनिधित्व होगा तथा दूसरा नेशनल असेंबली (राष्ट्रीय विधानसभा) होगा जो निम्नसदन होगा जिसमें सीटों का आबंटन जनसंख्या के आधार पर किया जाएगा।

इस्लाम को राष्ट्र धर्म घोषित किया गया। संविधान में कहा गया कि पाकिस्तान का सरकारी नाम पाकिस्तान इस्लामिक गणराज्य होगा। सिर्फ एक मुसलमान ही इस देश का राष्ट्रपति या प्रधानमंत्री बन सकता है। इस्लाम विरोधी किसी भी कानून को मान्यता नहीं प्रदान की जाएगी तथा वर्तमान कानून का भी इस्लामीकरण किया जाएगा।

राष्ट्रपति अवश्य ही मुसलमान होना चाहिए जिसकी उम्र 45 वर्ष से कम न हो तथा जिसका चुनाव संसद के सदस्यों द्वारा हो। राष्ट्रपति की नियुक्ति पांच वर्षों के लिए की जाएगी। इसे इसके पद से कुल संसद सदस्यों के एक-तिहाई बहुमत द्वारा एक प्रस्ताव पारित कर हटाया जा सकता है। जब संसद का सत्र नहीं चल रहा हो तो राष्ट्रपति को अध्यादेश जारी करने का अधिकार है। राष्ट्रपति को क्षमा प्रदान करने का भी अधिकार है तथा उसे प्रधानमंत्री से आंतरिक एवं विदेशी नीतियों के बारे में जानकारी प्राप्त करते रहने का भी अधिकार है।

संविधान द्वारा पाकिस्तान में संसदीय व्यवस्था की स्थापना की गई है। संविधान के अनुसार सरकार का मुखिया प्रधानमंत्री होगा। अपने कार्यों के लिए प्रधानमंत्री तथा उसका मंत्रिमंडल नेशनल असेंबली (राष्ट्रीय विधानसभा) के प्रति जिम्मेवार होगा। प्रधानमंत्री का चुनाव नेशनल असेंबली के कुल सदस्य संख्या के बहुमत द्वारा किया जाएगा।

1973 के संविधान सभा द्वारा एक नई संस्था की बहाली की गई जिसे सामान्य हित परिषद कहा गया जिसमें प्रांतों के मुख्यमंत्री होंगे तथा संघीय सरकार के बराबर संख्या के सदस्य होंगे जिन्हें प्रधानमंत्री द्वारा मनोनीत किया जाएगा। इस परिषद को उन नीतियों को बनाने तथा लागू करने का अधिकार

होगा जो विधायिका सूची के भाग II में वर्णित हैं। यदि किसी प्रांत के द्वारा जल के वितरण के बारे में किसी प्रकार की शिकायत (हस्तक्षेप की शिकायत) यदि आती है तो परिषद इस मामले की भी जांच कर सकता है।

दूसरा प्रमुख प्रावधान जो 1973 के संविधान के अंतर्गत किया गया वह था राष्ट्रीय वित आयोग (NFC) की स्थापना करना जिसमें संघीय एवं प्रांतीय वित्त मंत्री तथा अन्य सदस्य होंगे जो संघ तथा प्रांत के बीच राजस्व के बंटवारें को लेकर परामर्श देंगे।

नीति के प्रमुख सिद्धांत (The Principle of policy) के अंतर्गत इस्लाम की जीवन शैली, स्थानीय सरकारी संस्थाओं को बढ़ावा, राष्ट्रीय जीवन में महिलाओं की संपूर्ण भागीदारी, अल्पसंख्यकों की सुरक्षा, लोगों के आर्थिक एवं सामाजिक जीवन स्तर में वृद्धि करना तथा मुस्लिम देशों के साथ अच्छे संबंध विकसित करना तथा अंतराष्ट्रीय शांति की स्थापना हेतु सतत प्रयत्नशील रहना आदि शामिल होंगे।

1973 के संविधान के अंतर्गत मूलभूत अधिकारों की भी व्यवस्था की गई जिसमें शामिल हैं, व्यक्ति की सुरक्षा, बंदी तथा नजरबंदी से सुरक्षा, दास प्रथा तथा बंधुआ मजदूरी पर रोक, आने-जाने की स्वतंत्रता, संस्था के निर्माण की स्वतंत्रता, धर्म को अपनाने की स्वतंत्रता, विचार अभिव्यक्ति की स्वतंत्रता तथा धार्मिक संस्थाओं को सुरक्षा प्रदान करना, सार्वजनिक स्थलो पर जाने तथा नौकरियों में भेदभाव पर रोक, भाषाओं लिपि, तथा संस्कृति का संरक्षण। न्यायपालिका का राज्य के अन्य अंगों पर सर्वोच्च अधिकार होगा। उर्दू देश की राष्ट्रभाषा होगी।

इस्लाम से संबंधित प्रावधान :

1. पाकिस्तान इस्लामिक गणराज्य नाम पाकिस्तान के राज्य के लिए चयनित किया जाएगा।

2. इस्लाम को पाकिस्तान का राज्य धर्म घोषित किया गया।

3. इस्लाम के मूलभूत सिद्धांतों के अनुसार पाकिस्तान के मुसलमानों की जिंदगी (व्यक्तिगत या सामूहिक) तौर पर बेहतर बनाने के लिए भरसक प्रयत्न किए जाएंगे।

4. कुरान तथा इस्लामियत की शिक्षा को अनिवार्य बनाने के लिए भी ठोस कदम उठाए जाएंगे, अरबी भाषा को बढ़ावा देने के लिए तथा कुरान की

सही-सही छपाई तथा प्रकाशन को सुनिश्चित करने के लिए भी कदम उठाए जाएंगे।

5. वेश्यावृति, जुआ तथा मद्यपान के अलावा अश्लील पत्र-पत्रिकाओं का प्रकाशन वितरण आदि पर भी पाबंदी राज्य द्वारा लगाए जाएंगे।

6. राष्ट्रपति तथा प्रधानमंत्री पद के लिए सिर्फ मुसलमान ही योग्य समझे जाएंगे। चाहे वे मर्द हों या औरत।

7. समस्त वर्तमान कानूनों को कुरान तथा सुनाह में दिए गए इस्लाम के समादेश के अनुसार ही बनाना होगा। किसी भी कानून को यदि इस समादेश के अनुसार यदि नहीं बनाया गया हो तो उसे कानून की मान्यता नहीं प्राप्त होगी।

8. इस्लाम विचारधारा की परिषद् का भी निर्माण किया जाएगा जिसे इस्लाम परिषद कहा जाएगा। इस परिषद का प्रमुख कार्य संसद तथा प्रांतीय विधनसभाओं को इस बात के लिए सुझाव देना है कि किस प्रकार से पाकिस्तान में मुसलमानों की जिंदगी को ज्यादा से ज्यादा बेहतर बनाया जा सके।

9. प्रथम बार पाकिस्तन के द्वारा मुसलमान की परिभाषा दी गई है जो निम्न प्रकार से है :

'मुसलमान' का अर्थ है कि वह व्यक्ति जो अल्लाह की एकता में विश्वास करता है, जो (Prophet) मुहम्मद की सर्वोच्चता एवं परमसता में विश्वास करता है। कोई भी मुसलमान स्वयं को पैगंबर या धर्म सुधारक नहीं घोषित कर सकता है, यदि ऐसा कोई करता है या करने की कोशिश करता है तो वह पैगंबर (Prophet) मुहम्मद नहीं हो सकता या उनकी जगह ले सकता है। उस व्यक्ति का पद पैगंबर मुहम्मद के बाद ही माना जाएगा।

10. मुस्लिम देशों के मध्य संबंधों को ज्यादा से ज्यादा मजबूत बनाने के लिए कोशिश की जाएगी।

11. दूसरा संविधान संशोधन (जो 17 सितंबर 1974) से लागू हुआ द्वारा पहली बार यह घोषणा की गई कि अहमदिया समुदाय या लाहौर अहमदिया आंदोलन इस बात का प्रचार करे कि लाहौरी इस्लाम, मुसलमान विरोधी है तथा इस इस्लाम के नेता मिर्जा गुलाम अहमद जो स्वयं को अल्लाह का पैगंबर होने का दावा करता है उस पर कोई भी मुसलमान विश्वास नहीं करेगा।

पूर्व के संविधानों से तुलना :

जहां तक प्रांतीय अधिकारों से संबंधित बात है, 1973 का संविधान पाकिस्तान के विभिन्न संविधानों से सबसे ज्यादा केंद्रीयकृत था। 1935 का भारतीय सरकार अधिनियम जिसे पाकिस्तान ने इसे प्रथम कार्यरत संविधान के रूप में स्वीकार किया, संघीय सरकार को 96 मुद्दों से संबंधित शक्तियां प्रदान की। परंतु 1956 के संविधान के द्वारा इसे घटाकर 49 कर दिया गया। यही 1962 के संविधान में भी बरकरार रहा। लेकिन 1973 के संविधान में इसे बढ़ाकर 114 कर दिया गया?

3. पाकिस्तान की राजनीति तथा दलीय व्यवस्था

कार्यपालिका

पाकिस्तान का राष्ट्रपति, जैसा कि संविधान में प्रावधान किया गया है कि राष्ट्र धर्म इस्लाम होगा के अनुसार एक मुसलमान ही होगा। राष्ट्रपति जिसका चुनाव 5 वर्षों के लिए किया जाएगा तथा जो दोबारा राष्ट्रपति का चुनाव लड़ने का अधिकारी होगा का चुनाव निर्वाचक मंडल द्वारा जिसमें सीनेट तथा नेशनल असेंबली (राष्ट्रीय विधानसभा) तथा प्रांतीय विधानसभाओं के सदस्य शामिल होते हैं, के द्वारा किया जाएगा। कोई भी राष्ट्रपति दो बार से ज्यादा लगातार पद पर बने रहने का अधिकारी नहीं है। राष्ट्रपति को उसके पद से महाभियोग द्वारा या उसकी अयोग्यता या किसी गलत कार्य में शामिल होने के आधार पर हटाया जा सकता है। वह स्वयं भी अपने पद से त्यागपत्र दे सकता है। राष्ट्रपति को उसके पद से पदच्युत करने के लिए संसद के दो-तिहाई सदस्यों की सहमति आवश्यक है? साधारणतः राष्ट्रपति प्रधानमंत्री की सलाह पर ही कार्य करता है लेकिन इसे कुछ अवशिष्ट (residual power) अधिकार भी प्रदान किए गए हैं।

इस शक्तियों में से एक महत्वपूर्ण शक्ति राष्ट्रपति को प्रदान की गई थी वह थी राष्ट्रपति को नेशनल असेंबली को भंग करने का अधिकार। जब राष्ट्रपति को लगेगा कि देश का कार्य संविधान के अनुसार नहीं चल रहा है, या देश का संवैधानिक तंत्र असफल हो गया हो तो वह नेशनल असेंबली को

भंग कर सकता है। यह शक्ति राष्ट्रपति को दो बार प्रदान की गई थी। एक बार 1985 में आठवें संविधान संशोधन के द्वारा तथा दूसरी बार सतरहवां संविधान संशोधन द्वारा। इस शक्ति को दो बार वापस भी ले लिया गया था। पहली बार 1997 में तेरहवां संशोधन द्वारा एवं दूसरी बार 2010 में अठारहवां संविधान संशोधन द्वारा। इन सबके बावजूद राष्ट्रपति राष्ट्रीय सुरक्षा परिषद का (ex-officio) अध्यक्ष भी है। यह राष्ट्रीय सुरक्षा अधिनियम 2004 के अनुसार राष्ट्रपति को अधिकार प्रदान किया गया था।

पाकिस्तान के प्रधानमंत्री की नियुक्ति मत (vote) के द्वारा नेशनल असेंबली के सदस्यों के द्वारा की जाती है। प्रधानमंत्री को अपने कार्य में मदद करने के लिए एक संघीय मंत्रीमंडल तथा एक मंत्रिपरिषद होती है जिसके सदस्यों की नियुक्ति राष्ट्रपति द्वारा प्रधानमंत्री की सलाह पर की जाती है। संघीय मंत्रीमंडल में मंत्री, राज्य मंत्री तथा सलाहकार शामिल होते हैं। 1994 में तैंतीस मंत्रीय विभाग थे : वाणिज्य, संचार, संस्कृति, रक्षा उत्पादन, शिक्षा, पर्यावरण, वित्त तथा आर्थिक मामले, खाद्य एवं कृषि, विदेश मामले, पेट्रोलियम तथा प्राकृतिक संसाधन उत्पादन, स्वास्थ्य, मकान, सूचना एवं प्रसारण, योजना एवं विकास, संसदीय मामले, स्थानीय सरकार, अल्पसंख्यक मामले, रेलवे आदि-आदि।

विधायिका : पाकिस्तान में द्विसदनीय व्यवस्था है जिसमें एक को सीनेट (उच्च सदन) तथा दूसरा नेशनल असेंबली (निम्न सदन) है। संविधान के अनुच्छेद 50 के अनुसार, नेशनल असेंबली, सीनेट तथा राष्ट्रपति तीनों को मिलाकर एक ऐसे निकाय का निर्माण किया गया है जिसे मजलिस-ए-शुरा (सलाहकार परिषद) कहा जाता है।

पाकिस्तान के प्रजातंत्र में किसी प्रकार चुने हुए प्रतिनिधि को वापस बुलाने का प्रावधान नहीं है। फिर भी बीते वर्षों में कई बार सरकारों को संविधान के अनुच्छेद 58 के अनुसार राष्ट्रपति द्वारा भ्रष्टाचार के कारण बर्खास्त किया गया है। तेरहवां संविधान संशोधन के द्वारा राष्ट्रपति से प्रधानमंत्री को बर्खास्त करने तथा नेशनल असेंबली को भंग करने का अधिकार छीन लिया गया था परंतु पुनः सतरहवें संविधान संशोधन के द्वारा इसे अंशतः लागू कर दिया गया है।

सीनेट :—सीनेट पाकिस्तान की एक स्थायी विधायी सदन है जिसमें

प्रत्येक चारों प्रांतों का समान प्रतिनिधित्व होता है जिन्हें अपने-अपने संबंधित विधानसभाओं के सदस्यों द्वारा चुना जाता है। कुछ प्रतिनिधि संघीय शासित जनजातीय क्षेत्र तथा इस्लामाबाद राजधानी क्षेत्र से भी आते हैं। सीनेट का अध्यक्ष राष्ट्रपति के कार्यभार को तब तक संभालेगा यदि किसी कारण राष्ट्रपति का पद रिक्त हो जाता है और किसी नए राष्ट्रपति का चुनाव नहीं हो जाता है सिर्फ वित्तीय विधेयक को छोड़कर सीनेट तथा नेशनल असेंबली दोनों को किसी भी विधेयक पर कार्रवाई शुरू करने तथा उसे पारित करने का अधिकार प्राप्त है। संघीय बजट (federal budget) तथा वित्तीय विधेयक को अनुमोदित करने का अधिकार सिर्फ नेशनल असेंबली को है। जहां तक दूसरे विधेयकों की बात है, तो राष्ट्रपति इन विधेयकों को पारित होने से तब तक रोक सकता है, जब तक दोनों सदन के सदस्य एक संयुक्त बैठक के द्वारा अपने समस्त सदस्यों के बहुमत से इनके पक्ष में अपना मत करते हैं। सीनेट को राष्ट्रपति द्वारा भंग नहीं किया जा सकता है जैसा कि नेशनल असेंबली को राष्ट्रपति भंग कर सकता है।

नेशनल असेंबली (राष्ट्रीय विधानसभा)– नेशनल असेंबली के सदस्यों का चुनाव सार्वभौम वयस्क मताधिकार (Universal adult franchise) द्वारा किया जाता है। पहले इसके लिए मत देने की न्यूनतम आयु 21 वर्ष तय की गई थी लेकिन सतरहवां संविधान संशोधन के द्वारा मत देने की आयु सीमा को घटाकर 18 वर्ष कर दिया गया। समस्त चारों प्रांतों संघीय शक्ति जनजातीय क्षेत्र (Tribal Areas) जनसंख्या के आधार पर इस्लामाबाद राजधानी क्षेत्र इन सबके लिए अलग-अलग सीटों का आबंटन किया गया है। नेशनल असेंबली का कार्यकाल पांच वर्षों के लिए तय किया जाता है। पांच वर्ष के अपने कार्यकाल को पूरा करने के बाद नेशनल असेंबली के लिए पुनः नए चुनाव कराए जाने की घोषणा की जाती है तथा चुनाव के बाद पुनः पांच वर्ष के लिए नई सरकार अस्तित्व में आती है। यदि किसी वजह से सरकार बीच में ही गिर जाती है या सरकार त्यागपत्र दे देती है तो पांच वर्ष के पहले भी नेशनल असेंबली का कार्यकाल समाप्त हो सकता है। यद्यपि इस असेंबली में मुसलमान सदस्यों की संख्या ज्यादा है परंतु ईसाई, हिंदु तथा सिख जैसे अल्पसंख्यकों के लिए भी पांच प्रतिशत सीटें आरक्षित की गई हैं। इन अल्पसंख्यकों का चुनाव भी नेशनल असेंबली के साथ ही पृथक निर्वाचन प्रणाली के आधार पर ही

कराया जाता है। अब करीब पचास से ज्यादा सीटें महिलाओं के लिए भी रखी गई हैं। इन महिलाओं का चुनाव सीधा आम चुनाव के द्वारा नहीं किया जाता है, बल्कि ये जिस दल से संबंध रखती हैं उस दल को आम चुनाव में प्राप्त सीटों के अनुसार इन महिलाओं को नेशनल असेंबली में उनके दल के प्रधान द्वारा प्रतिनिधित्व दिया जाता है। अतः इन महिलाओं का सीधा चुनाव नहीं अपितु चयन (nomination) किया जाता है। पाकिस्तान में पार्टियां राष्ट्रीय तथा प्रांतीय राजनीति में सक्रिय होती है।

4. पाकिस्तान के राजनीतिक दल

पाकिस्तान में अनेक राजनीतिक दलों का अस्तित्व है जो राष्ट्रीय तथा प्रांतीय स्तर पर सक्रिय हैं। पाकिस्तान में विभिन्न राजनीतिक दलों का अस्तित्व है जो निम्न प्रकार से हैं :–

पाकिस्तान मुस्लिम लीग (PML) –इसे पाकिस्तान मुस्लिम लीग नवाज समूह के रूप में भी जाना जाता है। यह पाकिस्तान का सबसे बड़ा राजनीतिक दल है। यह दल 2011 से नवाज शरीफ के नेतृत्व में शासन में है। अभी पाकिस्तान में इसी दल का शासन है जिसके प्रमुख नवाज शरीफ वर्तमान में पाकिस्तान के प्रधानमंत्री है। पाकिस्तान मुस्लिम लीग को 11 मई 2013 को हुए चुनाव में भारी बहुमत प्राप्त हुआ था तथा इस दल की केंद्र में सरकार बनी। इस दल को चुनाव में सबसे ज्यादा सीटें हासिल हुई थी। आज नेशनल असेंबली में इसके सदस्यों की संख्या 103 है जबकि इस असेंबली में सदस्यों की कुल संख्या 189 है। इस दल को पूर्ण बहुमत प्राप्त है। इस दल की स्थापना 1985 में हुई थी इस दल को अपनी प्रथम चुनावी जीत 1990 में हमीद गुल की मदद एवं समर्थन से प्राप्त हुई थी। जिसके कारण नवाज शरीफ 1990-93 तक प्रधानमंत्री रहे तथा दूसरी बार 1996-99 पाकिस्तान के प्रधानमंत्री बनने में कामयाब रहे थे। आज भी इन्हीं की सरकार पाकिस्तान में है। लेकिन धीरे-धीरे इनके शासनकाल की भारी आलोचना होने लगी है? इन पर भ्रष्टाचार तथा गलत तरीके से विरोधियों की हत्या करवाने के आरोप लगाए जाने लगे। भारत व अमेरिका तथा यूरोपीय संघ (EU) के साथ इस दल

के अच्छे संबंध हैं? यह दल सामाजिक तथा धार्मिक रूप से उदार विचार का समर्थक हैं।

2. पाकिस्तान पीपुल्स पार्टी (PPP) :–इस दल की स्थापना 30 नवंबर 1967 को जुल्फीकार अली भुट्टो द्वारा की गई थी जो इस दल के प्रथम अध्यक्ष थे तथा पाकिस्तान के नवें प्रधानमंत्री बने। यह दल अब तक का प्रायः पाकिस्तान का सबसे बड़ा राजनीतिक दल रहा है। जुल्फीकार अली भुट्टो के नेतृत्व तथा कार्यकाल के दौरान इस दल को पाकिस्तान के लोगों का भारी समर्थन प्राप्त था। वहां यह एक लोकप्रिय दल बना रहा। 1970 के आम चुनाव में इस दल ने एक समाजवादी नारा दिया 'रोटी कपड़ा और मकान' तथा चुनाव जीतकर सत्ता में आए। 1971 में भारत के समर्थित बंगलादेश मुक्ति युद्ध के उपरांत इस दल ने देश पर अपना नियंत्रण स्थापित किया।

अपने इस प्रथम कार्यकाल के बाद पाकिस्तान पीपुल्स पार्टी को 1977 में भारी जीत के साथ विजय हासिल हुई और अगले पांच वर्षों के लिए सत्ता में आई। जब इस दल की स्थापना हुई थी तो यह इस्लामिक समाजवादी दल था। परंतु बेनजीर भुट्टो के नेतृत्व में यह दल धर्म निरपेक्ष हो गया। बेनजीर भुट्टो चीन के साथ एक मजबूत संबंध स्थापित करने का पक्षधर थी तथा समाज के नीचे तबके के लोगों पर ज्यादा ध्यान केंद्रित करना चाहती था। बेनजीर भुट्टो ने अमेरिका तथा विश्व बैंक से फंड लेने के लिए वितीय रूढ़िवादी निजीकरण (fiscal conservatism) की नीति को अपनाया। यद्यपि बेनजीर भुट्टो दो बार (1988-90 तथा 1993-96) तक पाकिस्तान की प्रधानमंत्री रही लेकिन देश में अब तक उनकी आलोचना शुरू हो गई थी। उन पर भ्रष्टाचार तथा गलत तरीके से लोगों की हत्या करने के आरोप लगाए जाने लगे। आज सीनेट में इस दल के 41 सदस्य हैं। मार्च 2008 से लेकर 2013 तक इस दल के नेतृत्व में गठबंधन की सरकार रही। सिंध में इसकी प्रांतीय सरकार है। पंजाब में यह प्रमुख विपक्षी दल है तथा दो छोटे प्रांत खैबर पखंतुंखवार तथा बलोचिस्तान के सरकार में भी इस दल की भागीदारी है। 2013 के आम चुनाव में इस दल को करारी हार का सामना करना पड़ा है। इसे नेशनल असेंबली के 189 सीटों में से सिर्फ 32 सीटें हासिल हुई हैं। सिंध के प्रांतीय विधानसभा को छोड़कर करीब-करीब समस्त प्रांतीय विधानसभाओं में भी इस दल ने कुछ अच्छा प्रदर्शन नहीं कर पाया है।

3. पाकिस्तान तहरीक-ए-इंसाफ :–इसका अर्थ है न्याय के लिए पाकिस्तान आंदोलन। इस दल की स्थापना पूर्व क्रिकेट खिलाड़ी इमरान खान द्वारा 25 अप्रैल 1996 को लाहौर में की गई। प्रारंभ में इसे एक सामाजिक आर्थिक आंदोलन के रूप में स्थापित किया गया था। इस दल ने धीरे-धीरे अपना विकास किया है, लोगों के मध्य स्वयं को स्थापित किया है परंतु इसे शीघ्र ज्यादा लोकप्रियता नहीं हासिल हुई। इस दल ने पाकिस्तान के 2008 के आम चुनाव का बहिष्कार किया था। 2011-12 के दौरान इस दल ने पाकिस्तान के दोनों सबसे मजबूत दल पाकिस्तान पीपुल्स पार्टी तथा पाकिस्तान मुस्लिम लीग को भारी टक्कर दिया था। नवाज शरीफ की पार्टी पाकिस्तान मुस्लिम लीग को पहले पंजाब के शहरी क्षेत्रों पर काफी मजबूत पकड़ थी जबकि पाकिस्तान पीपुल्स पार्टी के समर्थक सबसे ज्यादा सिंध प्रांत के थे। लेकिन इमरान खान का यह दल स्वयं को समस्त पाकिस्तानी चाहे वे किसी भी जाति, धर्म, भाषा या प्रांत के हों सबके प्रतिनिधित्व करने का दावा करता है। हालांकि इस दल को अभी तक चुनावों में कोई विशेष सफलता हासिल नहीं हुई है परंतु 30 अक्टूबर 2011 के बाद यह दल मुख्यधारा वाला राष्ट्रीय दल की श्रेणी में स्वयं को स्थापित करने में कामयाब रहा है। इसका प्रमाण यह है कि इसी तिथि को 2011 में करीब 1 लाख लोगों ने इमरान खान द्वारा लाहौर में बुलाई गई रैली में हिस्सा लिया। इस रैली में इतनी बड़ी संख्या में लोगों की उपस्थिति ने इस दल के उत्साह को काफी बढ़ावा दिया तथा विरोधी पार्टियों के भी कान खड़े कर दिए। इस दल का दावा है कि करीब हमारे 60 लाख कार्यकर्त्ता पूरे पाकिस्तान में फैले हुए हैं। यह दल यथास्थिति विरोधी आंदोलन है जो सामंतवादी तथा इस्लामी प्रजातांत्रिक कल्याणकारी राज्य के आधुनिक स्वरूप का समर्थन करता है। यह दल एक ऐसी विदेश नीति का समर्थक है पाकिस्तान आज आतंकवाद, उग्रवाद तथा आतंकवादियों का गढ़ इसलिए बन गया है चूंकि पाकिस्तान आंतकवाद से अपनी लड़ाई में अमेरिका की सहायता ले रहा है। इस दल का मानना है कि पाकिस्तान को स्वयं के शर्त पर तथा एक शांति प्रक्रिया के तहत आतंकवाद के खिलाफ लड़ाई लड़नी चाहिए। 2013 के पाकिस्तान के आम चुनाव में इमरान खान की इस पार्टी को नेशनल असेंबली में 32 सीटें हासिल हुई हैं तथा यह खैबर पंखतुंख़वा के प्रांतीय विधानसभा में सबसे बड़ी पार्टी के रूप में उभरकर सामने आई है तथा पंजाब के प्रांतीय

विधानसभा में यह दूसरी सबसे बड़ी पार्टी के रूप में आई है।

4. जमात-ए-इस्लाम :–(इस्लामी दल) यह एक धार्मिक दल है। तथा यह मुताहिदा मजलिस-ए-अमल का प्रमुख सदस्य है। जो एक धार्मिक सहयोगी है जिसने 2002 में खैबर पंखतुंखवा में सरकार बनाई थी तथा बलोचिस्तान में पाकिस्तान मुस्लिम लीग के साथ मिलकर 2013 के पाकिस्तान के आम चुनाव में गठबंधन की सरकार बनाई है। इस दल को नेशनल असेंबली में 11 सीटें हासिल हुई हैं, तथा खैबर पंखतुंखवा के प्रांतीय विधानसभा के चुनाव में 13 सीटें हासिल हुई है तथा 6 सीटें इसे बलोचिस्तान के प्रांतीय विधानसभा के चुनाव में हासिल हुई हैं। यह दल दो छोटे-छोटे प्रांतों में भी मजबूत स्थिति में है। धार्मिक तथा सामाजिक रूप से यह दल मजबूत स्थिति में है। धार्मिक तथा सामाजिक रूप से यह दल अत्यंत रूढ़िवादी है तथा आर्थिक रूप से उदारवादी समाजवादी। पाकिस्तान की सीनेट में इसके 7 सदस्य हैं।

5. अवामी नेशनल पार्टी :(ANP) –यह एक धर्मनिरपेक्ष तथा पास्तुन राष्ट्रवादी राजनीतिक दल है। जिसके करीब 12 सदस्य सीनेट के सदस्य हैं तथा पाकिस्तान की नेशनल असेंबली में एक सदस्य है। इस पार्टी की स्थापना 1996 में अब्दुल वली खान द्वारा की गई थी तथा इसके वर्तमान अध्यक्ष अखफंदमार वली खान हैं जो बाचा खान के पोते हैं। यह पार्टी 2008 से लेकर 2013 तक पाकिस्तान पीपुल्स पार्टी की सहयोगी दल रही है। इस दल का झुकाव वामपंथी विचारधारा की तरफ ज्यादा है। इसके साथ-साथ यह दल धर्म निरपेक्षता, प्रजातांत्रिक, समाजवाद, आर्थिक समानता तथा सार्वजनिक क्षेत्र का समर्थक है। अवामी नेशनल पार्टी (ANIP) पाकिस्तान की सबसे बड़ी पाश्तुन राष्ट्रवादी दल है। इसका मुख्य रूप से सबसे ज्यादा प्रभाव या लोगों पर पकड़ खैबर-पंखतुंखवा क्षेत्र तथा उसके आस-पास के क्षेत्रों में है। वैसे पाकिस्तान के सिंध तथा बलोचिस्तान प्रांतों में भी इस दल की लोगों में अच्छी पकड़ है। दूसरे शब्दों में इन क्षेत्रों में भी इस दल के भारी समर्थक हैं। इस दल के अपने पड़ोसी देश अफगानिस्तान के साथ अच्छे संबंध होने के साथ अमेरिका से भी अच्छे संबंध हैं।

मुताहिदा कौमी आंदोलन : (MQM) –इसका अर्थ हुआ संयुक्त राष्ट्रीय आंदोलन। इस दल का प्रभाव सिंध प्रांत के कुछ शहरी क्षेत्रों के मुहाजिर समुदाय में काफी ज्यादा है। एक विद्यार्थी संगठन आफ पाकिस्तान मुहाजिर

स्टूडेंट आर्गेनाइजेशन (APMSO) की स्थापना 1978 में अल्ताफ हुसैन द्वारा की गई थी। जो बाद में 1984 में मुहाजिर कौमी आंदोलन में परिवर्तित हो गया। विभिन्न सामाजिक तथा राजनीतिक मामलों में इस दल का विचार उदारवादी तथा विकासवादी हैं परंतु कराची के शहर में खून-खराबा कराने के लिए तथा हिंसक गतिविधियों में शामिल होने के लिए इस दल की भारी आलोचना की गई। 1992 से 1999 तक पाकिस्तान की आर्मी द्वारा हिंसक गतिविधियों में शामिल होने वाले अपराधियों को खत्म करने के लिए एक अभियान शुरू किया था जिसमें इस दल के विरूद्ध भी कार्रवाई की गई थी। इस अभियान के दौरान अनेक निर्दोष लोगों की भी जानें गई थीं। 1997 में इस दल द्वारा सार्वजनिक तौर पर अपने नाम में से मुहाजिर शब्द को हटा दिया। राजनीतिक तथा सामाजिक रूप से उदारवादी विचार वाली इस पार्टी ने 11 सितंबर 2001 में अलकायदा द्वारा की गई घृणित कार्य के लिए इसने अल कायदा की भारी आलोचना की थी तथा मारे गए लोगों एवं उनके परिवारवालों के साथ सहानुभूति व्यक्त की गई थी। मुताह्दिा कौमी आंदोलन सिंध में दूसरी सबसे बड़ी पार्टी है तथा पूरे देश में इसका चौथा स्थान है सबसे पार्टी के रूप में।

5. पाकिस्तान की विदेश नीति

पाकिस्तान का जन्म—पाकिस्तान की स्थापना 14 अगस्त, 1947 को भारतीय उपमहाद्वीप का विभाजन करके हुई। मुस्लिम लीग के अध्यक्ष मुहम्मद अली जिन्ना पाकिस्तान के पहले गवर्नर जनरल बने और प्रधानमंत्री का पद श्री लियाकत अली खां ने संभाला। अपने जन्म के कुछ दिनों बाद ही पाकिस्तान संयुक्त राष्ट्रसंघ का सदस्य बना लिया गया। जिन्ना पाकिस्तान के सबसे बड़े नेता थे। कोई भी राजनीतिक नेता उनका विरोध नहीं कर सकता था। 1948 में उनकी मृत्यु हों गई जिसके फलस्वरूप पाकिस्तान के राजनीतिक नेतृत्व प्रधानमंत्री लियाकत अली खां ने संभाला, लेकिन जिन्ना की तुलना में वे लोकप्रिय न थे। उस समय पाकिस्तान के समक्ष जो समस्याएं थीं उनमें कश्मीर की समस्या, नहरी पानी की समस्या, आर्थिक समस्या तथा शरणार्थियों की समस्याएं प्रमुख थी। लियाकत अली खां अपने शासनकाल में इनमें से किसी भी समस्या का समाधान नहीं कर पाए। देश में असंतोष बढ़ता गया और अक्टूबर, 1951 को सार्वजनिक सभा में एक अफगान युवक ने उनकी हत्या कर दी। इस घटना के बाद ख्वाजा निजामुद्दीन प्रधानमंत्री तथा गुलाम मुहम्मद गवर्नर जनरल बने। लेकिन देश को किसी भी समस्या का समाधान ये लोग नहीं कर सके।

सैनिक तानाशाही की स्थापना—1953 तक इन समस्याओं ने गंभीर रूप धारण कर लिया और 7 अप्रैल 1953 को गवर्नर जनरल ने निजामुद्दीन मंत्रिमंडल को भंग कर दिया और अमेरिका स्थित पाकिस्तान के राजदूत श्री

मुहम्मद अली को प्रधानमंत्री बनाया। इसके बाद पाकिस्तान को अमेरिका से सैनिक सहायता मिलने लगी।

लेकिन पाकिस्तान की राजनीतिक अस्थिरता का अंत नहीं हुआ। प्रशासन में भ्रष्टाचार का बोलबाला था। उधर अमेरिका से बहुत बड़ी मात्रा में सैनिक सहायता मिल रही थी। अब पाकिस्तान की सेना पहले से कहीं अधिक शक्तिशाली और प्रभाव संपन्न बन गई थी। उनके जनरलों के मन में सत्ता की प्यास जाग उठी थी। 7 अक्टूबर, 1958 को प्रधान सेनापति जनरल अयूब के नेतृत्व में सेना ने सरकार के विरूद्ध विद्रोह कर दिया और सत्ता हस्तगत कर ली। प्रेंसिडेंट इस्कंदर मिर्जा ने घोषणा करके देश में मार्शल लॉ लागू कर दिया, नवनिर्मित संविधान स्थगित कर दिया गया, संविधान सभा भंग कर दी गई, ओर समस्त राजनीतिक दलों को समाप्त कर दिया गया।

कुछ दिनों तक इस्कंदर मिर्जा और जनरल अयूब मिल जुलकर शासन चलाते रहे। लेकिन वे अधिक समय तक सहयोग नहीं कर सके। इस्कंदर मिर्जा को अपना पद छोड़ना पड़ा और सत्ता पूरी तरह जनरल अयूब के हाथों में आ गई। इसके उपरांत जनरल अयूब पाकिस्तान के सैनिक तानाशाह बन गए। जनता को कोई राजनीतिक अधिकार नहीं है। 17 फरवरी 1960 को हुए 'चुनावों' में उन्होंने पाकिस्तान में 'मौलिक लोकतंत्र' लागू करने की घोषणा की।

पाकिस्तान की विदेश नीति—पाकिस्तान की विदेश नीति का केवल एक ही लक्ष्य है—भारत को नीचा दिखाना और इसका मूल आधार कश्मीर की समस्या है। कश्मीर के एक प्रश्न पर भारत को झुकाने के लिए बाध्य करना और कश्मीर को भारत से विलग कर पाकिस्तान में मिलाना पाकिस्तान का एकमात्र लक्ष्य रहा है। अतएव आरंभ से ही उसे भारत के विरूद्ध अपना पक्ष मजबूत करने और सैनिक शक्ति को बढ़ाने के लिए ऐसे मित्रों की आवश्यकता थी जो कश्मीर के प्रश्न पर उसका समर्थन करते और साथ ही पूरी सहायता भी देते। अतएव इन परिस्थितियों में पाकिस्तान ने प्रारंभ से ही तटस्थता की नीति का परित्याग कर दिया। कश्मीर के अतिरिक्त एक और तथ्य ने पाकिस्तानी विदेश नीति को प्रभावित किया है। संसार का सबसे बड़ा इस्लामी राज्य होने के नाते पाकिस्तान की यह इच्छा रही कि वह संपूर्ण इस्लामी जगत का नेतृत्व करें। लेकिन पाकिस्तान को इस नीति में सफलता नहीं मिल सकी।

पाकिस्तान ने पश्चिमी देशों के साथ सैनिक गठबंधन में बंध जाने का निर्णय किया। इसका वास्तविक कारण साम्यवाद का विरोध नहीं था। इस नीति को अपनाने के मुख्य कारण निम्नलिखित थे :

1. पश्चिमी देशों और अन्य देशों के साथ सैनिक गठबंधनों में बंधकर भारत को भयभीत एवं आतंकित करना।

2. सैनिक दृष्टि से अपने को इतना शक्तिशाली बना लेना कि भारत किसी भी हालत में सैनिक दृष्टि से श्रेष्ठ न होने पाए।

3. भारत के विरूद्ध पश्चिमी राष्ट्रों का समर्थन प्राप्त करना।

4. भारत के मुकाबले अधिक शक्तिशाली होकर कश्मीर समस्या को अपने अनुकूल हल कराने के लिए भारत को बाध्य करना।

इस प्रकार भारत को अपना घोर शत्रु मानना पाकिस्तान की विदेश-नीति का मुख्य आधार है। यदि आवश्यकता पड़े तो वह भारत को हानि पहुंचाने और कठिनाई में डालने के लिए साम्यवाद से भी गठबंधन करने को तैयार रहता है, जैसा कि अंतर्राष्ट्रीय प्रश्नों पर अधिकांशतः पश्चिमी देशों का समर्थन करता है, लेकिन इधर कुछ वर्षों से साम्यवादी देशों के प्रति उसकी नीति में कुछ परिवर्तन आया है। अब पाकिस्तान के शासक कई बार पश्चिमी देशों को इस बात की चेतावनी भी दे चुके हैं कि यदि उन्होंने कश्मीर के प्रश्न पर भारत के विरूद्ध पाकिस्तान का पूरा-पूरा समर्थन नहीं किया तो उसवे अंपनी विदेश-नीति में महत्वपूर्ण परिवर्तन करने के लिए बाध्य होना पड़ेगा। चीन के प्रति पाकिस्तान की मैत्रीपूर्ण नीति उसकी अवसरवादिता का नहीं वरन् भारत के प्रति उसकी दुर्भावना का परिचायक है। इस संबंध में पाकिस्तान ने सोवियत संघ को भी अपने पक्ष में करने का प्रयास किया है। संयुक्त राष्ट्र सुरक्षा परिषद में सोवियत संघ के विरोध के कारण ही पाकिस्तान की कश्मीर संबंधी मनोकामना पूरी नहीं हो पाई। अतएव पाकिस्तान ने सोवियत संघ के प्रति अपनी नीति में परिवर्तन करके उसको भी अपने पक्ष में करने का प्रयास किया।

1964 में प्रेसिडेंट अयूब खां की सोवियत रूस की यात्रा इसी उद्देश्य से हुई थी। इसके उपरांत पाकिस्तान के विदेश मंत्री जुलाफिकार अली भुट्टो भी कई बार सोवियत संघ का दौरा कर चुके थे। जनवरी, 1966 में ताशकंद वार्ता में सोवियत प्रधानमंत्री के आमंत्रण पर शामिल होना पाकिस्तान की शांतिवादी

विदेश-नीति का परिचायक नहीं वरन् सोवियत संघ को प्रसन्न करने का प्रयत्न ही माना जाएगा। लेकिन कश्मीर के प्रश्न पर सोवियत संघ की नीति में अभी तक कोई परिवर्तन नहीं हुआ है। वह कश्मीर को भारत का अंग मानता है। दूसरे चीन और पाकिस्तान के बीच बढ़ते हुए मैत्रीपूर्ण संबंध को भी रूस शंका की दृष्टि से देखता है। इसके अतिरिक्त भारतीय उपमहाद्वीप में शीत युद्ध के लाने के लिए सोवियत संघ पाकिस्तान को ही दोषी मानता है। 1954 में अमेरिका के साथ पाकिस्तान की जो सैनिक संधि हुई और जिसके फलस्वरूप पाकिस्तान को साम्यवाद के विरोध के नाम पर जो सैनिक सहायता मिली, उसे सोवियत संघ कैसे भूल सकता है। पाकिस्तान में अमेरिका के कई सैनिक अड्डे भी कायम हैं जो सोवियत संघ की सुरक्षा की दृष्टि से बड़े खतरनाक हैं। कई बार सोवियत नेता पाकिस्तान को रूस विरोधी कार्यवाही के लिए चेतावनी भी दे चुके हैं। यू-2 विमान कांड के अवसर पर सोवियत प्रधानमंत्री खुश्चेव ने यहां तक कह दिया था कि यदि पाकिस्तान ने अपने हवाई अड्डों को सोवियत रूस के विरूद्ध जासूसी उड़ान भरने के लिए प्रयुक्त होने दिया तो रूस एक ही प्रहार में उन्हें नष्ट-भ्रष्ट कर देगा।

कश्मीर नीति का मूलाधार—जैसा कि हम कह चुके हैं, पाकिस्तान भारत को अपना सबसे बड़ा शत्रु मानता है। वस्तुतः पाकिस्तान के शासकों और भारत के शासक वर्ग में पुरानी सैद्धांतिक शत्रुता चली आ रही है। भारत के स्वाधीनता संघर्ष में ये एक-दूसरे के विरोधी थे और दो राष्ट्रों के सिद्धांतों को लेकर उनमें निरंतर उग्र मतभेद रहे थे। उन्हें यह भी मालूम था कि भारत के नेताओं ने इस सिद्धांत को स्वीकार नहीं किया है। अतः उनकी पुरानी विरोधी भावना मरी नहीं और वे भारत को हर बात पर विरोध करने और उसे अपने शत्रु मानने पर तुले हुए थे। स्वतंत्रता प्राप्ति के बाद इस मतभेद ने और भी उग्र रूप धारण कर लिया। पाकिस्तान का जन्म धर्म के आधार पर हुआ था। अतएव भारत और पाकिस्तान के बीच मौलिक मतभेद है। यह मध्यकालीन धर्मांधता तथा आधुनिक धर्म-निरपेक्षता तथा समाजवाद और सैनिक तानाशाही का मतभेद है अतएव यह मानना कि पाकिस्तान और भारत में कश्मीर के प्रश्न को लेकर, झगड़ा है, गलत होगा। वास्तविकता यह है कि यदि कश्मीर की समस्या नस होती तो इस तरह की किसी दूसरी समस्या को खड़ा करना पड़ता। बात यह है कि पाकिस्तान को अपना पड़ोसी भारत फूटी आंखों नहीं

भासता।

इसके अतिरिक्त पाकिस्तान की आंतरिक राजनीति भी कश्मीर के प्रश्न का एक तत्व है। देश की जनता का ध्यान आंतरिक व्यवस्था और समस्याओं से हटाने से हटाने के लिए एक सरल उपाय यह होता है कि कोई विदेशी दुश्मन पैदा कर दिया जाए। जन-साधारण को विदेशी दुश्मन द्वारा उत्पन्न खतरे की बात आसानी से समझ में आ जाती हैं। जिसके फलस्वरूप देश में अस्थायी तौर पर एकता भी स्थापित की जा सकती है। इस भूमिका के लिए पाकिस्तान ने भारत को चुना है और पाकिस्तान को विदेश-नीति का मुख्य उद्देश्य पाकिस्तानियों के दिल-दिमाग में भारत के प्रति घृणा और क्रोध की आग जलाना है। इस एक लक्ष्य के समक्ष पाकिस्तान अन्य बातों को महत्व नहीं देता। इस हालत में यदि कश्मीर का प्रश्न नहीं रहता तो भी उसे पैदा किया जाता। पाकिस्तान ने विभिन्न देशों के साथ जो सैनिक संधियां की हैं, यह वस्तुतः पश्चिमी देशों अथवा संबंधित देशों से सहानुभूति रखने के कारण नहीं, बल्कि अपने हितों की रक्षा के लिए की गई हैं।

मुस्लिम जगत का नेतृत्व—पाकिस्तान की विदेश नीति का दूसरा उद्देश्य विश्व के सभी मुस्लिन देशों में एकता के सूत्र में बांधकर एकमात्र इस्लामिक संघ की स्थापना करना भी था। उसने इस बात का बड़ा यत्न किया है कि वह पश्चिम एशिया और समस्त अरब देशों का एक संघ बनाकर उसका नेतृत्व करें अतर्राष्ट्रीय जगत में भारत से अधिक सम्मानित और प्रतिष्ठित स्थान पाना इसका उद्देश्य है। लकिन मिस्त्र के राष्ट्रपति नासिर के विरोध के कारण पाकिस्तान की यह नीति सफल नहीं हो सकी; यद्यपि अपने इस उद्देश्य की पूर्ति के लिए पाकिस्तान ने कई कदम भी उठाए। पाकिस्तान में 1950 और 1954 में दो बार मुस्लिम देशों के अंतर्राष्ट्रीय आर्थिक सम्मेलन का आयोजन हुआ। पाकिस्तान द्वारा पराधीनता की बेड़ी में जकड़े हुए कई मुस्लिम देशों का समय-समय पर समर्थन भी हुआ है।इस्लामी देशों के प्रमुख प्रवक्ता और समर्थक के रूप में उसने अपने आप को प्रस्तुत करने का प्रयास भी किया। लेकिन स्वेज नहर के संकट के समय जब एक मुस्लिम देश पर विपत्ति आई तो उसने साम्राज्यवादी देशों का ही साथ दिया और जिसके कारण उसकी प्रतिष्ठा को बहुत ठेस पहुंची। अफगानिस्तान के संबंध बिगड़ने के कारण भी मुस्लिम समस्या पूर्ववत् कायम है और पखतूनिस्तान के प्रश्न को लेकर

अफगानिस्तान और पाकिस्तान के संबंधों में तनाव अपनी चरम सीमा पर पहुंच गया। डूरंड रेखा को पाकिस्तान-अफगानिस्तान सीमा रेखा बनाए रखने में पाकिस्तान की विदेश नीति सदा सक्रिय रही है।

पाकिस्तान की विदेश-नीति के कुछ तथ्य-इस विश्लेषण के बाद पाकिस्तान की विदेश नीति के संबंध में कुछ निष्कर्ष निकाले जा सकते हैं :

1. पाकिस्तान अमेरिका के साथ एक सैनिक सुरक्षा संधि से आबद्ध है। इस संधि के अंतर्गत पाकिस्तान को अमेरिका से मुक्त सैनिक सहायता मिलती है।

2. पाकिस्तान ने 1954 में अमेरिका और तुर्की के साथ पारस्परिक सुरक्षा संधि कर ली और बगदाद संधि (अब सेंटो) और सीटों में भी सम्मिलित हो गया। इन सैनिक संधियों में शामिल होकर अंतर्राष्ट्रीय संबंधों के क्षेत्र में वह खुले रूप से पश्चिमी देशों का समर्थक बन गया।

3. लेकिन पाकिस्तान की विदेश-नीति का मुख्य उद्देश्य भारत का विरोध करना है। अतएव पिछले पांच-छः वर्षों से उसकी विदेश-नीति कई तरह की कलाबाजियां दिखा रही है। एक तरफ तो पश्चिमी गुट में शामिल है और दूसरी तरफ उस गुट के प्रधान शत्रु चीन के साथ भी मेल-जोल बढ़ा रहे हैं।

4. एशियाई देशों के संगठन और एकता में पाकिस्तान का विश्वास नहीं है क्योंकि विभिन्न जातियों और धर्मावलंबियों के एक सूत्र में आबद्ध होने और मित्र बनकर रहने के सिद्धांत में पाकिस्तान विश्वास नहीं करता।

5. अंतर्राष्ट्रीय राजनीति में तटस्थतावाद पर पाकिस्तान को जरा भी विश्वास नहीं है। यद्यपि समय-समय पर पाकिस्तान के कुछ दलों ने तटस्थ नीति अपनाने के पक्ष में अपना मत प्रकट किया है, लेकिन पाकिस्तान के शासक इस नीति को राष्ट्रीय हित में हानिकारक मानते है। वस्तुतः पाकिस्तान की विदेश-नीति का निर्धारण वहां के राजनीतिक नेताओं द्वारा नहीं बल्कि विशेषज्ञों द्वारा होता रहा है।

भारत पाक युद्ध और वर्तमान विदेश-नीति–1965 के मध्य में एशिया की राजनीति में एक नवीन तथ्य का उदय हो रहा था। पाकिस्तान, चीन और इंडोनेशिया के संबंध में दिनोदिन बहुत बढ़ रहे थे और इसको देखकर पिंडी-पेंकिंग-जकार्ता धुरी' की स्थापना की बात की जा रही थी। वस्तुतः इन तीनों देशों का संबंध बड़ा ही घनिष्ठ हो गया था। इस बात का प्रबल प्रमाण तब मिला जब सितंबर 1965 में भारत और पाकिस्तान के बीच युद्ध छिड़

गया। कम्युनिस्ट चीन में खुलेआम पाकिस्तान का समर्थन ही नहीं किया, बल्कि पाकिस्तान को सहायता देने के उद्देश्य से भारत के विरूद्ध कड़ा रूख अपनाया तथा चीन भारत सीमा पर सैनिक गतिविधि भी प्रारंभ कर दी। भारत के साथ युद्ध में पाकिस्तान को इससे अवश्य ही कुछ लाभ हुआ। कम-से-कम कुछ दिनों तक पाकिस्तानियों का मनोबल तो उसने ही ऊंचा किया। चीन की इस मित्रतापूर्ण कार्रवाई के लिए पाकिस्तान के शासकों ने अपनी कृतज्ञता भी प्रकट की।

इंडोनेशिया से भी पाकिस्तान को वैसा ही समर्थन मिला। राष्ट्रपति सुकर्ण ने भारत को कड़े शब्दों में चेतावनी दी, पाकिस्तान को सैनिक सहायता का भरोसा दिया और इंडोनेशिया के नागरिकों को भारतीय दूतावास में उपद्रव करने को भड़काया गया। यद्यपि पाकिस्तान को युद्ध में इससे कोई प्रत्यक्ष लाभ नहीं हुआ, लेकिन एशिया में जिस 'धुरी' का उदय हो रहा था उसके सुदृढ़ होने की संभावना स्पष्ट होने लगी। चीन की तरफ से भी कोई प्रभावकारी कदम नहीं उठाया गया। इससे पाकिस्तान को कुछ निराशा अवश्य हुई।

भारत के साथ युद्ध के समय पाकिस्तान को और भी निराशा हुई। पश्चिमी राज्यों ने भी उसका पूरा समर्थन नहीं किया। अमेरिका और ब्रिटेन ने सैनिक सहायता देना स्थगित कर दिया। जब तुर्की और ईरान ने पाकिस्तान को सहायता देने का वचन दिया तो बहुत अंशों में पश्चिमी राज्यों के दबाव के कारण से भी वैसा नहीं कर सके। सुरक्षा परिषद् में जोर्डन के सिवा किसी राज्य ने खुलकर पाकिस्तान का समर्थन नहीं किया। मलयेशिया के प्रतिनिधि ने तो पाकिस्तान की कड़ी आलोचना की। पाकिस्तान को सैनिक पराजय नहीं वरन अंतर्राष्ट्रीय कूटनीतिक दबाव ने भी भारत के साथ युद्ध बंद कर देने को बाध्य किया। इस युद्ध में पाकिस्तान की संपूर्ण नीति-सैनिक और कूटनीतिक के खोखलेपन को स्पष्ट कर दिया।

ताशकंद सम्मेलन—ताशकंद सम्मेलन को पाकिस्तान की विदेश-नीति में एक महत्वपूर्ण अध्याय माना जा सकता है। जिस समय भारत और पाकिस्तान में युद्ध चल रहा था उसी समय सोवियत प्रधानमंत्री की ओर से युद्ध बंद करने और सोवियत भूमि पर समझौता वार्ता करने के लिए राष्ट्रपति अयूब खां को एक पत्र मिला। ऐसा ही पत्र भारत के प्रधानमंत्री को भी प्राप्त हुआ। भारत ने तो इसे तुरंत स्वीकार कर लिया, लेकिन पाकिस्तान ने पहले आनाकानी की।

बाद में इसको डूबते को तिनका का सहारा मानकर स्वीकार कर लिया गया। लेकिन पाकिस्तान ने ऐसे किसी सम्मेलन पर विश्वास नहीं किया। ताशकंद सम्मेलन होने के कुछ दिनों पूर्व अमेरिकी राष्ट्रपति जॉनसन के समक्ष गिड़गिड़ाने के लिए जब अयूब खां संयुक्त राज्य अमेरिका गए तो इस अवसर से लाभ उठाकर उन्होंने संयुक्त राष्ट्रसंघ में एक भाषण दिया। उस भाषण में कहीं भी ताशकंद सम्मेलन की चर्चा नहीं की गई। ये सारी बातें इस बात की द्योतक हैं कि पाकिस्तान के शासकों में विदेश नीति के संबंध में एक स्पष्ट रूपरेखा नहीं थी। शुरू में सोवियत संघ द्वारा आयोजित ताशकंद सम्मेलन की उपेक्षा करना और बाद में फिर स्वीकार करके उस सम्मेलन में भाग लेना इस तथ्य का सूचक है कि विदेश-नीति के क्षेत्र में उस समय पाकिस्तान के शासक किंकर्त्तव्यविमूढ़ हो गए थे। किंकर्त्तव्यविमूढ़ता की यह स्थिति आज भी पाकिस्तान की विदेश-नीति में विद्यमान है।

पाकिस्तान की विदेश नीति आज वस्तुतः एक चौराहे पर खड़ी है और यह कब कैसा मोड़ ले, कहा नहीं जा सकता। भारत को नीचा दिखलाने और कश्मीर को हड़पने के लिए साम्यवाद के विरोध के नाम पर उसने पहले पश्चिम राष्ट्रों का साथ दिया। जब उसे कोई लाभ नहीं हुआ तो उसने चीन के साथ गठबंधन कियसा लेकिन चीन की मैत्री से भी उसे कोई लाभ नहीं पहुंचा। अब पाकिस्तान एक-दूसरे प्रयोग में संलग्न है। वह अब सोवियत संघ की ओर झुक रहा है। ताशकंद सम्मेलन में शामिल होना और सोवियत संघ की बात मानकर भारत के ासाथ एक अस्थायी समझौता कर लेना इस नीति का प्रारंभ था। इसके बाद सोवियत संघ के साथ उसके संबंध निरंतर बढ़ता गया। इधर हाल में सोवियतसंघ और पाकिस्तान में कई समझौते हुए हैं और दोनों देशों के राजनेताओं ने एक-दूसरे की यात्रा की। अप्रैल, 1968 में प्रधानमंत्री कोसिजिन की पाकिस्तान यात्रा से दोनों देशों के बीच संबंध का एक नया अध्याय शुरू हुआ। सोवियत सहायता सेप पूर्वी पाकिस्तान में एक इस्पात कारखाना तथा एक आणविक शक्ति केंद्र खोलने का प्रस्ताव हुआ। सोवियत संघ के साथ पाकिस्तान का घनिष्ठ संबंध स्थापित हुआ तो यह भारत और एशिया की शांति के हक में एक अच्छा कदम होगा। सोवियत संघ के मैत्रीपूर्ण तथा सहानुभूतिपूर्ण नीति के प्रभाव से कश्मीर की समस्या का उचित समाधान हो सकता है और भारत एवं पाकिस्तान के संबंध में सुधार हो सकता है। सोवियत

संघ पाकिस्तान को चीन की तरफ से विमुख करने के लिए भी प्रयत्नशील रहा। इसी उद्देश्य से उसने जुलाई, 1968 में पाकिस्तान को सैनिक सहायता देने का निश्चय किया।

पाकिस्तान में निर्वाचन—31 मार्च, 1969 को पाकिस्तान के इतिहास में एक नया अध्याय शुरू हुआ जब राष्ट्रपति अयूब खां ने पदत्याग कर दिया और उनकी जगह पर याह्या खां पाकिस्तान के राष्ट्रपति बने। अयूब खां के सैनिक शासन के विरूद्ध पाकिस्तान में विशेषकर पूर्वी पाकिस्तान में भयंकर जन-आंदोलन हुआ था, जिसका उद्देश्य पाकिस्तान में प्रजातांत्रिक शासन-व्यवस्था स्थापित करना था। इस पृष्ठभूमि में अयूब खां को अपदस्थ करके जब याह्या खां ने पाकिस्तान के राष्ट्रपति का पद संभाला तो उन्होंने वादा किया कि वे शीघ्र ही देश में चुनाव की व्यवस्था कराएंगे और शासन-सत्ता जनता द्वारा चुने गए प्रतिनिधियों को सुपुर्द कर देंगे। 7 सितंबर 1970 में यह चुनाव संपन्न हुआ। 300 सदस्यीय राष्ट्रीय असेंबली में मुजीबुर्रहमान की अवामी लीग को 160 स्थान तथा जुलफिकार अली भुट्टों की पीपुल्स पार्टी को 84 स्थान मिले। 17 सितंबर को प्रादेशिक विधान सभाओं के चुनाव हुए। इस चुनाव में भी पूर्वी पाकिस्तान में शेख मुजीबुर्रहमान की अवामी लीग और पश्चिमी पाकिस्तान में भुट्टों की पीपुल्स पार्टी को सफलता मिली। चुनाव के परिणामों के विश्लेषण से पता चलता है कि पंद्रह वर्ष के सैनिक शासन के ऊबे मतदाताओं ने परिवर्तन, लोकतंत्र, प्रगतिशील नीतियों और जनता के प्रति उत्तरदायी राजनीतिक व्यवस्था के लिए मतदान किया।

राष्ट्रीय असेंबली में यद्यपि अवामी लीग को पूर्ण बहुमत प्राप्त हो गया किंतु पाकिस्तान का राजनीतिक भविष्य अंधकार में ही पड़ा रहा। नव-निर्वाचित असेंबली को 120 दिनों के अंदर पाकिस्तान के लिए संविधान तैयार करना था। राष्ट्रपति याह्या खां ने यह भी धमकी दी थी कि यह संविधान देश की एकता नष्ट करने वाला हुआ तो यह उसे अस्वीका कर सकते हैं। दूसरे अर्थो में वह चाहे तो अनिश्चित काल तक पाकिस्तान में सैनिक शासन बनाए रख सकते हैं।

अवामी लीग के कार्यक्रम—शेख मुजीबुर्रहमान की अवामी लीग छह-सूत्री कार्यक्रम के आधार पर चुनाव में कूदी थी। इसमें सबसे प्रमुख बात थी पूर्वी पाकिस्तान की स्वायत्तता। पूर्वी पाकिस्तान की जनता यह महसूस करने लगी

थी कि पश्चिमी पाकिस्तान के पूंजीपति वहां की साढ़े सात करोड़ आबादी का शोषण करते हैं और उनका दृढ़ विश्वास था कि इस शोषण का अंत तभी हो सकता है जब पूर्वी पाकिस्तान को स्वायत्तता मिल जाए।

यह बिल्कुल स्वाभाविक था कि पश्चिमी पाकिस्तान के निहित स्वार्थ वाले इस तरह की किसी भी प्रवृत्ति का विरोध करें। अतएव पिपुल्स पार्टी के अध्यक्ष ने यह स्पष्ट कर दिया कि 3 मार्च, 1971 से ढाका में शुरू होने वाले राष्ट्रीय असेंबली के अधिवेशन का उनका दल बहिष्कार करेगा। स्थिति स्पष्ट थी। राष्ट्रीय एसेंबली में आवामी लीग का बहुमत था और इस बहुमत के आधार पर वह अपने विचारों के अनुसा संविधान बना लेती। भुट्टों अवामी लीग के छह सूत्री कार्यक्रम का कट्टर विरोध करते रहें। चुनाव के पहले ही शेख मुजीबुर्रहमान कहा करते थे कि यदि वे चुनाव में जीते तो वह अपने पड़ोसी देशों के साथ अच्छा संबंध कायम करेंगे, सीएटो तथा सेंटो से पाकिस्तान को निकाल लेंगे और देश से गुरबत निकालने का हर संभव प्रयास करेंगे। शेख रहमान की पार्टी लोकतंत्र, समाजवाद और धर्म-निरपेक्षता के सिद्धांत पर आधारित थी। लेकिन पीपुल्स पार्टी का वैचारिक आधार इससे एकदम भिन्न था। भुट्टो सशक्त केंद्र और इस्लामी समाजवाद की हामी भरते थे। ऐसी दशा में गतिरोध उत्पन्न हो जाना बिल्कुल स्वाभाविक था।

उधर राष्ट्रीय एसेंबली के लिए चुने गए अवामी लीग के सदस्यों ने शेख मुजीबुर्रहमान को सर्वसम्मति से अपना नेता चुन लिया तथा उन्हें देश का भावी संविधान तैयार करने की भी पूरी आजादी दे दी। नेता चुने जाने के बाद शेख ने अपने समर्थकों के समक्ष भाषण देते हुए देश की अखंडता की बात कहीं। उन्होंने देश के पश्चिमी भाग द्वारा पूर्वी भाग के शोषण का जिक्र भी किया और कहा कि अवामी लीग अब इसको सहन नहीं करेंगी।

इसी बीच अवामी लीग ने संविधान की रूपरेखा तैयार कर ली जो मोटे तौर पर छह-सूत्री कार्यक्रम के अनुसार थरी। दस्तावेज में केंद्रीय सरकार को प्रतिरक्षा, विदेशी मामले और वित्त की जिम्मेवारी दी गई। विदेशी व्यापार और सहायता राज्यों के लिए छोड़ दिया गया। केंद्र को कर लेने का अधिकार नहीं रहा। प्रांतों को विदेशों से स्वाधीनतापूर्वक व्यापार करने की छूट दी गई। यह संविधान पाकिस्तान के 'इस्लामी गणराज्य' का न होकर केवल पाकिस्तान संघीय गणराज्य का होता।

3 मार्च, 1971 से ढाका में राष्ट्रीय एसेंबली का अधिवेशन शुरू होने वाला थ। अवामी लीग के रूख को देखकर पीपुल्स पार्टी के अध्यक्ष जुल्फिकार अली भुट्टो ने उसके बहिष्कार की धमकी देकर गतिरोध उत्पन्न कर दिया। भुट्टो ने मांग की कि एसेंबली की बैठक स्थगित कर दी जाए और यह तब तक शुरू नहीं हो जब तक प्रमुख राजनीतिक दलों में कोई समझौता नहीं हो जाता। उन्होंने यह धमकी भी दी कि यदि 3 मार्च से एसेंबली का अधिवेशन शुरू हुआ तो पूरे पश्चिमी पाकिस्तान में हड़तालों का दौर शुरू हो जाएगा। और एक ऐसा विस्फोटक वातावरण बन सकता है जिसमें आम बशर का जीना मुहाल हो जाएगा। जानकार क्षेत्रों में यह आशंका व्यक्त की जा रही थी कि भुट्टो और याह्या में एक ऐसी सांठ-गांठ और गठबंधन होता जा रहा है जिसकी मंशा पूर्वी पाकिस्तान के हाथ में सत्ता न जाने देना है। राष्ट्रीय एसेंबली को स्थगित करने का निर्णय लेने से पहले राष्ट्रपति याह्या खां ने भुट्टो से एक दिन पहले एक लंबी वार्ता की थी। संभवतः उसी वार्ता में यह निर्णय लिया गया। 1 मार्च को राष्ट्रपति ने एक वक्तव्य दिया और कहा कि 3 मार्च को ढाका में शुरू होने वाले राष्ट्रीय एसेंबली के अधिवेशन को अनिश्चित काल तक के लिए स्थगित किया जाता है।

याह्या खां की इस घोषणा से अवामी लीग ने नेता शेख मुजीबुर्रहमान ने अपनी नाखुशी का इजहार करते हुए कहा कि 3 मार्च को सारे पूर्वी पाकिस्तान में हड़ताल रहेंगी और विरोध का स्तर हड़ताल तक ही सीमित नहीं रहेगा। 3 मार्च को हड़ताल हुई और उसके बाद हड़तालों का तांता लग गया। इतने व्यापक पैमाने पर लगातार कई दिनों तक हड़ताल होने की यह अद्वितीय घटना थी। हड़ताल को दबाने के लिए सेना अपने बैरकों से निकली और कई बार गोलियां चलाकर सैकड़ों व्यक्तियों को मौत के घाट उतार दिया। फिर भी जनता का मनोबल नहीं गिरा। पूर्वी पाकिस्तान के व्यापक जनजागरण को देखकर याह्या खां को झुकना पड़ा। 6 मार्च को एक रेडियो प्रसारण में उन्होंने कहा कि राष्ट्रीय एसेंबली का अधिवेशन अब 25 मार्च से शुरू होगा लेकिन अधिवेशन कहां होगा। इसका जिक्र उन्होंने नहीं किया।

बंगालियों का मुक्ति-संग्राम– 7 मार्च 1971 को ढाका के रेसकार्स मैदान में लाखों नागरिकों के बीच भाषण करते हुए शेख मुजीबुर्रहमान ने कहा कि "राष्ट्रपति याह्या खां ने 25 मार्च को अधिवेशन बुलाया है। कहां? पता नहीं।

लेकिन हम उसमें तभी शामिल होंगे जब हमारी चार मांगें मान ली जाएगी। मार्शल ला की समाप्ति, सेना की बैरकों में वापसी, पिछले डेढ़ हफ्ते में पूर्व पाकिस्तान में बेमौत मारे जाने वाले लोगों की न्यायिक जांच तथा शासन की बागडोर को जनता द्वारा चुने गए प्रतिनिधियो को सौंपने का यकीन। 8 मार्च से सरकार को न करों की अदायगी होगी और न राजस्व मिलेगा। सरकारी दफ्तर, न्यायालय और स्कूल बंद रहेंगे। सिर्फ दो घंटे के लिए बैंक खुलेंगे। यदि हम पर एक गोली बरसाई जाएगी तो हम घर-घर को किला बना देंगे। शेख ने जनता के समक्ष एक असहयोग आंदोलन का कार्यक्रम रखा। इसके द्वारा शेखने यह आदेश दियसा कि पूर्वी पाकिस्तान की सभी इमारतों पर काले झंडे फहराए जाएंगे, सभी गांवों ओर शहरों में संग्राम समितियों का गठन होगा, सरकारी तथा अर्द्ध सरकारी दफ्तर एवं न्यायालय बंद रहेंगे, रेल सेवाओं तथा बंदरगाहों का सामान्य तौर पर संचालन होगा। लेकिन सेना के लिए आए आज सामान को नहीं उतारा जाएगा। यदि सेना शक्ति का प्रयोग करेगी तो कर्मचारी काम करने से इंकार कर देंगे। बैंकों में काम होगा लेकिन पूर्व से पश्चिम पाकिस्तान जाने वाली निधि का हस्तांतरण नहीं किया जाएगा।

8 मार्च से पूर्वी पाकिस्तान अवामी लीग के आदेशों से काम चलने लगा। पाकिस्तान रेडियो के ढाका केंद्र ने अवामी लीग का समर्थन किया और शेख मुजीबुर्रहमान के भाषण का प्रसारण करने लगा। रेडियो ढाका का नाम बदलकर "ढाका बेतार केंद्र" कर दिया गया। पहली बार ढाका रेडियो से स्वाधीनतापूर्वक के देशभक्ति के गीत गाए गए। गवर्नर के बंगाली रसोइए सरकारी गृह छोड़कर चले गए। पूर्वी पाकिस्तान के न्यायाधीशों ने मनोनीत गवर्नर टिक्का खां को शपथ ग्रहण कराने से इंकार कर दिया। पूर्वी पाकिस्तान राइफल और बंगाल राइफल के सैनिकों ने अपने पश्चिमी पाकिस्तानी हुक्मरानों के आदेशों का उल्लंघन करना शुरू कर दिया। वस्तुतः पूर्वी पाकिस्तान ने "मुक्ति के लिए संघर्ष" शुरू हो चुका था।

राष्ट्रपति याह्या खां पूर्वी पाकिस्तान में घटने वाली घटनाओं की संभावना से पूर्णतया अवगत थे। 25 मार्च को अधिवेशन की नई तारीख तय करने से पहले याह्या खां ने भुट्टों से एक लंबी बातचीत की थी। शुरू से ही इस बात की आशंका की जा रही थी कि राष्ट्रपति याह्य खां ने भुट्टों से सांठ-गांठ करके नई तारीख का जो ऐलान किया था, वह मात्र दिखावा था। प्रेक्षकों का कहना

था कि पश्चिमी पाकिस्तान से पूर्वी पाकिस्तान जहाज से जाने के लिए लगभग उन्नीस दिन लगते हैं। याह्या खां चाहते थे कि इन उन्नीस दिनों के बीच पूर्वी पाकिस्तान को पश्चिमी पाकिस्तान सेनाओं से इस प्रकार भर दें कि यहां के लोग सिर नहीं उठा सकें। पूर्वी पाकिस्तान की सात करोड़ की आबादी से सैनिकों की संख्या मात्र चालीस हजार थी। दंगों को काबू में करते-करते चालीस हजार सैनिक कभी भी हिंसक लोगों की गिरफ्त में आ सकते थे। अतएव और अधिक सैनिकों को ले जाना आवश्यक समझा गया। यह निश्चित था कि यदि बहुत बड़ी तादाद में पश्चिमी पाकिस्तानी सैनिक पूर्वी पाकिस्तान पहुंच गए तो वहां काफी रक्तपात होगा। इसी डर को ध्यान में रखकर विदेशी नागरिकों ने ढाका छोड़ना भी शुरू कर दिया।

पाकिस्तान द्वारा दमन—15 मार्च को शेख मुजीबुर्रहमान ने स्वाधीन बांग्लादेश की घोषणा कर दी और प्रशासन का कार्यभार संभालते हुए पैंतीस आदेश जारी किए। यह कदम उस समय उठाया गया जिस समय सैनिक सत्ताधिकारियों के हुक्मों का कार्यभार लेना था। इन हुक्मों के अनुसार 15 मार्च से जो असैनिक कर्मचारी अपने काम पर नहीं लौटता उसे नौकरी से निकाला तो जाता ही साथ ही दस वर्ष की सजा दी जाती। उधर जैसे ही मुजीब ने सत्ता संभाली वैसे ही राष्ट्रपति याह्या खां करांची से वार्ता के लिए ढाका पहुंचे। दोनों नेताओं के बीच कई दौर में वार्ताएं हुई। मुजीब ने स्वायत्तता की मांग दुहराई और यह कहा कि पाकिस्तान के दोनों भागों के लिए संविधान सभा की बैठक अलग-अलग हो और वे पृथक रूप से अपने संविधानों की रचना करें। पश्चिमी पाकिस्तान के अन्य नेता भी ढाका बुलाए गए। लेकिन इन वार्ताओं का कोई नतीजा नहीं निकाला। 23 मार्च को पाकिस्तान दिवसव पर जहां याह्या ने "अखंड पाकिस्तान" की मांग बुलंद की वहां अवामी लीग ने यह दिन प्रतिरोध दिवस के तौर पर मनाया गया। उस दिन अवामी लीग की मुख्य इमारतों पर बांग्लादेश के झंडे फहराए गए। 25 मार्च को शेख याह्या खां वार्ता एकाएक भंग हो गई और उसी रात मुजीबुर्रहमान पाकिस्तानी सैनिकों द्वारा कैद कर लिए गए। 26 मार्च को अवामी लीग की मुक्ति फौज तथा पाकिस्तानी सेना में वाजप्ता युद्ध शुरू हो गया। शेख मुजीबुर्रहमान की चंटगांव, रंगपुर कोमिल्ला होकर आगे बढ़ती हुई फौजों ने पाकिस्तानी फौजों को ढाका से बेदखल कर दिया। मार्शल लॉ प्रशासक अपने मुख्यालय से भाग खड़े हुए और मुजीब की मुक्ति फौज का पूरी

तौर पर ढाका पर कब्जा हो गया। इसके पूर्व युद्ध के दौरान पाकिस्तानी फौज ने ढाका को पूरी तरह बर्बाद कर दिया और वह बुलंद इमारतों की जगह खंडहरों का नगर रह गया। ढाका विश्वविद्यालय को पाकिस्तानी सैनिकों ने अपना मुख्य निशाना बनाया। विश्वविद्यालय के सैकड़ों शिक्षक और छात्र पाकिस्तानी मशीनगनों के शिकार बने। संपूर्ण पूर्वी बंगाल के समाचारों पर कड़ा प्रतिबंध लगा दिया गया। विदेशी पत्रकारों को उनके होटल में बंद कर दिया गया और कैदी की तरह उन्हें हवाई अड्डे लाकर देश से बाहर किया गया।

26 मार्च को राष्ट्रपति याह्या खां ने पाकिस्तानी रेडियो से राष्ट्र के नाम अपने संदेश का प्रसारण किया। उन्होंने मुजीब के असहयोग आंदोलन को गद्दारी का कार्य घोषित किया और अवामी लीग को एक गैर-कानूनी संस्था घोषित किया गया। इसके साथ ही मार्शल लॉ के नियम और कठोर कर दिए गए और मार्शल लॉ प्रशासक को आदेश मिला कि वह सभी साधनों का उपयोग करके पूर्वी बंगाल की बगावत को कुचल दें। इसके बाद पाकिस्तानी सैनिकों ने निहत्थी बंगाली जनता पर टैंक और हवाई हमले शुरू किए। हजारों हजार की संख्या में लोग मारे जाने लगे। पूर्वी बंगाल में ऐसा नर-संहार शुरू हुआ जिसकी मिसाल शायद ही सभ्य दुनिया के इतिहास में कहीं मिल सके।। इतने बड़े पैमाने पर नरमेध होने पर भी संसार के विविध देश चुप्पी साधे रहे। अरब देशों ने इस घटना पर अपनी प्रतिक्रिया व्यक्त नहीं की। ब्रिटिश पार्लियामेंट में विदेश सचिव का पूर्वी पाकिस्तान के संबंध में जो भाषण हुआ वह अत्यंत निराशाजनक रहा। अमरीकी सरकार ने साफ साफ शब्दों में अपनी प्रतिक्रिया जाहिर नहीं करने का ही निश्चय किया। केवल सोवियत संघ ने पाकिस्तानी सरकार को पत्र लिखकर पूर्वी बंगाल में उराके द्वारा किए जाने वाली कार्रवाई पर अपना खेद व्यक्त किया और यह आशा व्यक्त की कि पाकिस्तान के सैनिक तानाशाह संयम से काम लेंगे तथा जनता की जनतांत्रिक भावना का आदर करेंगे। लेकिन पाकिस्तान के तानाशाहों पर इसका कोई असर नहीं पड़ा और वे बंगाल की जनता की कीड़े मकोड़े की तरह मारते रहें।

12 अप्रैल 1971 की स्वाधीन बांग्लादेश की सरकार का गठन कर लियसा गया। लेकिन किसी देश ने सरकार को राजनयिक मान्यता प्रदान नहीं की। बांग्लादेश का प्रश्न अंतर्राष्ट्रीय प्रश्न न बनने पाए इस प्रयास में पाकिस्तान

सरकार को पूरी सफलता मिली। सैनिक दृष्टिकोण से भी पाकिस्तान ने तत्काल के लिए बंगाल के विद्रोह को कुचल दिया। इस हालत में लाखो-लाख की संख्या में बंगाली लोग भागकर भारत आए और भारत के समक्ष विस्थापितों ने एक भयंकर समस्या पैदा कर ली। चूंकि भारत ने शुरू से ही पूर्व बंगाल के लोगों की आकांक्षा के प्रति अपनी सहानुभूति दी थी, इस कारण पाकिस्तान तथा भारत का संबंध बहुत ही बिगड़ गया।

भारत का दृष्टिकोण—पूर्वी पाकिस्तान में एक अत्यंत विशाल पैमाने पर नरमेध हुआ तथा लोकतंत्र का गला घोंटा गया। लेकिन सोवियत संघ को छोड़कर किसी देश की सरकार ने इसकी आलोचना नहीं की। अरब देश इसे पाकिस्तान का आंतरिक मामला मानते हुए मौन रहे तथा अमेरिका और ब्रिटेन ने इस घटना के प्रति तटस्थता का दृष्टिकोण ही अपनाया। लेकिन पड़ोसी देश होने के नाते भारत इन घटनाओं की उपेक्षा नहीं कर सकता था। पूर्वी पाकिस्तान के चुनाव में जब शेख मुजीबुर्रहमान के नेतृत्व में अवामी लीग को सफलता मिली थी तो भारत ने इसका खुले दिल से स्वागत किया था। शेख लोकतंत्र, धर्मनिरपेक्षता, समाजवाद तथा पड़ोसी देशों के साथ मैत्री के प्रवक्ता थे और भारत को यह आशा थी कि उनके हाथ में सत्ता जाने पर भारत-पाकिस्तान संबंध में मैत्रीपूर्ण संबंध का एक नया अध्याय शुरू होगा। इसलिए प्रारंभ से ही भारत सरकार और प्रगतिशील भारतीय लोकमत की सहानुभूति अवामी लीग के साथ थी। लेकिन जब पाकिस्तान के सैनिक शासकों ने लोकतंत्र का गला घोंटना शुरू किया और भुट्टों के साथ सांठगांठ करके इस्लामाबाद में पूर्वी पाकिस्तान की जनता की आकांक्षाओं को कुचलना शुरू कि तो भारत में घोर निराशा और चिंता हुई। इसलिए जब पाकिस्तान में गृह-युद्ध का सूत्रपात हुआतो भारत ने पूर्वी बंगाल को अपना पूरा नैतिक समर्थन दिया। भारतीय समाचार पत्र, राजनीतिक पाटियों और सरकार सबों ने एक स्वर में इस्लामाबाद की कार्रवाई की निंदा की और पूर्वी बंगाल के लोगों के प्रति अपनी सहानुभूति प्रकट की। कुछ लोगों ने अवामी लीग की अस्थायी सरकार को तुरंत मान्यता देकर सैनिक सहायता देने की मांग की। भारतीय संसद में इस विषय पर सर्वसम्मति से एक प्रस्ताव स्वीकृत हुआ। इस प्रस्ताव मे यह दृढ़ विश्वास व्यक्त किया गया था कि बांग्लादेशकी साढ़े सात करोड़ जनता का ऐतिहासिक मुक्ति संघर्ष अंततः सफल होगा। प्रस्ताव में पश्चिमी पाकिस्तान पर यह

आरोप लगाया गया था कि उसने दिसंबर 1970 में संपन्न आम चुनाव में पूर्वी बंगाल की जनता में अभिमत की सरासर उपेक्षा की और राष्ट्रीय असेंबली को अपने अधिकार और संपूर्ण प्रभुत्व संपन्न भूमिका से वंचित रखा।

इसके कुछ ही दिनों बाद दिल्ली में आयोजित अखिल भारतीय कांग्रेस समिति की बैठक में श्रीमति इंदिरा गांधी ने कहा कि यद्यपि भारत के लिए न तो यह उचित है और न संभव ही है कि वह बांग्लादेश में पाकिस्तान के सैनिक हुक्कमों के नृशंस कारनामों को मूक रहकर देखता रहे, किंतु जल्दबाजी में ऐसा कोई कदम नहीं उठाना चाहिए जिससे मामला और पेचीदा हो जाए तथा बांग्लादेश की जनता की समस्याएं और उनका संताप बढ़ जाए। भारत ने बांग्लादेशकी जनता पर ढाए गए जुल्म के खिलाफ अपनी आवाज बुलंद की है और आशा है कि संसार के अन्य समिति द्वारा सर्वसम्मति से एक प्रस्ताव पास किया गया जिसमें बांग्लादेश पर ढाए गए जोर-जुल्म की तीव्र भर्त्सना की गई और विश्वभर की जनता और सरकारों से यह अनुरोध किया गया कि वे बंग जनता के क्रमिक संहार से पाकिस्तान सरकार को रोकने के लिए तुरंत ठोस कदम उठाए। यह प्रस्ताव विदेश मंत्री स्वर्ण सिंह ने पेश किया। उन्होंने आश्वासन दिया कि बांग्लादेश की अस्थायी सरकार को मान्यता दिए जाने की मांग पर सरकार गंभीरतापूर्वक गोर कर रही है।

इसी तरह के प्रस्ताव भारत की भी राजनीतिक पार्टियों ने पारित किए। बंगाल की घटनाओं की ओर विश्व का ध्यान आकर्षित करने के लिए ऑल इंडिया रेडियों.आकाशवाणी) ने प्रमुख भूमिका का निर्वाह किया। पाकिस्तानी सैनिक शासकों ने स बात का पूरा प्रबंध कर लिया था कि पूर्वी बंगाल में जन-विद्रोह और सेना द्वारा कुचले जाने की भनक दुनिया को नहीं मिले। लेकिन रेडियो और समाचार-पत्रों के संवाददाताओं ने इस प्रयास को नाकामयाब कर दिया। ऐसी हालत में पाकिस्तान की सरकार ने भारत पर आरोप लगायाकि वह पाकिस्तान के अदरूनी मामले में हस्तक्षेप कर रहा है और इसके विरूद्ध कड़ा विरोध पत्र भेजा। पाकिस्तानी रेडियो और वहा के नियंत्रित समाचार पत्र हमेशा यही राग अलापते रहे। ऐसी स्थिति में दोनों देशों के संबंध में पुनः जोरों का तनाव आ गया।

कूटनीतिक तनाव—यह तनाव तब और अधिक बढ़ गया जब कुछ पाकिस्तानियों ने दिल्ली स्थित पाकिस्तानी उच्चायुक्त से अपना संबंध विच्छेद

करके भारत में राजनीतिक शरण की मांग की और भारत सरकार ने उनके अनुरोध को तत्काल स्वीकार कर लिया। इसके उपरांत 18 अप्रैल 1971 को कलकत्ता स्थित पाकिस्तानी उप-उच्चायुक्त तथा सत्तर अन्य कर्मचारियों ने पाकिस्तान से अपना संबंध विच्छेद कर लिया और अपने को स्वाधीन बांग्लादेश को दूतावास घोषित कर दिया। पाकिस्तान सरकार भारत सरकार से यह अपेक्षा करती थी कि वह उप-उच्चायुक्त के भवन को पाकिस्तान सरकार के सुपुर्द करने में उसको मदद करेगी, लेकिन यह संभव नहीं था। इसलिए ढाका स्थित अपने उप-उच्चायुक्त के साथ पाकिस्तान सरकार के बुरे बर्ताव की संभावना बढ़ गई। इस संभावना से बचने के लिए भारत सरकार ने ढाका स्थित अपने उप-उच्चायुक्त से कर्मचारियो और उनके परिवार के सदस्यों को निकालने का फैसला किया। लेकिन पाकिस्तान सरकार ने इसकी सुविधा नहीं दी तथा कलकत्ता स्थित पाकिस्तानी उप-उच्चायुक्त की इमारत ने मिलने पर भारत को गंभीरतापूर्वक परिणामो की धमकी दी। जब पाकिस्तान के नव-नियुक्त उप-उच्चायुक्त मेहदी मसूद कलकत्ता आए तो नगर के लोगों ने उनका विरूद्ध घोर प्रदर्शन किया। इस पर पाकिस्तान ने यह प्रस्ताव रखा कि भारत अपने ढाका स्थित उप-उच्चायुक्त के कार्यालय को बंद कर दे। इसके तुरंत ही बाद भारतीय उप-उच्चायुक्त के पदाधिकारियों पर तरह-तरह के प्रतिबंध लगा दिए गए। इसके प्रत्युत्तर में भारत ने भी पाकिस्तानी राजनायिकों को देश से बाहर जाने पर प्रतिबंध लगा दिया। पाकिस्तान की अडंगेबाजी के कारण ढाका स्थित भारतीयों को निकालने में बड़ी कठिनाई हुई। सोवियत संघ और स्विट्जरलैंड की सरकार मध्यस्थता के फलस्वरूप भी इसका कोई समाधान नही हो सका। कूटनीति स्तर पर दोनों देशों का तनाव बढ़ता ही गया। इसी बीच पूर्वी पाकिस्तान से भारत आने वाले विस्थापितों की संख्या लगातार बढ़ती रही। इससे भारत का चिंतित होना स्वाभाविक था।

नेपाल

1. नेपाल : ऐतिहासिक संदर्भ तथा राजशाही

ऐतिहासिक संदर्भ

इतिहास के संसाधनों का विश्लेषण करने से पूर्व के इतिहास का अर्थ समझ लेना अपरिहार्य है। इतिहास वास्तव में तीन शब्दों से समन्वित है अर्थात् इति् ह आस्। संस्कृत वाड्मय में इति का अर्थ होता है 'ऐसा ही', ह् का अर्थ होता है 'निश्चित रूप, तथा आस् का अर्थ होता है 'था'। इस प्रकार इतिहास का शाब्दिक अर्थ हुआ 'निश्चित रूप से ऐसा ही था। अर्थात् वे घटनाएं जो निश्चित रूप से घटित हुई थीं—वही इतिहास है। द्वितीय व्याख्यानुसार इतिहास्—दो शब्दों के समन्वय से इतिहास शब्द का अभिसृजन हुआ जिसका अर्थ परंपरानुकूल घटनाओं से है। तृतीय व्याख्यानुसार, इतिहास—इति तथा हास् दो शब्दों का संयुक्त स्वरूप है—जिसका अभिप्राय भूतकाल की घटनाओं से है जिनके तथ्य प्रायः विवादास्पद होते हैं।

इतिहास के साधनों का अध्ययन करने के लिए देश की भौगोलिक स्थितियों का पर्यवेक्षण करना अत्यंत समीचीन है। इतिहास व भूगोल का परस्पर घनिष्ठतम संबंध होने के कारण ही विद्वतजन भूगोल को इतिहास का दर्पण मानते हैं। रिचर्ड हेकलट् के अनुसार काल क्रम तथा भूगोल सूर्य एवं चंद्र हैं जो इतिहास के दक्षिण एवं वाम नेत्र हैं। नेपाल के इतिहास से संबंधित पर्वत सम्राट हिमालय का भू-भाग, जो आधुनिक काल में नेपाल अधिराज्य नाम से अभिषिक्त है सोलहवीं शताब्दी तक विभिन्न गिरिखंडराज्यों में विभक्त थी।

यहां की पर्वतीय प्रजातियों पर जितना चिरस्थायी प्रभाव विषम भौगोलिक परिस्थितियों का पड़ा उतना स्वयं उनके अपने चिंतन एवं कार्यकलापों का नहीं पड़ा। तथापि उनसे संबंधित उपलब्ध पुरातात्विक और साहित्यिक साक्ष्यों के कुछ कम महत्व नहीं हैं। अध्ययन की दृष्टि से साहित्यिक साक्ष्यों का प्रमुखतया दो भागों में विभक्त करते हैं–धार्मिक तथा लौकिक।

धार्मिक साहित्य

वेद–नेपाल में वेदों को आर्ष ग्रंथ माना जाता है। वेद चार हैं। इनसे आर्यो-अनार्यों के संघर्ष एवं उनकी धार्मिक तथा सामाजिक आस्थाओं पर पर्याप्त प्रकाश पड़ता है। ऋग्वेद तथा अर्थर्ववेद् में सभा एवं समितियों का उल्लेख है–जिनके द्वारा तत्कालीन शासन व्यवस्था संचालित होती है। अर्थर्ववेद् में प्रजा द्वारा राजा के नियमन का विधान है। वेदों की संरचना के संबंध में विद्वानों में मतभेद हैं। नेपाली एवं भारतीय ज्योतिषियों के अनुसार सृष्टि संवत् एक अरब सत्तानवे करोड़ उन्तीस लाख उन्चास हजार बहत्तर वर्ष है और यही वेदों का निर्माण काल भी है। अविनाश चंद्र दास ने वेदों का निर्माण काल पचहत्तर हजार वर्ष पूर्व माना है। अमल नेरकर ने ईसा पूर्व छाछठ सहस्त्र वर्ष तथा लोकमान्य गंगाधर तिलक ने ईसा पूर्व आठ सहस्त्र वर्ष माना है। डॉक्टर कोलबुक, डॉक्टर विल्सन, डाक्टर कीथ एवं डाक्टर जैकोबी ने वेदों का निर्माण काल ईसा पूर्व साढ़े छः सहस्त्र वर्ष माना है। इनके विपरीत डाक्टर हाग आर्थ विशप प्राट तथा डाक्टर मैक्समूलर ने वेदों का संरचना काल ईसा पूर्व दो सहस्त्र तथा बारह सौ वर्ष निर्धारण किए।

पाश्चात्य पुरातत्ववेता ऋग्वेद को विश्व का सबसे प्राचीन ग्रंथ मानते हैं। प्रोफेसर मैक्समूलर के मतानुसार ऋग्वेद की संरचना ईसा से पच्चीस सौ वर्ष पूर्व हुई। आधुनिक पुरात्त्ववेत्ता इसे अष्ट सहस्त्र वर्ष पूर्व मानते हैं। संयुक्त राष्ट्र-संघ के शिक्षा, संस्कृति तथा विज्ञान विभाग ने अपने प्रकाशनों में ऋगवेद को बारह सौ ईसवी पूर्व वर्ष रचित ग्रंथ माना। माहपंडित राहुल सांकृत्यायन, डाक्टर डी. जी. कौसांबी, डाक्टर रांगेय राघव, श्रीपाद, अमृत डांगे, देवीप्रसाद चटोपाध्याय एवं वाणी देशपांडेय ने वेदांतों पर प्रगाढ़ चिंतन प्रस्तुत किए हैं। राहुल जी ने वेदांत राहुल जी ने वेदांत को राज्य सत्ता और ब्राह्मणों का मिला-जुला षड्यंत्र बताया है। श्रीपाद अमृत डांगे ने 'भारत आदिम साम्यवाद

से दास युग तक' नामक अपने ग्रंथ में कार्य विभाजन 'ओरिजिन आफ दी फेमिली' के हिसाब से किया है। देशपांडेय के अनुसार वेदांत के चिंतकों को मार्क्सवाद के द्वंद्वात्मक भौतिकवादी सिद्धांत तथा आइंस्टीन के सापेक्षतावाद का सूक्ष्म ज्ञान था।

एतरेय् धार्मिक ग्रंथों में स्कंध पुराण का महत्वपूर्ण स्थान है। यद्यपि यह ऐतिहासिक ग्रंथ नहीं है तथापि उसमें हिमवत् खंड अर्थात् हिमालय भू-भाग से संबंधित अनेक प्रकरण हैं। उसमें हिमवत् खंड के श्रृगों, कुंडों एवं सरिताओं की उत्पत्ति धार्मिक विश्वासों पर मान कर उनके महात्म्य् वर्णित किए गए हैं। अन्यान्य पुराणों में भी ऐतिहासिक सामग्रियां उपलब्ध हैं। पुराणों की संख्या अष्टोदश है। उनकी संरचना संभवतः सतलोम हर्षण अथवा उसके आत्मज उग्रश्रवस् या ऊग्रश्रवा द्वारा हुई। ऐतिहासिक दृष्टि से वंशानुचरित्र महत्वपूर्ण है जो भविष्य, मत्स्य, वायु, ब्रह्माण्ड तथा भागवत पुराणों में उद्धृत है। पौराणिक विद्वान उत्तरी भारत को आर्यों की मूल-भूमि तथा हिमालय को प्रेरणा-केंद्र मानते हैं। यह भू-भाग पुण्य-धाम माना जाता है।

दो महाकाव्य

महाभारत—महाभारत बृहत् महाकाव्य है। इसे इतिहासकारों ने एक प्रकार का ऐतिहासिक ग्रंथ माना है। वेदव्यास को इसका रचयिता माना गया है। महाभारत का रचना काल चौदह सौ वर्ष ईसा पूर्व माना गया है। यह ग्रंथ हिंदुओं के तत्कालीन सामाजिक एवं धार्मिक कार्यकलापों पर विविध प्रकाश डालता है। नेपाल के हिंदू राजाओं एवं सामंतों के आचार-विचार तत्सदृश्य रहे। महाभारत के युद्ध में नेपाल का जितेष्टि राजा सम्मिलित हुआ था। इस महाकाव्य ने नेपाली जन-जीवन एवं संस्कृति को विशेष रूप से परिप्लावित किया है। इसका पारायण करने से सब पाप कट जाने का विश्वास किया जाता है।

रामायण—महाभारत की भांति रामायण भी नेपाल में सर्वाधिक लोकप्रिय है। इसकी रचना उन्नीस सौ वर्ष ईसा पूर्व हुई। इसके प्रणेता आदि कवि बाल्मीकि हैं और इसकी संरचना-भूमि नेपाल है। महाराजा जनक एवं महारानी जानकी नेपाल की विभूतियां थीं—जिनकी यशोगाथाएं लोक प्रसिद्ध हैं। बाल्मीकि रामायण के आधार पर संत महाकवि तुलसीदास ने रामचरित मानस की रचना

हिंदी भाषा में की। इन्हीं से प्रेरणा लेकर नेपाली भाषा के आदि कवि भानुभक्त पने सन् अठारह सौ चालीस ईसवीं में अपने महान् ग्रंथ रामायण की संरचना नेपाली भाषा में की। उन्हें ग्रंथ लेखन की प्रेरणा एक घसियारिन से प्राप्त हुई थी।

बौद्ध साहित्य

बौद्ध वाङ्मय में नेपाली इतिहास की सामग्री अत्यधिक विद्यमान है। त्रिपिटकों में बौद्ध संघों एवं तत्कालीन राजनीतिक दशाओं के पूर्ण विवरण उपलब्ध है। सोलह जनपदों की तालिका अंगुत्तर निकाय में क्रम बद्ध है। इनके अतिरिक्त गण राज्यों में उल्लेख बौद्ध ग्रंथों में है। बौद्ध वाङ्मय में जातकों का स्थान द्वितीय है। इनकी संख्या लगभग पांच सौ उन्चास है। जातकों में ईसा पूर्व का तृतीय शताब्दी की सभ्यता अंकित है। उनसे आर्थिक व्यवस्था का सम्यक् बोध होता है। दीपवंश महावंश तथा मिलिंद पंहों प्रभृति पालि ग्रंथ हैं। पालि जनभाषा थी जिसे गौतम बुद्ध ने अभिषिक्त किया था।

गण राज्यों में कपिलवस्तु, कोलिय तथा पिल्लीवन हिमालय की तलहटी में थे। कपिलवस्तु कपिल मुनि का आश्रम था और काल निक्षेप से जो शाक्यों एवं कोलियों की राजधानी के स्वरूप में उदभूत हुई। पिप्पलीवन को मगध साम्राज्य के अधिष्ठाता चंद्रगुप्त मौर्य का ऐतिहासिक दुर्ग कहा जाता है।

लौकिक साहित्य

लौकिक साहित्य पांच प्रकार के उपलब्ध हैं। (क) ऐतिहासिक (ख) अर्द्ध ऐतिहासिक (ग) विदेशी विवरण (घ) जीवन चरित्र (ङ) विशुद्ध साहित्य।

ऐतिहासिक ग्रंथ

ऐतिहासिक ग्रंथों की संख्या अधिक है। इनमें अधिकांश ऐसे हैं जिनका प्रकाशन नहीं हो सका है और न तो इन पर अनुसंधान कार्य हो सके हैं। ऐसे अमूल्य ग्रंथो को सुरक्षित रखने का श्रेय जनरल केशर शमशेर को प्राप्त हुआ। वंशावलियां राजवंशों पर प्रभूत प्रकाश डालती हैं किंतु उनमें तिथियों की अनिश्चितता तथा अनेकरूपता का प्राबल्य है। इसी कारण वंशावलियों को काल्पनिक ग्रंथ माना गया है। इनकी संरचना मल्ल शासन काल में नेवारी तथा

नेपाली भाषा में हुई। वंशावली के आधार पर किकपैट्रिक, वेराडाल, राइट, डाक्टर भगवानलाल सम प्रभृति ग्रंथकारों ने महत्वपूर्ण ऐतिहासिक सामग्री प्रस्तुत की है। डाक्टर ईश्वरी प्रसाद, बलदेव प्रसाद मिश्र एवं ठाकुर रघुनाथ सिंह आदि भारतीय इतिहासकार हैं। नेपाली इतिहासकारों में अंबिका प्रसाद उपाध्याय, योगी नरहरिनाथ, बाबूराम आचार्य, सूर्य विक्रम ज्ञावाली तथा नयराज पंत, लक्ष्मी आचार्य, गृष्म, बहादुर देवकोटा, बालचंद्र शर्मा तथा दिल्ली रमण रेग्मी आदि के ग्रंथ पर्याप्त ऐतिहासिक सामग्री प्रस्तुत करते हैं।

राजतरंगिणी

राजतरंगिणी की रचना काश्मीरी पंडित कल्हण ने सन् ग्यारह सौ अड़तालीस-पचास ईंसवी के मध्य की। यह काश्मीर संबंधी प्रथम ऐतिहासिक ग्रंथ है जो सप्तम शती के कालांतर के नेपाल की भी राजनीतिक स्थिति का अल्पांश बोध कराता है सप्तम शती के पूर्व के भी कश्मीरी तथा नेपाली राजवंशों में घनिष्ठ संबंध थे एवम् इतिहास के संरचना की समान परंपरा थी। एल. डी. कल्ला ने काश्मीर तथा हिमालय को आर्यों का उद्गम अर्थात् मूल स्थान माना है। यह आदि-भूमि थी।

कौटिल्य का अर्थशास्त्र

कौटिल्य के अर्थशास्त्र में नेपाल का स्पष्ट उल्लेख है। अर्थशास्त्र संबंधी यह एक ऐतिहासिक ग्रंथ है। जिसमें उत्तरी भारत की ईसा पूर्व की तृतीय-चतुर्थ शती की राजनीतिक स्थिति पर प्रचुर सामग्री है। उस समय चंद्रगुप्त मौर्य का शासन हिमालय की तलहटी तक था। कौटिल्य के अर्थशास्त्र में राजतंत्र, संघ-राज्य, कुलराज्य तथा स्वायत्त चार प्रकार की शासन प्रणालियों का उल्लेख है। कौटिल्य ने गणराज्यों को शस्त्रोपजीवी तथा शब्दोपजीवी दो भागों में विभक्त किया है।

ताङ् राजवंश का इतिहास

ताङ् राजवंश के इतिहास में नेपाली राजाओं के संबंध चीन के सम्राटों से परिपुष्ट होते हैं। प्रोफेसर सिलवन लेवी एवम् बाबूराम आचार्य ने नेपाली राजा अंशुवर्मा की पुत्री भृकुटी का विवाह तिब्बती राजा स्त्रोङ्-चन्-गम्पों से होना

स्वीकार किया है। इस ग्रंथ का महत्व तिब्बत में अधिक है परंतु नेपाली इतिहास की सामग्री अल्पतम मात्रा में उपलब्ध होने से नेपाली इतिहासकारों ने इस पर कम ध्यान दिया है।

अर्द्ध ऐतिहासिक ग्रंथ

पाणिनी की अष्टाध्यायी–महर्षि पाणिनि की अष्टाध्यायी संस्कृत भाषा में व्याकरण का प्राचीनतम ग्रंथ है। इसका प्रणयन जन श्रुतियों के अनुसार नेपाली भूमि पर हुआ। इस अद्भूत ग्रंथ की रचना ईसा पूर्व की सप्तम एवं पंचम शती के मध्य हुई। इस ग्रंथ से मौर्य पूर्व एवं मौर्य कालीन हिमालय की तलहटी जिसे मधेश नाम से जाना जाता है की राजनीतिक स्थिति का पर्याप्तबोध होता है। अष्टाध्यायी में बाइस जनपदों का उल्लेख है जिनकी शासन व्यवस्था एवं सीमा सुदृढ़ थी। इसमें संघ, गण, गोत्र, कुल, युक्त, अध्यक्ष, परिषद्य, राज्न्य, प्रवक्ता, क्रय-विक्रय, इत्यादि अनेक ऐसे शब्द प्रयुक्त हुए हैं जिनसे तत्कालीन राजनीतिक, सामाजिक एवं आर्थिक अवस्था पर सम्यक् प्रकाश पड़ता है। अष्टाध्यायी के अनुसार 'गण' एवं 'निकाय' संघ के दो वर्ग थे जिनमें गण राजनीतिक संघटन थे तथा निकाय धार्मिक। पाणिनी ने वृक, दामिनी, कोंदोपरथ, दाण्डकि, कौशताकि, जानलमानि, बृहंगुप्त, जानकि, यौधेय, पार्श्व, दस संघों अथवा गणों का उल्लेख किया है। इनके अतिरिक्त मद्र, वृज्जि, राजन्य, अंधक, वृष्णि, महाराज, षट् राज्यों का उल्लो गणतंत्र व्यवस्था के अंतर्गत किया गया है। अष्टाध्यायी में प्रशासन संबंधी सामाजिक परिषद्, विद्या संबंधी परिषद् एवं राजनीति परिषद् का उल्लेख है। इन तीनों परिषदों के सदस्य पारिषद्य कहलाते थे। मौर्यों के पश्चात् शुंग काल में यौधेय, मालव, क्षुद्रक, शिवि, अर्जुनायन एवं कुकुर हुए। पातंजलि के अनुसार शालंकायन तथा कात्यायन के अनुसार वामारठ, नाग, आदि प्रमुख गण राज्य थे। गुप्त काल में मालव, यौधेय, अर्जुनायन, मद्रक, आभीर, प्राजुन, सनकानिक, काक एवं खरपरिक थे जिसका प्रमाण समुद्रगुप्त की प्रशस्ति है। इसकी संरचना हरिषेण ने की। इनके अतिरिक्त कतिपय ऐसे भी ग्रंथ हैं जो ऐतिहासिक न होते हुए भी नेपाल के संबंध में प्रचुर साधन प्रस्तुत करते हैं। बृहन्नीलतंत्र, बाराहीतंत्र में नेपाल देश का नाम आया है। वाराह-मिहिर ने छठी शताब्दी में बृहसंहिता की संरचना की जिसमें शुक्र-चंद्र के विशेष संयोग होने से नेपाल की जनता कहा अहित होने की भविष्य वाणी की गई थी। प्राचीन ज्योतिष ग्रंथ एवं भरतमुनि के नाट्यशास्त्र

में नेपाल का उल्लेख है। अधिकांश साहित्यिक साक्ष्य अत्युक्ति ग्रस्त हैं।

विदेशी विवरण

नेपाली इतिहास की अलभ्य सामग्री विदेशी इतिहासकारों, तीर्थ यात्रियों एवं पर्यटकों की संरचनाओं द्वारा उपलब्ध होती है। इन्हें विदेशी विवरण के अंतर्गत समाविष्ट किया गया है। हिमालय का भू-भाग अर्वाचीनकाल से आकर्षण केंद्र रहा है और उसका दर्शन, भ्रमण करना सदैव साहसिक एवं पुण्य कार्य माना जाता रहा। इसी ध्येय से तत्संबंधी संरचना एवं अध्ययन माहात्मिक उपलब्धि समझे जाते हैं। विदेशी यात्रियों एवं इतिहासकारों में भारतीय, यूरोपीय एवं चीनी अग्रण्य है। ईसा पूर्व की तृतीय शती में ग्रीक, मकदूनियन, एवं यूनानी यात्रियों ने उत्तरी भारत की अपनी यात्रा में तत्कालीन कठ, मालव, क्षुक, सौभूति, शिवि, अम्ब आदि अनेक गणों का विवरण दिया है। कठ, मालव एवं क्षुद्रक गणों ने सिकंदर महान से युद्ध किया था।

भारतीय इतिहास में नेपाल का उल्लेख प्रायः सभी लेखकों ने किया है–जिसके बिना भारत का इतिहास परिपूर्ण नहीं माना गया। तीर्थयात्रियों एवं पर्वतारोहियों द्वारा ऐतिहासिक तथ्य अल्पतम मात्रा में उपलब्ध होते हैं। तद्पि इतिहासकारों को उनसे एक प्रकार की मनोवैज्ञानिक प्रेरणा प्राप्त होती है। इस संदर्भ में एवरेस्ट विजयी पर्वतारोहियों के संस्मरण महोपयोगी है। धार्मिक विद्वानों की कृतियां भी इतिहासज्ञों के लिए लाभदायक हैं। नेपाल का इतिहास इसका अपवाद नहीं है।

प्राचीन ऐतिहासिक ग्रंथों में एच. वैलेंटाइन कृत 'दी गोरखाज मिस्टीरिएस लैंड, फ्रांसिस हैमिल्टन कृत 'अकाउंटस अफ़ दी किंगडम ऑफ नेपाल' डब्ल्यू. जे. क्रिर्कपैट्रिक कृत 'एन अकाउंट आफ दी किंगडम ऑफ नेपाल, सिलवन लेवी कृत 'दी नेपाल' ग्रंथ उल्लेखनीय हैं। इनके अतिरिक्त वी. एच. हागसन, पर्सीविल लेंडम प्रभृति यूरोपीय इतिहासकारों की कृतियां सर्वाधिक हैं। नेपाल संबंधी नए ऐतिहासिक ग्रंथों में एच. डेविस विरचित 'लैंड ऑफ मिस्ट्री' विलियम डिगवी कृत 'गाइट टू नेपाल' सेमुएल हटिंगन लिखित दी पोलिटिकल मार्डनाइजेशन ऑफ ट्रेडीशनल मार्नकी, जान मारिस कृत ए विन्टर इन नेपाल मिरान वेनार लिखित दी 'पोलिटीकल डिमोग्राफी ऑफ पाल' भी महत्वपूर्ण ग्रंथ हैं।

चीनी यात्रियों में फाह्यान एवं हेव्नसांग अति प्रसिद्ध हैं। फाह्यान ने सन् तीन सौ निन्नानवें में एक हेव्नसांग ने सन् छः सौ उन्तीस ईस्वी में नेपाल की यात्रा की।

फाह्यान के भ्रमणकाल में हिमालय की तलहटी उत्तरी भारत परचंद्रगुप्त विक्रमादित्य का शासन था। ह्वेनसांग के समय भारत का सम्राट हर्षवर्धन एवं नेपाल का राजा नरेंद्रदेव था। दोनों ही चीनी यात्रियों ने क्रमशः पंद्रह सोलह एवं तेरह वर्ष, मठों, विहारों, एवं विद्या-केंद्रों में बिताए। फाहयान ने बौद्ध ग्रंथों एवं किदवंतियों पर अन्वेषण किया।उसने 'फो कुओ की' या 'बौद्ध राज्यों के विवरण' नाम ग्रंथ में सामाजिक एवं आर्थिक, संस्थितियों का वर्णन प्रस्तुत किया है। ह्वेनसांग ने 'पाश्चात्य संसार के देशनामक, ग्रंथ लिखा। इस यात्री का अध्ययन प्रगाढ़ एवं दृष्टिकोण स्वस्थ था। इस कारण वह यात्रियों का सम्राट कहा गया है'। सन् छ सौ तेरह तथा छ सौ पन्चानवे इस्वी के मध्य इत्सिंग एक अन्य चीनी यात्री आया। उसने भी तत्कालीन अवस्था पर प्रकाश डाला। इन तमाम ग्रंथों से तत्कालीन शासन व्यवस्था एवं सामाजिक अवस्था का पूर्ण दिग्दर्शन होता है। कतिपय अन्य ग्रंथों से भी नेपाल के इतिहास की प्रचुर सामग्री उपलब्ध होती है। हेव्नसांग, ह्वली प्रणीत हेव्नसांग के जीवन चरित्र नामक ग्रंथ में भी ऐतिहासिक तथ्य अंकित हैं।

प्राकृतिक साक्ष्य

प्राकृतिक साक्ष्यों के अंतर्गत उन पर्वत, समुद्र, जलाशयों, झील-नदियों, वृक्षों एवं ऐसी मूर्तियों एवं आकृतियों की गणना होती है जिनके अस्तित्व प्रकृति द्वारा प्रकृत्या विद्यमान हैं। प्राकृति साक्ष्यों के अंतर्गत मानव निर्मित कोई उपादान नहीं आते। स्कंधपुराण में विभिन्न हिमवत् खंडों, श्रृगों, कुंडों, एवं सरिताओं के उत्पत्ति और उदभ्व धार्मिक आख्यायिकाओं के आधार पर मानकर प्राकृतिक साक्ष्यों की ऐतिहासिकता परिपुष्ट की गई है।

हिमालय का भू-भाग

नेपाल दुर्ग की भांति अभेद्य एवं अलंघ्य है। हिमालय पर्वत वृहत चाप की आकृति में पूर्व पश्चिम लगभग चौबीसी सौ किलोमीटर विस्तीर्ण है। इसकी चौड़ाई दो सौ चालीस किलोमीटर से तीन सौ बीस किलोमीटर तथा

ऊंचाई चार सहस्र आठ सौ तिरपन मीटर से आठ सहस्र आठ सौ उन्तालीस मीटर तक है। हिमालय की औसत ऊंचाई सात सहस्र छः सौ नब्बे मीटर है। इस पर लगभग दो सौ शिखर हैं। महान हिमालय में विश्व की सबसे ऊंची चौटी एवरेस्ट स्थित है और इसमें ज्वालामुखी पर्वत नहीं है।

स्थिति और विस्तार

हिमालय भू-भाग के केंद्र स्थल नेपाल अधिराज्य का क्षेत्रफल एक लाख, इकत्तालिस हजार पांच सौ सतहत्तर वर्ग किलोमीटर है। यह क्षेत्रफल में बांग्ला देश के बराबर है। नेपाल से गणतंत्र भारत का क्षेत्रफल तेइस गुनाएवं कम्यूनिस्ट चीन का क्षेत्रफल अठहत्तर गुना अधिक है। अधिराज्य की लंबाई पूर्व से पश्चिम आठ सौ सवा पैंतालिस किलोमीटर तथा चौड़ाई उत्तर से दक्षिण एक सौ पैंतालिस किलोमीटर से दो सौ सवा पच्चीस किलोमीटर तक है। इसका आकार चतुर्भुज है। नेपाल का अक्षांशीय विस्तार छब्बीस डिग्री बीस से तीस डिग्री दस उत्तरी अक्षांश तथा अस्सी डिग्री पंद्रह से अट्ठासी डिग्री पंद्रह पूर्व देशांतरीय विस्तार है। इसकी उत्तरी सीमा तिब्बत से मिली हुई है। वहां सन उन्नीस सौ तिरसठ ईस्वी में सीमा-पत्थर गड़े और नेपाल चीन के मध्य सीमा संधि हुई। सन् अट्ठारह सौ सोलह ईस्वी में सुगौली संधि के फलस्वरूप नेपाल भारत के मध्य दशगजा सीमा रेखा निर्धारित हुई। नेपाल की दक्षिणी सीमा पश्चिमी बंगाल, बिहार, उत्तर प्रदेश, पूर्व में सिक्किम एवं पश्चिम में कुमायूं खंड पश्चिमी बंगाल, बिहार, उत्तर प्रदेश, पूर्व में सिक्किम एवं पश्चिम में कुमायूं खंड से मिली हुई है। यह एक भू-परिवेष्ठित राष्ट्र है जिससे समुद्र तट एक हजार एक सौ बीस किलोमीटर की दूरी पर पड़ता है।

जनसंख्या

नेपाल की कुल जनसंख्या में अठ्ठासी प्रतिशत हिंदू, नौ प्रतिशत बौद्ध एवं तीन प्रतिशत इतरेय जातियां हैं। नेपाल में यवनों की संख्या नगण्य है। धर्म परिवर्तन विधि-वर्जित होने से मुसलमानों में जनसंख्या वृद्धि अत्यंत शिथिल गति पर है। जनसंख्या की वृद्धि तीन प्रतिशत से कम होने के बावजूद भी आज नेपाल की कुल जनसंख्या 27 मिलियन है।

2008 के आंकड़े के अनुसार नेपाल में करीब 24.7 प्रतिशत जनता गरीबी रेखा के नीचे जीवन यापन कर रही है। इसके अतिरिक्त विश्व में नेपाल ही एक ऐसा स्वतंत्र देश है जिसके हजारों युवक प्रतिवर्ष अन्यान्य विदेशी सेनामें प्रविष्ट होकर अपनी जीविका अर्जन करते हैं। नेपाल की राष्ट्रीय सेना जिसको शाही सेना कहा जाता है। यह राज दरबार तथा राज परिवार की सुरक्षा करने के लिए सदैव राजभवन में तैनात रहती है। एक विशिष्ट शांति सेना भी खड़ी की गई योजना है।

राष्ट्रीय सेना

राष्ट्रीय सेना के गणों के नाम फ्रस्ट राइफल, काली बहादुर, राजदल, गौरख बहादुर, भैरवनाथ प्यारा, काली प्रसाद, सिंहानाथ, पशुपति प्रसाद, काली बक्स, दी फेमस महेंद्र दल, वर्द बहादुर, शमशेर दल, शेर, देवी दल, गणेश दल, श्री श्रीनाथ एवं पुरानी गौरख हैं। नेपाल की राष्ट्रीय सेना के सेनापति प्रायः अभिजात वर्ग अथवा राणा वंश के ही विशिष्ट व्यक्ति होते हैं। विगत एक सौ चौंतीस वर्षों से प्रायः राणा तथा शाह वंशीय व्यक्ति ही नेपाली सेना के सेनापति होते आए हैं। नेपाल के राजा को परम सेनाधिपति माना जाता है।

प्रशासनिक कार्यों के हेतु मई सन् उन्नीस सौ इकसठ ईस्वी में नेपाल का विभाजन मैची, कोशी, सगरमाथा, जनकपुर, बागमती, नारायणी, गंडकी, लुम्बिनी, धौलागिरि, राप्ती, मेरी, कर्णाली, सेती एवं महाकाली चौदह अंचलों में हुआ। क्षेत्रफल की दृष्टि से कर्णाली राज्य का वृहत्तम एवं महाकाली लघुतम अंचल है। कुल जिलों की संख्या पचहत्तर है। आज कल नेपाल से उनतीस नगर पंचायतें एवं चार सहस्र इक्कीस ग्राम पंचायतें हैं। प्रत्येक नगर पंचायत नौ सौ तैंतीस वार्डों और ग्राम पंचायतें नौवार्डों में विभक्त हैं। राज्य की कुल जनसंख्या के छानवे प्रतिशत व्यक्ति ग्रामों में तथा चार प्रतिशत व्यक्ति नगरों में रहते हैं। विकास योजनाओं के लिए राज्य को पूर्वांचल, मध्यांचल, पश्चिमांचल मध्यपश्यिांमचल एवं सुदूर पश्चिमांचल पांच प्रमुख विकास क्षेत्रों में विभाजित किया गया है।

प्राकृतिक विभाजन एवं कृषि उत्पादन

भू-तत्वीय संरचना की दृष्टि से नेपाल मुख्य रूप से पहाड़ और तराई

दो प्राकृतिक भागों में विभक्त है। इन्हें पर्वत एवं मघेश भी कहा जाता है इन दोनों भागों का भू-गर्भिक स्वरूप, भाषातथा संस्कृति सर्वदा पृथक-पृथक है। नेपाल अधिराज्य का संपूर्ण गौरव पर्वतीय प्रयाग पर प्रस्थापित है और उसकी आर्थिक समृद्धि एवं आत्म निर्भरता मघेश या तराई पर अवलंबित है। पर्वतीय प्रभाग देश के कुल क्षेत्रफल के पचहतर प्रतिशत भूमि परतथा दोनों मघेश किंवा संपूर्ण तराई प्रदेश पचीस प्रतिशत भूमि पर फैला हुआ है। जनसंख्या के हिसाब से नेपाल की आधी से अधिक जनसंख्या तराई प्रदेश में अवस्थित है।

पांच सौ बत्तीस वर्ग किलोमीटर में विस्तीर्ण काठमांडू उपत्य का नेपाल की प्राचीन राजधानी है। प्रयोगात्मक अध्ययनों के अनुसार नेपाल की कुल जनसंख्या की चार प्रतिशत जनता मात्र काठमांडू उपत्यका में है किंतु संपूर्ण सरकारी सेवाओं में उसका अनुपात लगभग चौवालिस प्रतिशत है। इन्हीं सर्वेक्षणों के अनुसार सरकारी सेवाओं में ब्राह्मणों की संख्या अड़तीस प्रतिशत, क्षत्रियों की संख्या इकतीस प्रतिशत तथा नेवार जाति के कर्मचारियों की संख्या लगभग बाइस प्रतिशत है। नेपाल की राष्ट्रीय सेना में तराईवासियों की संख्या नैगण्य है। अन्यानय विभागों में उन्हें केवल तेरह प्रतिशत स्थान प्राप्त हैं। फ्रेडरिक एच. हेग कृत 'दी रीजनलइज्म एंड नेशनल यूनिटों इन नेपाल' ग्रंथ के अनुसार नेपाल की तराई सेनेपाल की राष्ट्रीय आय का लगभग पचहत्तर प्रतिशत मालपोत या भूमिकर, सत्तर प्रतिशत कस्टम, तिरानवे प्रतिशत इक्साइज तथा सत्तासी प्रतिशत से अधिक ही टिम्बर से आय होती है।

जलवायु

पर्वतीय प्रदेश की जलवायु शीत प्रधान तथा तराई प्रदेश की जलवायु समशीतोष्ण है। जून से अक्तूबर तक औसतन एक सौ बावन सेंटीमीटर वर्षा होती है। अक्तूबर से मार्च तक कड़ी सर्दी पड़ती है। ग्रीष्म ऋतु में झंझावात एवं मेघ गर्जन का प्राबल्य रहता है। भूकम्पों में झटके प्रायः नेपाल में आते रहे हैं।

कृषि व्यवस्था तथा उत्पादन

कृषि प्रधान देश होने के कारण इस पर नेपाल की सतर प्रतिशत जनता निर्भर है। शेष जनसंख्या कृषि उद्योगों अथवा अन्यान्य व्यवसायों पर निर्भर है। कृषि क्षेत्र द्वारा राष्ट्रीय आय का बासठ प्रतिशत तथा निर्यात का अस्सी

प्रतिशत अंश उपलब्ध होता है। अधिकांश भाग हिमाच्छादित एवं वनाच्छादित होने के कारण सन उन्नीस सौ पचास ईसवी तक केवल पंद्रह लाख छियालिस हजार हेक्टेयर भूमि पर विस्तृत कृषि होती थी। सामंतवादी भूमि व्यवस्था के कारण अधिकांश जन भूमिहीन थे और कृषि उत्पादन भी नितांत अपर्याप्त होता था। फरवरी, सन् उन्नीस सौ इक्यावन ईसवी से दिसंबर सन् उन्नीस सौ साठ ईसवी तक अर्थात् आंशिक बहुदलीय व्यवस्था होने से किंचित भूमि सुधार हुआ और कृषि भूमि में चालीस हजार हेक्टेयर भूमि की अभिवृद्धि हुई। संपूर्ण कृषि भूमि में तिरासी हजार चार सौ हेक्टेयर सिंचित कृषिभूमि थी। नेपाल सरकार के केंद्रीय तथ्यांक विभाग के अनुसार जिस प्रकार औसत जनसंख्या का घनत्व एक सौ तिहत्तर व्यक्त प्रति वर्गमीटर में है उसी प्रकार सन् उन्नीस सौ पचास ईस्वी से सन् उन्नीस सौ साठ ईस्वी तक प्रति वर्ष अट्ठाइस लाख दो हजार मीट्रिक टन अन्न औसत उत्पादन हुआ। तदुपरांत प्रति वर्ष केवल दस लाख पांच सौ अठहत्तर मैट्रिक टन औसत उत्पादन होने लगा। श्री पांच की सरकार द्वारा प्रकाशित, 'हामी र हाम्रा छिमेकी हरू' पुस्तिका के अनुसार वर्तमान आंकड़े नेपाल के प्रारंभिक कृषि अवस्था का अल्पांश बोध कराते हैं। खरीफ की फसलों में धान प्रमुख फसल है। यह अधिक उन्नत और उच्च श्रेणी का होता है। आज-कल इसकी खेती वैज्ञानिक ढंग से होने लगी है। रबी की फसलों में गेहूं मुख्य फसल है। यह केवल उपभोग की संपूर्ति मात्र करता है। छठी पंचवर्षीय योजना में कुल बजट का लगभग तीस प्रतिशत धन कृषि, सिंचाई एवं वन क्षेत्रों के विकास पर व्यय करने की परियोजनाएं तैयार की गई थीं। 2002 में नेपाल की नौवीं पंचवर्षीय योजना समाप्त हुई।

नेपाल में पर्याप्त वर्षा होने से धान एवं मकई के अतिरिक्त गेहूं, भटमांस, जौ और कोदो की भी अधिक फसलें उत्पन्न की जाती हैं। इनकी कृषि वैज्ञानिक ढंग से करने के लिए कृषि विकास बैंक द्वारा ऋण उपलब्ध कराए जाते हैं तथा विदेशी विशेषज्ञों द्वारा उन्हें नए-नए प्रयोग भी सिखाए जाते हैं। व्यापक प्रशिक्षण हेतु कृषि महाविद्यालय खोला गया है। छठी पंचवर्षीय योजना अवधि में एक सौ विभिन्न प्रकार के धानों का उत्पादन सत्ताइस लाख चालिस सहस्त्र मीट्रिक टन करके धान के उत्पादन में चौदह प्रतिशत वृद्धि करने की व्यवस्था थी। मकई पर्वतीय प्रदेश में प्रमुख रूप से

उत्पन्न होती है। इसका उत्पादन प्रति हैक्टेयर पौने दो मीट्रिक टन तक करने की योजना बनाई गई। तराई प्रदेश में भी मकई का उत्पादन होता है। गेहूं की फसल को नेपाल में तृतीय स्थान दिया गया है। यह चार लाख, तैंतालिस हस्त्र हेक्टेयर भूमि पर खेती की जाने लगी तथा सन् उन्नीस सौ पचासी ईस्वी तक गेहूं का उत्पादन पौने छः लाख मीट्रिक टन करने योजना। इसी प्रकार तीन-चार वर्षों में गन्ना, जूट, एवं तंबाकू का कृषि क्षेत्र और उत्पादन भी बढ़ाने का कार्यक्रम है। कपास, चाय, काफी, मसालों एवं रेशम के भी उत्पादन वृद्धि पर बल दिया जाता है। बागवानी और मधुमक्खियों का पालन वैज्ञानिक ढंग से किया जाने लगा है। आजकल नेपाल के पच्चीस सरकारी फार्मो में फल-फूल की नर्सरी होती है। आलू का उत्पादन इक्यावन हजार तीन सौ चालीस हेक्टेयर भूमि पर होता है। मत्स्य, कुक्कुट, हंसय और शूकर पालन आदि भी वैज्ञानिक ढंग पर होता है। राज्य में पालतू पशुओं की संख्या कई करोड़ तक पहुंच गई है। इनमें तैंतालीस प्रतिशत गाय-बैल, पच्चीस प्रतिशत भैंस-भैंसे, चार प्रतिशत भेंड़-बकरियां तथा तीन प्रतिशत अन्य चौपाए हैं। दुग्ध उत्पादन व्यापक रूप से करने की व्यवस्था अपनाई जा रही हैं। कृषि की उन्नति के लिए रासायनिक खादों के उत्पादन करने की योजनाएं मित्र राष्ट्रों के सहयोग से बनने लगी है। इस संबंध में अनुसंधानों पर भी विशेष ध्यान दिया जाने लगा है। नेपाल में कृषि विकास के कार्यक्रमों पर करोड़ों रुपए प्राविधिज्ञ बनाने का लक्ष्य बनाया गया।

नेपाल के कृषि तथा पशु-विज्ञान अध्ययन संस्थानों द्वारा हजारों व्यक्तियों को प्रमाण-पत्र स्तरीय, हजारों छात्रों को स्नातक स्तरीय तथा अठारह स्नातकों को कृषि प्राविधिज्ञ तथा सैंकड़ों कर्मचारियों को प्रशिक्षण दिया गया। कृषि विशेषज्ञों के अनुसार नेपाल की तराई खाद्यानों, फल-फूलों, शाक-भाजियों एवं अन्यान्य कृषि उत्पादनों का अक्षय भंडार है। फ्रेडरिक एच गेग कृत, 'दी रोल आफ दी तराई इन नेपाल्स कानामिक डेवलपमेंट', ग्रंथ के अनुसार तराई से अत्यधिक अतिरिक्त अन्नोत्पादन होता है और नेपाल की संपूर्ण अर्थव्यवस्था मधेश-तराई पर आश्रित है।

वन विकास तथा वन संपदा

पृथ्वी पर वनों का अस्तित्व नितांत आवश्यक है। सत्रहवीं शती में

फ्रांस एवं जर्मनी के विशेषज्ञों ने सिद्ध किया एवं उसके अभाव में अवर्षण, कृषि की हानि तथा औद्योगिक अविकास की संभावना बताई। भारत में सर्वप्रथम सन अठारह सौ अठहत्तर ईस्वी में देहरादून में फारेस्ट स्कूल खुला। फलस्वरूप सन् उन्नीस सौ छः ईस्वी में वहां वन संबंधी अन्वेषण होने लगे। नेपाल में सन् उन्नीस सौ इकसठ ईस्वी में वैज्ञानिक वन व्यवस्था प्रारंभ हुई। इसी वर्ष वन ऐन दो सहस्त्र अठारह साल वन पैदावर बिक्री वितरण नियमावली दो सहस्त्र अठारह साल, और वन्य जंतु संरक्षण ऐन विनिर्मित हुए, इसके दो वर्ष पश्चात् शिकार नियम दो सहस्त्र बीस साल फारेस्ट इंजीनियरिंग नियम दो सहस्त्र बीस साल प्रचलित हुए।

नेपाल के आर्थिक विकास पर पर्वतीय धरातल एवं भौतिक नियंत्रण का अत्यधिक कुप्रभाव पड़ा है। इसके अतिरिक्त चीन तथा भारत के मध्य में स्थित होने से इसकी प्राकृतिक संपदाओं का वैज्ञानिक ढंग से विकास भी नहीं हो सका है। तैंतीस प्रतिशत भूमि वनाच्छादित होने पर ही 'नेपाल को घन-हरियों वन' की कहावत प्रचलित है। एक हजार मीटर से दो हजार मीटर की ऊंचाई तक पर्वतीय वन पाए जाते हैं। इनमें ओक, पाइन, सागोन प्रमुख रूप से उगते हैं। दो हजार से ढाई हजार मीटर तक देवदार के एवं ढाई हजार से तीन हजार मीटर तक सनोवर फर एवं चीड़ के वृक्ष पाए जाते हैं तीन से चार हजारमीटर की ऊंचाई तक झाड़ियां मिलती हैं। दो हजार से पांच हजार मीटर तक भूमध्य रेखा से ध्रुवों तक जाई जाने वाली वनस्पतियां नेपाल से मिलती हैं। आयुर्वेदिक ग्रथों में उल्लिखित प्रायः अधिकांश जड़ी-बूटियां यहां प्राप्त होती हैं। इस दिशा में चालीस प्रकार की औषधियों के लिए अनुसंधान प्रयोगशाला तथा शाही वनस्पति उद्यान का विकास वैज्ञानिक ढंग से किया गया है। हर्बल फार्मों से जड़ी-बूटियों की कृषि होती हैऔर तीन सौचालीस प्रकार की जड़ी-बूटियों का पता चला है। नेपाल के वनों में लेखीफालक्का नामक कीटाणु अधिक पाए जाते हैं। इससे लाख उद्योग की स्थापना हो सकती है। हठौड़ा में अमरीकी सरकार की सहायता से टिम्बर कारपोरेशन की स्थापना हुई है। इसे लकड़ी चीरने का विशेष क्षमता प्राप्त है। कत्था निर्माण, प्लाइवुड इत्यादि के भी कारखाने स्थापित हो सके हैं। वन विकास कार्यक्रम के अंतर्गत सामुदायी वन विकास आयोजना, श्रोत संरक्षण तथा उपयोग आयोजना, चौतारा वन विकास आयोजन, वृक्षारोपण

आयोजना, वन सर्वेक्षण तथा अनुसंधान शाला आयोजना, वन प्राविधिक तालीम आयोजना, वन प्रशासन तथा व्यवस्था आयोजना, राष्ट्रीय निकुंज तथा वन्य जंतु संरक्षण योजना, एकीकृत ग्रामीण विकास तथा परियोजनाएं आदि सम्मिलित हैं। वन विज्ञान अध्ययन संस्थान द्वारा सैकड़ों वन प्राविधिज्ञों तथा एक सौ साठ विभागीय कर्मचारियों को फारेस्ट्री की ट्रेनिंग दी गई। वन पैदावार विकास समिति जड़ी-बूटी उत्पादन तथा प्रशोधन, शाही औषधि लिमिटेड, ईंधन संस्थान तथा पुर्नवास योजनाओं के भी कार्यक्रम अपनाया गया हैं। पुर्नवास योजनांतर्गत तराई में जहां-जहां जंगल समाप्त होते जा रहे हैं वहां लाखों भूमिहीन पर्ववासियों को बसाने की अनेक योजनाएं कार्यान्वित की गई हैं। इस प्रकार की रिक्त भूमि तराईवासियों को न देकर भूमिहीन, सेवा निर्वत पर्वतीय सैनिकों को दी जाती है। इसका अभिप्राय-तराई में पर्वतीय सैनिकों की संख्या वृद्धि करनी है। कृषि एवं अरण्य संपदा के आधार पर सहस्त्रों औद्योगिक संस्थानें एवं कुटीर उद्योग धंधे मैच, कागज, चमड़े, चीनी एवं अलकोहल के कारखाने स्थापित हुए हैं। इनमें हजारों श्रमिक कार्यरत हैं और इन पर करोड़ों रुपये की पूंजी लगी हुई है। तराई के वनों में नाना प्रकार के वैन्य जंतु पाएजाते हैं। इनमें शेर, चीता, गेंडी, हाथी एवं बारहसिंघे आदि नस्लों की रक्षा होने लगी है। चितौन, विराटनगर एवं कैलाली में नेशनल पार्कों की स्थापना हुई है। वैन्य जंतुओं के नमूने काठमांडू के चिड़ियाघर में विद्यमान हैं।

भूगर्भ शास्त्रियों के अनुसार पर्वतीय भू-भाग को हिरण्य गर्भा कहा गया है। इस विषय में समाजवादी सोवियत संघ के यूराल पर्वतीय भू-गर्भिक खनिज क्षेत्र पद चिह्न माने गए हैं। आयुर्वेद के ग्रंथों में नेपाली तांबे का विशिष्ट गुण वर्णित हैं। भारत में छः हजार वर्ष पूर्व तांबे का पता लगा था। तामा कोशी में तांबे के कण एवं भद्रमती, हिमाद्रखोला, कल्पूखोला, मर्स्यागदी खोला एवं सुन कोशी में स्वर्ण कण प्रायः मिलते हैं। पश्चिमी क्षेत्र में तांबा तथा फूलचौकी, झिरपांग, घोसे आदि में लोहे की खाने हैं। ओल्डफील्ड के अनुसार काठमांडू के तोपखाने में डोटीसल्यान के साल्टपेटर का प्रयोग होता था। भारतीय इतिहासवेत्ताओं के अनुसार भारत में लौह उद्योग ईस्वी पूर्व तीन हजार एवं विकसित अवस्था में था और सूती वस्त्रों का उद्योग स्मरर्णातीत काल से होता था। तांबा पर्वतीय जिलों के वैशखानी,

बपसा ग्याजी, बुढखौला और आरखले नामक स्थानों में प्राप्त होता है। वाग्लुड़, फूलचौकी, एवं मंजरखौला में सीसे की खाने हैं मंजरखोला, पिपलिग एवं पागसिंग में जस्ता मिलता है।

सांगलेखोला एवं बरहाधर में चांदी प्राप्य है। खनिज पदार्थों के सर्वेक्षण एवं अनुसंधान के लिए भारत सरकार ने संपूर्ण सहयोग दिए। तभी से काठमांडू की अनुसंधानशाला में खनिज पदार्थों का परीक्षणहोने लगा। मोरले, पागसिंग नाम्पा तथा तुंगधाप एवं खौकलिंग नामक खानों में निकल मिलता है। अभ्रक ज्यामितरे नेबुआ तथा सिंधघुसैनी, गरसिंग, चतुरले, गुसाईकुंड लाभागी, चौकीपास, तामे लमतांग, सिधुलगढ़ी, भोजपुर, लम्जुंग, डोटी, भजांग में उपलब्ध है।

ग्रेफाइट और जिप्सम के अतिरिक्त मिट्टी के तेल, प्राकृतिक गैस तथा लिम्नाइट और कोयले के भी बड़ी खानों के भी पता लगे हैं। एरोम्यागनेटिक सर्वेक्षणों एवं नानमैटलिक खनिज अन्वेषणों के आधार परभू भौतिक तथा भू-रासायनिक अध्ययन क्षेत्रों के विस्तार पर बल दिया गया है। इस प्रकार की अज्ञात संपदाओं के भौगर्भिक सर्वेक्षण एवं अनुसंधान कार्यों पर सन् उन्नीस सौ पचासी ईस्वी तक पंद्रह करोड़ रुपये व्यय करने की व्यवस्था थी।

नेपाल में संस्थान संबंधी कानून उन्नीस सौ पैंसठ ईसवी में बने। इसके अनुसार संस्थाओं का वर्गीकरण क, ख, ग एवं घर चार श्रेणियों में हुआ। तद्नंसार 'क' श्रेणी में नेपाल विद्युत कारपोरेशन, शाही नेपाल वायु सेवा निगम, कृषि विकास बैंक, नेपाल औद्योगिक, विकास निगम, राष्ट्रीय व्यापार निगम, नेपाल खाद्य संस्थान एवं कृष सामग्री संस्थान समाविष्ट किए गए। 'ख' श्रेणी में राष्ट्रीय बीमा संस्थान, नेपाल आयल निगम, रघुपति जूट मिल्स, जनकपुर चुरौट कारखाना, कर्मचारीसंचय कोष, राष्ट्रीय वाणिज्य बैंक, नेपाल यातायात संस्थान, नेपाल कन्स्ट्रक्शन कंपनी एवं वीरगंज चीनी कारखाना, सम्मिलित हैं। 'ग' श्रेणी में घरेलू शिल्प कला बिक्री भंडार, दी टिम्बर कारपोरेशन आफ नेपाल, गोरखापत्र संस्थान, सुर्ती विकास कंपनी, नेपाल परिवहन तथा गोदान व्यवस्था, शाही चलचित्र संस्थान, राष्ट्रीय समाचार समिति, शाही औषधि लिमिटेड ईंटा टायल कारखाना,नेपाल चिया विकास कारपोरेशन, कृषि औजार कारखाना, बांसवारी छाला तथा जुत्ता

कारखाना एवं दुग्ध विकास संस्थान शामिल किए गए। 'घ' श्रेणी में सांस्कृतिक संस्थान श्री रत्न रेकार्डिंग संस्थान एवं ईंधन संस्थान को रखा गया है।

नेपाल के साठों संस्थानों में आवश्यक सुधार लाने, विभिन्न सरकारी एवं अर्ध सरकारी संस्थानों में एकरूपता स्थापित करने तथा उनमें समन्वय रखने और आवश्यक निर्देशन देने के उद्देश्य से नेपाल सरकार ने दिसम्बर सन् उन्नीस सौ चौहत्तर ईस्वी में संस्थान समन्वय परिषद् का गठन किया।

इन संस्थानों के अतिरिक्त नेपाल के आर्थिक विकास में नेपाल राष्ट्र बैंक एवं नेपाल बैंक लिमिटेड के योगदान विशेष महत्वपूर्ण हैं। नेपाल बैंक लिमिटैड की स्थापना अक्टूबर, सन् उन्नीस सौ सैंतिस ईसवी में हुई। सर्वप्रथम इसमे एक करोड़ रुपये की पूंजी लगाई गई थी। 1984-85 तक इसमें पचास करोड़ रुपये की पूंजी विनियोजित की गई। नेपाल राष्ट्र बैंक की स्थापना मई, सन् उन्नीस सौ सत्तावन ईसवी में हुई। इसका कार्य एक करोड़ रुपये की अधिकृत पूंजी से आरंभ होकर अब अरबों रुपयों की पूंजी तक पहुंच गया है। मित्र राष्ट्रों के सहयोग से भी नए-नए बैंकों को खोजने की योजनाएं कार्यान्वित की जा रही है।

पंचवर्षीय योजनाएं

राजतंत्रात्मक अधिराज्यकी मिश्रित अर्थव्यवस्था के अनुरूप नेपाल का सर्वतोमुखी विकास करने के लिए पंचवर्षीय योजना प्रणाली अपनाई गई है और उसमें राष्ट्रीय पूंजी से अधिक विदेशी पूंजी लगी हुई है। इससे नेपाल को अपनी आर्थिक उन्नति करने के साथ ही उसे अंतर्राष्ट्रीय उलझनों में भी ग्रस्त होना पड़ रहा है। नेपाल की प्रथम पंचवर्षीय योजना सन् उन्नीस सौ अठावन ईसवी से सन् उन्नीस सौ तिरस्ठ ईस्वी तक की थी। इस पर कुल तैंतीस करोड़ रुपये व्यय करने का अनुमान लगाया था किंतु पांच वर्षों की अवधि में केवल इक्कीस करोड़ चौवालिस लाख रुपये मात्र परिव्यय हो सके। इसमें पचास प्रतिशत से अधिक पूंजी विदेशी सहायता पर आधारित थी। प्रथम पंचवर्षीय योजना अवधि समाप्त होने पर एक वर्ष तक कोई भी योजना कार्यान्वित नहीं हुई। द्वितीय योजना जुलाई, सन् उन्नीस सौ तिरसठ ईसवी से आरंभ हुई। यह पंचवर्षीय योजना नहीं अपितु त्रि-वर्षीय थी। इससे

द्वितीय पंचवर्षीय जून, सन् उन्नीस सौ चौंसठ ईसवी में पच्चीस प्रतिशत से अधिक पूंजी विदेशी सहायता पर आधारित थी। तृतीय पंचवर्षीय योजना जुलाई, सन् उन्नीस सौ छाछठ ईसवी से जून, सन् उन्नीस सौ इकहत्तर ईसवी तक की थी। इस पर कुल दो अरब पचास करोड़ रुपये व्यय करने तथा राष्ट्रीय आय में उन्नीस प्रतिशत वृद्धि करने का अनुमान था। संपूर्ण धनराशि में से एक सौ चौहत्तर करोड़ रुपये सरकारी क्षेत्र पर, व्यय करने का प्रावधान था। इसके बावजूद भी पांच वर्षों में केवल एक अरब, सतहत्तर करोड़, नब्बे लाख, पैंसठ सहस्त्र रुपये यथार्थ में व्यय हुए। इसमें पचास प्रतिशत से अधिक पूंजी मित्र राष्ट्रों के सहयोग पर आधारित थी। चतुर्थ पंचवर्षीय योजना सन् उन्नीस सौ इकहत्तर ईसवी से सन् उन्नीस सौ छिहत्तर ईस्वी तक की थी। इस प्रयोजना के प्रमुख उद्देश्य अंतर्राष्ट्रीय व्यापार का विस्तार एवं विविधीकरण करना तथा राष्ट्रीय उत्पादन में अधिकतम वृद्धि करना था। इस पर कुल तीन अरब, इक्यानवे करोड़, पचपन लाख बहत्तर सहस्त्र रुपये व्यय करने की व्यवस्था थी। पांच वर्षों की अवधि में सरकारी क्षेत्र पर दो सौ पचपन करोड़ रुपये, गैर सरकारी क्षेत्र पर सत्तासी करोड़ रुपये एवं पंचायती निकायों पर बारह करोड़ रुपये खर्च करने का अनुमान था। इसमें कुल पचास प्रतिशत से अधिक पूंजी विभिन्न दूसरे राष्ट्रों से प्राप्त थी।

पांचवीं पंचवर्षीय योजना जून सन्, उन्नीस सौ छिहत्तर ईसवी से जुलाई, सन् उन्नीस सौ इक्यासी ईसवी तक की थी। इस पर सब ग्यारह अरब, चालीस करोड़ चालीस लाखरुपये विनियोजन करने का आर्थिक विवरण था। इसमें पचास प्रतिशत से अधिक, धनाराशि मित्र राष्ट्रों से संग्रहीत थी। इस अवधि में नेपाल का जनवादी चीन से कुल अस्सी करोड़, बयालीस लाख, निन्यानवे सहस्त्र रुपये बराबर का वैदेशिक व्यापार हुआ।

छठी पंचवर्षीय योजना सन् उन्नीस सौ अस्सी–इक्यासी ईसवी से सन् उन्नीस सौ पचासी–छियासी ईसवी तक की बनी। इस अवधि में कुल तैंतीस अरब रुपये व्यय करने का लक्ष्य सुनिश्चित किया गया। इसमें अधिकांश पूंजी पर राष्ट्रों से प्राप्त थी। नेपाल की चतुर्थ पंचवर्षीय योजना के अंत तक नेपाल का संपूर्ण राष्ट्रीय एक सहस्त्र छः सौ सत्तावन करोड़ रुपये के लगभग था और प्रति व्यक्ति वार्षिक औसत आय एक सहस्त्र तीन सौ रुपये था। पंचम पंचवर्षीय योजना की अवधि में राष्ट्रीय उत्पादन में चार से पांच

प्रतिशत तक की वृद्धि करने का लक्ष्य रखा गया। किंतु वृद्धि केवल दो प्रतिशत मात्रहुई। जनसंख्या में दो प्रतिशत की वृद्धि हुई। नेपाल राष्ट्र द्वारा प्रस्तुत शहरी उपभोक्ता मूल्य सूची के अनुसार पंचम पंचवर्षीय योजना के प्रथम चार वर्षों में मूल्यों में औसत चार प्रतिशत की वृद्धि हुई। इस योजना के अंतिम वर्ष में वैदेशिक व्यापार में कुल एक सौ सड़सठ करोड़ रुपयों का भारी घाटा हुआ। इसवर्ष तक नेपाल अधिराज्य में एक लाख, अठानवे सहस्त्र, चार सौ इक्यासी हेक्टेयर सिंचित कृषि-भूमि थी। इस अवधि तक जड़ित क्षमता की विद्युत शक्ति अड़सठ सहस्त्र, छियासी किलोवाट तथा पक्की सड़कें केवल दो सहस्त्र चौवालिस किलोमीटर मात्र थी। देश के संपूर्ण घरेलू उद्योगों में कुल इकतालिस करोड़ रुपयों की पूंजी लगी थी। जिसमें पचास-सहस्त्र श्रमिक कार्यरत थे। छठी योजना के अंतर्गत इसमें पचास करोड़ की और पूंजी लगाने की व्यवस्था की गई थी।

छठी पंचवर्षीय योजनांतर्गत सरकारी क्षेत्रों पर इक्कीस अरब, पचहत्तर करोड़ रुपये व्यय करना निर्धारण हुआ जिससे राष्ट्रीय उत्पादन में चार दशमलव तीन प्रतिशत के हिसाब से प्रति वर्ष वृद्धि होती रहे। सरकारी क्षेत्रों परकुल व्यय होने वाले धनराशि का लगभग तीस प्रतिशत कृषि, सिंचाई एवं वन क्षेत्र पर, पच्चीस प्रतिशत उद्योग, खानों एवं विद्युत उत्पादन पर,चौबीस प्रतिशत सामाजिक सेवा तथा उन्नीस प्रतिशत संचार व्यवस्था पर विनियोजन करने का प्रावधान हुआ। इस योजना के अनुसार सरकारी विकास खर्च परविदेशी सहायता का अनुपात औसत चौंसठ प्रतिशत तक पहुंचने का अनुमान किया गया। इस अवधि तक नेपाल के समस्त व्यापार में भारत का भाग लगभग साठ प्रतिशत तथा तृतीय देश का भाग लगभग चालीस प्रतिशत था। इनमें सन् उन्नीस सौ उन्यासी ईसवी तक तीन सौ करोड़ रुपयों की सरकारी पूंजी लगी हुई थी। सन् उन्नीस सौ पचासी ईसवी तक विदेश व्यापार में तीन अरब रुपये के घाटे का अनुमान लगाया गया। सप्तम पंचवर्षीय योजना आज तक की सबसे बृहत योजना है। इस पर भी वैदेशिक पूंजी अधिक लगाई गई।

औद्योगिक विकास

नेपाल का औद्योगिक विकास भी अपने अग्रसर पथ पर है। इससे

संपूर्ण उद्योगों से राष्ट्रीय आय में भी ठोस प्राप्ति होती है। प्रारंभ में नेपाल औद्योगिक कारपोरेशन द्वारा प्रतिशत पांच करोड़ रुपयों से अधिक ऋण वितरित नहीं हो पाता। अब इसमें काफी वृद्धि हुई है। नेपाल में औद्योगिक अविकास का मूल कारण उसकी भूपरिपेष्ठित स्थिति बताई जाती है। इसके बावजूद भी नेपाल में प्रति वर्ष अरबों का विदेशी माल मंगाया जाता है और नेपाल का अंतर्राष्ट्रीय व्यापार पहले से कई गुना अधिक बढ़ गया है। नेपाल में कच्चे मालों तथा श्रम शक्ति की कमी नही हैं और यहां सीमेंट, सीसा, मैग्नसीसाइट, क्लिङ्ग एवं रासायनिक चूने के बड़े-बड़े उद्योग स्थापित हो सकते हैं। रोजगार के अभाव में हजारों नेपाली युवक प्रतिवर्ष स्वदेश के बारह विदेशी सेनाओं में भर्ती होकर चले जाते हैं। नेपाली उद्योगपति विदेशी मालों के समान माल तैयार न कर सकने के कारण उद्योगों से अपनी पूंजी समेटते जा रहे हैं। सन् उन्नीस सौ अठहत्तर ईसवी में कुल बीस हजार मैट्रिक टन जूट और जूट के सामान, सोलह हजार टन चीनी, तीन हजार टन स्टील के बर्तन, तीन सहस्त्र टन लोहे का सामान, पंद्रह हजार किलोग्राम उन, बीस हजार किलोग्राम चाय, दो लाख किलोग्राम पक्का चमड़ा, अस्सी हजार जोड़े जूते, एक लाख जोड़े नेपाली जूते, छः लाख गूर्स दियासलाई, दो लाख ग्रुस नायलन बटन, दो सौ करोड़ सिगरेट, तीन करोड़ तीस लाख मोटर कपड़ा तथा तीन लाख लीटर अल्कोहल का उत्पादन हुआ।

नेपाल के पर्यटन उद्योग में करोड़ों रुपयों से अधिक की पूंजी लगी हुई है तथा राज्य के चालीसों हवाई अड्डों का विकास द्रुत गति से किया जा रहा है। 1989 में नेपाल वायु सेवा निगम के पास कुल बारह नए विमान हैं। हवाई यातायात विकास पर लगभग अस्सी करोड़ रुपये व्यय करने की व्यवस्था की गई थी और अब इसका स्तर अंतर्राष्ट्रीय हो गया है।

1990 के प्रादेशिक विभाजनके अनुसार कुल आयोजना संख्या की छत्तीस प्रतिशत योजनाएं मध्यांचल विकास क्षेत्र पर, चौबीस प्रतिशत सुदूर पच्छिमांचल विकास क्षेत्र पर, इक्कीस प्रतिशत पूर्वांचल विकास क्षेत्र पर तथा सबसे कम बीस प्रतिशत पच्छिमांचल विकास क्षेत्र पर संचालित है। भौगोलिक विभाजन के अनुसार संपूर्ण आयोजना संख्या के तैंतालीस प्रतिशत योजनाएं तराई में कार्यान्वित है। इन योजनाओं की संख्या एक हजार के आस-पास है। काठमांडू उपत्यका के जिलों में चार सौ चौबीस योजनाएं

क्रियाशील है। यहाँ 2012 में बेरोजगारों की संख्या दर 38 प्रतिशत थी। कृषि में 81 प्रतिशत तथा विभिन्न सेवाओं में 16 प्रतिशत तथा उद्योगों में तीन प्रतिशत लोग कार्यरत हैं। इसी प्रकार राष्ट्रीय उत्पादन में वार्षिक दो प्रतिशत तथा जनसंख्या में भी वार्षिक दो प्रतिशत की वृद्धि दर है। राष्ट्रीय उत्पादन की तुलना में राष्ट्रीय बचत आठ प्रतिशत है। इसके बावजूद भी प्रति बालक पर दो सौ रुपये विदेशी ऋण का भार था व्यक्ति की औसत आयु पैंतालीस वर्ष मात्र है। पैंतीस वर्षों की विकास योजनाओं के कार्यान्वयन के पश्चात् भी नेपाल का स्थान विश्व के निर्धनतम राष्ट्रों में सप्तम है और यहां का निरंकुश राजतंत्र, विदेशी ऋण एवं अनुदान के बल परमिश्रित अर्थव्यवस्था को सूदृढ़ करने में संलग्न है। अब लोकतंत्र की यहाँ स्थापना हुई है।

1995 में खाद्य पदार्थों के मूल्य में दस से पंद्रह प्रतिशत से ज्यादा की वृद्धि है। नेपाल में इक्यावन हजार एक सौ पचास राजपत्राङ्कित तथा नौ हजार दो सौ पचास अधिकृत कर्मचारियों को प्रशिक्षित करने की एक विशेष योजना तैयार की गई थी।

वर्तमान नेपाल में साक्षरों की संख्या 60.3 प्रतिशत है जिसमें पुरुष की साक्षरता 73 प्रतिशत तथा महिला की साक्षरता 46.3 प्रतिशत है प्रतिशत है और 1990 में शिक्षा के कार्यक्रमों पर एक सौ छाछठ करोड़ रुपए व्यय करने की व्यवस्था हुई थी। देश भर में दस हजार दो सौ पच्चीस प्राथमिक विद्यालय, एक हजार निम्न माध्यमिक विद्यालय, चार सौ माध्यमिक विद्यालय तथा पैंसठ महाविद्यालय हैं। काठमांडू में एक विश्वविद्यालय है। इसके अतिरिक्त गौतम बुद्ध की जन्म-भूमि लुम्बिनी तथा महारानी सीता की जन्म-भूमि जनकपुरधाम में एक-एक विश्वविद्यालय स्थापित किए गए हैं।

नेपाल में किसी भी पिछड़ी अथवा जन-जाति के छात्रों को निःशुल्क शिक्षा नहीं दी जाती। इसी प्रकार महाविद्यालयों के छात्रों को मिलिट्री ट्रेनिंग भी नहीं दी जाती। नेपाल के पर्वतीय भागों में कृषि, इंजीनियरिंग तथा मेडिकल कालेजों को स्थापित करने की नितांत आवश्यकता है। देश भर में स्नातकों की कुल संख्या पचास हजार से ज्यादा है। अधिराज्य भर में तिहत्तर अस्पताल, पच्चासी, आर्युवैदिक केंद्र, छब्बी स्वास्थ्य केंद्र तथा पांच सौ तिरासी स्वास्थ्य चौकियां हैं। नेपाल में कृषि, सिंचाई, वन क्षेत्र विकास पर इक्तीस प्रतिशत, उद्योग खानी तथा विद्युत पर छब्बीस प्रतिशत, सामाजिक

सेवाओं पर पच्चीस प्रतिशत एवं यातायात, संचार, पंचायत, प्रशासन सुधार, योजना तथ्यांक, आवास, भौतिक परियोजना तथा पेयजल व्यवस्था आदि पर अवशेष धनराशि विनियोजित की गई है।

नेपाल अधिराज्य में रेल मार्गों का नितांत अभाव है। पूर्व से पच्छिम महेंद्र राज मार्ग तथा उत्तर से, दक्षिणसिद्धार्थ राजमार्ग पर रेल की लाइनें भी जड़ी जा सकती हैं। प्रमुख राजमार्गों की संख्या तेरह है। इनकी लंबाई तीन हजार चौवालीस किलोमीटर है। ये प्रायः सभी मित्र राष्ट्रों के सहयोग से निर्माण हुए हैं। इनमें महेंद्र राजमार्ग एक हजार बत्तीस किलोमीटर है। इसके पश्चात् त्रिभुवन राजपथ का स्थान है जो एक सौ नवासी किलोमीटर है। पृथ्वी राजमार्ग की लंबाई एक सौ छिहत्तर किलोमीटर तथा सिद्धार्थ राजमार्ग की लंबाई एक सौ चौरासी किलोमीटर है। पोखरा सुर्खेत हाई-रोड चार सौ सात किलोमीटर तथा काठमांडू घनकुटा पथचार सौ किलोमीटर है। घनगढ़ी-डंडेलधुरा सड़क एक सौ चालीस किलोमीटर है। इन राजमार्गों से काठमांडू का संपर्क सभी मार्गों से हो गया है और उपभोक्ता सामग्रियां सभी अंचलों में उपलब्ध होने लगी है। इनसे व्यापार में समृद्धि हुई है और जनसंपर्क बढ़ गया है।

हिमालय की चोटियां

विश्व में सबसे ऊंची माउंट एवरेस्ट के पश्चात् नेपाल में अनेक उच्च श्रेणियां एवं पर्वत श्रृंग हैं। कन्चनचंगा समुद्र तल से आठ हजार पांच सौ छियासी मीटर ऊंचा शिखर है। यह पल्लो-किरात प्रदेश की उत्तरी-पूर्वी सीमा पर नेपाल को सिक्किम से पृथक करती है। मकालु पल्लों काद्वितीय नाम कुम्भकर्ण है। समुद्र तल से इस श्रृंग की ऊंचाई आठ हजार चार सौ छिहत्तर मीटर है। यह पल्लो किरात प्रदेश के उत्तरी पश्चिमी कोने पर नेपाल तिब्बत की सीमा पर स्थित है। सन् उन्नीस सौ पचपन में फ्रांसीसी दल ने इस चोटी को स्पर्श किया। धोलागिरी ऊंचाई आठ सहस्त्र एक सौ उनसठ मीटर है। यह पर्वत जिले में अवस्थित है। सन् उन्नीस सौ। साठ ईसवी में स्विस पर्वतारोही दल ने इस पर चढ़कर ख्याति प्राप्त की। गुंसाईनाथ चोटी ऊंचाई आठ हजार अठारह मीटर है। इसके सन्निकट गुंसाईनाथ तीर्थ कुंड है जिससे यहां तीर्थ यात्रियों का तांता लगा रहता है। मुक्तिनाथ हिंदुओं का

प्रमुख तीर्थ स्थान है। यह छः हजार सात सौ तेरह मीटर की ऊंचाई पर स्थित है। मुक्तिनाथ का दर्शन करने से संपूर्ण पापों से विमुक्ति मिलती है ऐसा हिंदू साधु-संतों का विश्वास है। लामटाङ्ग की ऊंचाई सात हजार दो सौ चौवालिस मीटर है। समुद्र तल में गौरी शंकर चोटी की ऊंचाई सात हजार एक सौ पैंतालिस मीटर है। यह नेपाल की उत्तरी सीमा पर स्थित है। इन चोटियों पर चढ़ने के लिए आरोही दलों को ऊंचाई के हिसाब से रायल्टी देनी पड़ती है।

2. नेपाल में संवैधानिक विकास

आज नेपाल अराजकता, अनिश्चितता तथा राजनीतिक अस्थिरता के दौर से गुजर रहा है। 2008 में संवैधानिक सभा के गठन के बाद 2012 तक इस सभा द्वारा संविधान का निर्माण नहीं किया गया है।

राजा शासन

करीब-करीब सौ वर्षों तक यानि 1856 लेकर 1950-51 तक जब नेपाल में राजा शासकों के विरूद्ध क्रांति की गई तब नेपाल में शक्ति के केंद्र राणा शासक थे। 1950-51 में नेपाल में लोगों के द्वारा इनके विरूद्ध किए गए क्रांति के समय तक नेपाल के शासन की बागडोर इन्हीं राणा शासकों के हाथ में केंद्रित था। इन सौ वर्षों तक नेपाल के समस्त प्रधानमंत्री इन्हीं राणा वंशज के थे। अनेकों अभिजात (nobles) जिन्होंने परामर्शदात्री न्यायालय जिसे लार्ड की सभा या भरादारी सभा (Bharadari Sabha) भी कहा जाता था, में भाग लिया था, उनका 1846 में कत्ल करा दिया गया। अपने 1851 में ब्रिटेन तथा यूरोप के सरकारी दौरे के बाद जंग बहादुर कुंवर (बादमें जो जंग बहादुर राणा के रूप में जाने गए) ने भरादारी सभा को शासन व्यवस्था चलाने के एक प्रमुख परिषद् के रूप में प्रयोग करना प्रारंभ कर दिया। करीब-करीब सौ वर्षों तक इस परिषद ने राणा शासकों की निरंकुश सता के लिए रबर की मुहर (Rubber stamp) के रूप में काम किया। अब इस सौ वर्ष के उपरांत 1947 में पद्मा शमशेर राणा के प्रयत्न

से अब एक नए संस्थागत विकास की शुरूआत की गई। पद्‌मा शमशेर राणा एक उदारवादी प्रकृति के प्रधानमंत्री थे जिन्होंने प्रथम संविधान के निर्माण हेतु एक संवैधानिक सुधार समिति की स्थापना की जिसे 'नेपाल सरकार संविधान अधिनियम 1948' के रूप में जाना गया। इस संविधान की रचना भारतीय विद्वानों की मदद से की गई थी जिसने राणा शासकों की व्यवस्था एवं परंपरा में काफी-कुछ परिवर्तन कर दिया। इस संविधान के द्वारा द्विसदनीय (bicameral) विधायिका की स्थापना की गई।

इस अधिनियम के द्वारा एक स्थानीय स्वशासन की पंचायत व्यवस्था का भी प्रावधान किया गया जिसकी शुरूआत गांवों, शहरों तथा जिलों में की जाती थी। इस संविधान के अंतर्गत मौलिक अधिकारों तथा कर्त्तव्यों जिसमें व्यक्ति की अभिव्यक्ति की स्वतंत्रता, प्रेस की स्वतंत्रता, लोगों को एकत्रित होने की स्वतंत्रता तथा पूजा-पाठ करने की स्वतंत्रता प्रदान करने के साथ-साथ कानून के समक्ष समानता, मुफ्त प्रारंभिक शिक्षा तथा समानता एवं मत देने के अधिकारों का भी प्रावधान किया गया। यद्यपि इस संविधानके द्वारा राणा व्यवस्था में तो परिवर्तन किए गए लेकिन ये परिवर्तन नाकाफी थे। इस संविधान को 1950 में लागू कर दिया गया परंतु यह फरवरी 1951 तक ही अस्तित्व में रह सका, चूंकि अब राणा शासकों के एकाधिकार समाप्त हो चुके थे तथा एक नए संवैधानिक व्यवस्था की शुरूआत की जानी थी।

अंतरिम संविधान 1951

1951 की क्रांति से नेपाल में राणा शासन प्रणाली की समाप्ति हो गई। 1951 में राजा त्रिभुवन वीर विक्रम शाह के द्वारा इस बात की घोषणा की गई कि जब तक नए संविधान के निर्माण हेतु एक सांविधानिक सभा (Constituent Assembly) की स्थापना नहीं हो जाती है तब तक के लिए नेपाल में एक अंतरिम सरकार तथा एक आंतरिक संविधान की व्यवस्था की जाएगी। इस अंतरिम संविधान के अंतर्गत राजा की शक्ति को मजबूत करने के साथ-साथ विभिन्न प्रकारके प्रमुख संशोधन भी किए गए जैसे एक सर्वोच्च न्यायालय की स्थापना, मौलिक अधिकारों का समावेश तथा राज्यों के द्वारा सामाजिक-आर्थिक विकास के लक्ष्य निर्धारित करने आदि। यह संविधान भारत के संविधान के

सिद्धांतों पर आधारित था तथा इसे नेपाल सरकार द्वारा अंतरिम अधिनियम 1951 का नाम दिया गया। इस अधिनियम के द्वारा प्रधानमंत्री के अधिकार को पुनः परिभाषित किया गया। इसके द्वारा राजा के कार्यपालिका, विधायिका तथा न्यायिक अधिकारों को भी पुनः परिभाषित किया गया। राजा राज्य का संचालन एक मंत्रिपरिषद् की सहायता एवं परामर्श के आधार पर करेगा। इस मंत्री परिषद् का गठन राजा द्वारा ही किया जाएगा। राजा के पास संप्रभु अधिकार होंगे तथा विधायी शक्ति भी।

शाही संविधान 1959

यह संविधान 1951 के संविधान से पृथक था। 1951 के संविधान का निर्माण जहां लोगों द्वारा चुने गए प्रतिनिधियों द्वारा किया गया था वहीं 1959 के संविधान का निर्माण स्वयं राजा द्वारा किया गया था। यद्यपि कि इस संविधान के द्वारा औपचारिक रूप से प्रजातांत्रिक रूप से चयनित संसदीय प्रणाली की (संवैधानिक राजतंत्र के तहत) स्थापना की गई थी लेकिन फिर भी सर्वोच्च अधिकार राजा के पास ही सुरक्षित था। यह संविधान ब्रिटिश तथा भारतीय संवैधानिक परंपरा पर आधारित था जिसमें कार्यपालिका की शक्ति राजा में निहित थी। जिसके कार्य के संचालन एवं परामर्श के लिए एक राज्य परिषद (राजसभा) तथा एक मंत्रीपरिषद् (कैबिनेट) होंगे। राजा को कुछ विशेष परिस्थितियों में संसद को भंग करने का भी अधिकार प्रदान किया गया था।

पंचायत संविधान-1962

16 दिसंबर 1962 को एक शाही फरमान के द्वारा राजामहेंद्र ने 1959 के संविधान में भारी परिवर्तन किया। इसके अलावा इस संविधान में राणा शासन व्यवस्था की कुछ विशेषताओं को भी शामिल किया गया। इस संविधान को पंचायत संविधान का नाम दिया गया। यह पंद्रह वर्षों में चौथा संविधान था। इस संविधान के द्वारा राजनीतिक दलों का अस्तित्व समाप्त कर दिया गया। पंचायत व्यवस्था एक अत्यंत प्राचीन संस्था थी। इस संविधान के अंतर्गत राजा ही असली शासक होगाजो सता का अकेला श्रोत था। अब राजा को सिर्फ संविधान में संशोधन का ही अधिकार प्राप्त नहीं

था बल्कि इसे रद्द करने काभी अधिकार प्राप्त था। परंतु राजा संविधान को सिर्फ आपात की स्थिति में ही एक शाही फरमान द्वारा रद्द कर सकता था। राजा के कार्यों के संचालन हेतु एक परामर्शदात्री निकाय होगी जिसे मंत्री परिषद् कहा जाएगा।

1990 का संविधान–पूरे देश में प्रजातंत्र समर्थक आंदोलन के कारण 1990 में पंचायत व्यवस्था को खत्म करना पड़ा। इस आंदोलन के कारण राजनीति दलों को पुनः अस्तित्व में लाया गया। राजा द्वारा एक स्वतंत्र संविधान सिफारिश आयोग (Independent constitutional Recommendation commission) का शासन किया गया जिसमें विरोधी गुट के लोगों का प्रतिनिधित्व रहेगा ताकि उनकी मांगों को ध्यान में रखकर एक नए संविधान का निर्माण किया जा सके। सितंबर 10, 1990 को इस आयोग ने एक नए संविधान का ड्राफ्ट राजा विरेंद्र को सौंपा। इस ड्राफ्ट में इस बात का वर्णन था कि राजा का पद पूर्व के जैसा ही एक संवैधानिक राजतंत्र के अंतर्गत बना रहेगा। परंतु इस ड्राफ्ट में यह भी कहा गया था कि एक बहुदलीय प्रजातंत्र की स्थापना होगी जहां शक्ति का पृथक्करण (Separation of power) होगा तथा लोगों को मानव अधिकार प्रदान किए जाएंगे।

9 नवंबर 1990 को राजा बिरेंद्र ने एक नए संविधान की घोषणा की तथा इस घोषणा के साथ ही 1962 के संविधानको निरस्त कर दिया गया। 1990 के इस संविधान के द्वारा करीब-करीब तीस वर्षों से चला आ रहा परम राजतंत्र (Absolute Monarchy) की समाप्ति हो गई। जिसके द्वारा राजनीतिक दलों पर पाबंदी लगा दी गई थी। यह संविधान जो ज्यादा हद तक ब्रिटेन के संविधान पर आधारित था, नेपाल का मौलिक कानून है। इस संविधान के अनुसार नेपाल जनता सर्वोपरि होगी तथा अंततः सता जनता के हाथ में ही होगी तथा नेपाल अब बहुजनजातीय, बहुभाषायी, प्रजातांत्रिक, स्वतंत्र, अविभाज्य, संप्रभु तथा संवैधानिक राजतंत्रीय राज्य (Kingdom) होगा। नेपाल की राष्ट्रीय तथा सरकारी भाषा देवनागरी लिपि में नेपाली होगा। नेपाल के विभिन्न प्रांतों में बोली जाने वाली भाषाओं को भी उनके अपने-अपने प्रांतों में मान्यता प्रदान रहेगी।

यद्यपि नेपाल को अभी भी हिंदू राष्ट्र ही माना जाएगा, संविधान, फिर भी सभी अन्य धार्मिक समूहों को धार्मिक तथा सांस्कृतिक स्वतंत्रता प्रदान

करता है। संविधान की प्रस्तावना में इस बात का उल्लेख किया गया है कि सामाजिक, आर्थिक, तथा राजनीतिक न्याय प्राप्त करने के उद्देश्य से नेपाल की जनता की इच्छा पर इनमें परिवर्तन किया जा सकता है। इस संविधान में प्रत्येक नागरिक को मानव अधिकार, संसदीय शासन प्रणाली तथा बहुदलीय प्रजातंत्र की भी बात कही गई है। इसके साथ यहां की जनता को संपत्ति का अधिकार, अपनी भाषा, लिपि, संस्कृति को बढ़ावा देने तथा उनका संरक्षण प्रदान करने, अपनी मातृभाषा में विद्यार्थियों को शिक्षा प्राप्त करने का अधिकार, धर्म की स्वतंत्रता तथा धार्मिक स्थानों की सुरक्षा एवं संरक्षण का भी अधिकार इस संविधान के अंतर्गत प्रदान किए गए हैं।

संविधान के भाग तीन में नागरिकों के लिए मौलिक अधिकारों की भी बातें की गई हैं।

संविधान की अन्य विशेषताएं

संविधान द्वारा नागरिकों को राजनीतिक बहुलवाद तथा बहुदलीय प्रजातंत्र के अधिकार प्रदान किए गए हैं। चुनाव आयोग के तहत पंजीकृत समस्त राजनीतिक दलों तथा राजनीतिक संगठनों को जनता के बीच जाकर अपनी नीतियों का प्रचार-प्रसार करने का पूरा अधिकार है।

संविधान में संसद के प्रत्येक सदन के दो-तिहाई बहुमत द्वारा संशोधन किए जा सकते हैं।

नेपाल का वर्तमान संविधान

नेपाल में आज शासन नेपाल के अंतरिम संविधान 2007 के तहत जारी है। यह संविधान जनवरी 15, 2007 को अस्तित्व में आया। इस संविधान के द्वारा 1990 के नेपाल के संविधान को बदल दिया गया। आंतरिक संविधान का निर्माण इस उद्देश्य से किया गया ताकि नेपाली संवैधानिक परिवर्तन की प्रक्रिया को आसान तथा व्यवस्थित बनाया जा सके जिसकी प्रक्रिया अप्रैल 2006 में राजतंत्र के विरूद्ध दूसरे विशाल जन आंदोलन के रूप में प्रारंभ हुई थी। इस अंतरिम संविधान के निर्माण के पीछे एक और उद्देश्य यह था कि नेपाल को एकल संवैधानिक राजतंत्र से संघीय गणतंत्र में परिवर्तन किया जा सके।

3. नेपाल में राजनीतिक मुद्दे

नेपाल में प्रजातांत्रिक अव्यवस्था सर्वप्रथम राजनीतिक मुद्दा है।

नेपाल में आज जो राजनीतिक अव्यवस्था का बोलबाला है वह आज सर्वज्ञ है जो किसी से छिपा नहीं है। वहां प्रजातंत्र की स्थापनाहेतु अनेक असफल प्रयास किए गए। आज भी ये प्रयत्न जारी हैं। आज तक नेपाल में प्रजातंत्र की सफलतापूर्वक जो स्थापना नहीं की जा सकी है, उसके पीछे वहां की राजनीतिक शक्तियों की अक्षमता तथा सामान्य प्रजातांत्रिक कार्यक्रमों एवं योजनाओं का अभाव प्रमुख कारण है। यहां ऐसी स्थितियां यहां की अपनी अयोग्यताओं एवं अक्षमताओं के कारण हुई हैं। ऐसी बात नहीं है कि नेपाल के लोगों में ऐसी योग्यता या क्षमता का अभाव है कि वे अपने देश में प्रजातंत्र की स्थापना नहीं कर सकते बल्कि इनमें वे क्षमताएं हैं जिनके द्वारा यहां पर प्रजातंत्र की स्थापना अपने ठोस रूप में की जा सकती है।

माओवादियों द्वारा समय-समय पर विद्रोह नेपाल का एक अन्य महत्वपूर्ण राजनीतिक मुद्दा है। आज नेपाल में माओवादियों द्वारा विभिन्न प्रकार के संकट उत्पन्न किए जा रहे हैं, वहाँ जिससे प्रजातंत्र की स्थापना में बाधा उत्पन्न हो रही है।

इन सबके अतिरिक्त नेपाल में अन्य कई महत्वपूर्ण राजनीतिक मुद्दे व्याप्त हैं जैसे ठोस संवैधानिक परिवर्तन, समस्त राजनीतिक दलों के द्वारा प्रजातंत्र की स्थापना हेतु प्रयत्न करना। ये सब सिर्फ इसलिए अनिवार्य नहीं हो गए हैं कि माओवादियों द्वारा विद्रोह इसमें बाधा डाल रहे हैं बल्कि

इसलिए भी कि 1990 के संविधान के आधार पर जिस राजनीतिक संरचना की स्थापना की गई थी वह लोगों की उम्मीदों पर खरा नहीं उतरा। यह व्यवस्था विभिन्न समूहों एवं समुदायों की उम्मीदों को पूरा करने में इस फल तथा अयोग्य साबित रहा। इसके अलावा राजा द्वारा कार्यपालिका की शक्तियों को अपने हाथ में ले लेना जिसका राजनीतिक दलों ने भारी विरोध किया गया तथा शाही संताप (Royal Regession) नाम दिया तथा एक नई विस्तृत संवैधानिक परिवर्तन के निर्माण हेतु मजबूर किया गया।

नेपाल प्रारंभ से ही एक केंद्रीकृत प्रशासन तथा सत्ता के तहत शासित होता रहा है। इसके विरोध में विभिन्न जाति समूह के लोगों द्वारा एक संघीय राजनीतिक व्यवस्था की स्थापना हेतु मांग किए जा रहे हैं। नेपाल में एकल शासन व्यवस्था तथा प्रतिनिधि व्यवस्था के साथ-साथ काठमांडू की केंद्रीकृत प्रतिनिधि व्यवस्था कभी भी लोगों की प्रजातांत्रिक उम्मीदों को पूरा नहीं कर पाएगा। ऐसी व्यवस्था कभी भी लोगों के प्रति-उत्तरदायी नहीं हो सकती तथा सामान्य जन को कभी भी राजनीतिक व्यवस्था में भागीदारी नहीं प्राप्त हो सकती। ऐसी व्यवस्था कभी भी लोगों की प्रजातांत्रिक मूल्यों का ध्यान नहीं रख सकता। ये सब बातें इससे भी साबित होती हैं कि 1990 में जिस लोकतांत्रिक प्रयोगों को किया गया था उसके द्वारा भी अब तक शक्ति संरचना में सही रूप में, किसी प्रकार का परिवर्तन नहीं लाया जा चुका है। राज्य की नई संरचनात्मक व्यवस्था में संघवाद तथा आनुपातिक प्रतिनिधित्व का मुद्दा सबसे प्रमुख मुद्दा होना चाहिए ताकि इस नई व्यवस्था में लोगों की सही मायने में संपूर्ण भागीदारी हो सके तथा उनका सही मायने में प्रतिनिधित्व हो सके एवं देश के सभी लोगों को एक उत्तरदायी प्रशासन मिल सके।

उपर्युक्त वर्णित राजनीतिक मुद्दों के अलावा नेपाल में अन्य कई प्रमुख राजनीतिक मुद्दे हैं जिनका निम्न प्रकार से वर्णन किया जा सकता है–

1. नए संविधान के निर्माण हेतु संवैधानिक सभा का गठन
2. संविधान का निर्माण
3. प्रशासन तथा राजनीति में संघवाद तथा आनुपातिक प्रतिनिधित्व की व्यवस्था
4. स्वयं निर्णय लेने का अधिकार

5. राष्ट्र राज्य की धर्मनिरपेक्ष पहचान
6. लोगों को संपूर्ण संप्रभुता की प्राप्ति
7. बहुभाषाई नीति
8. राजनीतिक स्थिरता
9. आरक्षण नीति
10. संवैधानिक सर्वोच्चता तथा
11. प्रमुख राष्ट्रीय मुद्दे पर जनमत संग्रह का प्रावधान
12. स्वतंत्र एवं निष्पक्ष चुनाव की गारंटी।
13. चुनी हुई सरकार के अधीन सेना को रखना।
14. महिला, दलित तथा वंचित समूह के लोगों के कल्याण हेतु ठोस नीतियों का निर्माण
15. जाति, धर्म, भाषा के आधार पर व्याप्त भेदभाव की समाप्ति
16. लोगों को मानवाधिकार की प्राप्ति।
17. कानून-व्यवस्था की स्थिति को बेहतर बनाना
18. सामंतवादी प्रथा, जातीय भेदभाव द्वारा गरीब तथा वंचित वर्ण के लोगों पर किए जाने वाले अन्याय की समाप्ति हेतु ठोस कदम उठाना
18. आवश्यक विदेशी हस्तक्षेप का विरोध।
19. गरीबी, सुरक्षा, भ्रष्टाचर।

जब तक माआवोदियों की गतिविधियां नेपाल में जारी रहेंगी तब तक नेपाल कभी भी अपने लोकतांत्रिक लक्ष्यों की प्राप्ति नहीं कर पाएगा बल्कि स्थिति और भी बदतर होती जाएगी।

आगे, नेपाल के समक्ष अभी सबसे बड़ी चुनौती है मौजूदा राजनीतिक गंदगी और सामाजिक कलह पर काबू पाना। साथ ही देश की एकता को बनाए रखते हुए, जाति और जातीय विभाजन को हतोत्साहित कर सुरक्षा पर जोर देते हुए आतंकवाद पर काबू पाना।

4. नेपाल में दलीय व्यवस्था

भारत को 1947 में मिली आजादी हालांकि नेपाल में किसी बड़े राजनीतिक परिवर्तन का सबब नहीं बन सकी, लेकिन नेपाल के यूथ सोशल डेमोक्रेट्स के एक प्रतिबद्ध समूह जिनमें ज्यादातर छात्र थे, ने यह काफी गंभीरता से महसूस किया कि गैर-ब्रिटिश शासन के क्षेत्र में एक राजनीतिकतंत्र होना ही चाहिए। हालांकि नेपाल कभी भी सीधे तौर पर ब्रिटिश शासन के अंतर्गत नहीं रहा, लेकिन भारत की आजादी के तीन साल बाद नेपाल में 104 साल पुराना राणा साम्राज्य का खात्मा हो गया। नेपाल कांग्रेस पार्टी (NCP) जिसका नेतृत्व वही युवा सामाजिक डेमोक्रेट्स कर रहे थे, उस परिवर्तन में सबसे आगे थी। उसी समय यह महसूस किया गया कि राणा घराने का दबदबा समाप्त होने के बाद अब नेपाल में राजशाही का मार्ग प्रशस्त होगा, क्योंकि राणा घराने ने 1846 से ही राजशाही के अधिकार को विनियोजित कर रखा था। एक ऐसी स्थिति उत्पन्न कर दी थी, जहां क्राउन को एक प्रतीक मानकर राजनीतिक पार्टियों को संसदीय लोकतंत्र के रूप में काम करना था। उस भावना के तहत 1950-51 नई दिल्ली में एक त्रिपक्षीय सौदे पर हस्ताक्षर हुए। यह समझौता नेपाली कांग्रेस तथा राजाओं के बीच हुआ। यह लोकतंत्र की ओर नेपाल की यात्रा की शुरूआत थी।

नेपाल में अभी तक राजनीतिक दल स्पष्ट रूप से एक स्थायी सरकार देने में असफल साबित हुए हैं। हमारे राजनीतिक दल के नेताओं ने अभी तक अपने स्वार्थ या दल के हितों के बारे में सोचने के अलावा कभी देश

के हितों के बारे में नहीं सोचा। उन्होंने अभी तक देश के हितों के ऊपर स्वयं या स्वयं के दलों को ऊपर रखा है। यहां के करीब-करीब सभी बड़े राजनीतिक दल आपसी कलह, गुटबाजी, नेतृत्व की लड़ाई, कमजोर सामाजिक आधारके शिकार रहे हैं। इनमें विचारधारा की कमी भी इनकी एक बड़ी कमजोरी रही है। इसके अलावा विभिन्न राजनीतिक दलों के बीच आपसी तनाव या खींचतान भी सदैव रहा है। राजनीतिक दल के नेताओं की महत्वकांक्षाएं तथा इनकी आपसी फूट भी नेपाल की राजनीतिक दलों की मुख्य कमजोरी रही है। यही सब कारण है कि नेपाल में राजतंत्र और ज्यादा मजबूत होता रहा है। इन राजनीतिक दलों की आपसी मतभेद एवं विभाजन ने राजतंत्र को मजबूत बनाए रखने में मदद प्रदान किए हैं। यहां के राजनीतिक दल अपने लोकतांत्रिक आधार को भी मजबूत बनाने में असफल रहे हैं।

सन् 1990 से लेकर 2004 तक अपने 14 वर्षों के बहुदलीय लोकतंत्र के काल में नेपाल में 14 सरकारें अस्तित्व में आई परंतु इनमें से किसी भी सरकार ने यहां की 24 करोड़ जनता के जीवन पर अपना कोई प्रभाव नहीं छोड़ पाया। इसके अलावा अपने 15 वर्षों के इस बीच के दीर्घ काल में संसदीय शक्तियां भी परंपरागत सामंतवादी तथा नई पूंजीवादी सामाजिक, आर्थिक तथा सांस्कृतिक मामलों में किसी भी प्रकार के विकासात्मक परिवर्तन लाने में असमर्थ रही हैं। लोकतंत्र को मजबूत बनाए रखने तथा लोगों की संप्रभुता को सुनिश्चित करने में जो चुनौतियां सामने आ रही हैं, उन पर भी इन राजनीतिक दलों द्वारा कोई विशेष ध्यान नही दिया गया है ताकि इन चुनौतियों को समाप्त कर प्रजातंत्र को मजबूती प्रदान किया जा सके। इन दलों में समझौतावादी प्रवृत्ति ज्यादा पाई जाती है। इन राजनीतिक दलों का संसद के भीतर तथा बाहर जो व्यवहार होते हैं, इससे भी यह स्पष्ट हुआ कि इन्हें राष्ट्रीय हित से कोई लेना-देना नहीं है। इन्हें सिर्फ अपने स्वार्थ की पूर्ति से मतलब है अ ौर यही वजह है कि इनकी छवि एक भ्रष्ट तथा निहित स्वार्थ वाले दलों की बन गई है।

1846 से लेकर 1999 तक, जो विशिष्ट वर्गीय शासन की प्रकृति जो जाति, वर्ग, लिंग तथा जनजातीयता पर आधारित रही है वह आज भी वही है। इनमें किसी प्रकार का परिवर्तन नहीं आया है। उदाहरण के लिए पर्वतीय

ब्राह्मण, क्षेत्री जाति के लोगों की संख्या नेपाल की समस्त जनसंख्या का करीब 28.5 प्रतिशत है जबकि देश की विधायिका में इसके सदस्यों की संख्या कुल सदस्यों की संख्या का 60 प्रतिशत है। आगे, मधेशी लोग जिनकी संख्या नेपाल की कुल जनसंख्या का 50 प्रतिशत है उनकी इस विधायिका में 20 प्रतिशत से भी कम सदस्यों की संख्या है। महिलाओं की स्थिति भी नेपाल में उत्साहवर्द्धक नहीं है। 1999 में जनजातीय लोगों (Indigenous people) की नेपाल की संसद में कुल सदस्य संख्या 15 प्रतिशत थी।

पर्वतीय (Hilly) उच्च जाति के पुरुषों का राजनीतिक दलों में प्रभुत्व प्रारंभ से ही रहा था। विभिन्न राजनीतिक दलों में मधेशी लोगों, जनजातीय समूह के लोगों, दलित तथा महिलाओं की नेतृत्व पद सोपान (Leadership Hierarchy) में उपस्थिति ना के बराबर रही है। यही कारण है कि इन लोगों की देश की मुख्यधारा तथा दल राजनीति में स्थिति अत्यंत कमजोर है। इन सबके अलावा, राजनीतिक व्यवस्था, प्रतिनिधित्व का तरीका, दल संरचना, नेतृत्व तथा समस्त राजनीतिक स्थितियों ने भी सरकार तथा प्रशासन की एकात्मक प्रणाली को मजबूत करने में मदद प्रदान की है। पुनः इन समितियों ने ही नेपाल में माओवादी को जन्म दिया।

1990 के संविधान के भाग 17 के (अनु. 112-114) में उन राजनीतिक दलों जिन पर कई वर्षों से पाबंदी लगा दी गई थी के बारे में वर्णन के साथ-साथ इनके निर्माण एवं उन्हें मान्यता प्रदान करने संबंधी समस्त मौलिक नियमों का वर्णन किया गया है।

संविधान के इस भाग में इस बात पर बल दिया गया है कि राजनीतिक पार्टियों का निर्माण प्रजातांत्रिक आधार पर होने चाहिए। राजनीतिक दलों को स्वयं लोकतांत्रिक मौलिकताओं पर संगठित करना आवश्यक होगा। इन दलों के अपने कार्यालय होंगे, उनके अपने कार्यालय कर्मचारी होंगे तथा (House of Representative) (प्रतिनिधि सभा) के चुनाव में कम से कम पांच प्रतिशत महिलाओं की उम्मीदवारी होना आवश्यक होगा। संविधान के अनुच्छेद 113 (3) के अंतर्गत चुनाव आयोग को जाति, धर्म, समुदाय क्षेत्र पर निर्मित राजनीतिक दलों की मानयता को रद्द करने का अधिकार प्रदान किया गया है। दूसरे शब्दों में, नेपाल में जाति, धर्म, क्षेत्र, समुदाय, या

जनजातीय आधार पर यदिकिसी दल का निर्माण किया जाता है तो उसे मान्यता नहीं प्रदान की जाएगी। 1991 में चुनाव आयोग द्वारा इस प्रकार के तीन दलों की मान्यता रद्द की गई थी।

1990 के उपरांत, नेपाल में सिविल सोसायटी अस्तित्व में आए। राजनीतिक शक्तियां राजा के हाथ से निकलकर जनता द्वारा चुने गए प्रतिनिधियों के हाथ में आ गई। आज वहां पर चुने हुए राजनेता तथा उनके राजनीतिक दल देश में लोकतंत्र को बहाल करने तथा सामाजिक परिवर्तन लाने के लिए जिम्मेवार हैं। 1990 के आंदोलन के प्रथम दो वर्षों के भीतर तीन राजनीतिक दल प्रभाव खो चुके थे। ये तीन दल थे नेपाली कांग्रेस (NC) कम्युनिस्ट पार्टी आफ नेपाल (ML) जिनका निर्माण 1991 में किया गया था तथा राष्ट्रीय प्रजातंत्र पार्टी (National Democratic Party)

यहां सभी राजनीतिक दलों की समस्या यह है कि ये अपनी आंतरिक दलों के मध्य लोकतंत्र के मूल्यों को लागू नहीं कर पा रहे हैं।

5. नेपाल में माओवादी प्रभाव

नेपाल में राजनीतिक, अस्थिरता काफी लंबे समय से अस्तित्व में बना हुआ है।

नेपाल में माओवादियों का जबरदस्त प्रभाव रहा है तथा इनके नेपाल के अनेक भागों पर नियंत्रण स्थापित है। नेपाल में माओवादियों के उदय के लिए अनेक कारण जिम्मेवार थे। यहां माओवादियों का उदय कोई अचानक हुई घटना नहीं थी बल्कि यहां कि विशेष परिस्थितियों जैसे गरीबी, भेदभाव वाली सामाजिक व्यवस्था, विकास की कमी आदि-आदि, जिन पर पिछली सभी सरकारों द्वारा किसी प्रकार का ध्यान नहीं दिया गया। इसके साथ-साथ एक मजबूत सरकारों का अभाव, गैर प्रजातांत्रिक सरकारों की उपस्थिति तथा राजा एवं प्रमुख राजनीतिक दलों के नेताओं के मध्य निरंतर चल रहे संघर्षों ने माओवादियों को करीब-करीब नेपाल के आधे क्षेत्र पर नियंत्रण स्थापित करने में भरपूर सहायता प्रदान किया। इसके अतिरिक्त, कमजोर कानून-व्यवस्था, विकास के कार्यों का भारी अभाव या यों कहें कि पूरी तरह ध्वस्त हो जाना, हिंसा-प्रभावित क्षेत्रों में घोर अर्थव्यवस्था तथा जमीनी स्तर पर प्रजातांत्रिक मूल्यों का धाराशायी हो जाना आदि माओवादियों के कार्य को आसान कर उन्हें अस्तित्व में बने रहने में सहायता प्रदान करते रहे।

नेपाल में 1951 के बाद पहली बार 1990 में नेपाल में लोकतंत्र की स्थापना की गई। परंतु 1996 में माओवादियों द्वारा किए गए विद्रोह ने इस स्थिति (अराजकता की स्थिति) को और बिगाड़ दिया। वहां नवजात

बहुदलीय लोकतंत्र के लिए 1996 से लेकर करीब एक दशक तक माओवादी विद्रोही गंभीर खतरा बने रहे। कई सालों की अवधि में अनेक सरकारों के लिए राजनीतिक अस्थिरता बनी रही। इसी बीच राजमहल में 2005 के नर संहार ने नेपाल को हिला कर रख दिया। इस नरसंहार में राजा बिरेंद्र सिंह और उनका पूरा परिवार फरवरी 2005 में उनके उत्तराधिकारी ज्ञानेंद्र द्वारा मारा गया। इससे नेपाल में राजनीतिक स्थिरता जबरदस्त प्रभावित हुई। माओवादियों ने अपना राजनीतिक लक्ष्य प्राप्त करने के लिए इस अस्थिरता का लाभ उठाया।

इस सबका परिणाम यह हुआ कि माओवादियों न सिर्फ देश के अनेक भागों में अपनी समानांतर सरकार स्थापित कर ली है बल्कि शहरी क्षेत्रों में भी अपना काफी वर्चस्व स्थापित कर लिया है। इनकी अपनी टैक्स प्रणाली है, वीजा के नियम-कानून हैं। इन माओवादियों को माओवाद से संबंधित आल नेपाल ट्रेड यूनियन फेडरेशन (ANTUF) का भी समर्थन प्राप्त है। माओवादियों की गुरिल्ला पद्धति की लड़ाई के सिद्धांत ने उनकी शक्ति को लगातार मजबूत किया है। ये सदैव अपने हिंसक विद्रोह की रणनीति पर चलते हैं जैसे सरकारी चीजों, जिला हडक्वार्टरों को नुकसान पहुंचाना, लोगों की हत्या करना, सुरक्षा दलों की हत्या करना आदि। इन्होंने 1996 से अब तक करीब 20 हजार पुलिस बलों की तथा नागरिकों की हत्या की है।

माओवादियों की निरंतर बढ़ती शक्ति के कारण नेपाल में एक राजनीतिक अनिश्चितता का वातावरण बन गया है, जिसके कारण यहां अन्य देश भी अपना स्वार्थ सिद्ध करने में लग गए हैं। 2004 में भारत सरकार द्वारा भी नेपाल सरकार को माओवादियों से निपटने में मदद प्रदान करने की बात कही गई थी।

अप्रैल 2006 में एक जन आंदोलन हुआ जिसके द्वारा नेपाल में संसद के दुबारा बहाली हेतु प्रयास किए गए ताकि प्रजातांत्रिक व्यवस्था को कायम किया जा सके एवं दस वर्षों से लगातार आ रहे शस्त्र संघर्ष को समाप्त करने करने हेतु कदम उठाया जा सके। यह बात माओवादियों को भी सही लगी तथा वे भी साथ मिलकर एक ऐसे संविधान के निर्माण के लिए राजी हो गए जिसके द्वारा तनाव के प्रमुख कारणों का समाधान किया जा सके जिससे देश प्रभावित हो रहा है। अतः करीब 7 दलों के नेताओं ने

जिसमें माओवादी भी थे संविधान सभा (Constituent Assembly) के चुनाव हेतु सहमत हो गए तथा एक आंतरिक संविधान के निर्माण हेतु ड्राफ्ट तैयार किए गए एवं जिस संसद को दुबारा बहाल किया गया था उसे भंग कर एक अंतरिम विधायिका तथा अंतरिम सरकार की स्थापना हेतु मार्ग प्रशस्त किया। जिसमें 2007 में CPN (माओवादी) को शामिल किया गया।

माओवादियों ने नेपाल सरकार का भारत के साथ हाथ मिलाने का भी विरोध किया है। उनका मानना था कि नेपाल ने अपनी संप्रभुता भारत के सामने आत्मसमर्पण कर दिया है। ऐसी बात उन्होंने 1950 के दशक में कही थी जब राजा शासनकाल में भारत के साथशांति और मैत्री संधि पर हस्ताक्षर किए गए थे।

नेपाल में हिंसक आंदोलन चलाने वाले ज्यादातर माओवादी नेताओं का 1996 से लेकर 2006 तक सुरक्षित ठिकाना बिहार, उत्तर प्रदेश, हिमाचल प्रदेश, मुंबई और दिल्ली रहा है। हालांकि ये माओवादी भारतीय राजनीतिक नेतृत्व को यह आश्वासन देकर गुमराह करते रहे हैं कि उनका आंदोलन विशुद्ध रूप से राजनीतिक है तथा वे आतंकवादी नहीं हैं। साथ ही उन्होंने यह भी कहा कि वे नेपाल की तरक्की के लिए नेपाल तथा भारत के बीच संधि के महत्व को समझते हैं। भारत ने संभवतः माओवादियों का आकलन फेस वैल्यू के आधार पर किया और एक अन्य सौदे की मध्यस्थता की। सामान्य तौर पर इस सौदे को माओवादियों और नेपाल के सात राजनीतिक दलों के बीच 12 सूत्री समझौता कहा जाता है। इस पर नई दिल्ली में नवंबर 2005 में हस्ताक्षर हुए। इस पर हस्ताक्षर करनेवालों ने फैसला किया कि वे सामूहिक रूप से नेपाल में अराजकता के खिलाफ आंदोलन की शुरूआत करेंगे। परिणामस्वरूप अप्रैल 2006 (जैसा कि ऊपर वर्णन किया जा चुका है) में 19 दिनों के आंदोलन मात्र से ही नेपाल में नौ महीने पुराने शाही शासन का खात्मा हो गया है। संसद को सारे विधायिक अधिकार प्रदान किए गए। नेपाल सरकार अब कार्य पालिका प्रमुख होगी। 'रायल' शब्द को हटा दिया गया। राजा पर संसदीय निगरानी रहेगी। इससे उत्साहित नेपाल के विजयी नए राजनीतिक नेताओं ने घोषणा की कि दुनिया का एक मात्र हिंदू राजतंत्र अब धर्म निरपेक्ष तथा संघीय गणतंत्र होगा। लेकिन मई 2008 में चुनी गई संविधान सभा अपने चार साल के कार्यकाल में संविधान देने में

विफल रही, जिसका परिणाम हुआकि 28 मई 2012 को कार्यकाल खत्म होने के बाद इसे भंग कर दिया गया। आखिरकार इस क्रांतिकारी परिवर्तन का जो संस्थागत रूप देने का वादा किया गया था वह पूरा नहीं हो सका। नतीजतन नेपाल में अराजकता, अनिश्चितता और राजनीतिक अस्थिरता कायम है।

नेपाल में जहां, एक ईमानदार और गैर-पक्षपातपूर्ण दृष्टिकोण का अभाव है, नेपाल की बढ़ती आर्थिक कमजोरी और असुरक्षा चिंता का विषय है। राज्य के अधिकार में काफी कमी आई है। एक विश्वसनीय विकल्प के बिना राजशाही की अनुपस्थिति से एक विशाल राजनीतिक और संवैधानिक खालीपन आ चुका है। नेपाल में राजनीतिक दलों और उनके बड़े नेताओं के प्रति लोगों का इतना अविश्वास कभी नहीं रहा। इन सभी कारणों से बाहरी शक्तियाँ नेपाल में प्रभावी होने लगी हैं। विशेषकर चीन। एक विफल, नाजुक या कमजोर राज्य ने न केवल नेपाल के लिए समस्या है बल्कि सीमाओं से परे भी इसका असर पड़ेगा।

माओवादी मुख्यधारा में शामिल हो चुके हैं और पिछले वर्षों में अब तक इनके दो प्रधानमंत्री भी सत्ता पर काबिज हो चुके हैं।

6. नेपाल में लोकतंत्र की बहाली

प्रजातंत्र को समस्त राजनीतिक व्यवस्थाओं में सबसे सराहनीय तथा प्रशंसनीय राजनीतिक व्यवस्था माना जाता है परंतु इसे बनाए रखना भी आसान कार्य नहीं होता है। प्रजातंत्र में सामान्य जनता के हितों को ध्यान में रखते हुए उनके लिए सदैव प्रयत्नशील रहना ही प्रमुख उद्देश्य होते हैं। यहां लोगों का, लोगों के लिए तथा लोगों द्वारा शासन किए जाते हैं, ताकि जहां पर सभी को समान न्याय तथा समान स्वतंत्रता प्राप्त हो सके। जहां पर किसी के साथ किसी प्रकार के भेदभाव नहीं किए जाते हैं। इस व्यवस्था के अंतर्गत सभी की समान भागीदारी होती है।

नेपाल में प्रजातंत्र की स्थापना हेतु सदैव प्रयत्न जारी हैं, अनेकों आंदोलन हुए, संविधानों का निर्माण किया गया परंतु अभी तक इस दिशा में कोई ठोस परिणाम नहीं हासिल हो पाए हैं। यहां पर प्रजातंत्र की स्थापना करने के प्रयत्न में विभिन्न प्रकार की बाधाएं चुनौती बनकर खड़ी हैं।

जैसा कि हम जानते हैं कि नेपाल परंपरागत रूप से बहुलवादी समाज रहा है जहां निर्णय-प्रक्रिया तथा शासन में विभिन्न अल्पसंख्यकों की भागीदारी का मुद्दा अत्यंत महत्वपूर्ण हो जाता है। कुछ विशेष जाति समूह के लोगों का ही राष्ट्रीय जीवन के समस्त महत्वपूर्ण क्षेत्रों में प्रभुत्व था। इस प्रकार, अब यह महत्वपूर्ण हो गया था कि राजनीतिक संस्थाओं में भारी परिवर्तन (सुधार) किया जाए ताकि समाज के कमजोर तबके के लोगों को राजनीतिक प्रक्रियाओं में आनुपातिक रूप से भागीदार बनाया जा सके। आज अब यह अपरिहार्य हो

गया है कि राज्य की संरचनाओं में मूलभूत सुधार लाया जाए ताकि समाज के सभी तबकों के लोगों को समानता की अनुभूति हो सके एवं समान स्तर पर सबको न्याय प्राप्त हो सके एवं सही अर्थ में लोकतंत्र की स्थापना की जा सके। अब समय आ गया है कि शताब्दी पुरानी रूढ़ीवादी परंपराओं जो जाति, धर्म, वर्ग, लिंग भूगोल पर आधारित हैं, उन्हें समाप्त कर न्यायप्रिय तथा समानता पर आधारित राज्य की स्थापना की जा सके जहां पर किसी के साथ किसी आधार पर भेदभाव नहीं किया जा सके। सभी को सरकारी व्यवस्था में समान रूप से भागीदारी हो। जब तक से नेपाल में इस प्रकार की व्यवस्था की स्थापना हेतु ठोस कदम नहीं उठाए जाते हैं तब तक यहां प्रजातंत्र का कोई अर्थ नहीं होगा। जिस समान में सामाजिक, आर्थिक, धार्मिक, वर्ग, लिंग के आधार पर लोगों के बीच भेदभाव किए जाते हों उस समाज को या उस राष्ट्र को एक प्रजातांत्रिक राष्ट्र का दर्जा कैसे दिया जा सकता है?

नेपाल में राजतंत्र एक अन्य महत्वपूर्ण मुद्दा है। इसमें कोई संदेह नहीं कि नेपाल में राजा का वहाँ के लोगों पर काफी प्रभाव था। यद्यपि इतिहास हमें बताता है कि नेपाल में राजतंत्र तथा प्रजातंत्र एक दूसरे के विरोधी रहे हैं। ठीक इसी प्रकार, नेपाल की सेनाका प्रजातंत्रीकरण करना एक अन्य महत्वपूर्ण कार्य है जो अत्यंत मुश्किल है इन सबके अलावा, माओवादियों की जमीनी शक्ति को समाप्त करने के तरीके की खोज करना तथा राजनीतिक रूप से प्रशिक्षित पीपुल्स लिबरेशन आर्मी (PLA) को राष्ट्रीय सेना का पुनर्गठन करना भी एक अत्यंत चुनौती भरा कार्य है। इन सच्चाईयों के बावजूद कि राजनीतिक दल बहुदलीय प्रजातंत्र की रीढ़ है, नेपाल के लोग राजनीतिक दलों पर यह आरोप लगाते आए हैं कि नेपाल के प्रजातांत्रिक मूल्यों में निरंतर गिरावट के लिए ये राजनीति पार्टियां ही जिम्मेदार हैं। विगत वर्षों में, नेपाल में राजनीतिक अस्थिरता के लिए ये राजनीतिक पार्टियां ही जिम्मेवारी थीं। लोगों का इन राजनीतिक दलों पर से विश्वास अब उठाता रहा है। व्यापक स्तर पर भ्रष्टाचार सत्ता पाने की खातिर राजनीतिक दलों में निरंतर संघर्ष, एकाधिकार, पक्षपात, शक्तियों का दुरूपयोग आज नेपाल की प्रमुख चुनौतियाँ हैं जिनका खात्मा एक स्वस्थ एवं मजबूत लोकतंत्र की स्थापना हेतु अत्यंत आवश्यक है।

लोगों की बढ़ती उम्मीदें एवं आशाएं, तथा अंतर्राष्ट्रीय समुदाय भी नेपाल की प्रजातांत्रिक सरकार के समक्ष एक गंभीर चुनौती हैं। पुरानी व्यवस्थाओं को

समाप्त करने के लिए जो सबसे प्रथम कदम उठाना आवश्यक होगा वह यह होगा कि राज्य कुछ इस प्रकार की नीतियों का निर्माण करे जिससे कि सर्वव्याप्त गरीबी तथा भारी बेरोजगारी की समस्या पर काबू पाया जा सके, लोगों को ज्यादा से ज्यादा रोजगार मिल सके, राष्ट्रीय स्तर पर नियंत्रित योजनाओं में परिवर्तन लाया जाए, संसाधनों का आबंटन किया जाए, संसाधन वितरण के तरीकों में परिवर्तन लाया जाए।

इस प्रजातांत्रिक व्यवस्था में माओवादियों को सैन्य रहित करना एक अन्य चिंता का विषय है। माओवादियों के हाल के ये फैसले कि वे प्रतियोगी बहुदलीय राजनीति के साथ मिलकर देश के हित में कार्य करना चाहते हैं तथा संविधान का निर्माण करना चाहते हैं, एक महत्वपूर्ण एवं प्रशंसनीय कदम है, परंतु माओवादियों से हथियार डलवा देना कि वे हिंसा का मार्ग नहीं अपनाएंगे अत्यंत मुश्किल काम है। फिर भी संविधान सभा के गठन के लिए माओवादियों का साथ अत्यंत आवश्यक है।

नेपाल को हिंदू राष्ट्र के दर्जा से हटाकर एक धर्मनिरपेक्ष राज्य का दर्जा देना भी नेपाल के प्रजातंत्र के समक्ष एक भारी चुनौति है। देना भी एक अन्य प्रजातंत्र के समक्ष नेपाल में चुनौती है।

नेपाल में प्रजातंत्र की स्थापना के लिए नागरिक समाज समूह, राजनीतिक दलों तथा मीडिया की भूमिका भी अत्यंत वांछनीय है।

18 मई को नेपाल के संसद के द्वारा नेपाल को हिंदू राष्ट्र की मान्यता खत्म करने की घोषणा से एक नया विवाद उत्पन्न हो गया। वहां का राष्ट्रीय पशु गाय है। गाय की पवित्रता को लेकर विवाद छिड़ गया।

नेपाल में कानून-व्यवस्था की स्थिति भी अत्यंत बदतर है। जब तक वहां के लोगों को अत्यंत रूप से अपने प्रतिनिधि को चुनने का अधिकार नहीं प्राप्त होगा तब तक कैसे नेपाल में संविधान सभा के लिए एक स्वतंत्र एवं निष्पक्ष चुनाव संभव है?

नेपाल का राजतंत्र से गणतंत्र में परिवर्तन इतना आसान कार्य नहीं है। इसमें अनेक बाधाएं हैं।

वर्तमान राजनीतिक गंदगी तथा सामाजिक कलह पर काबू पाने के साथ-साथ देशकी एकता को बनाए रखने के लिए जाति तथा जातीय विभाजन को हतोत्साहित करना भी नेपाल में प्रजातंत्र की रक्षा के लिए अपरिहार्य है।

7. नेपाल में माओवाद तथा माओवाद के उदय के कारण

जब से 1994 में यूनाइटेड कम्युनिस्ट पार्टी ऑफ नेपाल (माओवादी) की स्थापना हुई है, तब से नेपाल अनेक प्रकारके परिवर्तनों से गुजरा है जैसे कि इसका गुरिल्ला युद्ध नीति से नेपाल की राजनीति में एक प्रजातांत्रिक बल के रूप में परिवर्तन होना आदि।

इस माओवादी दल का इतिहास 1996 से प्रारंभ होता है, जब इसने 'पीपुल्स वार' की शुरूआत की। इस दल ने करीब अपने एक दशक के जीवन में यानी सिर्फ 2006 तक करीब 1600 लोगों की जान ली तथा देश के आर्थिक विकास को बाधित करता रहा। माओवादियों का प्रमुख उद्देश्य नेपाली समाज के गरीब दलित तथा नीचे तबके के लोगों की स्थिति में सुधार करना था जो नेपाल से राजतंत्र तथा सामंतवाद के खात्मा के बाद ही संभव था। ऐसा उनका मानना था।

आज माओवादियों द्वारा चलाए जा रहे गुरिल्ला युद्ध की सभी जगह निंदा की जा रही है कि क्या इस प्रकार के हिंसा की वास्तव में आवश्यकता है? शायद नहीं। हां परंतु इसका एक फायदा अवश्य उन समाज के वंचित विशेषकर दलित लोगों (अछूत), महिलाओं तथा गरीब एवं भूमिहीन तथा जनजातीय लोगों का अवश्य हुआ है, जिन्हें अभी तक देश की राजनीतिक व्यवस्था में कोई स्थान प्राप्त नहीं था, जिनके हितों का कभी ध्यान नहीं

रखा गया, जो सदैव दबे-कुचले रहे। अब इन लोगों को भी विभिन्न प्रकार के अधिकार प्रदान किए गए हैं, अब उन्हें भी राजनीति में भागीदारी मिलने लगी है।

अब उनके हितों को ध्यान में रखकर कल्याणकारी योजनाओं का निर्माण किया जाने लगा है। ऐसा मधेशी द्वारा लोगों निरंतर किए गए विरोध एवं विद्रोह के कारण संभव हुआ। इस आंदोलन में वहां के जातीय लोगों का भी पूरा-पूरा सहयोग रहा। इन लोगों ने पूरे देश में अपने अधिकारों के लिए आंदोलन चलाया। मधेशी तराई के निम्न भूमि के लोगों को कहा जाता है। इन सब घटनाओं ने ही नेपाल में प्रजातंत्र की स्थापना के मार्ग को आसान बनाया। अप्रैल 2008 के प्रथम संविधान सभा के चुनाव में अल्पसंख्यकों को नेपाल के इतिहास में प्रथम बार सबसे ज्यादा प्रतिनिधित्व मिला। इस चुनाव में दलित को 8.17 प्रतिशत सीटें, महिलाओं को 33.22 प्रतिशत सीट, जनजातीय लोगों को 33.39 प्रतिशत सीट तथा मधेशी को 34.09 प्रतिशत सीटें हासिल हुईं।

माओवादियों को दो अन्य महत्वपूर्ण विजय भी इस चुनाव में हासिल हुए। 2006 में माओवादियों द्वारा शांतिपूर्वक राजनीति में प्रवेश के उपरांत, अप्रैल 2008 के इस संविधान सभा के चुनावमें 575 में से 220 सीटें प्राप्त हुई थीं। परंतु यह अब तक की इनकी सबसे बड़ी सफलता थी। इस चुनाव द्वारा 2008 नेपाल से राजतंत्र को उखाड़ फेंका गया था।

यद्यपि कि माओवादी अब तक देश के अन्य प्रमुख मोर्चे पर असफल ही साबित रहे हैं। संविधान सभा भी अभी तक इतने प्रशंसनीय राजनीतिक विकास के बावजूद संविधान का निर्माण करने में असफल रहा है और यही कारण है कि नेपाल में आज भी राजनीतिक अस्थिरता कायम है।

नेपाल में माआवोदियों की नीति, यद्यपि कि, स्थायी क्रांति के संचालन पर आधारित नहीं है, बल्कि यह स्टालीनवाद की 'स्टेजिस्ट सिद्धांत' (Sthgiest Theory) पर आधारित है जो कि क्रांति की बात न करके दीर्घ चलने वाली बुर्जुआ प्रजातांत्रिक संबंध की बात पर जोर देता है जहां पर मजदूर बुर्जुआ के साथ मिलकर पूंजीपतियों की शक्ति को चुनौती देते हैं।

8. नेपाल की विदेश नीति

विश्व के प्रत्येक देशों की भांति नेपाल की भी अपनी एक विदेश नीति है जिसे निम्न आधार पर वर्णित कर सकते हैं।

उद्देश्य–नेपाल की विदेश नीति का प्रमुख उद्देश्य देश की संप्रभुता स्वतंत्रता एवं एकता को बनाए रखते हुए विश्व में अपनी मर्यादा को बनाए रखना है।

निर्देशित सिद्धांत–नेपाल की विदेश नीति इस बात से निर्देशित होती है कि इसे संयुक्त राष्ट्र संघ तथा गुट-निरपेक्षता (Non-alignment) की नीति में पूर्ण विश्वास है। मुख्य सिद्धांत जिनके आधार पर नेपाल की विदेश नीति निर्देशित होती है वो निम्न प्रकार से हैं–

1. एक-दूसरे राष्ट्र की क्षेत्रीय अखंडता एवं संप्रभुता को पारस्परिक रूप से आदर करना।
2. एक-दूसरे देश के आंतरिक मामलों में हस्तक्षेप नहीं करना।
3. आपसी समानता का आदर करना।
4. विवादों का शांतिपूर्ण तरीके से निपटारा करना।
5. आपसी हितों को ध्यान में रखते हुए सहयोग की भावना रखना।

नेपाल की विदेश नीति अंतर्राष्ट्रीय कानूनों तथा अन्य सर्व मान्यता प्राप्त नियमों के द्वारा भी निर्देशित होती है जिनके द्वारा अंतर्राष्ट्रीय संबंध निर्धारित होते हैं। नेपाल की विदेश नीति में विश्व शांति के मूल्य को भी महत्वपूर्ण स्थान प्रदान किया गया है।

विदेश नीति के संवैधानिक प्रावधान–नेपाल की विदेश नीति नेपाल के अंतरिम संविधान के नीति निदेशक सिद्धांतों तथा राज्य नीति 2063 (2007) सिद्धांतों के तहत मूल रूप से निर्देशित होते हैं, जो निम्न प्रकार से हैं–

निदेशित सिद्धांत–इस सिद्धांत के अंतर्गत देश अपने अंतर्राष्ट्रीय स्तर पर अपनी एकता, अखंडता, स्वतंत्रता तथा संप्रभुता को बनाए रखते हुए एवं अपनी मर्यादा को और मजबूती के साथ स्थापित करने की नीति के तहत निदेशित होता है नेपाल अंतर्राष्ट्रीय स्तर पर सदैव प्रयत्नशील रहा है कि अंतर्राष्ट्रीय स्तर पर इसकी मर्यादा सदैव अक्षुण रहे तथा सभी देशों के साथ इसके संबंध प्रेम एवं शांति पर आधारित रहे।

राष्ट्र नीति :

- नेपाल की विदेश नीति संयुक्त राष्ट्र के चार्टर, गुटनिरपेक्षता, पंचशील के सिद्धांत, अंतर्राष्ट्रीय कानून तथा विश्व शांति के प्रमुख सिद्धांतोंपर आधारित है। (Clause 35.21)
- देश की विदेश नीति को एक ऐसी नीति पर आधारित किया गया है ताकि नेपाल में अंतर्राष्ट्रीय नियम कानूनों तथा मूल्योंपर चलते हुए अपने पड़ोसी देशों के साथ आर्थिक, सामाजिक, तथा अन्य क्षेत्रों में आपसी सहयोग को बढ़ावा देते हुए नेपाल में शांति को संस्थागत रूप देने हेतु सदैव प्रयत्नशील रहे।

विदेश नीति :

नेपाल की विदेश नीति के मौलिक सिद्धांतों के अनुसार इसका उद्देश्य अपने पड़ोसी देशों तथा विश्वके अन्य देशों के साथ सामाजिक, आर्थिक तथा अन्य क्षेत्रों में सदैव समानता पर आधारित संबंधों को बढ़ावा देने हेतु सदैव प्रयत्नशील रहने के साथ-साथ अपने देश में शांति की स्थापना करना रहा है। विश्व के विभिन्न देशों के साथ अपने सहयोग एवं मधुर संबंधों को बनाए रखने के उद्देश्य को ध्यान में रखते हुए नेपाल ने विश्व के करीब 132 देशों के साथ राजनयिक संबंध स्थापित किए हैं। नेपाल गुट निरपेक्ष आंदोलन तथा संयुक्त राष्ट्र के एक सक्रिय सदस्य होने के साथ-साथ संयुक्त राष्ट्र की विशेष एजेंसियों तथा कई अंतर्राष्ट्रीय संगठनों का भी

सदस्य है। नेपाल दक्षिण एशिया क्षेत्रीय सहयोग (सार्क) का भी संस्थापक सदस्य है।

संघीय प्रजातांत्रिक गणराज्य नेपाल परंपरागत रूप से अपनी गुट निरपेक्षता की नीति पर सदैव कायम रहा है तथा अपने पड़ोसी देशों के साथ इसके मधुर एवं सहयोगात्मक संबंध रहे हैं। नेपाल अपने दो मजबूत पड़ोसी देशों चीन तथा भारत के साथ भी अच्छे संबंध बनाए रखे हुए हैं।

संवैधानिक रूप से, नेपाल की विदेश नीति संयुक्त राष्ट्र चार्टर के सिद्धांतों, पंचशील के सिद्धांतों, गुट निरपेक्षता की नीति, अंतर्राष्ट्रीय विधियों तथा विश्व शांति के मूल्य पर आधारित है। व्यावहारिक रूप में नेपाल की विदेश नीति अंतर्राष्ट्रीय रूप से अपने प्रभाव को स्थापित करने की तरफ प्रवृत्त न होकर अपनी स्वायतता को बनाए रखने तथा घरेलू आर्थिक एवं सामाजिक मुद्दों की तरफ ज्यादा प्रवृत्त है।

नेपाल के अंतर्राष्ट्रीय आर्थिक संस्थानों जैसे एशिया विकास बैंक (ADB) अंतर्राष्ट्रीय मुद्रा कोष (IMF), विश्व बैंक, सार्क (SAARC) के साथ एक मजबूत संबंध रहे हैं। नेपाल के विश्व के आर्थिक तथा सैनिक रूप से मजबूत देशों जैसे फ्रांस, जर्मनी, जापान, मलेशिया, स्वीट्जरलैंड, अमेरिका तथा विशेष रूप से इंग्लैंड के साथ इसके मजबूत द्विपक्षीय सबंध रहे हैं। देश के अंतर्राष्ट्रीय संबंध मुख्य रूप से नेपाल के विदेश मामलों के मंत्रालय द्वारा निर्धारित किए जाते हैं।

बांग्लादेश

1. बांग्लादेश : ऐतिहासिक, आर्थिक एवं भौगोलिक स्थिति

आधुनिक बांग्लादेश एक स्वतंत्र राष्ट्र के रूप में 1971 अपने अस्तित्व में तब आया जब बांग्लादेश मुक्ति आंदोलन के द्वारा इसे पाकिस्तान से स्वतंत्रता प्राप्त हुई। बांग्लादेश के ज्यादातर भाग प्राचीन तथा ऐतिहासिक बंगाली क्षेत्र हैं–जो भारतीय उपमहाद्वीप का पूर्वी भाग है तथा जहां की सभ्यता करीब चार हजार वर्ष पूर्व (करीब ताम्र युग) से भी ज्यादा पुरानी है। इस क्षेत्र का इतिहास भी बंगाल तथा भारत के इतिहास के साथ ही जुड़ा है।

इस क्षेत्र के प्रारंभिक इतिहास भी विभिन्न भारतीय शासकों के साम्राज्य की कहानी, गद्दी के लिए राजाओं के मध्य संघर्ष, आंतरिक कलह तथा हिंदू तथा बौद्ध धर्म के मध्य सत्ता के लिए संघर्ष की कहानी रही है। इसी बीच 8वीं सदी में इस्लाम धर्म का भी उदय हुआ जब सुफी संतों ने अपने धर्म का प्रचार करना आरंभ किया। कालांतर में विभिन्न मुस्लिम शासकों द्वारा मस्जिद, मदरसा, खनकाह आदि का निर्माणकर लोगों को इस्लाम धर्म में परिवर्तित करने की प्रक्रिया शुरू की गई।

आधुनिक बंगलादेश की सीमा का निर्धारण सन् 1947 अगस्त में बंगाल तथा भारत के विभाजन के समय ही किया गया था, जब रेडक्लिफ लाइन के अंतर्गत पाकिस्तान का एक नए राष्ट्र के रूपमें उदय हुआ और यह क्षेत्र जो आज बंगलादेश है पाकिस्तान का पूर्वी पाकिस्तान बना।

हालांकि, इसे पश्चिमी पाकिस्तान से भारत के क्षेत्र से (1600 कि.मी. की दूरी) पृथक कर दिया गया। पाकिस्तानी सरकार की इस क्षेत्र के प्रति गैर-जिम्मेदार रवैया, जातीय (ethnic) तथा भाषा के आधार पर भेदभाव तथा राजनीतिक रूप से पश्चिमी क्षेत्र के प्रभावशाली लोगों द्वारा इस क्षेत्र की आर्थिक अनदेखी, आदि के कारण इस क्षेत्र के लोगों द्वारा अपनी स्वतंत्रता के लिए एक 1971 में एक जनआंदोलन चलाया गया। 1971 के इस जन आंदोलन के फलस्वरूप एक नए राष्ट्र के रूप में 1972 में बंगलादेश अपने अस्तित्व में आया। इस नए देश को भी विभिन्न प्रकार की चुनौतियों का सामना करना पड़ा जैसे अकाल, भारी गरीबी, प्राकृतिक आपदा, सैनिकों द्वारा तख्ता पलट, राजनीतिक उठा-पटक आदि। 1991 में प्रजातंत्र की कहानी के बाद वहां अब आर्थिक विकास भी अपने पथ पर अग्रसर रहा है तथा शांति भी बनी रही है।

आर्थिक स्थिति—पूर्वी बंगाल जो बंगाल का पूर्वी भाग रहा है, परंपरागत रूप से व्यापार एवं वाणिज्य का हजारों वर्ष से केंद्र रहा है। बंगलादेश की अर्थव्यवस्था एक तीव्र गति से प्रगतिशील अर्थव्यवस्था है, जो बाजार पर आधारित है। आज वहां प्रति व्यक्ति आय 2100 अमेरिकी डालर के बराबर है। अंतर्राष्ट्रीय मुद्राकोष (IMF) के अनुसार बंगलादेश दुनिया का सेंतीसवां (37th) सबसे बड़ी अर्थव्यवस्था है। पिछले कुछ वर्षों में यहां की अर्थव्यवस्था चार वर्षों की वृद्धि दर से 6.71 प्रतिशत प्रति वर्ष है। यहां की अच्छी आर्थिक विकास दर की वजह से बंगलादेश गोल्डमैन सच (Glodman Sachs) N-11 (Next Eleven) में शामिल कर लिया गया है।

यही नहीं इसके इसी विकासशील आर्थिक वृद्धि दर के कारण इसे (Global Growth Generators) देशों में भी शामिल किया गया है।

यहाँ के सकल घरेलू उत्पाद (GDP) में करीब आधा योगदान सेवा क्षेत्र का है, जबकि करीब आधा बंगलादेशी कृषि पर निर्भर हैं। यहां पर प्रमुख उत्पादित वस्तुओं में हम टेक्स्टाइल, जूट, मछली, सब्जी, चमड़े तथा चमड़े से निर्मित वस्तुएं मृतिका (Ceramic) तथा निर्मित वस्तुएं शामिल कर सकते हैं। बंगलादेश को एशिया का अगला एशियन टाइगर अर्थव्यवस्था (Asian Tiger Economy) कहा जा रहा है।

गारमेंट्स तथा कपड़ों के आयात से बंगलादेश को सबसे ज्यादा आय

की प्राप्ति होती है। जहाज निर्माण, दवाइयां, तथा उपभोक्ता की वस्तुओं का निर्माण यहां के उभरते उद्योग हैं, जबकि जूट भी अब पुनः दुबारा अपने अस्तित्व को अत्यंत तीव्रता से प्राप्ति कर रहा है, जूट का उत्पादन निरंतर बढ़ा रहा है, चूंकि हरे रेशे की मांग विश्व के अनेक देशों में बढ़ती जा रही हैं। अब जूट की खेती पर काफी ज्यादा ध्यान दिया जाने लगा है। जो बंगलादेशी देश से बाहर कमाने के लिए गए हैं, विशेषकर मध्य पूर्व के देशों में, और उनके द्वारा वहां से जो पैसे भेजे जाते हैं वह भी बंगलादेश के आय का एक महत्वपूर्ण स्रोत हैं। अन्य आयात क्षेत्रों में खाद्य, मछली, समुद्री भोजन, मृतिका (Ceramics), सीमेंट, चमड़ा खाद्य उत्पाद, साफ्ट वेयर, तथा सूचना प्रौद्योगिकी संस्थाएं आदि हैं। बंगलादेश के मानव विकास सूचकांक में भी वृद्धि हुई है।

बंगालदेश में मुख्य रूप से चावल तथा जूट का सबसे ज्यादा उत्पादन होता है। इसके अलावा यहां फलों के उत्पादन भी बड़े स्तर पर किए जाते हैं। पिछले गत वर्षों में बंगलादेश में गेहूँ के उत्पादन में भारी वृद्धि हुई है। यह देश चावल के उत्पादन में स्वयं में सक्षम है और इसे कहीं से चावल मंगाने की या किसी देश पर चावल के लिए निर्भर रहने की आवश्यकता नहीं पड़ती है। यहां पर चाय का उत्पादन भी प्रचुर मात्रा में होता है। उत्तरी भाग के सिलहट तथा चिटंगाव का विश्व के प्रमुख चाय उत्पादक क्षेत्रों में गिनती होती है।

यहां के सरकार द्वारा परिवहन, संचार, जल वितरण तथा विद्युत अधिसंरचना के क्षेत्रों पर भी काफी बल दिया जा रहा है जिसके कारण इन क्षेत्रों की स्थिति में काफी सुधार आया है तथा तीव्र गति से विकास हो रहा है। बंगलादेश में तेल की कमी रही है। यहां तेल का सीमित उत्पादन रहा है। परंतु पिछले कुछ वर्षों में यहां गैस तथा कोयला खनन के क्षेत्रों में भारी विकास हुआ है। पिछले दो दशक में सेवा क्षेत्र (Service Sector) का भी तेजी से विस्तार हुआ है तथा देश का औद्योगिक आधार भी मजबूत बना है। पानी का पर्याप्त व्यवस्था, व्यापक मानव संसाधन आधार, उर्वर कृषिभूमि, प्राकृतिक गैस का ठोस भंडार, कोयला तथा चिटगांव एवं मोंगला के बड़े-बड़े समुद्री बंदरगाह देश के प्रमुख आधार रहे हैं।

भौगोलिक स्थिति : बंगलादेश निम्नस्थ नदीय (reiverine) देश है,

जो दक्षिणएशिया में स्थित है। जहां पर बंगाल की खाड़ी के उत्तरी तट पर करीब 710 कि.मी. में विस्तृत दलदल (Marshy) जंगल की तटरेखा पाई जाती है। इस देश का कुल क्षेत्रफल 147, 570 वर्ग कि.मी. है जो 820 कि. मी. उत्तर से दक्षिण में तथा 600 कि.मी. पूर्व से पश्चिम में फैला हुआ है। यहां की करीब 80 प्रतिशत भूमि जलोढ़ (Alluvial) भूमि है जो उपजाऊ होती है जिसे बंगलादेश का मैदान कहा जाता है। यहां की जो स्थायी फसलें हैं उनका कुल उत्पादन क्षेत्र 2 प्रतिशत है तथा घास के मैदान एवं चारागाह करीब 4 प्रतिशत क्षेत्र में व्याप्त हैं।

जहां तक जंगल एवं लकड़ी उत्पादन वाले क्षेत्र हैं उनकी व्यापकता करीब 16 प्रतिशत है। यहां पर उच्च किस्म की लकड़ियां तथा बांस व्यापक स्तर पर पाए जाते हैं। साथ-साथ गन्ने का उत्पादन भी प्रचुर मात्रा में किया जाता है। बांस यहां देश के सभी क्षेत्रों में पाए जाते हैं। यहां के जंगली क्षेत्रों में विभिन्न प्रकार के जानवर पाए जाते हैं, जैसे कि सुंदरवन के क्षेत्र जो रायल बंगाल टाइगर (Royal Bengal Tiger) का गृह माना जाता है।

यहां पर शहरीकरण काफी जोरों पर है तथा यह आकलन किया गया है कि करीब सिर्फ 30 प्रतिशत जनसंख्या जो मजदूर के काम में लगे हैं वे भविष्य में कृषि के कार्य में लग जाएंगे। ढाका तथा कोमिला के आस-पास के क्षेत्र सबसे घनी आबादी वाले यहां के क्षेत्र हैं।

यहां देश के ज्यादातर हिस्सों में अप्रैल में सबसे ज्यादा गर्मी पड़ती है। जनवरी सबसे ज्यादा ठंढ वाला महीना होता है। यहां जनवरी में सबसे ज्यादा ठंड पड़ती है। यहाँ की जलवायु समसीतोष्ण (Temperate) है। जाड़े के दिनों में यहां की हवाएं ज्यादातर उत्तर से उत्तर-पश्चिम की तरफ बहती हैं।

राजनीति–बंगलादेश एक संप्रभु देश है जो दक्षिण एशिया में स्थित है। इसकी सीमा भारत की सीमा से सिर्फ सुदूर दक्षिण-पूर्व वर्मा की छोटी सीमा क्षेत्र तथा बंगाल की खाड़ी के दक्षिण भाग को छोड़कर सभी सीमा से लगती है। भारत के पश्चिम बंगाल राज्य तथा बंगलादेश की जाति एवं भाषा करीब-करीब एक ही प्रकार की है चूंकि दोनों पहले एक ही थे, अंतः दोनों क्षेत्रों में काफी समानता है।

बंगलादेश 1971 में एक स्वतंत्र राष्ट्र के रूप में अस्तित्व में तब आया जब शेख मुजीबुर्रहमान तथा मेजर जियाउर रहमान द्वारा पाकिस्तान के

विरूद्ध स्वतंत्रता आंदोलन चलाया गया और पाकिस्तान से इसे पृथक कर स्वतंत्र कराया गया। बंगलादेश आठवां सबसे ज्यादा जनसंख्या वाला देश है तथा विश्व का पांचवां सबसे बड़ा लोकतंत्र है।

यहां की राजनीतिक व्यवस्था संसदीय लोकतांत्रिक गणराज्य है, जहां प्रधानमंत्री सरकार का प्रधान होता है। यहां पर बहुदलीय शासन व्यवस्था है। कार्य पालिका शक्ति का निर्वहन सरकार द्वारा किया जाता है, जबकि विधायिका शक्ति संसद तथा सरकार दोनों में निहित है। यहां पर शक्ति के पृथक्करण तथा नियंत्रण एवं संतुलन (Separation of Power and Check and Balance) की अवधारणा प्रचलित है। यहां की जनता अपना प्रतिनिधि प्रत्यक्ष चुनाव के द्वारा चुनती है। जिनके द्वारा जनता की प्रशासन में भागीदारी होती है। यहां की जनता को मौलिक तथा मानव अधिकार प्रदान किए गए हैं। कानून की नजर में सभी नागरिक समान हैं। यहां की न्यायपालिका एक स्वतंत्र न्यायपालिका है।

2. बांग्लादेश का उदय

पाकिस्तान के जन्म में ही 'पश्चिमी पाकिस्तानियों' तथा 'बंगालियों' के बीच के विवाद का कारण छिपा हुआ था। प्रारंभ में पूर्वी बंगाल की जनसंख्या ने पाकिस्तान की उत्पत्ति का समर्थन किया, जैसा कि भारतीय उपमहाद्वीप का दो भागों में 1947 में विभाजन होने के बाद भारत तथा पाकिस्तान दो अलग-अलग राष्ट्र बने। बंगाली जनता ने पाकिस्तान को एक राष्ट्र के रूप में उत्पत्ति के लिए इस कारण समर्थन किया था चूंकि बंगालियों को ब्रिटिश नियंत्रित भारत में भेजा जा रहा था। भारत में ब्रिटिश शासन के दौरान उच्च मुस्लिम जाति के दो अवयव थे–जमींदार तथा उलेमा (Clergy)। इन जमींदारों के बारे में कुछ उल्लेख करना आवश्यक है। अंग्रेज शासक भारत में अपने को जमींदारों की मदद से मजबूत बनाए रखा। दूसरे शब्दों में, जमींदारों ने अंग्रेजी शासन को मजबूती प्रदान करने में भरपूर मदद प्रदान किया। अंग्रेज अपनी द्वैध नीति के कारण किसानों की जमीन को कब्जा कर जमींदार के हाथ में सौंप देते थे तथा उससे एक निश्चित राजस्व वार्षिक आधार पर प्राप्त करते थे। अंग्रेजों ने अपने शासन एवं नियमों को मजबूत करने के लिए जमींदारों को माध्यम बनाया। वे जमींदारों से बैठे-बैठे बगैर किसी मेहनत एवं श्रम के वार्षिक राजस्व प्राप्त करते रहे।

भाषा संबंधी विवाद

पाकिस्तान में भाषा संबंधी विवाद ने जन्म लिया। मुस्लिम लोगों ने

निर्णय लिया कि उर्दू सिर्फ पाकिस्तान की राष्ट्रीय भाषा होगी। यद्यपि करीब पाकिस्तान की कुल जनसंख्या की तीन प्रतिशत जनसंख्या उर्दू बोलता था जबकि बंगला बोलने वालों की संख्या 56 प्रतिशत थी। ऐसा इसलिए किया गया चूंकि पाकिस्तान के प्रभुत्व वर्ग वाले लोग तथा मुस्लिम लीग के नेता भी यही चाहते थे कि उर्दू ही सिर्फ पाकिस्तान की राष्ट्रीय भाषा हो। यही कारण है कि वहां की सरकार ने पाकिस्तान में उर्दू को राष्ट्रीय भाषा घोषित कर दिया। ऐसा करने के पीछे पाकिस्तानी सरकार द्वारा यह तर्क दिया गया कि चूंकि उर्दू, अरबी तथा फारसी भाषा से काफी मेल खाता है तथा इनमें काफी समानता है, अतः यह उर्दू भाषा ज्यादा 'इस्लामिक' भाषा होगी और बंगला भाषा जो कि अति प्राचीन भारतीय भाषा के अस्तित्व से भी पहले की भाषा, जैसे संस्कृत, से उत्पन्न हुआ है अतः यह मुख्य रूप से 'हिंदू' भाषा है।

लेकिन बंगाली लोगों के लिए 'उर्दू' एक अंजाना या विदेशी भाषा के जैसा था, जिससे उनका किसी प्रकार का संबंध नहीं था। अतः बंगाली बुद्धिजीवियों एवं राजनीतिक नेताओं ने यह प्रस्ताव रखा कि उर्दू तथा बंगला दोनों को राष्ट्र भाषा घोषित करना चाहिए। मार्च 11, 1948 को केंद्रीय सरकार के विरोध में पूरे प्रांत में हड़ताल का आयोजन किया गया। उनका कहना था कि इस सरकार द्वारा बहुल जनसंख्या की भाषा के साथ भेदभाव कर उसका त्याग किया जा रहा है। उनके अनुसार बंगला भाषा सबसे ज्यादा लोगों द्वारा बोली जाती है। पूरे पूर्वी बंगाल में छात्रों द्वारा प्रदर्शन किए गए। परंतु, जिन्ना ने बंगला को राष्ट्र की भाषा के रूप में मान्यता देने से मना कर दिया।

इस भाषा के मुद्दे पर विद्रोह अपनी चरम सीमा पर तब पहुंचा जब 21 फरवरी 1952 को पुलिस द्वारा छात्रों पर गोलियां बरसाई गईं जिसमें अनेकों छात्रों की मृत्यु हुई। इसके विरोध में यूनाईटेड फ्रंट (संयुक्त मोर्चा) का निर्माण किया गया। इस हत्या के परिणामस्वरूप बंगाली बुर्जुआ वर्ग के भीतर एक नए शैक्षिक एवं सांस्कृतिक विरोध तथा धर्मनिरपेक्षता की परंपरा ने जन्म हुआ। बंगाली जनता इस बात को अब अच्छी तरह से समझ गई थी कि पाकिस्तान का विशिष्ट वर्ग बंगालियों को देश के नियम, कानून में पूर्ण रूप से भागीदार बनाना नहीं चाहता है।

3. बांग्लादेश का संवैधानिक विकास

आज से 43 वर्ष पूर्व यानि 1971 में बंगलादेश के लोगों द्वारा एक संविधान को अपनाया गया। इसमें कहा गया "अपने संविधान सभा में, यह कार्तिक (Kartick) का अठारहवें दिन, जो नवंबर 1972 के चौथे दिन के बराबर है, इस संविधान को स्वीकृत तथा अधिनियमित करता है। बंगलादेश लोक गणराज्य के संविधान की प्रस्तावना इसे सर्वसम्मति से प्रमाणित करता है। यह घोषित करता है कि बंगाली जनता की मांग है कि पाकिस्तान से शीघ्र राजनीतिक रूप से स्वतंत्रता प्राप्त की जाए तथा एक अपना संविधान हो, जहां हमारे साथ किसी भी प्रकार का भेदभाव नहीं हो।" यह मांग अपनी चरम सीमा पर तब पहुंची जब 1971 में इसके लिए जबरदस्त आंदोलन चलाया गया एवं बंगलादेश का एक नए राष्ट्र के रूप में जन्म हुआ। यहां के लोगों की इच्छा थी कि एक सिविल सोसायटी की स्थापना की जाए जहां पर हम जनता के द्वारा स्वतंत्र रूप से चुनी हुई सरकार का शासन हो, जो न्यायप्रिय हो, जहां पर सभी लोगों को समान मौलिक तथा मानव अधिकार प्राप्त हो। और जहां पर एक स्वतंत्र न्यायपालिका हो जो संविधान की रक्षा करे। अत: इसी प्रकार बंगलादेश लोक गणराज्य के संविधान की उत्पत्ति हुई। यह संविधान 16 दिसंबर 1972 को अपने अस्तित्व में किया।

बंगलादेश पूरी तरह से 16 दिसबर 1971 को पाकिस्तान से मुक्त हुआ। इसके शीघ्र बाद यहां की सरकार द्वारा एक संविधानसभा का गठन

किया गया जिसमें पाकिस्तान नेशनल तथा पूर्वी पाकिस्तानी विधानसभा के सदस्य थे। इस संविधान सभा की अपनी पहली बैठक 10 अप्रैल 1972 को हुई तथा 4 नवंबर, 1972 को स्पीकर द्वारा इस संविधान को मान्यता प्रदान की गई और 16 दिसंबर 1972 को यह अपने अस्तित्व में आ गया। बंगलादेश के इस संविधान की उत्पति अप्रैल 1971 के उस उद्घोषणा से ही देखी जा सकती है जब स्वतंत्रता के लिए संघर्ष अपनी चरम सीमा पर था और लोग अपने आत्म-निर्णय के अधिकार की प्राप्ति के लिए संघर्षरत थे।

संविधान के उत्पति की खोज तथा उद्घोषणा

बंगलादेश में संविधान की उत्पति की खोज करने के लिए सबसे पहले यह आवश्यक है कि स्वतंत्रता की उद्घोषणा का अध्ययन किया जाए। बंगलादेश का असली संविधान एक संसदीय शासन प्रणाली की बात करता है जहां राष्ट्रपति संवैधानिक प्रधान होगा। इस संविधान के अंतर्गत एक जिम्मेवार कार्यपालिका, एक गैर-संप्रभु विधायिका तथा एक स्वतंत्र न्यायपालिका की बात की गई है, जहां परम शक्ति के पृथक्करण (Separation of Power) तथा इनके मध्य नियंत्रण एवं संतुलन (Checks and Balance) का सिद्धांत प्रचलित होगा। संविधान ही बंगलादेश का सर्वोच्च कानून है, जो संसद को सीमित दायरे में कानून निर्माण का अधिकार प्रदान करता है। ब्रिटिशसंसद के विपरीत, बंगलादेश का राष्ट्रपति परंपरागत राष्ट्राध्यक्ष नहीं है, बल्कि इसे बनाया जाता है और वह लिखित संविधान की तहत अपने कार्यों का निर्वहन करता है।

संसद को संविधान के प्रावधानों के विरूद्ध किसी भी प्रकार के कानून बनाने का अधिकार नहीं है। संसद को इस प्रकार के किसी भी आंतरिक कानून के निर्माण का अधिकार नहीं है जो संविधान से नहीं आता हो। संविधान के अनुसार मंत्रियों की जिम्मेवारी, व्यक्तिगत तथा सामूहिक रूप से संसद के प्रति होगी तथा अंततः जनता के प्रति जो शक्ति का असली श्रोत है। बंगलादेश का एक नए राष्ट्र के रूप में यात्रा की शुरूआत संसदीय लोकतंत्र के रूप में हुई परंतु यह यात्रा तब अपने रास्ते से भटक गई जब वहां पर एक दलीय शासन व्यवस्था को लागू किया गया जो अत्यंत

शक्तिशाली होगा। 1975 के प्रारंभ में एक परिवर्तन आया जब एक कुख्यात संविधान संशोधन के द्वारा (चौथा संविधान संशोधन अधिनियम) के द्वारा इसी वर्ष 1975 में एक दलीय तानाशाही व्यवस्था जिसे 'BAKSAL' (बकसल) के नाम से जाना गया को एक उत्तरदायी संसदीय व्यवस्था के विकल्प के रूप में लाया गया।

संविधान के 12वें संशोधन के द्वारा 1991 में संसदीय शासन को दुबारा स्थापित किया गया। 1996 में एक संविधान संशोधन द्वारा एक विचित्र प्रकार का प्रावधान संविधान में जोड़ा गया। इस वर्ष 13वें संविधान संशोधन के द्वारा 'गैर-दलीय प्रभारी सरकार' का प्रावधान किया गया।

बंगलादेश के संविधान के प्रस्तावना में अल्ला की उच्च आदर्शों में संपूर्ण विश्वास के साथ-साथ 'राष्ट्रवाद', 'प्रजातंत्र' तथा 'समाजवाद' का उल्लेख किया गया है। संविधान के भाग II (अनुच्छेद 8-25) में राज्य की नीति के मौलिक सिद्धांतों का वर्णन किया गया है। ये 'चार आदर्श' जिनका अन्य आर्थिक, सामाजिक तथा राजनीतिक लक्ष्यों की प्राप्ति के साथ सिद्धांत में वर्णन किया गया है, ये बंगलादेश के शासन के मौलिक आधार हैं, जिनका कानून का निर्माण करते समय या कानून की व्याख्या करते समय राज्यों द्वारा अवश्य रखा जाएगा।

राज्य के अन्य मौलिक सिद्धांतों के अंतर्गत कुछ अन्य सिद्धांतों को भी शामिल किया गया है जैसे (क) स्थानीय सरकारी संस्थानों का विकास (ख) महिलाओं का देश के समस्त क्षेत्रों में भागीदारी (ग) समस्त नागरिक को मौलिक मानव अधिकार की गारंटी देना तथा उनकी मर्यादा का आदर करने के साथ-साथ उनकी अपने चुने हुए प्रतिनिधियों के द्वारा प्रशासन के प्रत्येक स्तर पर भागीदारी को सुनिश्चित करना।

अनुच्छेद 27 के अनुसार देश के सभी नागरिक कानून की नजर में एक समान है और सबों को कानून का समान संरक्षण प्राप्त होगा। अनुच्छेद 36 के अनुसार देशके सभी नागरिक को बंगलादेश के किसी भी कोने में स्वतंत्र रूप से जाने के लिए तथा घूमने के लिए अधिकार प्राप्त होंगे। परंतु इन पर उचित प्रतिबंध भी होंगे। अनुच्छेद 38 के अनुसार नागरिकों को अपनी संस्था बनाने का अधिकार प्राप्त होगा। अनुच्छेद 39 में सोचने, विवेक तथा अभिव्यक्ति के अधिकारों का वर्णन किया गया है।

4. बांग्लादेश में प्रजातंत्र तथा सैन्य शासन

बंगलादेश में सेना के साथ सरकार के संबंध के कारण मतदान व्यवस्था (voting system) प्रभावित होता रहा है। जब किसी सरकार के शासनांतर्गत यदि आर्थिक स्थिति में सुधार नहीं हो रहा हो तथा आर्थिक रूप से देश पिछड़ा हो, शासन-व्यवस्था कमजोर हो, आवश्यक उपभोक्ता की वस्तुओं की कीमतों में निरंतर वृद्धि हो रही हो, बिजली की भारी समस्या बनी हुई हो, सड़कों की स्थिति जर्जर हो आदि-आदि तो इस कारण से लोगों में सरकार के प्रति नाराजगी जन्म लेने लगती है तथा सरकार अब लोकप्रिय सरकार नहीं रहती है। सरकार धीरे-धीरे अलोकप्रिय होती जाती है। ऐसी स्थिति में सरकार के लिए अगले चुनाव में जीत हासिल करना मुश्किल प्रतीत होता है।

इन सबका नतीजा यह होता है कि सरकार सता में बने रहने के लिए बल प्रयोग करना प्रारंभ कर देती है ताकि किसी भी तरीके से (धन, बल या सरकारी तंत्र) सता में बना रहा जा सके। अतः स्वाभाविक है कि विरोधी दलों द्वारा इसका विरोध किया जाएगा।

अस्सी के अंतिम दशक में बंगलादेश की सेना ने संयुदत राष्ट्र की शांति सेना के रूप में भी कार्य किया है जिसके कारण वहां प्रजातंत्र को बनाए रखने में सहायता प्रदान होती है। परंतु इसके बावजूद भी बंगलादेश में प्रजातांत्रिक संस्थाएं मजबूत नहीं हो पाईं। यद्यपि कि यहां सैनिक शासन नहीं है फिर भी शासन में स्वेच्छाचारी शासन का प्रभाव अवश्य रहता है। जिस दल की केन्द्र में सरकार होती है उस दल द्वारा अपने राजनीतिक स्वार्थ के लिए सरकारी मशीनरी

का प्रयोग किया जाता है। प्रारंभ से ही बंगलादेश की शासन व्यवस्था में सैनिकों की महत्वपूर्ण भूमिका रही है। देश की स्वतंत्रता काल में सैनिकों की भूमिका अत्यंत प्रमुख रहती है चूंकि स्वतंत्रता के लिए युद्ध होते हैं जो सैनिकों द्वारा ही लड़े जाते हैं। विभिन्न स्वेच्छाचारी शासन को समाप्त करने तथा उसे परिवर्तित करने में सैनिकों की भूमिका अहम् रही है, उदाहरण के लिए जनरल एच एम इरशाद ने बंगलादेश में 1982 में सरकार का तख्ता पलट कर देश की सता पर कब्जा कर लिया तथा लोकतांत्रिक सरकार को बर्खास्त कर सेना का देश के शासन में संवैधानिक तरीके की भागीदारी का समर्थन किया। जनरल इरशाद के जैसा ही जनरल मोइन उ अहमद भी एक राष्ट्रीय सुरक्षा परिषद् (National Security Council) की स्थापना करना चाहता था जिसमें सेना की भी भागीदारी हो। बंगलादेश की सेना भी पाकिस्तान की ही देन है। बंगालदेश की सेना ने भी पाकिस्तानी सेना से ही लोकतांत्रिक सरकार को बर्खास्त कर सता पर काबिज होना सीखा था।

चौथे संविधान संशोधन के द्वारा बंगलादेश में संवैधानिक प्रजातंत्र तथा बहुलवाद को समाप्त कर दिया गया। इसका नतीजा यह हुआ कि बंगालदेश की राजनीति में सैनिकों की भागीदारी प्रत्यक्ष रूप से हो गई तथा एकदल की सरकार (BKSAL) के साथ हाथ मिला लिया। इसी व्यवस्था के बाद वहां राष्ट्रपति प्रणाली की शुरूआत हुई। करीब नौ वर्षों तक के इरशाद द्वारा बंगलादेश में सैनिक शासन के बाद उसे सैनिकों द्वारा आगे मदद प्रदान करने से मना कर दिया गया तथा 1990 में लोकतांत्रिक बदलाव का समर्थन किया गया। 1996 में सैनिकों के एक समूह ने जनरल नसीम के नेतृत्व में सरकार का तख्तापलट करने की असफल कोशिश की गई। 2007 में एक बार पुनः सेना प्रमुख जनरल मोइन उ अहमद द्वारा बंगालदेश में संवैधानिक कार्यवाहक सरकार की तख्तापलट करके सैनिक शासन की स्थापना करने की कोशिश की गई जिसमें उन्हें अंशतः सफलता प्राप्त हुई तथा दो वर्ष तक बंगलादेश में शासन किया। हालांकि ये देश का राष्ट्रपति नहीं बन सके। इस प्रकार ये सरकार का तख्तापलट करने में असफल रहे। इनकी इस असफलता के पीछे प्रमुख कारण यह था कि इन्हें बंगलादेश के विकास में मदद प्रदान करने वाले देश तथा अंतर्राष्ट्रीय विश्व जैसे अमेरिका, संयुक्त राष्ट्र, राष्ट्रमंडल देश, अंतर्राष्ट्रीय यूरोपीय संघ आदि द्वारा मोइन अहमद की सरकार को (मार्शल लॉ) लागू करने को समर्थन प्रदान नहीं

किया गया तथा साथ-साथ ये संगठन मोइन को देश के राष्ट्रपति बनाने के विरोधी थे।

आगे, जब-जब सेना को देश के शहरों में सरकार की मदद करने या नागरिक सहायता जैसे कानून-व्यवस्था बनाए रखने, पश्चिमी ट्राफिक की समस्या दूर करने, बाढ़ नियंत्रण करने, आतंक पर नियंत्रण पाने आदि-आदि के लिए बुलाया गया तब-तब सेना ने मजिस्ट्रेटी शक्ति का प्रयोग करने की कोशिश की। उसने सदैव अपने निर्णय लागू करने की कोशिश की। इस प्रकार सेना की महत्वाकांक्षा भी बढ़ जाती थी कि देश में उसी के निर्णय लागू हों। उसी के द्वारा कानून के निर्माण किए जाएँ। सोवियत संघ के विघटन के बाद की परिस्थिति तथा संयुक्त राष्ट्र संघ में शांति सेना के रूप में स्थान गंवा दे जाने के ज्यादा संभावित डर से पहले जैसा सरकार का तख्तापलट करना अब बंगलादेश सेना के लिए आसान कार्य नहीं है जैसा कि ऊपर में भी वर्णन किया जा चुका है। बंगलादेश में 11 जनवरी, 2007 को सरकार के तख्तापलट करने की कोशिश की गई थी। परंतु सेना प्रमुख जनरल मोईनीऊ अहमद द्वारा जब मार्शल लॉ लगाने में यहां सफलता नहीं मिली तो वह देश के राष्ट्रपति को देश में आपात काल लगाने के लिए मजबूर कर दिया तथा बंगालदेश में आगे दो वर्षों तक सैन्य शासन लागू रहा, जैसा कि ऊपर वर्णन किया जा चुका है यद्यपि कि बंगलादेश के सैनिकों का एक वर्ग यह चाहता है कि बंगलादेश की राजनीति में सुधार हो तथा सरकार की शासन प्रणाली में भी और इन सबके साथ-साथ भ्रष्टाचार पर अंकुश लगे। जब वहां के सैन्य प्रमुख ने सरकार की तख्तापलट कर वहां का स्वयं राष्ट्रपति बनने की कोशिश की, तब कई सेना के अधिकारी मौके का फायदा उठाकर भ्रष्टाचार में लिप्त हो गए।

बंगलादेश में सबसे पहले सैन्य शासन लागू करने की कोशिश अगस्त 1971 में की गई थी जब स्वतंत्रता के लिए संघर्ष किया जा रहा था। फिर नवंबर 1975 में फिर मार्च 1982, दिसंबर 1990 तथा मई 1996 में भी सरकार का तख्तापलट करने की कोशिश की गई थी। बंगलादेश में सेना (मिलिट्री) को 'तीसरा बल' कहा जाता है चूंकि यहां की राजनीति पर इसका काफी दबदबा रहता है। कभी-कभी छोटे-छोटे दल भी 'तीसरा बल' (राजनीति में) बनने की भरपूर कोशिश में लगे रहते हैं। राजनीतिक दलों के लोकतांत्रिक व्यवहारों के माध्यम से बंगलादेश की सेना को एक व्यवस्था के अंतर्गत लाया जा सकता है जैसा कि कई विकसित देशों में ऐसी व्यवस्था वर्षों से व्यवहार (Practice) में है।

5. बांग्लादेश की विदेश नीति

किसी भी देश की विदेश नीति उस देश की घरेलू नीति का ही विस्तार होता है। विदेश नीति से तात्पर्य है किसी स्वतंत्र तथा संप्रभु राज्य की वह नीति जिसके द्वारा वह विश्व के अन्य देशों से अपने लक्ष्य की प्राप्ति हेतु प्रयत्न करता है। ठीक इसी प्रकार अन्य देशों की तरह बांग्लादेशकी विदेश नीति का भी प्रमुख उद्देश्य विश्व की राजनीति में देश के सामाजिक, आर्थिक तथा राजनीतिक मजबूरियों को विश्व पटल पर रखना है।

सन् 1971 में बांग्लादेश का दक्षिण एशिया में एक नए राज्य के रूप में अस्तित्व में आना अंतर्राष्ट्रीय संदर्भ में एक महत्वपूर्ण घटना मानी जाती है। परंतु बांग्लादेश के समक्ष, अपनी भौगोलिक स्थिति, देश का छोटा आकार तथा सीमित आर्थिक संसाधनो के कारण इसकी विदेश नीति के विकास काफी कम हैं। यह स्पष्ट है कि बांग्लादेश की विदेश नीति का संचालन एक अत्यंत नाजुक कार्य है, चूंकि बाहरी शक्तियों का दबाव तथा स्वयं की संप्रभुता, दोनों के मध्य संतुलन को बनाए रखना अत्यंत चुनौती भरा कार्य है।

बांग्लादेश की विदेश नीति वहां के संविधान में उल्लेखित निम्नलिखित प्रावधानों के अंतर्गत निर्धारित होती है :–

1. देश के अंतर्राष्ट्रीय संबंध विश्व के सभी देशों की राष्ट्रीय संप्रभुता तथा समानता को बनाए रखना, दूसरे देशों के आंतरिक मामलों में हस्तक्षेप नहीं करना, अंतर्राष्ट्रीय विवादों का शांतिपूर्वक निपटारा, तथा अंतर्राष्ट्रीय कानूनों का आदर करने के सिद्धांत पर आधारित होंगे। इसके साथ-साथ

संयुक्त राष्ट्र संघ के चार्टर में दिए गए उन सिद्धांतों पर भी विदेश नीति का आधारित होगी जो निम्न प्रकार हैः-

(क) अंतर्राष्ट्रीय संबंधों में सैन्य बल के प्रयोग पर रोक लगाने हेतु प्रयत्न करना तथा पूरी या सामान्य तौर पर निःशस्त्रीकरण करना।

(ख) अपनी सुविधा तथा स्वतंत्र रूप से सभी व्यक्ति को अपनी सामाजिक, आर्थिक तथा राजनीतिक व्यवस्था के निर्माण के लिए अवसर प्रदान करना।

(ग) पूरी दुनिया के गरीब तथा शोषित लोगों का साम्राज्यवाद, उपनिवेशवाद तथा जातीवाद के विरूद्ध समर्थन करना।

(घ) इस्लामिक भाईचारे के आधार पर विश्व के समस्त मुस्लिम देशों के मध्य आपसी तालमेल तथा भ्रातृत्व संबंधों को मजबूत तथा सुरक्षित करना।

बांग्लादेश के संविधान के अनुच्छेद 63 के अनुसार कि किसी भी देश के विरूद्ध युद्ध की घोषणा नहीं की जाएगी तथा देश किसी भी युद्ध में भाग नहीं लेगा। और यदि ऐसा करना पड़े तो इसके लिए। जातीय संगसद की अनुमति आवश्यक होगी। विदेश नीति के संबंध में अनुच्छेद 145 (अ) कहता हैः विदेशी देशों के साथ जो भी संधियां की जाएंगी उन्हें राष्ट्रपति के पास लाना आवश्यक होगा, जो इन्हें संसद के पटल पर रखेगा। यदि कोई ऐसी संधि जो देश की सुरक्षा से संबंधित है तो उसे संसद के एक गुप्त सत्र में रखा जाएगा।

बांग्लादेश की विदेश नीति के सिद्धांत : बांग्लादेश की विदेश नीति कुछ सिद्धांतों पर आधारित है जिन्हें विदेश नीति के तहत बनाए रखा जाता है। बांग्लादेश विश्व के प्रमुख संगठनों जैसे संयुक्त राष्ट्र संघ, गुट-निरपेक्ष आंदोलन आदि का सदस्य है। इस प्रकार बांग्लादेश की विदेश नीति के सिद्धांतों तथा इन संगठनों के सिद्धांतों के मध्य किसी प्रकार का टकराव की संभावना नहीं है। बांग्लादेश की विदेश नीति के मौलिक सिद्धांत निम्न रूप से चार हैं-

(क) सभी के साथ दोस्ती, दुश्मनी नहीं : बांग्लादेशा एक गरीब राष्ट्र है जोकि विदेशी सहायता पर आधारित है जो कि विभिन्न विचारधाराओं वाली सरकारे हैं। यही वजह है कि बंग बंधु राष्ट्र के पितामह शेख मुजीबुर्रहमान ने कहा है कि हम एक छोटा सा देश हैं, तथा हम सभी देशों के साथ दोस्ताना संबंध बनाए रखना चाहते हैं, न कि वैमनस्य।

(ख) संप्रभुता का आदर, स्वतंत्रता तथा अन्य देशों की क्षेत्रीय एकता :

बांग्लादेश संयुक्त राष्ट्र का सदस्य है। संयुक्त राष्ट्र चार्टर का अनुच्छेद 2(4) कहता है कि "संयुक्त राष्ट्र के समस्त सदस्यों को एक दूसरे के विरूद्ध अंतर्राष्ट्रीय संबंधों में किसी प्रकार के बल या धमकी को दूर रहते हुए एक दूसरे की राष्ट्रीय एकता या राजनीतिक स्वतंत्रता को बनाए रखने की भरसक कोशिश करनी चाहिए।

(ग) किसी देश के आंतरिक मामलों में अहस्तक्षेप :–संयुक्त राष्ट्र चार्टर के अनुच्छेद 2(7) में कहा गया है कि "ऐसा कुछ भी इस चार्टर में नहीं कहा गया है कि संयुक्त राष्ट्र को यह अधिकार है कि वह किसी देश के घरेलू क्षेत्राधिकार में हस्तक्षेप करे। यदि कुछ ऐसी स्थिति उत्पन्न हो जाती है तो इस अवस्था में मामले को किसी सदस्य द्वारा वर्तमान चार्टर के तहत विचार किया जाएगा। संयुक्त राष्ट्र के सदस्य के रूप में बांग्लादेश ने संयुक्त राष्ट्र की इस नीति को अपनी विदेश नीति के सिद्धांत में शामिल किया है जिससे विश्व के अन्य देशों को भी इस बात का विश्वास है कि बांग्लादेश सभी देशों के साथ अपना मित्रवत् संबंध स्थापित रखना चाहता है।

(घ) विश्व शांतिः–बांग्लादेश अंतर्राष्ट्रीय स्तर पर शांति का समर्थक है जो चाहता है कि पूरे-विश्व में शांति-कायम रहे और यही वजह है कि वह अपनी इस सोच को अपनी विदेश नीति के सिद्धांतों में शामिल किया है। आगे यह बात बांग्लादेश की राष्ट्रीय सुरक्षा से भी तो जुड़ा है। इस सिद्धांत के अनेक महत्व हैं जैसे शांतिपूर्ण सहयोग, विवादों का शांतिपूर्ण निपटारा तथा विश्व पटल पर शांतिपूर्ण परिवर्तन।

बांग्लादेश की विदेश नीति के निर्धारक तत्व :– बांग्लादेश की विदेशी नीति कुछ निश्चित कारकों से निर्धारित होती है जिनका इस देश की विदेश नीति के निर्माण में महत्वपूर्ण प्रभाव है। भौगोलिक रूप से बांग्लादेश भारत का तथा म्यांमार का तीन तरफ से पड़ोसी है, सिर्फ दक्षिण में नहीं हैं चूंकि यहाँ बंगाल की खाड़ी है। भारत ने बांग्लादेश को तीन तरफ से घेर रखा है इसके अलावा बांग्लादेश दो विशाल राष्ट्र भारत तथा चीन के बीच दबा हुआ है। अतः बांग्लादेश के लिए यह एक चुनौती भरा कार्य हो गया है कि किस प्रकार इन दोनों बड़े देशों के साथ मित्रवत संबंध कायम रखे। बांग्लादेश की जनसंख्या विशाल है जो करीब 150 मिलियन के आसपास है। जो काफी कम क्षेत्र में विस्तृत है। जनसंख्या के अनुसार वहां की भूमि विस्तार कम है अतः

बांग्लादेश की विदेश नीति के निर्धारण में वहां की जनसंख्या की भी एक अत्यंत महत्वपूर्ण भूमिका होती है कारण कि कोई भी सरकार वहां की इस भारी जनसंख्या को किसी प्रकार की नई विदेश नीति के निर्माण में नजरअंदाज नहीं कर सकती है। अपनी संप्रभुता की रक्षा तथा क्षेत्रीय एकता, आर्थिक सुरक्षा, पर्यावरण सुरक्षा, ऊर्जा की सुरक्षा आंतरिक शांति तथा सद्भाव ये सभी राष्ट्रीय हित के लिए अत्यंत आवश्यक हैं। बांग्लादेश अपनी विदेश नीति के तहत इस बात का सदैव ध्यान रखता है कि उसका अपने पड़ोसी देशों के साथ सदैव शांति तथा सद्भावपूर्ण संबंध बना रहे। बांग्लादेश का प्रमुख सुरक्षा का संबंध दक्षिण एशियाई देशों के साथ ही है। बांग्लादेश अपने देश की सुरक्षा के लिए मुख्य रूप से दक्षिण एशियाई देशों के भीतर आने वाले देशों पर ही निर्भर रहता है। अपनी आर्थिक सुरक्षा हेतु सदैव प्रयत्नशील है तथा अपने देश के लोगों के कल्याण हेतु अनेक कार्यक्रमों की शुरूआत की गई है। अपने देश के आर्थिक विकास, निर्यात में बढ़ोतरी, विदेशी पूंजी निवेश हेतु आमंत्रण, बंगलादेशी वस्तुओं का विदेशी बाजारों में पहुंच, विदेशी सहायता, औद्योगिक रूप से विकसित देशों से प्रौद्योगिकी हस्तांतरण तथा मानव संसाधन विकास आदि-आदि हेतु आज बांग्लादेश के विशेष प्रयत्न जारी हैं।

बांग्लादेश की विदेश नीति का विकास :–16 दिसंबर 1971 को बांग्लादेश अपने अस्तित्व में तो आ गया था परंतु अपनी विदेश नीति को एक ठोस आयाम देना इतना सरल कार्य इसके लिए नहीं था। मुजीनागर सरकार की 26 मार्च 1971 से 16 दिसंबर 1971 तक की जो विदेशी शक्तियों से बांग्लादेश की स्वतंत्रता हेतु संघर्ष में समर्थन प्राप्त करने की विदेश नीति रही थी, उस नीति पर 16 दिसंबर 1971 को बांग्लादेश के स्वतंत्र हो जाने के बाद भी चलना आवश्यक हो गया। अब बांग्लादेशके लिए अपनी विदेश नीति में परिवर्तन लाना आसान कार्य नहीं था। जिस समय बांग्लादेश में अपनी स्वतंत्रता के लिए संघर्ष जारी था, ठीक उसी समय विश्व पटल पर भारी परिवर्तन हो रहे थे। जहां एक तरफ भारत तथा रूस के मध्य संबंध स्थापित हो रहे थे वहीं दूसरी तरफ अमेरिका तथा चीन के बीच नजदीकियां बढ़ रही थीं। इसके कारण न सिर्फ बांग्लादेश के स्वतंत्रता संघर्ष पर प्रभाव पड़ रहा था बल्कि विदेश नीति भी प्रभावित हो रही थी। प्रारंभ में बांग्लादेश के समक्ष सबसे बड़ी समस्या थी अंतर्राष्ट्रीय स्तर पर बांग्लादेश को एक स्वतंत्र राष्ट्र के रूप में मान्यता प्रदान

करवाना। इसके पीछे एक प्रमुख वजह यह रही थी कि जब तक ये विश्व के अलग-अलग देशों द्वारा बांग्लादेश को एक स्वतंत्र राष्ट्र के रूप में मान्यता नहीं प्रदान की जाएगी तब तक इन देशों द्वारा इसे वित्तीय मदद तथा अंतर्राष्ट्रीय सहयोग नहीं मिल पाएगा। बांग्लादेश को एक स्वतंत्र राष्ट्र के रूप में सबसे पहले मान्यता प्रदान करने वाले देशों में सोवियत गुट के साम्यवादी केंद्र थे। लेकिन पूर्वी यूरोपीय देशों के साम्यवादी केंद्रों की तुलना में पश्चिमी देशों द्वारा देरी से मान्यता प्रदान की गई। यूरोपीय देशों में आस्ट्रेलिया तथा न्यूजीलैंड बांग्लादेश को एक संयुक्त राष्ट्र के रूप में मान्यता प्रदान करने वाले देशों में सबसे आगे थे। इस्लामिक तथा अफ्रीकी देशों द्वारा अपनी-अपनी सुविधा एवं समयानुसार बांग्लादेश को मान्यता प्रदान किए गए। बर्मा सिर्फ एक तटस्थ देश था जिसने इस प्रारंभिक काल में बांग्लादेश को एक स्वतंत्र राष्ट्र के रूप में मान्यता प्रदान किया।

बांग्लादेश द्वारा एक स्वतंत्र राष्ट्र के रूप में अस्तित्व में आने के बाद इसका झुकाव वामपंथी विचारधारा की तरफ हुआ जैसा कि इस बात से स्पष्ट है कि बांग्लादेशने अपनी आर्थिक नीति के तहत 1972 में सभी उद्योगों का राष्ट्रीयकरण कर दिया। 1972 के संविधान में 'समाजवाद' की अवधारणा को अपनाया गया। बांग्लादेश के प्रथम प्रधानमंत्री ताजुद्दीन ने उन देशों से मदद लेने से मना कर दिया था जिन देशों ने बांग्लादेश के स्वतंत्रता संघर्ष का विरोध किया था। शेख मुजीबुर्रहमान को जब जेल से रिहा किया गया तो जेल से आने के बाद उन्होंने कहा कि "मैं अपने देश को पूर्व का स्वीट्जरलैंड बनानाा चाहता हूं। उन्होंने अपनी विदेश नीति के बारे में घोषणाा करते हुए कहा कि "हम एक छोटा-सा देश हैं, हम सभी के साथ मित्रवत् संबंध रखना चाहते हैं वैमनस्य नहीं।"

1974 के संयुक्त राष्ट्र महासभा के अधिवेशन में बोलते हुए शेख मुजीबुर्रहमान ने अपनी विदेशनीति के बारे में घोषणा करते हुए कहा था कि "बांग्लादेश सदैव एक स्वतंत्र गुट निरपेक्ष की नीति पर चलने की कोशिश करता आया है और आगे की यह विश्व के समस्त देशों के साथ एक मैत्रीपूर्ण संबंध बनाए रखने तथा सभी देशों के साथ आपसी तालमेल, एक-दूसरे के प्रति आदर का भाव, तथा एक दूसरे देशों की संप्रभुता, समानता, तथा एकता को बनाए रखने में मदद करने के साथ-साथ किसी देश के आंतरिक मामलों में

अहस्तक्षेप की नीति को अपनाए रखने की नीति पर कायम रहने के लिए सदैव प्रयत्नशील रहेगा।

बांग्लादेश को अपनी स्वतंत्रता के प्रथम दशक काल में मुजीबुर्रहमान के शासनकाल में विश्व के समस्त देशों द्वारा एक स्वतंत्र तथा संयुक्त राष्ट्र के रूप में मान्यता प्रदान की गई। साथ-ही-साथ यह संयुक्त राष्ट्र तथा विश्व के प्रमुख संगठनों जैसे राष्ट्रमंडल तथा गुट-निरपेक्ष आंदोलन के देशों का सदस्य बन गया। इस्लामिक सम्मेलन संगठन द्वारा तथा पश्चिमी राष्ट्रों द्वारा बांग्लादेश को आर्थिक मदद भी प्रदान किए जाने लगे। राष्ट्रपति जिर्याउर रहमान चाहते थे कि विश्व राजनीति तथा क्षेत्रीय राजनीति में बांग्लादेश की महत्वपूर्ण भूमिका रहे। उन्होंने एक दक्षिण एशिया के देशों के क्षेत्रीय संगठन के निर्माण का सपना देखा जो अंततः सार्क (SAARC) के रूप में अस्तित्व में आ जाने के बाद पूरा हुआ।

भूटान

1. भूटान में राजशाही

भूटान एक छोटा-सा भूमिबंद (Landlocked) देश है जो हिमालय के पूरब में 2645 उत्तरी अक्षांश से लेकर 2810 उतरी अक्षांश तथा 8845 पूर्व देशांतर से 9210 पूर्व देशांतर के बीच फैला हुआ है। यह 340 कि.मी. लंबाई में विस्तृत है, जिसका पूरा क्षेत्र करीब 40,077 वर्ग कि.मी. है। यह उत्तर में चीन के तिब्बत के पठार से तथा भारत के सिक्किम से पश्चिम से, पश्चिम बंगाल तथा असम से दक्षिण में तथा अरूणाचल प्रदेश से पूरब से घिरा हुआ है। भारत तथा चीन विश्व के दो बड़े देश इसके पड़ोसी हैं।

पुरातत्व प्रमाणों पर यदि विश्वास करें तो कहा जा सकता है कि भूटान की स्थापना 2000 ई.पू. (B.C.) में हुई थी। हालांकि इसका कोई ऐतिहासिक प्रमाण नहीं है। भूटान में बौद्ध धर्म का आगमन सातवीं सदी में हुआ और तब से ही ये भूटान की संस्कृति एवं धार्मिक जीवन बन गए हैं। 17वीं सदी के पहले भूटान में छोटे-छोटे जागीर होते थे जिसके मालिक जागीरदार होते थे। इन सभी जागीरदारों को शैवद्रंग जिसका भूटान के लोगों के बीच अत्यंत आदरणीय स्थान प्राप्त था, द्वारा एकजुट किया गया। शताब्दियों तक इसी शैवद्रंग का शासन भूटान में स्थापित रहा। शैवद्रंग शासन काल के अनेक वंशानुगत राजा हुए जिन्होंने भूटान पर अपना शासन किया। परंतु शैबद्रंग शासन में दोहरी प्रशासनिक व्यवस्था के कारण भूटान में वंशानुगत राजतंत्र की प्रक्रिया में दशकों बीत गए। खासतौर से 1903 में शैबद्रंग के आखिरी शासक की मौत के बाद राजनीतिक अस्थिरता, गृहयुद्ध, क्षेत्रीय नेताओं में प्रतिद्वंद्विता

हावी रही, जिन्होंने अपने पूर्ववर्ती शासकों के राज्य के एकजुट करने के किसी भी प्रयास को रोका। इन सब नेताओं में अंततः उझेन वांगचुक सबसे बड़े नेता के रूप में उभरकर सामने आए, जिन्होंने न केवल अपने प्रतिद्वंद्वियों को पराजित किया बल्कि प्रशासन पर नियंत्रण भी कर लिया। 1907 में उझेन को सर्वसम्मति से नेता चुन लिया गया। इनका चुनाव बौद्ध भिक्षुओं तथा महत्वपूर्ण सरकारी अफसरों की असेम्बली द्वारा किया गया और ये भूटान के वंशानुगत राजा बन गए जो जनकल्याण के लिए प्रतिबद्ध था।

2. भूटान में संवैधानिक विकास

जैसा कि पूर्व में भूटान के ऐतिहासिक राजशाही के बारे में वर्णन किया जा चुका है जहां कोई संविधान नहीं था तथा यहां वंशानुगत राजा होते थे। भूटान का संविधान 18 जुलाई, 2008 को भूटान की शाही सरकार द्वारा अस्तित्व में लाया गया। संविधान की योजना पूरी तरह से शाही सरकार के अधिकारियों तथा एजेंसियों के द्वारा तैयार की गई जिसमें करीब 7 वर्ष का समय लगा चूंकि इस दौरान भूटान में प्रजातांत्रिक सुधार की प्रक्रिया भी अपनी गति में थी। भूटान का वर्तमान संविधान, बौद्ध दर्शन, मानव अधिकारों के अंतर्राष्ट्रीय सम्मेलनों करीब बीस देशों के कानूनों का तुलनात्मक अध्ययन तथा प्राचीन पृष्ठभूमि पर आधारित है। महारानी सोनम वांगचुक के अनुसार भूटान की संवैधानिक समिति अपने संविधान का निर्माण करते समय दक्षिण अफ्रीका के संविधान से ज्यादा प्रभावित थी कारण कि मानव अधिकारों की रक्षा पर इसमें काफी बल दिया गया है।

पृष्ठभूमि : 4 सितंबर, 2001 को राजा जिग्मे सिग्गे वांचुक ने अपने मंत्रीमंडल (लेंग्ये जुंगत्सॉग), मुख्य न्यायाधीश तथा शाही सलाहकार परिषद् के अध्यक्ष को भूटान के लिए एक औपचारिक संविधान का ड्राफ्ट तैयार करने की सलाह दी। राजा ने अपनी इच्छा प्रकट करते हुए कहा कि हम चाहते हैं कि मुख्य न्यायाधीश तथा मंत्रीमंडल मिलकर संविधान के लिए ड्राफ्ट तैयार करें। भूटान में कोई औपचारिक संविधान नहीं था, तो राजा ने कहा कि एक लिखित संविधान का निर्माण किया जाए जिसमें सारे सिद्धांत एवं प्रावधान लिखित

कानून के रूप में वर्तमान रहें, ताकि उन्हीं सिद्धांत के अनुरूप भूटान में शासन किया जा सके एवं शाही सरकार, न्यायपालिका तथा भूटान की नेशनल असेम्बली के कार्यों एवं विभिन्न गतिविधियों का मार्गदर्शन हो सके। उन्होंने आगे कहा कि इसमें कोई शक नहीं कि भूटान ने काफी विकास किया है तथा एक राजनीतिक परिपक्वता को भी इसने हासिल कर लिया है फिर भी भूटान राजशाही को अब एक संविधान की आवश्यकता है, और इस प्रकार 18 जुलाई, 2008 को अंततः भूटान की राजशाही सरकार द्वारा एक संविधान को अस्तित्व में लाया गया।

राजा द्वारा संविधान निर्माण के दौरान यह बल दिया गया कि हमारा संविधान ऐसा हो जो देश तथा देश की जनता का वर्तमान और भविष्य दोनों को सुरक्षित रखने तथा सुधारने के लिए सदैव प्रयत्नशील रहे। उन्होंने कहा कि संविधान की प्रकृति ऐसी हो जो भूटान की सुरक्षा, एकता एवं संप्रभुता की रक्षा करने के साथ-साथ देश में शांति तथा स्थायित्व को सुनिश्चित करे। राजा ने कहा कि मंत्रीमंडल द्वारा संविधान का ड्राफ्ट तैयार करने के लिए एक समिति की स्थापना की जाए जिसमें सरकार के अधिकारी, नेशनल असेम्बली के सदस्य तथा देश के प्रतिष्ठित तथा योग्य नागरिक जिन्हें भूटान के कानून के बारे में अच्छी जानकारी हो तथा जो संविधान के लिए ड्राफ्ट तैयार करने में मदद प्रदान कर सकें आदि को शामिल किया जाए।

30 नवंबर, 2001 को राजा द्वारा संविधान की ड्राफ्टिंग की विधिवत् शुभ मुहूर्त में शुरुआत की गई। सन् 2005 में शाही सरकार द्वारा नागरिक सेवकों तथा स्थानीय सरकारों के बीच ड्राफ्ट की कापियां वितरित की गई ताकि स्थानीय लोगों के विचार भी जाने जा सकें।

भूटान के संविधान के प्रावधान—संविधान कहता है कि भूटान का राजशाही अब एक लोकतांत्रिक संवैधानिक राजतंत्र होगा जिसके द्वारा अब सामान्य जनता का शासन होगा। भूटान करीब 20 जिलों में विभाजित है। जोंग खा (Dzongkha) भूटान की राष्ट्रीय भाषा है तथा 17 दिसंबर भूटान का राष्ट्रीय दिवस है।

संविधान देश का सर्वोच्च कानून होगा तथा इसी के अनुसार देश का शासन होगा जो देश के सभी क्षेत्रों में मान्य होगा। जब तक इस संविधान में किसी प्रकार का परिवर्तन या संवैधानिक संशोधन नहीं किया जाता तब तक

इसी संविधान में वर्णित कानून के अंतर्गत देश में शासन किए जाएंगे। कोई भी कानून के प्रावधान जो पूर्व में अपनाए गए हो या संविधान के अस्तित्व में आने के बाद अपनाए गए हों, यदि ये प्रावधान संविधान के अनुरूप नहीं हैं तो इन्हें रद्द घोषित किया जाएगा।

भूटान का सर्वोच्च न्यायालय संविधान का रक्षक होगा तथा इसी के द्वारा संविधान की अंतिम व्याख्या की जाएगी।

प्राकृतिक संसाधनों पर देश का अधिकार होगा चूंकि ये देश की संपति हैं।

संविधान में नागरिक सेवाओं से कर्मचारियों एवं अधिकारियों की सेवानिवृति आवश्यक है जिसकी उम्र 65 वर्ष होगी।

संविधान के अनुसार राजतंत्र अभी भी कायम रहेगा। ड्रूक ग्यिाल्पो जो भूटान के राजा हैं, वे ही देश के प्रधान (Head of State) भी हैं तथा राजशाही की एकता के तथा भूटान की जनता के प्रतीक भी। राजा जो कि एक बौद्ध भी हैं राजनीति तथा धर्म दोनों (dual system of Religion and Politics) जिसे "Chhe-Sid-Hyi" भूटानी भाषा में कहा जाता है को एक बनाए रखेंगे तथा इन दोनों के समर्थक भी रहेंगे। इसके अलावा राजा भूटान के धर्म का संरक्षक भी होगा। भूटान के सैन्य बल का सर्वोच्च राजा ही होगा।

3. भूटान में दलीय व्यवस्था

जैसा कि हम जानते हैं कि भूटान में शताब्दियों तक शैबद्रंग का शासन (1616-1907) का जो 1907 में अंत हुआ तथा यहां वंशानुगत राजतंत्र अस्तित्व में आया। अब यहां के राजा वंशानुगत होने लगे अतः वहां किसी प्रकार के राजनीतिक दल नहीं होते थे। राजा का ही शासन होता था। वहां किसी प्रकार का लिखित संविधान नहीं होता था। वहां कोई राजनीतिक दल नहीं होते थे। उन पर पाबंदी थी। राजा ही अंतिम निर्णय देशहित में लेता था। सन् 1907 तथा 1950 के दशक में भूटान पूरी तरह परम राजतंत्र (Absolute Monarchy) के तहत शासित था।

परंतु स्थिति बदली तथा वांगचुक वंश के एक नए राजा ने अपने इस हिमालयी राज्य के विकास और आधुनिकीकरण की प्रतिबद्धता जताई। उन्होंने बौद्ध संस्कृति की पारंपरिक विरासत को बनाए रखते हुए यहां लोकतंत्र के विकास का निर्णय लिया। भूटान में पहली बार आम चुनाव 2008 में संपन्न हुए तथा इसी के साथ यहां लोकतंत्र की नींव भी पड़ी। यहां सौ साल की पूर्ण राजशाही (राजतंत्र) बिना किसी अंदरूनी या बाहरी मांग के ही लोकतंत्र में बदल गया। 1958 में ही प्रधानमंत्री का पद सृजित कर दिया गया था।

लोगों को लोकतांत्रिक चुनाव और सार्वभौमिक वयस्क मताधिकार से परिचित कराने के लिए 2002 में पहली बार उप-राष्ट्रीय चुनाव आयोजित किया गया। तीन वर्ष बाद 2005 में पहला लिखित संविधान प्रकाशित हुआ तथा इस पर लोगों के सुझाव मांगे गए। सन् 2006 में जिग्मे खेसर नामग्येल

वांगचुक भूटान के राजा बने, उन्होंने अधिकारिक रूप से कामकाज भी संभाल लिया, लेकिन ताजपोशी नए संविधान के तहत होने वाले चुनाव तक टाल दिया। 2007 में राजनीतिक दलों पर लगाए गए प्रतिबंध हटा लिया गए और आगामी चुनाव के लिए दल (Party) गठन की अनुमति दे ही गई। लेकिन जाति, धर्म या समुदाय के आधार पर पार्टी बनाना प्रतिबंधित कर दिया गया। गैर-विभाजन के आधार पर लोकसभा के अपर चैंबर (नेशनल काउंसिल) का चुनाव दिसंबर 2007 में संपन्न हुआ। विखंडित जनादेश की स्थिति से बचने के लिए नेशनल असेम्बली (निम्न चैंबर) के अंतिम चुनाव से पहले प्राथमिक चरण का चुनाव कराने और उसके आधार पर अधिकतम वोट पाने वाली दो पार्टियों को निर्णायक आम चुनाव लड़ने की अनुमति दिए जाने का प्रावधान संविधान में किया गया। नेशनल असेम्बली का पहला आम चुनाव मार्च 2008 में हुआ जिसमें दो पार्टियों (दलों) पीपुल्स डेमोक्रेटिक पार्टी तथा ड्रक फुंनसुम शोगपा (डीपीटी) ने एक दूसरे के विरुद्ध चुनाव लड़ा। अप्रैल 2013 को भूटान में नेशनल काउंसिल का दूसरा आम चुनाव संपन्न हुआ। दलगत रूप से नेशनल काउंसिल को चुनाव लड़ने पर सवैधानिक रूप से प्रतिबंध हैं। इसलिए सभी उम्मीदवार निर्दलीय चुनाव लड़े।

आज भूटान कई अन्य पार्टियां अस्तित्व में आ गई है। ये दल 2008 के संविधान के तहत कार्यरत हैं। यहां के संविधान में बहुदलीय प्रणाली का प्रावधान किया गया है परंतु नेशनल असेम्बली में एक समय में सिर्फ दो पार्टियां ही या तो सरकार में या विरोधी दल के रूप में रहेंगी। अन्य सभी सरकारी निकाय गैर-समर्थक (Non-portisan) संविधान के अनुच्छेद 15 में राजनीतिक पार्टियों से संबोंधित प्रावधान जैसे पंजीकरण, प्रतिबंधित कार्य, पाबंदियां, नियंत्रण, दूसरे देशों से मदद प्राप्त करना, धर्म, जाति, क्षेत्र आदि के आधार पर दल का गठन करना प्रतिबंधित है।

भूटान में राजनीतिक दलों तथा चुनाव जनमत संग्रह आदि-आदि से संबंधित निर्णय लेने का अधिकार चुनाव आयोग को है। भूटान में चुनाव कराने के लिए एक चुनाव आयोग की स्थापना की गई है। राजनीतिक दलों की मान्यता रद्द करने या मान्यता प्रदान करने संबंधी निर्णय भी चुनाव आयोग ही करता है।

करीब सभी चुनावों तथा नियुक्तियों के लिए जो उम्मीदवार तय किए

जाएंगे वे गैर-समर्थक (non-partisan) होंगे। जिन राजनीतिकदलों को चुनाव में सबसे ज्यादा सीटें प्राप्त होती हैं उसी दल का नेता देश का प्रधानमंत्री चुना जाता है। प्रथम तथा वर्तमान भूटान का प्रधानमंत्री लियोन्चेन जिग्मे किनली हैं जो भूटान पीस एंड प्रोस्पेरिटी पार्टी के सदस्य हैं।

भूटान में अनेक दबाव समूह भी अस्तित्व में हैं जैसे बौद्ध, पादरी, जातीय नेपाली संगठन, इंडियन मर्चेंट कम्यूनिटी तथा इक्जाईल्ड यूनाइटेड फ्रंट फार डेमोक्रेसी आदि। ये दबाव समूह अपनी मांगों को मनवाने के लिए सरकार पर दबाव डालते हैं। यदि सरकार इनकी मांगों को मानने से इंकार करती है तो ये आंदोलन प्रदर्शन का भी सहारा लेते हैं।

4. भूटान की विदेश नीति

भूटान की विदेश नीति के निर्धारक तत्व–भूटान की विदेश नीति को निर्धारित करने में यहां के तीन तत्वों की महत्वपूर्ण भूमिका होती है। ये तीन तत्व हैं–राष्ट्रीय सुरक्षा, राजनीतिक संस्कृति तथा आर्थिक संलग्नता। ये तीनों निर्धारक तत्वों का भारत, नेपाल तथा चीन के संदर्भ में ज्यादा महत्व हैं, चूंकि ये तीनों देश भूटान की विदेश नीति पर आलोचनात्मक दृष्टि रखते हैं। एक शोध में कहा गया है कि जब भूटान में राष्ट्रीय सुरक्षा खतरे में हो तथा देश की संप्रभुता एकता एवं अखंडता को किसी प्रकार का खतरा हो तो फिर उसी हिसाब से भूटान की विदेश नीति निर्धारित की जाती है तथा जब देश की सुरक्षा के संदर्भ में खतरा उतना ज्यादा न हो तो आर्थिक हितों को ध्यान में रखकर विदेश नीति का निर्धारण किया जाता है।

प्रत्येक देश की अपनी स्थिति, परिस्थितियों के अनुसार अपनी पृथक-पृथक विदेश नीति होती है। विश्व के समस्त देशों की भांति भूटान की भी अपनी विदेश नीति है जो एक निश्चित सिद्धांतों पर कार्य करती है। भूटान की विदेश नीति के प्रमुख सिद्धांत एवं उद्देश्य निम्न प्रकार से वर्णित किए जा सकते हैं।

निर्देशित सिद्धांत–अपने देश की राष्ट्रीय नीति के अनुसार भूटान की शाही सरकार का सदैव यह प्रयत्न रहेगा कि अंतर्राष्ट्रीय स्तर पर विश्व के समस्त देशों के साथ सद्भावपूर्ण संबंध एवं सहयोग बनाए रखें। अंतर्राष्ट्रीय कानूनों तथा समझौतों का सम्मान किए जाएं, उनका आदर के साथ पालन किया जाए तथा शांतिपूर्ण तरीके से किसी भी अंतर्राष्ट्रीय विवादों को सुलझाया

जाए ताकि विश्व में अंतर्राष्ट्रीय शांति एवं सुरक्षा कायम रहे।

प्रमुख उद्देश्य : भूटान की विदेश नीति के प्रमुख विभिन्न उद्देश्यों का निम्न प्रकार से वर्णन किया जा सकता है–

1. राजनीतिक उद्देश्य–(क) राष्ट्रीय सुरक्षा को बनाए रखते हुए उसे और पक्की तरह से सुनिश्चित करना।

(ख) अंतर्राष्ट्रीय समुदायों की मदद से विश्व में शांति तथा सुरक्षा को सुनिश्चित करना।

(ग) शांतिपूर्ण सहअस्तित्व के द्वारा विश्व के देशों के मध्य आपसी सहयोग एवं सद्भावना को विकसित करना ताकि अंतर्राष्ट्रीय स्तर पर शांति एवं सुरक्षा कायम रखी जा सके।

2. आर्थिक तथा व्यापारिक उद्देश्य–(क) द्विपक्षीय क्षेत्रीय तथा बहुपक्षीय आर्थिक तथा व्यापारिक सहयोग को विकसित करना तथा इसमें और विस्तार करना ताकि पारस्परिक रूप से सभी को इससे लाभ पहुंच सके।

(ख) बाहरी संसाधनों का सदुपयोग कर देश एक नई आर्थिक व्यवस्था का निर्माण करने में योगदान प्रदान करना।

विदेश नीति–भूटान प्रारंभ से विश्व के विभिन्न देशों तथा अपने क्षेत्रीय देशों के साथ मैत्रीपूर्ण संबंध को विकसित तथा उन्हें बनाए रखने का पक्षधर रहा है। अंतर्राष्ट्रीय समुदाय के एक जिम्मेवार सदस्य के रूप में भूटान सदैव सक्रिय भूमिका निभाता रहा है। अपने राजनयिक अभियानों तथा दूतावासों के माध्यम से भूटान अपने मित्र तथा विकास में भागीदार देशों के साथ सदैव अपनी विदेश नीति को निभाने में सफल रहा है। भूटान की शाही सरकार ने विभिन्न स्तरों पर सरकारी मेहमानबाजी का आदान-प्रदान किया है तथा कई अंतर्राष्ट्रीय सेमिनारों, सम्मेलनों, सांस्कृतिक कार्यक्रमों तथा धार्मिक प्रदर्शनियों का आयोजन कराया है ताकि भूटान के बारे में लोगों को बताया जा सके। भूटान सरकार ने कई द्विपक्षीय तथा बहुपक्षीय वार्तालाप तथा सम्मेलनों जिसमें कई शिखर सम्मेलन भी थे में भाग लिया है। इसके विदेश मंत्रालय द्वारा क्षेत्रीय तथा अंतर्राष्ट्रीय मीडिया की मदद से अपने देश के बारे में लोगों को जागरूक करने तथा उन्हें इस बारे में जानकारी प्रदान करने के लिए कई कदम भी उठाए गए हैं।

भूटान की विदेश नीति के अंतर्गत उसके अंतर्राष्ट्रीय संबंध : भूटान के

अपनी विदेश नीति के तहत करीब विश्व के तथा यूरोपीय संघ के 52 देशों के साथ राजनयिक संबंध स्थापित हैं।

भारत के द्वारा प्रायोजित किए जाने के दौरान 1971 में भूटान संयुक्त राष्ट्र का सदस्य बनकर अपनी विदेश नीति को विकसित करना प्रारंभ किया। यद्यपि कि इसमें संयुक्त राष्ट्र सुरक्षा परिषद् के किसी स्थायी सदस्यों के साथ इसके किसी प्रकार के राजनयिक संबंध नहीं थे। 1981 में भूटान अंतर्राष्ट्रीय मुद्रा कोष तथा विश्व बैंक का सदस्य बना तथा 1982 में विश्व स्वास्थ्य संगठन तथा यूनेस्को का सदस्य बना। यह सार्क (SAARC) संगठन का भी एक सक्रिय सदस्य है। भूटान वर्तमान में 45 अंतर्राष्ट्रीय संगठनों का भी सदस्य है।

भूटान के 2008 के संविधान के अनुच्छेद 20 में कहा गया है कि भूटान की विदेश नीति ड्रुक गियाल्पो (Druk Gyalpo) के तहत कार्यपालिका प्रधानमंत्री तथा अन्य मंत्रियों की सलाह पर निर्धारित किए जाते हैं।

भूटान विश्व का प्रथम देश था जिसने भारत की स्वतंत्रता को मान्यता प्रदान किया तथा सरकार के साथ 1949 में पुरानी संधि को दुबारा मान्य किया। 8 फरवरी, 2007 को भूटान के राजा जे.के. एन. वांगचुक द्वारा भारत-भूटान मित्रता संधि को नए सिरे से परिभाषित किया गया।

भूटान के अपने उत्तरी पड़ोसी देश चीन के साथ राजनयिक संबंध नहीं है चूंकि चीन ने 1959 में तिब्बत पर आक्रमण किया था। इस कारण से भूटान ने चीन के साथ अपने राजनयिक संबंध समाप्त कर दिए थे।

भारत तथा भूटानी सरकार के बीच एक द्विपक्षीय संधि की गई जिसके तहत भारत तथा भूटान के नागरिक दोनों देशों में स्वतंत्र रूप से भ्रमण कर सकते हैं और इसके लिए उन दोनों देश के नागरिकों को पासपोर्ट या वीजा की जरूरत नहीं पड़ेगी।

भूटान ने 1983 में नेपाल के साथ अपने संबंध स्थापित किए। हालांकि 1992 से दोनों देशों के मध्य भूटान से शरणार्थियों को वापस भेजने संबंधी मुद्दे को लेकर तनावपूर्ण हैं।

भूटान तथा पाकिस्तान के मध्य भी 1988 से संबंध स्थापित हैं।

बंगलादेश उन दो देशों (दूसरा भारत) में से प्रथम देश था जिसने भूटान में अपने आवासीय दूतावास (Residential Embassy) खोले हुए है। भूटान भारत के बाद दूसरा देश था जिसने बंगलादेश की स्वतंत्रता को मान्यता प्रदान

किया।

भूटान के यूरोपीयन देशों जैसे—आस्ट्रिया, बेल्जियम, डेनमार्क, फिनलैंड, नीदरलैंड, नार्वे, सर्विया, स्पेन के साथ राजनयिक संबंध स्थापित हैं। स्वीडन तथा स्वीट्ज़रलैंड जो जापान के साथ 'भूटान के मित्र' समूह में शामिल हैं, भूटान को इसके विभिन्न विकास की परियोजनाओं में मदद प्रदान करते हैं।

भारत, नेपाल, जापान, बंगलादेश के अतिरिक्त भूटान के एशिया के अन्य नौ देशों जैसे—अफगानिस्तान, बहराईन, कुबैत, मालदीप, पाकिस्तान, सिंगापुर, दक्षिण कोरिया, श्रीलंका, थाइलैंड तथा वियतनाम के साथ भी राजनयिक संबंध स्थापित है। भूटान के आस्ट्रेलिया, ब्राजील, कनाडा तथा कोलंबिया के साथ भी राजनयिक संबंध हैं। परंतु अमेरिका तथा ब्रिटेन के साथ भूटान के कोई औपचारिक राजनयिक संबंध तो नहीं हैं, परंतु यह नई दिल्ली के अपने संबंधित दूतावास तथा वाशिंगटन डी.सी. के Bhutanese Honorary Consulate के द्वारा इन देशों के साथ अनौपचारिक संबंध बनाए रखा है।

भूटान के विश्व के कई देशों के साथ (Transnational) मुद्दे पर भी संबंध स्थापित हैं। ये मुँद्दे हैं—प्रत्यार्पण, आतंकवाद, शरणार्थी आदि। भूटान के कानून में कुछ ऐसे भी प्रावधान किए गए हैं जिसमें यह वर्णन किया गया है कि भूटान के जिन देशों के साथ औपचारिक संबंध नहीं स्थापित हैं उन्हें भी वह मदद प्रदान करने के लिए तैयार रहेगा।

भूटान ने अपराधियों के एक-दूसरे देश को प्रत्यार्पण (extradition) करने संबंधी मामले पर एक नीति का निर्माण किया है जिसमें कहा गया है कि यदि उस देश का अपराधी जिसके साथ भूटान के औपचारिक संबंध हों या न हों, भूटान में शरण ले रहा हो, तो भूटान उस अपराधी को उस देश को सौंपने में पूरा-पूरा सहयोग प्रदान करेगा, यदि उस देश द्वारा इस मामले में भूटान से अनुरोध किया जाता है।

भूटान भारत को भी नागालैंड की पृथक्कता की मांग करने वाले विद्रोहियों को अपने देश से निकालने में मदद प्रदान कर रहा है।

5. भूटान में राजशाही तथा लोकतंत्र की स्थापना

शैबद्रंग शासनकाल में दोहरी प्रशासनिक व्यवस्था के कारण भूटान में वंशानुगत राजतंत्र की प्रक्रिया में दशकों बीत गए। खासतौर से 1903 में शैबद्रंग के आखिरी नेताओं में प्रतिद्वंद्विता हावी रही, जिन्होंने अपने पूर्ववर्ती शासकों को राज्य को एकजुट करेन के किसी भी प्रयास को रोका। इन सब नेताओं में अंततः उझेन वांगचुक सबसे बड़े नेता के रूप में उभर कर सामने आए, जिन्होंने न केवल अपने राजनीतिक प्रतिद्वंद्वियों को पराजित किया, बल्कि प्रशासन पर नियंत्रण भी कर लिया। 1907 में बौद्ध भिक्षुओं और महत्वपूर्ण सकरारी अफसरों की असेंबली ने उझेन वांगचुक को सर्वसम्मति से चुन लिया, जो भूटान के वंशानुगत राजा के तौर पर जन कल्याण के लिए प्रतिबद्ध था। चूंकि सभी प्रभावी विपक्षी पार्टियों ने सर्वसम्मति ढंग से ड्रैगन किंग को चुन लिया था, इसलिए वहां शांति और सद्भाव का प्रादुर्भाव हुआ। इस नए अवतार के साथ ही राजा ने वहां दोहरी प्रशासनिक व्यवस्था समाप्त कर दी। प्रथम राजा ने ने वहां परंपरागत बौद्ध मठ संस्कृति को बनाए रखते हुए धीरे-धीरे पश्चिमी तौर तरीके को शिक्षा, बुनियादी सुविधाओं और संचार को बढ़ावा देना शुरू किया। भारत के साथ व्यापार में और तेजी आई। 1910 में भूटान राजा और भारत में ब्रिटिश सरकार के बीच फुनका समझौता संपन्न हुआ। जिसने भूटान नरेश और राज्य के राजनीतिक स्वतंत्रता को मान्यता दी। लेकिन यह भी शर्त जोड़ी गई कि वह विदेश संबंध के मामले में ब्रिटिशकी राय लेगा। राजा उझेन वांगचुक के 1926 में निधन के बाद दूसरे राजा केरूप में

उनके पुत्र जिग्मे वांगचुक ने भी आधुनिकीकरण की उस नीति को जारी रखा जो उनके पिता ने शुरू किया था। उन्होंने आगे चलकर सत्ता का केंद्रीयकरण करते हुए भूटान को शेष दुनिया से अलग थलग कर लिया और विकास का अपना अलग माडल अपनाया। भारत को आजादी के बाद 1949 में भारत और भूटान के मैत्री संधि पर हस्ताक्षर किए। लेकिन भारत ने भूटान के विदेश नीति के मामले में ब्रिटिश विरासत को बरकरार रखा। भूटान के प्रथम दो राजाओं में राजशाही की वैधता और शक्तियां सुरक्षित रखते हुए आधुनिकीकरण की प्रक्रिया को सावधानीपूर्वक आगे बढ़ाया। वे मौजूदा मठ संस्कृति से बिना कोई समझौता किए विकास चाहते थे। सन् 1952 में राजा जिग्मे दोरजी वांगचुक वहां के तीसरे राजा बने। उनके शासनकाल (1952-1972) तक में सरकार की संरचना में उल्लेखनीय परिवर्तन हुए। राजा वहां के मौजूदा राजनीतिक और आर्थिक व्यवस्था में सुधार और पुनर्गठन के लिए प्रतिबद्ध थे। उनका मानना था कि बदलती दुनिया की चुनौतियों का सामना करने के लिए यह सब जरूरी है। चूंकि भूटान राजनीतिक रूप से शेष दुनिया से अलग थलग था, इसलिए पूंजीवाद, समाजवाद, साम्यवाद या उदारवाद आदि जैसे प्रमुख राजनीतिक विचारधाराओं का असर भूटान की राजनीतिक संस्कृति पर नहीं पड़ा। लेकिन दक्षिण एशिया में ब्रिटिश शासन के खात्मे की प्रक्रिया की शुरूआत और चीनी जनवादी गणराज्य की स्थापनाके साथ ही तिब्बत के चीन में विलय की प्रक्रिया के चलते भूटान नरेश को अपने राजनीतिक क्षेत्र के आधुनिकीकरण के लिए बाध्य होना पड़ा।

राजा जिग्मे दोरजी ने आधुनिकीकरण की गति तेज कर दी। उन्होंने दासत्व और गुलामी को समाप्त करते हुए आर्थिक सुधार किए। भूटान के हर नागरिक के पास जमीन का अपना एक टुकड़ा हो, इसके लिए उन्होंने गहन भूमि सुधार की शुरूआत की। 1960 से उन्होंने आधुनिकीकरण और विकास के लिए पंचवर्षीय योजना को अपनाया उन्होंने उत्तर से दक्षिण तक सड़को को ऐसा नेटवर्क विकसित किया, जिसका इस्तेमाल पूरे साल किया जा सके। जनकल्याण की अपनी प्रतिबद्धता को बरकरार रखते हुए उन्होंने राज्य में शिक्षा और स्वास्थ्य सुविधाओं के विकास पर ध्यान केंद्रित किया। इसी तरह राजनीतिक सुधार के तौर पर उन्होंने सर्वोच्च अपील और नियुक्ति का अधिकार अपने पास रखते हुए न्यायपालिका और विधायिका को कार्यपालिका

से अलग कर दिया। उन्होंने हाईकोर्ट और नेशनल असेंबली की स्थापना की। नेशनल असेंबली में पादरी, नौकरशाही और जनता के बीच से 110 प्रतिनिधि होते थे। बाद में 1960 में प्रतिनिधियों की संख्या बढ़ाकर 150 कर दी गई। इनमें से 35 नौकरशाहों की नियुक्ति राजा करता था, 10 लोग मठों से नियुक्त होते थे और शेष 105 लोगो को चयन जनगणना के आधार पर ग्राम प्रमुख और वयस्क करते थे। विधायिका के कामकाज को आसान बनाने के लिए बाद में आम सहमति की प्रक्रिया को दो तिहाई बहुमत में बदल दिया गया। हालांकि विधानसभा के हर फैसले पर विटो पावर राजा ने अपने पास ही रखा था, लेकिन उन्होंने 1968 में इस अधिकार का स्वेच्छा से त्याग कर दिया।

लोकतंत्र की स्थापना—भूटान में जहाँ तक लोकतंत्र की स्थापना का पश्न है तो एक प्रकार से राजा जिग्मे दोरजी द्वारा इसकी शुरुआत कही जा सकती है जब 1968 में उन्होंने अपना वीटो पावर का अधिकार स्वेच्छा से त्याग दिया। इससे भी महत्वपूर्ण बात यह थी कि व्यवस्था को ज्यादा जिम्मेदार और लोकतांत्रिक बनाने के लिए उन्होंने नेशनल असेंबली में राजा के प्रति विश्वासघात प्रणाली की शुरूआत की। पूरी दुनिया में किसी भी राजतंत्रीय प्रणाली में उनका यह अद्वितीय कदम था। फिर से 1958 में प्रधानमंत्री का पद सृजित कर दिया गया था, लेकिन प्रथम प्रधानमंत्री दोरजी की हत्या के बाद 1964 में यह पद समाप्त कर रॉयल एडवाइजरी काउंसिल बनाई गई। जिसका काम राजा को सलाह देने के अलावा राजनीतिक संस्थानों और जनता के बीच मध्यस्थता की भूमिका निभाना था। अंत में 1968 में सरकार के कार्यकारी शाखा को विस्तार देते हुए मंत्रिपरिषद की स्थापना की गई। राजा जिग्मे दोरजी वांगचुक ने भूटानी परंपरा को बरकरार रखते हुए राजनीतिक व्यवस्था का आधुनिकीकरण किया। उन्होंने आधुनिक्क शिक्षा की नींव रखी, जिसमें सक्षम नौकरशाही के विकास में सहायता की, जिसने राजा के आधुनिकीकरण की योजनाओं को असली जामा पहनाने में महत्वपूर्ण भूमिका निभाई। अंत में अंतराष्ट्रीय राजनीति से अपने अलगाव को समाप्त करते हुए उसने 1960 में संयुक्त राष्ट्र में सदस्यता क`लिए आवेदन किया, जिसकी उसे 1971 में मंजूरी मिल गई।

1972 में जिग्मे सिंग्ये वांगचुक 17 साल की उम्र में वहां के राजा बने। उन्होंने भी अपने पिता द्वारा शुरू किए गए आर्थिक और राजनीतिक आधुनिकीकरण की प्रक्रिया को जारी रखा। नए राजा ने विश्वास प्रस्ताव की

व्यवस्था को समाप्त करते हुए विटो पावर की व्यवस्था को फिर से लागू कर दिया, लेकिन जनकल्याण के प्रति प्रतिबद्धता बरकरार रखी। उन्होंने जीएनएच (सकल राष्ट्रीय खुशहाली)की अवधारणा की शुरूआत की। जिसके तहत चार पहलूओं की पहचान करना था, जिसमें आर्थिक विकास, पर्यावरण संरक्षण, सांस्कृतिक संवर्दन और सुशासन शामिल था। इन चारों पहलूओं के आधार पर सामग्री, लोगों के आध्यात्मिक और सामाजिक विकास को समझना था। उन्होंने विकेद्रींकरण की प्रक्रिया और शक्तियों के हस्तांतरण पर जोर दिया, जिससे राज्य में लोकतंत्रीकरण की नींव और मजबूत हो गई। विकेंद्रीकरण को सक्षम बनाने के लिए राजा ने भूटान को बीस जिलों (जोंगकाग्स) में बांट दिया और उसमें वित्तीय स्वायत्तता के साथ जिला विकास समिति भी गठित कर दी। बाद में 1981 में जिलों को ब्लाक (गेवोक्स) में बांटते हुए खंड विकास समिति भी गठित कर दी गई। राज्य में कुल 201 ब्लॉक बनाए गए। प्रत्यक्ष प्रतिनिधित्व देने और विकास योजनाओं को प्रभावी ढंग से लागू करने के लिए गैर-राजनीतिक भूटानी जनता को राजनीतिक रूप से जागरूक करने, उनके समस्याओं के समाधान और आम सहमति के आधार पर खुद फैसले लेने के लिए जिलों को ब्लाक के रूप में बांटा गया। जिले और ब्लाक के सदस्यों का प्रत्यक्ष चुनाव जनता ने ही किया था।

1998 तक राजा ने राजनीतिक संक्रमण की क्रांतिकारी प्रक्रिया शुरू कर दी थी। उन्होंने लोकतंत्र को और विस्तार देने के लिए खुद ही कार्यकारी शक्तियों का त्याग कर दिया। सरकार के प्रमुख का भी स्थान छोड़ दिया। उन्होंने जवाबदेही का सिद्धांत फिर से लागू करते हुए नेशनल असेंबली को राजा के खिलाफ किसी भी समय एक तिहाई बहुमत से अविश्वास प्रस्ताव की शुरूआत करने की अनुमति थी। नेशनल असेंबली को अपने खुद के मंत्री चुनने के लिए मंत्रिपरिषद् को भी समाप्त कर दिया गया। राजा ने प्रशासन और नौकरशाही का गठन लोकतांत्रिक कायदें कानूनों के अनुसार शुरू कर दिया। निष्पक्ष और स्वतंत्र न्यायपालिका के लिए भ्रष्टाचार निरोधक कानून और न्यायिक सेवा परिषद का गठन किया गया। लोगों को और नागरिक स्वतंत्रता दी गई। भूटान के संविधान का मसौदा तैयार करने के लिए आधार भूमि बनाई गई। 1999 में सूचना के आधुनिक स्त्रोत टेलीविजन, इंटरनेट और स्वतंत्र प्रेस की अनुमति दी गई, जिन पर पहले प्रतिबंध था।

लोगों को लोकतांत्रिक चुनाव और सार्वभौमिक वयस्क मताधिकार से परिचित कराने के लिए 2002 में पहली बार उप-राष्ट्रीय चुनाव आयोजित किया गया। तीन साल बाद 2005 में पहला लिखित संविधान प्रकाशित हुआ। राजा और राजघराने के सदस्यों ने देश भार में घूमकर संविधान के प्रावधानों पर न केवल लोगों से परामर्श किया बल्कि उन्हें सुझाव देने का भी अवसर दिया, ताकि संविधान को अंतिम रूप देते समय उन सुझावों पर भी विचार किया जाए।

14 दिसंबर 2006 में जिग्में सिंग्ये वांगचुक ने राज सिंहासन का त्याग कर अपने बेटे को आरूढ़ करा दिया। विश्व इतिहास में ऐसा पहली बार देखने में आया जब पूर्ण सत्ता में रहते हुए स्वेच्छा से बिना किसी कारण किसी राजा ने सिंहासन अपने उत्तराधिकारी को सौंप दिया हो। उनका यह त्याग राजनीतिक सुधार के लिए था। राजा यह चाहते थे कि 65 साल की उम्र तक पहुंचते ही राजा को सिंहासन त्याग कर अपने उत्तराधिकारी को मौका देना चाहिए। बाद में भूटान के संविधान में इसे शामिल भी किया गया।

सन् 2006 में जिग्मे खेसर नामग्येल वांगचुक भूटान के राजा बने, उन्होंने आधिकारिक रूप से कामकाज भी संभाल लिया, लेकिन ताजपोशी नए संविधान के तहत होने वाले चुनाव तक टाल दिया। 2007 में राजनीतिक पार्टियों पर लगाया गया प्रतिबंध हटा लिया गया और आगामी चुनाव के लिए पार्टी गठन की अनुमति दे दी गई। लेकिन जाति, धर्म या समुदाय के आधार पर पार्टी गठन प्रतिबंधित कर दिया गया। गैर-विभाजन के आधार पर लोकसभा के अपन चेंबर का चुनाव दिंबसर 2007 में संपन्न हुआ। विखंडित जनादेश की स्थिति से बचने के लिए नेशनल असेंबली के अंतिम चुनाव से पहले प्राथमिक चरण का चुनाव कराने और उसके आधार पर अधिकतम वोट पाने वाली दो पार्टियों को निर्णायक आम चुनाव लड़ने की अनुमति दिए जाने का प्रावधान संविधान में किया गया। नेशनल असेंबली का पहला आम चुनाव 24 मार्च 2008 में संपन्न हुआ, जिसमें दो पार्टियों डेमोक्रेटिक पार्टी (पीडीपी) और ड्रक फुंनसुम शोगपा (डीपीटी) आमने-सामने थी। पहले लोकतांत्रिक चुनाव के परिणाम आने के साथ ही भूटान ने पूर्ण राजशाही से संवैधानिक राजशाही में परिवर्तित होने की लंबी प्रक्रिया पूरी कर ली।

18 जुलाई 2008 को भूटान का संविधान पारित हुआ और 6 नवंबर

2008 को जिग्मे खेसर वांगचुक की भूटान के पांचवें ड्रैगन किंग के रूप में ताजपोशी हुई। 23 अप्रैल 2013 को भूटान में नेशनल काउंसिल का दूसरा आम चुनाव संपन्न हुआ। दलगत रूप से नेशनल काउंसिल चुनाव लड़ने पर संवैधानिक रूप से प्रतिबंध है। इसलिए सभी उम्मीदवारों को निर्दलीय ही लड़ना था। कुल 67 उम्मीदवारों ने नामांकन भरा, जिसमें दगाना और ट्रैशिगैंग जिलों में एक-एक ही उम्मीदवार सामने आए। लेकिन इन्हें भी निर्विरोध घोषित करने की बजाय जनता को इनके पक्ष विपक्ष में वोट देने की सुविधा दी गई। 20 जिलों से 20 सदस्य प्रत्यक्ष रूप से चुने गए। जबकि पांच सदस्यों की नियुक्ति राजा द्वारा की गई।

दूसरी तरफ नेशनल असेंबली के आम चुनाव के लिए प्राथमिक चुनाव 31 मई 2013 को होना था। जिसमें दो पुरानी पार्टियों डीपीटी और पीडीपी के अलावा दो अन्य पार्टियों ड्रक चिरवांग शोगपा औ ड्रक न्यामरूप शोगपा ने भी हिस्सा लिया, खराब मौसम के बावजूद बड़ी संख्या में लोग घरों से निकले और मतदान किया। 1 जून को भूटान के चुनाव आयोग ने प्राथमिक चुनाव का परिणाम घोषित किया, जिसमें डीपीटी और पीडीपी बड़ी पार्टियों के रूप में उभर कर सामने आई और उन्हें 13 जुलाई को होने वाले नेशनल असेंबली के अगले चरण के चुनाव के लिए योग्य घोषित किया गया। इस चुनाव में 210,835 मतदाताओं ने मतदान किया, जिसमें 172892 ने इलेक्ट्रोनिक वोटिंग मशीन (ईवीएम) और 37493 ने डाक मतपत्र के जरिए मतदान किया। भूटान में लोकतांत्रिक चुनाव की सफलता गैर लोकतांत्रिक देशों खासकर मध्य पूर्व और मध्य अफ्रीका के लिए एक उदाहरण है, जो अपने निरंकुश शासन को बदलने के लिए गृह युद्ध और हिंसा में उलझे हुए हैं। संसद के दो सदनों के लिए दूसरे आम चुनाव ने भूटान के लोकतांत्रिक आधार को और मजबूती प्रदान की।

भूटान में नेशनल असेंबली और नेशनल काउंसिल के लिए आम चुनाव 2013 हिमालयी राज्य में लोकतांत्रिक विकास का एक और मील का पत्थर साबित हुआ है। भूटान में नेशनल असेंबली और नेशनल काउंसिल के लिए पहली बार आम चुनाव 2008 में संपन्न हुआ था। इसी के साथ यहां लोकतंत्र की नींव भी पड़ी। यहां सौ साल की पूर्ण राजशाही बिना किसी अंदरूनी या वाह्य मांग के ही लोकतंत्र में बदल गया। शताब्दियों तक शैबद्रंग शासन

(1616-1907) के बाद भूटान 1907 में एक वंशानुगत राजतंत्र बन गया। वांगचुक वंश के नए राजा ने अपने इस हिमालयी राज्य के विकास और आधुनिकीकरण की प्रतिबद्धता जताई। उन्होंने बौद्ध संस्कृति की पारंपरिक विकास को बनाए रखते हुए यहां लोकतंत्रके विकास का निर्णय लिया। इसका श्रेय केवल वांगचुक राजाओं को ही जाता है, जिन्होंने एक पूर्ण राजशाही को बिना किसी दबाव के ही लोकतंत्र के मौजूदा स्वरूप तक पहुंचा दिया।

मालदीव

1. मालदीव में राजशाही

मालदीव सही मायने में संस्कृत शब्द माला द्वी से निकला हुआ पश्चिमी उच्चारण वाला शब्द है। इसका अर्थ है द्वीपों की माला। मालदीव करीब 1200 द्वीपों की खूबसूरत श्रृंखला है। मगर लोग सिर्फ 200 द्वीपों पर ही रहते हैं, ये द्वीप लक्ष्यद्वीप के ठीक दक्षिण स्थित हिंद महासागर में पड़ते हैं और भारतीय सीमा से लगभग 400 किलोमीटर दूर स्थित हैं। भारतीय-मालदीव संबंध लंबे समय से अस्तित्व में रहा है। इस संबंध की गहरी जड़ें जातीय, सांस्कृतिक, धार्मिक और ऐतिहासिक समानताओं में निहित हैं। यहां के लोग अपना मूल केरल और गुजरात जैसे राज्यों में वहां के निवासियों के रूप में ढूंढ़ते हैं। अपने मूल की निकटता के कारण यहां के लोग भारत के साथ अपने संबंधों को बीतते समय के साथ और व्यापक महसूस करते रहे हैं। भारत उन पहले देशों में से एक है जिसने 1965 में मालदीव को स्वतंत्रता हासिल होते ही उसे राजनयिक मान्यता दे दी थी और राजनयिक दोनों के बीच संबंध को विस्तार दिया था। 1980 से ही मालदीव में भारत का एक उच्चायुक्त है। मालदीव ने अपनी तरफ से 2004 में भारत में अपने पहले चार राजनयिक मिशनों में से एक की स्थापना की थी। 1980 से दोनों देशों के बीच स्थापित द्वि पक्षीय संबंध लगातार आगे ही बढ़ता रहा था। और इस संबंध ने कभी पीछे मुड़कर नहीं देखा।

प्राचीन काल से ही मालदीव में राजाओं (राडान) तथा कभी-कभी रानी (रानीन) द्वारा शासन किए जाते रहे हैं। ऐतिहासिक रूप से भारतीय महासागर

के प्रमुख समुद्री रास्ते पर स्थित होने के कारण इसके सामारिक रूप से काफी महत्व हैं।

16वीं सदी के बाद यूरोपीय उपनिवेशी शक्तियों द्वारा भारतीय महासागर के प्रमुख व्यापारों पर पूरी तरह अपना एकाधिकार स्थापित कर किया गया। पहले पुर्तगालियों ने, फिर डच तथा फिर फ्रांस द्वारा अपने-अपने उपनिवेश स्थापित किए गए। ये सभी समय-समय पर उस समय की राजनीति में भी हस्तक्षेप किया करते थे। परंतु इन तीनों यूरोपीय उपनिवेशी शक्तियों का जीवन-काल यहां ज्यादा लंबी अवधि का नहीं रहा था। जब 19वीं सदी में मालदीव ब्रिटिश के संरक्षण में लाया गया तब पुर्तगाल, डच तथा फ्रेंच शक्तियों का राजनीति में हस्तक्षेप कम हो गया तथा मालदीव के राजाओं (शासकों) को काफी हद तक स्वशासन करने की स्वतंत्रता प्राप्त हो गई।

मालदीव इस्लामिक राष्ट्र बनने के पूर्व एक बौद्ध राजतंत्र (Buddhist Kingdom) यानि एक हिंदु राजतंत्र (Hindu Kingdom) था। इस राजतंत्र के पहले यहाँ मातृसतात्मक शासन प्रणाली थी जिसका प्रमुख एक महारानी होती थी। प्राचीन ग्रंथों के अनुसार यहां पर कई साधु-संतों या पुजारियों जैसे होलियोलैट्रिक, सेलेनोलैट्रिक तथा एस्ट्रोलेट्रिक धर्म के स्वामी का भी शासन रहा है।

मालदीव में अनेक बौद्ध राजाओं का शासन रहा। इन सभी शासकों में राजा कोइमाला ही सिर्फ मालदीव का ऐसा राजा साबित हुआ जिसने मालदीव पर शासन किया। कोइमाला राजा के पूर्व किसी भी बौद्ध राजाओं ने पूरे मालदीव पर शासन नहीं किया। प्राचीन काल में मालदीव को दीवा मारी के रूप में जाना जाता था। कोइमाला का मालदीव के सभी द्वीपों पर अधिकार था। इसके शासन काल में मालदीव को अपने इसी नए नाम से जाना जाता था।

सन् 1153 में मालदीव में इस्लामिक शासन व्यवस्था की शुरूआत हुई जब बौद्ध राजा धोनेमी को इस्लाम धर्म अपनाने के लिए मजबूर किया गया तथा उसने इस्लाम कबूल कर ली। इस प्रकार मालदीव अब सल्तनत शासन के अंतर्गत आ गया। मालदीव के शासक को अब सुल्तान कहा जाने लगा चूँकि अब यह एक इस्लामिक राष्ट्र बन गया था। इन्हें अलग-अलग विशेषणों से संबोधित किया जाता था जैसे 12 हजार द्वीपों का सुल्तान, मालदीव का

सुल्तान आदि-आदि। 1965 में मालद्रीव की स्वतंत्रता प्राप्ति के बाद इन सुल्तानों को राजा कहा जाने लगा। यानि कि अब इन्हें सुल्तान के बदले राजा कहा जाने लगा।

कई विदेशी यात्री जिनमें प्रमुख रूप से अरबी थे, उन लोगों ने मालदीव पर महारानी के शासन काल के बारे में काफी कुछ विवरण छोड़ा है। इन महारानियों का राज कोइमलाई राजा के शासन से पूर्व रहा था। इदरीसी (1099-1186) ने अपने पूर्व के लेखकों के लेख का उदाहरण प्रस्तुत करते हुए कुछ महारानियों के नाम का उल्लेख अपनी पुस्तक में किया है। इस महारानी का नाम दामाहार था जो आदित्य (सूर्य) वंशज की सदस्या थी। होमा (चंद्र) वंशज के युवराजों की आदित्य वंश के साथ शादी हो गई। यही वजह है कि 1908 तक मालदीव के राजाओं ने 'कला सुधा' की उपाधि से स्वयं को सुसज्जित किया जिसका अर्थ होता है चंद्रमा तथा सूर्य का वंशज।

2. मालदीव का संवैधानिक विकास

मालदीव में लिखित संविधान सबसे पहले 22 सितंबर 1932 में अस्तित्व में लाया गया। इस समय तेरहवां सुल्तान मोहम्मद समसुद्दीन इस्कंदर तृतीय का यहां शासन था।

मार्च 22,1931 को इस संविधान के निर्माण हेतु पहल के लिए तेरह सदस्यों की एक समिति बनाई गई जिसका कार्य संविधान के लिए एक ड्राफ्ट तैयार करना था। श्रीलंका का (उस समय सिलोन) का कार्यवाहक राज्यपाल बर्नार्ड एच बोर्डील ने इस ड्राफ्ट के निर्माण के लिए तकनीकी अभ्यस्तों द्वारा मदद प्रदान की और इस प्रकार 16 जून 1931 को यह ड्राफ्ट बनकर तैयार हो गया।

22 दिसंबर को मालदीव के प्रथम संविधान में संशोधन के द्वारा पहली बार मालदीव में प्रतिनिधि सरकार के स्वरूप को लागू किया। मालदीव के राजा के लिए एक प्रत्यय-पत्र (Credentials) का समुच्चय (Set) लाया गया जिसमें यह कहा गया था कि–राजा का अपना अस्तित्व (Sane) बरकरार रहेगा, चाहे वो सुन्नी मुस्लिम से आते हों या शासक परिवार से। एक मंत्रीमंडल तथा एक संसद जिसमें सैंतालिस सदस्य थे, का भी निर्माण किया गया।

प्रथम संविधान में 92 अनुच्छेद थे तथा एक अधिकार विधेयक (Bill of Rights) को भी तैयार किया गया जिसमें लोगों को कानून के समक्ष समानता, गलत तरीके से कैद किए जाने तथा प्रताड़ित किए जाने से स्वतंत्रता, निजी संपर्क की सुरक्षा, अभिव्यक्ति की स्वतंत्रता, संगठन बनाने की स्वतंत्रता, प्रेस

की स्वतंत्रता तथा पच्चीस वर्षों तक सरकारी नौकरी करने के बाद पेंशन पाने के अधिकारी होना आदि-आदि बातों का वर्णन किया गया था।

लेकिन यदि ऐतिहासिक रिकार्ड की बात करें तो यह मालूम होता है कि मालदीव का प्रथम संविधान अपने संशोधन के नौ महीने के भीतर ही असफल हो गया।

जन संसद (मजलिस) ने अपने इस संक्षिप्त नौ महीने की अवधि में करीब चालीस कानूनों को पारित किया। नए कानूनों के द्वारा जुर्माना, चोरी तथा आक्रमण करने पर दंडित करने आदि के प्रावधान किए गए। इसके साथ-साथ एक राष्ट्रीय व्यापारिक कंपनी तथा नियमित विदेश व्यापार को विदेशी निवेश अधिनियम तथा भारवाही जहाज अधिनियम (Freighters Act) के द्वारा अस्तित्व में लाया गया। इन अधिनियमों से सामान्य जनता में काफी रोष व्याप्त हो गया तथा लोगों में भारी नाराजगी हुई। इसके साथ-साथ प्रमुख विदेशी व्यापारियों में भी इन कानूनों के खिलाफ भारी नाराजगी दर्ज की गई जिनका निर्यात खाद्यानों पर पूरा एकाधिकार स्थापित था। इन सबका कारण यह हुआ कि 26 जुलाई 1933 को कई हड़तालें आयोजित की गईं। जिसमें यह मांग की गई कि सरकार की इन नीतियों को यथाशीघ्र वापस लिया जाए।

लोगों में तत्कालीन खाद्य असुरक्षा को लेकर भारी रोष व्याप्त था। संविधान के निर्माताओं को देश से निर्वासित कर कोलंबों भेज दिया गया तथा 1937 में संविधान के अनुच्छेदों की संख्या घटाकर 80 कर दी गई तथा कुछ समय पश्चात् जब 1940 में द्वितीय विश्वयुद्ध की शुरूआत हुई तब संविधान को पूरी तरह निरस्त कर दिया गया।

इस पर एक विशेष संसद (मजलिस) बुलाया गया जिसमें कहा गया कि "संविधान तथा इसमें वर्णित सभी प्रावधानों को समाप्त कर दिया गया है चूंकि ये प्रावधान मालदीव की स्थितियों के लिए अनुपयुक्त हैं।"

23 अप्रैल 1942 को सुल्तान हसन नुरदीन द्वारा एक 17 अनुच्छेद वाला संविधान संसद (मजलिस) को भेजा गया जिसमें कहा गया था कि "हमें एक ऐसे संविधान की आवश्यकता है जो मालदीव की स्थितियों की पूरी तरह अनुकूल हों।"

"लघु संविधान" द्वारा देश की समस्त शक्ति राजतंत्र, विदेश मंत्री तथा जन संसद (मजलिस) के हाथों में सौंपने की बात की गई। अब जन संसद

(मजलिस) में सदस्यों की संख्या घटाकर छः नियुक्त सदस्य तथा सताईस चुने हुए सदस्यों की कर दी गई। इसे दूसरे संविधान में 1951 में संशोधन किया गया तथा गैर-कानूनी रूप से बंदी बनाने पर रोक, निर्वासन पर रोक, अभिव्यक्ति की स्वतंत्रता तथा संगठन के निर्माण की स्वतंत्रता को पुनः लागू कर दिया गया। अब जन संसद (मजलिस) का कार्यकाल पांच वर्षों के लिए तय किया गया।

सन् 1950 में जनसंसद (मजलिस) के बहुमत द्वारा राजतंत्र को समाप्त कर दिया गया तथा मालदीव में एक गणतंत्रात्मक सरकार की स्थापना की गई। एक जनमत संग्रह द्वारा इस परिवर्तन को समर्थन प्रदान किया गया अतः 1 जनवरी 1953 को एक तीसरा संविधान अस्तित्व में आया जिसके द्वारा पहली बार मालदीव में राष्ट्रपति प्रणाली लागू की गई।

इस नवीन प्रजातांत्रिक संविधान में तीस अनुच्छेद थे जिसके अंतर्गत एक व्यवस्था यह की गई की राष्ट्रपति का चुनाव जनता के प्रत्यक्ष मतों द्वारा किया जाएगा, तथा राष्ट्रपति द्वारा एक न्यायपालिका की स्थापना की जाएगी तथा एक द्विसदनीय संसद होगा—जो एक 18 सदस्यीय सीनेट होगा तथा दूसरा 47 सदस्यों वाला प्रतिनिधि सभा होगा।

इस नए संविधान के द्वारा राष्ट्रपति के कार्यकाल को पांच वर्ष तय किया गया तथा आम-अमीर मोहम्मद अमीन धोसी मेयना किलेगेफानू को मालदीव का प्रथम राष्ट्रपति घोषित किया गया। मालदीव के इतिहास में पहली बार एक महिला संसद में चुनकर आई।

मालदीव का प्रथम गणतंत्र अल्प अवधि का रहा। अगस्त 21, 1953 को एक क्रांति द्वारा इस गणतंत्र को समाप्त कर दिया गया। तथा राजतंत्र की पुनः स्थापना हो गई।

7 मार्च 1954 के चौथे संविधान में यह परिवर्तन संशोधन के बाद लाया गया। इस चौथे संविधान ने मालदीव को एक 'निर्वाचित राजतंत्र' घोषित किया।

अब 54 सदस्यों वाली एक सदनीय विधायिका की स्थापना की गई जिसमें छः राजा का प्रतिनिधित्व करते थे तथा 46 जनता के प्रतिनिधि थे तथा दो व्यापारियों के प्रतिनिधि थे। सिर्फ मालदीव के लोग ही जनसंसद (मजलिस) के लिए मत दे सकते थे। कुछ समय बाद जैसे ही मालदीव को ब्रिटिश शासन

से स्वतंत्रता प्राप्त हुई चौथे संविधान को भी निरस्त कर दिया गया तथा एक द्वितीय गणतंत्र की स्थापना राष्ट्रपति इब्राहिम नासिर के शासन काल में 1968 में की गई। इस नए संविधान के द्वारा घोषणा की गई कि–''मालदीव एक स्वतंत्र राष्ट्र है।'' इस पांचवे संविधान के अनुसार मालदीव के राष्ट्रपति का चुनाव गुप्त मतदान प्रणाली द्वारा किया जाएगा।

1980 में दूसरे गणतंत्र के दूसरे राष्ट्रपति मौमून अब्दुल गयूम ने कहा कि एक विशेष संविधान सभा होगी जिसमें केबिनेट मंत्री तथा जन संसद (मजलिस) के सदस्य होगें जो मिलकर संविधान में संशोधन करेंगे।

18 वर्ष की लंबी प्रक्रिया के उपरांत मालदीव के पांचवें संविधान को चौथी बार संशोधित किया गया। इस संशोधन के द्वारा व्यक्ति को राष्ट्रपति पद के उम्मीदवार के रूप में चुनाव लड़ने का अधिकार दिया गया जिसमें कहा गया कि जो व्यक्ति इस पद के लिए चुनाव लड़ने के लिए इच्छुक हैं वह इसके लिए जनसंसद (मजलिस) में आवेदन कर सकता है। इन समस्त आवेदनकर्ताओं में से मजलिस द्वारा किसी एक का चयन किया जाएगा एवं उसके नाम का जनमत संग्रह द्वारा अनुमोदन किया जाएगा।

सितंबर 2003 में चार कैदियों की मौत से माले में सरकार के विरूद्ध भारी दंगे भड़क गए। ये दंगे तब भड़के जब मजलिस द्वारा यह घोषणा की गई कि राष्ट्रपति गयूम छठी बार लगातार मालदीव के राष्ट्रपति के उम्मीदवार होंगे।

अक्टूबर 2003 के चुनाव में गयूम को समस्त जनता के 90 प्रतिशत मत के साथ पुनः मालदीव का राष्ट्रपति चुना गया। अपने भाषण में राष्ट्रपति गयूम ने अनेक राजनीतिक सुधारों का वादा किया। उन्होंने सबसे पहले कहा कि हम एक मानव अधिकार आयोग की स्थापना करेंगे जिसका कार्य इस बात की जांच-पड़ताल करनी होगी कि कहां-कहां पर लोगों को बेवजह सताया जा रहा है तथा उन पर अत्याचार किए जा रहे हैं तथा इसके साथ-साथ एक संवैधानिक सभा की भी स्थापना 2004 मई में की जाएगी जो एक प्रजातांत्रिक संविधान के निर्माण हेतु ड्राफ्ट तैयार करेगा।

संविधान-सभा जन विशेष मजलिस–जिसमें 29 नियुक्त किए गए तथा 42 नियमित मजलिस हेतु निर्वाचित सदस्य होंगें तथा अन्य 29 निर्वाचित किए गए सदस्य होंगे।

ड्राफ्टिंग की प्रक्रिया काफी मंद गति से चल रही थी कारण कि विरोधी दल कई मुद्दों पर शासक दल से असहमत थे चूंकि विरोधी दल के नेता संसदीय शासन व्यवस्था की स्थापना मालदीव में करना चाहते थे। इसके लिए अगस्त 2007 में एक जनमत संग्रह कराया गया जिसमें से करीब 60 प्रतिशत जनता ने राष्ट्रपति प्रणाली की सरकार का समर्थन किया।

मालदीव का छठा संविधान अगस्त 2008 में संशोधित किया गया जिसके द्वारा विभिन्न प्रकार के नए लोकतांत्रिक अधिकारों जैसे शक्ति का पृथक्करण, उत्तरदायित्व एवं पारदर्शिता की अवधारणा को लागू किया गया। इसका नतीजा यह हुआ कि अक्टूबर 2008 में मालदीव में पहली बार बहुदलीय चुनाव कराए गए।

3. मालदीव में दलीय व्यवस्था

मालदीव भारतीय महासागर के सामरिक स्थान पर अवस्थित है। परंपरागत रूप से सभी बाहरी शाक्तिशाली देशों जैसे पुर्तगाल, नीदरलैंड, ग्रेट ब्रिटेन, अमेरिका तथा सोवियत संघ आदि ने जब-जब भारतीय महासागर पर अपना नियंत्रण स्थापित करने की कोशिश की तब-तब मालदीव को ही इन्होंने अपना आधार (Base) बनाना चाहा। मालदीव का दक्षिण सुदूर द्वीप जिसे गैन द्वीप (Gan Island) कहा जाता है जो सीनू एटाल (Seenu Atoll) में था को द्वितीय विश्वयुद्ध के समय ब्रिटिश रायल नेवी का आधार (Base) बनाया गया। अतः इसमें कोई आश्चर्य की बात नहीं है कि अनेक क्षेत्रीय शक्तियां जैसे भारत, पाकिस्तान, श्रीलंका, चीन ने बीच-बीच में उत्पन्न हुए राजनीतिक संकटों को अलग-अलग मध्यस्थता के द्वारा सुलझाने का प्रयत्न किया है।

मालदीव में पहली बार 22 दिसंबर 1932 को प्रथम संविधान अस्तित्व में आया, तब से मालदीव प्रारंभ में एक संवैधानिक राजतंत्र क रूप में 1953 तक शासित होता आया चूंकि यह संवैधानिक राजतंत्र ज्यादा दिन तक अपने अस्तित्व में नहीं रह पाया तथा 21 अगस्त 1953 को पुनः यहां राजतंत्र की स्थापना हो गई। 11 नवंबर 1968 को दूसरे राजतंत्र की घोषणा की गई। मुहम्मद अब्दुल गयूम ने दस वर्ष के बाद मालदीव के दूसरे राष्ट्रपति के रूप में पद ग्रहण किया तथा 2008 तक इस पद पर बने रहे जब 2008 में एक निर्णायक चुनाव हुआ जिसमें मोहम्मद नशीद को मालदीव का नया राष्ट्रपति चुना गया। मुहम्मद अब्दुल गयूम के शासन काल को एक स्वेच्छाचारी तथा

अत्याचारी शासन काल कहा गया। पूरे एशिया में कोई भी शासनाध्यक्ष अपने पद पर इतने लंबे समय तक नहीं रहा है।

मालदीव में 2 जून 2005 को वहां की संसद द्वारा राजनीतिक दलों को मान्यता प्रदान की गई ताकि वहां बहुदलीय शासन व्यवस्था का प्रचलन हो सके। अतः वहां बहुदलीय शासन व्यवस्था प्रचलित है। इस व्यवस्था के अंतर्गत राष्ट्रपति द्वारा अपने मंत्रिमंडल का निर्माण किया जाता है जो राष्ट्रपति द्वारा मनोनीत सदस्य होते हैं। परंतु इन मनोनीत सदस्यों का संसद से अनुमोदन होना आवश्यक है। संसद को राष्ट्रपति को उसके पद से हटाने का अधिकार प्राप्त है। संसंद एक अविश्वास प्रस्ताव (No-confidence Motion) के द्वारा राष्ट्रपति को उसके पद से हटा सकता है।

मालदीव में पहली बार अक्टूबर 2008 में इस प्रकार का चुनाव हुआ जो बहु-उम्मीदवार तथा बहुदलीय प्रणाली पर आधारित था।

परंतु मालदीव को बहुदलीय प्रजातंत्र बनने के दो वर्ष बाद ही वहां राष्ट्रपति तथा संसद में प्रमुख वाले विरोधी दलों के बीच एक राजनीतिक संघर्ष छिड़ गया है जिसके कारण देश में राजनीतिक गतिरोध की स्थिति उत्पन्न हो गई है। उत्पन्न हुए इस संकट काा प्रमुख कारण 2008 का मालदीव का संविधान है। उस समय से ही देश का राजनीतिक ढांचा राष्ट्रपति शासन प्रणाली पर आधारित हो गया है। जहां एक शक्तिशाली संसद है जो नियंत्रण तथा संतुलन (Checks and Balance) प्रणाली द्वारा वहां की शासन व्यवस्था पर नियंत्रण रखती है। यद्यपि कि इस व्यवस्था से अनेक समस्याएं उत्पन्न हो गई हैं–जैसा कि अभी विरोधी दलों का संसद में प्रभुत्व है तथा संसद पर उन्हीं का नियंत्रण है जिसके कारण इन विरोधी दलों द्वारा राष्ट्रपति की कार्यवाही में विभिन्न प्रकार की बाधाएं उत्पन्न की जा रही है।

4. मालदीव की विदेश नीति

मालदीव जहां तक इसके ऐतिहासिक साक्ष्य या प्रमाण की बात है, कुछ संक्षिप्त काल को छोड़कर जैसे यह 16 वीं सदी के मध्य में पुर्तगाल के अधीन रहा था, यह करीब-करीब सदैव एक स्वतंत्र राष्ट्र रहा है। सन् 1887 से लेकर 1965 तक यह ब्रिटिश साम्राज्य के अंतर्गत संरक्षित राष्ट्र के रूप में रहा। 1965 में ब्रिटिश शासन से मुक्त होकर मालदीव पूरी तरह एक स्वतंत्र राष्ट्र बन गया तथा 1965 में ही यह संयुक्त राष्ट्र का सदस्य बन गया।

सन् 1978 से मालदीव द्वारा अपनी विदेश नीति के तहत अंतर्राष्ट्रीय संलग्नता (engagement) की नीति के अपनाए रहा है, साथ-ही-साथ मदद प्रदान करने वाली संस्थाओं तथा देशों के साथ भी अपने संबंध तेजी से बढ़ाते रहा है। इसी कारण यह 1982 में राष्ट्रमंडल देशों का सदस्य बन गया।

मालदीव सार्क (SAARC)का संस्थापक सदस्य रहा है तथा विश्व व्यापार संगठन (WTO) तथा MIGA का भी सदस्य है। यह न्यूक्लियर गैर-विस्तार संधि (Nuclear Non-Proliferation Treaty) का समर्थक होने के साथ-साथ यह अनेक सभा, सम्मेलनों जो पर्यावरण की सुरक्षा, आंतकवाद का दमन तथा मानव अधिकारों की रक्षा हेतु कार्यरत हैं उनका भी यह समर्थक रहा है।

अपने सुधार कार्यक्रम प्रजातंत्र तथा मानव अधिकार के तहत जो सरकार द्वारा 2003 में इस उद्देश्य से प्रारंभ किए गए थे ताकि एक उदारवादी लोकतंत्र के युग में प्रवेश किया जा सके मालदीव ने अंतर्राष्ट्रीय मानव अधिकार संगठनों जैसे अमनेस्टी इंटरनेशनल तथा आई सी आर सी ओ (ICRCO) तथा अन्य

कई मानव अधिकार की रक्षा हेतु संघर्ष कर रही संस्थाओं के साथ अपना हाथ मिलाया है। ठीक इसी काल में मालदीव ने राष्ट्रमंडलीय संसदीय संस्थाओं के साथ भी अपना तेजी से संबंध विकसित किया है तथा अंतर्राष्ट्रीय संघ का सदस्य बन गया है।

मालदीव की विदेशी नीति का प्रमुख लक्ष्य अंतर्राष्ट्रीय समुदाय के साथ अपने संबंध बनाए रखना है ताकि विश्व के सभी देशों के साथ मित्रवत् संबंध आपसी समझदारी तथा सहयोग की भावना बनी रहे एवं अपने देश के लोगों के हितों की रक्षा करते हुए उनकी अपेक्षाओं पर खरा उतरा जा सके, उदाहरण के लिए देश के विकास में बढ़ोतरी, विदेशी सहायता हेतु सदैव प्रयत्नशील रहना, आर्थिक निवेश में बढ़ावा देना, पर्यावरण की सुरक्षा करना, साथ ही साथ लोकतंत्र , मानव अधिकारों की रक्षा करना एवं देश में शांति बनाए रखना आदि।

मालदीव की विदेश-नीति का प्रमुख रूप से निम्न आधारों पर वर्णन किया जा सकता है–

1. अंतर्राष्ट्रीय कानून के अनुसार सभी देशों की संप्रभुता का समान आदर।

2. एक कानून पर आधारित तथा एक तरह की अंतर्राष्ट्रीय व्यवस्था।

3. दूसरे देशों के आंतरिक मामलों में किसी प्रकार का हस्तक्षेप नहीं करना।

4. वैश्विक समस्याओं की व्यवस्था एवं समाधान के लिए राजनयिक बातचीत को सर्वोच्चता।

5. आपसी सद्भाव एवं संबंध के आधार पर सभी देशों के साथ मित्रवत् संबंध बनाए रखना।

मालदीव के वर्तमान राष्ट्रपति अब्दुला यामिन अब्दुल गयूम ने मालदीव की विदेश नीति को निम्न आधार पर बताया है:–

1. राष्ट्रीय संप्रभुता को मजबूत बनाना तथा देश के इस्लामिक पहचान की रक्षा करना।

2. शांति एवं स्थायित्व को बनाएं रखना।

3. राजनयिक बातचीत के द्वारा द्विपक्षीय सहयोग

4. मालदीव के आर्थिक विकास हेतु ज्यादा-से-ज्यादा अवसरों को उत्पन्न

करना।

5. मालदीव के वाणिज्यदूतावास सेना को ज्यादा से ज्यादा परिणामात्मक बनाने के लिए विदेशी सेना अधिनियम का निर्माण करना।

6. विदेशी सेवा क्षेत्र में मानव संसाधन का विकास करना।

7. मालदीव के अस्तित्व तथा इस्लाम की रक्षा करना तथा उसे बनाए रखना।

8. देश की इस्लामिक एकता की पहचान को सुरक्षित रखना तथा इसके इस्लामिक विशेषताओं का अंतर्राष्ट्रीय स्तर पर प्रचार-प्रसार करना, अपनी आर्थिक निर्भरता सुनिश्चित करना तथा दक्षिण एशिया क्षेत्रीय सहयोग संगठन को मजबूत बनाना।

8. भारतीय महासागरीय देशों के सहयोग से आंतकवाद तथा गैर-पारंपरिक सुरक्षा खतरे पर काबू पाना।

9. राष्ट्रीय सुरक्षा में बढ़ोतरी करना।

10. राजनीतिक उठापटक तथा अशांति के बीच भी सामान्य रूप से अपने कार्य करते रहना तथा संबंध स्थापित रखना।

11. अंतर्राष्ट्रीय नागरिक समाज संगठनों तथा थिंक टैंकों के साथ अपने संबंध स्थापित करना।

—नोट—